"가르쳐서 하나님의 사람 만들기":
백아덕(Arthur L. Becker)과 평양 숭실

Building Up Homo Deus:
Dr. Arthur L. Becker and Union Christian College in Pyeng Yang
by Deok-joo Rhie, Th.D.

"가르쳐서 하나님의 사람 만들기" :
백아덕(Arthur L. Becker)과 평양 숭실

Building Up Homo Deus:
Dr. Arthur L. Becker and Union Christian College in Pyeng Yang
by Deok-joo Rhie, Th.D.

이덕주

뿌리총서 간행사

나무에 뿌리, 물에 샘이라는 것은 우리의 개천절 노래에도, 조선의 용비어천가에도 등장하는 의미 있는 비유입니다. 압축하면 본원(本源)이라 합니다. 만물의 본원을 지극한 단계까지 찾아나서는 행위는 자기 존재를 완전히 하고 역할 수행을 극대화하며 그만큼 의미 있게 살아가기 위한 필수적 작업입니다.

높은 산 등성이에 있는 작은 샘에서 솟아난 맑은 석간수가 바위골짜기를 거쳐 산 아래 도달하고 넓은 농지와 대도시와 중간에 있는 댐과 제방을 경험하며 넓은 바다로 가는 동안 주변에서 이른바 지천이 계속 합류하여 수량은 많아지는데 청정도는 점점 떨어지지만 공업, 농업, 발전, 또는 정수하여 수백만 도시민의 상수원으로 쓸 수 있게 되어 그 용도가 커집니다. 시작은 은미했으나 결과적 쓰임새는 광대합니다. 우리 숭실도 많이 커졌습니다. 처음 시작할 때는 문과 한 반으로 시작했고, 기독교적 사회지도자, 한국 교회의 지도자를 양성하는데 초점을 맞추었지만 이제는 40여개 학과와 학부, 그리고 대학원생을 합하면 17,000여명의 재학생이 있고, 상당한 규모의 건물도 있고 500여 전임 교수진도 있습니다. 그러나 커진 만큼 초기의 맑은 정신이나 숭고하다고 했었던 목적을 그대로 견지하고 있는지 살펴볼 필요가 있습니다.

2013년 가을 우리 숭실대학교에 '뿌리찾기위원회'가 발족하였습니다. 건학120주년 기념사업의 일환으로 평양에서 시작한 숭실대학의 정신, 그 흐름의 모습과 내용, 그리고 서울에서 재건할 때의 과정 등에 대하여 집중적으로 연구하고자 해서입니다. 평양 숭실의 설립자 베어드, 2대 교장 라이너, 3대 교장 마펫, 4대 교장 매큔, 5대 교장 마우리 다섯 분의 교장을 연구하여 평전을 짓고, 블레어, 편하설, 스월른, 솔토, 해밀튼, 클라크, 보컬 등 10명의 큰 업적을 이룬 분들을 집중적으로 연구하며, 더불어 평양대부흥회, 신사참배, 『논리약해』, 순교자, 선교사들의 부인, 숭실의 문인, 숭실의 음악인, 방지일 목사, 조만식 선생 등 30주제의 사건·저술·인물 등 특정 분야에서 이루어진 탁월한 업적을 연구하고 그 가치를 재현해 내는 것을 목표로 하였습니다.

이 연구에 한국교회사 연구에 있어 전문가이신 이상규 교수님(고신대), 김흥수 교수님(목원대), 임희국 교수님(장신대), 이덕주 교수님(감신대), 김승태 교수님(한국기독교역사연구소) 그리고 민경찬(한예종) 교수님을 각각 책임 연구원으로 모실 수 있게 된 것, 그리고 숭실대학교의 여러 학문 분야의 교수님들이 참여해 주신 것에 깊은 감사를 드립니다. 희귀 자료들을 선뜻 내어 주시고, 확보에 도움을 주신 한국교회사문헌연구원의 심한보 선생, 그리고 호주선교회 관련 자료를 제공해 주신 전 예장(통합)교단 사무총장 조성기 목사님께 감사드립니다. 또 이번 일에 크게 도움을 주신 분으로 결코 빠뜨릴 수 없는 분이 있습니다. 숭실대학교 부설 한국기독교박물관의 학예사 한명근 박사입니다. 한명근 박사는 이번 일에 있어서 여러 형태로 많은 도움을 주었습니다. 무엇보다 박물관이 소장하고 있는 희귀 자료의 열람은 물론 사진들을 제공하여 연구와 연구물의 출판에 큰 도움을 주었습니다. 뿌리찾기위원회의 발족 때부터 연구 기획에서 김명배 교수가 많은 도움을 주었습니다. 또한 더불어 기획·사무·총괄 간사로 수고해 주신 오지석 박사께도 깊은 감사를 전합니다. 사무행정에서 매끄러운 진행을 배려해 주신 120주년기념사업회 윤형흔 부장님의 수고도 함께 오래도록 기억할 것입니다.

이제 그 연구결과들을 뿌리총서라는 이름으로 숭실대학교 한국기독교문화연구원에서 간행합니다. 1967년에 출범한 한국기독교문화연구원은 그 동안 줄곧 이름 그대로 한국의 기독교문화를 연구해 오고 있습니다. 우리 연구위원회에서 수행한 활동은 사실상 한국기독교문화연구원의 사업과 부합하며, 실제로 행정과 사무실, 소장 자료를 중심으로 진행되는 등 그 활동의 일환으로 진행되어 왔습니다. 뿌리총서 1호는 윌리엄 베어드입니다. 이어 평양 시절 숭실의 교장들의 평전이, 그리고 탁월한 업적을 이루어낸 분들에 대한 연구물이 그 일련 번호를 차례로 이어 나가게 됩니다.

항시 좋은 뿌리를 가졌다고 자부해온 우리 숭실인들이 그 뿌리의 형성 과정을 다시 살펴보고 오늘의 우리에게 나타나고 있는 가지와 잎과 꽃과 열매가 바람직한 형상과 품질과 격조를 지니고 있는지를 냉정하게 살펴보는 시간이 되기를 원합니다.

만시지탄이 큰 이 일이지만 그 중요성을 인식하시고 많은 어려움 속에서도 이를 발의하시고 재정을 마련하시고 행정의 틀과 편의를 제공하여 주신 숭실대학교 총장님께 깊은 감사를 드립니다.

2017년 4월

숭실대학교 뿌리찾기위원회 위원장

숭실대학교 한국기독교문화연구원장

곽 신 환　삼가 적음

목차

일러두기

책 속에 삽입된 사진은 저자 이덕주가 제공한 것과 일부 사용허락을 받은 Heather McCune Thompson(베커의 외손녀)의 *Michigan to Korea: Arthur Lynn Becker*에 있는 사진이다. 사진사용을 허락한 Heather McCune Thompson께 감사드린다.

약어

ARBF : Annual Report of the Board of Foreign Missions of the Methodist Episcopal Church
ARPY : Annual Report of Pyeng Yang Station of the Korea Mission of the Presbyterian Church in the USA
KF : The Korea Field
KM : The Korea Methodist
KMEC : Official Minutes and Reports of the Korea Mission(Mission Conference, Annual Conference) of the Methodist Episcopal Church
KMF : The Korea Mission Field

"가르쳐서 하나님의 사람 만들기"

백아덕(Arthur L. Becker)과 평양 숭실

1. 머릿글

한국 이름 '백아덕'(白雅德)으로 불렸던 미국 감리교 선교사 아더 린 베커(Arthur Lynn Becker, 1879-1978)의 생애와 선교사역을 살펴보고자 한다. 베커는 99세로 장수하였는데 그의 생애를 크게 3기로 나누어 1) 미국에서 태어나 대학을 졸업하기까지 초반 24년(1879-1903), 2) 한국에 선교사로 파송을 받아 와서 은퇴하기까지 중반 45년(1903-1948), 그리고 3) 은퇴 후 미국에서 별세하기까지 말기 30년(1948-1978)을 살았다. 그가 선교사로 사역했던 45년을 세분해 보면 다시 4기로 나눌 수 있는데 1) 처음 한국에 와서 서울과 평양에서 어학공부를 하며 선교지 적응훈련을 했던 초기 2년(1903-1905), 2) 평양에서 '연합' 숭실 중학교와 대학교 사역에 임했던 초반 10년(1905-1914), 3) 서울로 옮겨 연희전문학교 사역에 임했던 중반 26년(1914-1940), 그리고 4) 일제말기 강제 추방되어 잠시 인도 대학에서 사역했다가 해방 후 한국에 돌아와 미군정청 교육자문으로 부산에 국립대학을 설립했던 후반 7년(1941-1948)으로 나눌 수 있다.

결국 베커의 한국 선교사 사역 가운데 가장 큰 부분을 차지한 것은 평양의 숭실학교와 서울의 연희전문학교에서 이루어진 35년 교육 사역이었다. 베커의 선교 사역은 학교를 중심으로 이루어졌다. 그는 1903년 처음 파송되어 나올 때부터 '교육전담' 선교사로 선발되어 나왔다. 그보다 앞서 들어왔던 대부분의 선교사들이 미국에서 신학교를 졸업하고 '목사 안수'를 받고 나온 것과 달리 베커는 교사로 선발되어 한국에 와서 목사로 안수를 받았다. 그는 대학에서 수학과 물리학을 전공한 과학자였다. 그러면서 듀이의 실용주의 교육이론을 따르는 교육자였다. 그런 배경에서 한국에서 베커 사역은 '과학과 교육'을 중심축으로 하여 이루어졌다. 선교사로서 베커의 사역을 '교육

선교'(educational mission) 관점에서 살펴볼 필요가 있다.[1)]

그리고 베커가 한국에서 교육 사역을 전개했던 평양의 숭실학교나 서울의 연희전문학교는 모두 장로교와 감리교 선교사들이 초교파적으로 운영하던 '연합학교'(union school)였다. 평양 숭실은 처음 북장로회 선교사 베어드가 속한 북장로회 선교부에서 운영하는 학교로 출발하였지만 1905년 베커가 합류함으로 '연합 중학교'(union academy)가 되었고 1년 후에는 그 연장선상에서 숭실 안에 '연합대학교'(union college)로서 숭실대학(후의 숭실전문학교)이 설립되었다. 베커는 평양 숭실에서 10년 동안 '연합 교육'에 대한 경험을 쌓은 후 그것을 바탕으로 하여 1914년 서울에 올라가 미감리회, 남감리회, 북장로회 등 3개 선교부가 참여하는 조선예수교대학(후의 연희전문학교) 설립과 운영에 참여하였다. 따라서 베커의 선교사역을 '연합 교육'(union education) 관점에서 살펴볼 필요가 있다.[2)]

이처럼 한말과 일제 강점기 한국에서 이루어진 '교육 선교'와 '연합 교육'의 선구자로서 베커의 사역과 그 의미를 살펴보는 것이 이 글의 목적이다. 그러기 위해서는 그의 평양 숭실 사역과 서울 연희 사역 전체를 조명할 필요가 있지만 여기서는 평양에서 이루어진 숭실학교 사역을 중심으로 살펴보려고 한다. 그 이유는 이 글이 전기류의 저술이 아니라 베커의 선교 사역과 그 역사적 의미를 조명하는 데 목적이 있으며 그런 관점에서 그의 숭실학교 사역에서 그의 '교육 선교' 및 '연합 교육' 사역의 내용과 의미를 충분히 발견할 수 있기 때문이다. 베커에게 있어 숭실학교 사역과 연희전문학교 사역은

1) 이런 관점에서 쓴 논문으로는 나일성의 "알비온(Albion)에서 온 두 과학자-베커(Arthur Lynn Becker)와 루퍼스(W. Carl Rufus)의 교육과 사상-"(〈동방학지〉 46·47·48합집, 연세대학교 국학연구원, 1985.6)이 있다.

2) 이런 관점에서 쓴 논문으로는 안종철의 "아더 베커(Arthur L. Becker)의 교육선교활동과 '연합기독교대학' 설립"(〈한국기독교와 역사〉 34호, 한국기독교역사연구소, 2011.3), 이덕주의 "평양 숭실에 나타난 'union' 정신과 그 역사적 의미-평양 숭실의 '연합중학교' 및 '연합대학' 시절을 중심으로"(〈2014년도 한국기독교문화연구원 개원기념 학술대회: 해방 이전 북한선교와 기독교교육 자료집〉, 숭실대학교 한국기독교문화연구원, 2014,10.10) 등이 있다.

'처음과 나중', '연결과 완결'이라는 관계 개념으로 보아야 한다. 베커는 미국에서 대학을 갓 졸업하고 선교사로 들어와 평양 숭실학교에서 10년 동안 베어드와 함께 사역하면서 터득한 '교육 선교'와 '연합 교육'의 경험과 지혜를 서울 연희전문학교 30년 사역을 통해 유감없이 발휘하였다. 베커를 통해 숭실이 연희로 계승, 발전되었다 할 수 있다. 앞으로 누군가 해야 할 과제이지만, 베커의 서울 연희 사역을 정리하기에 앞서 그의 평양 숭실 사역을 정리, 조명할 필요가 여기에 있다.

2. 한국에 선교사로 나오기까지

2.1 출생과 교육

아더 린 베커는 1879년 5월 12일 미국 미시건주 북부의 농촌 마을 사기노우(Saginaw)에서 농부 엘머(Elmer)와 마거리트(Marguerite, 애칭 Maggie) 사이의 3남 1녀 중 장남으로 출생했다.[3] 아더가 다섯 살 때 그의 가족이 미시건주 남부의 작은 도시 리딩(Reading)으로 이주하여 아더는 그곳에서 초등학교와 고등학교를 다녔다. 아더는 집안이 가난해서 고등학교 때부터 일을 해서 학비를 벌었고 고등학교 재학 중이던 1897년 회심 체험을 하였다. 그가 회심 체험을 한 1년 후 그의 온 가족이 리딩감리교회에 출석하였고 아더는 리딩감리교회 주일학교 교사로 활약하였다. 아더는 고등학교 때 이미 키가 6피트

베커 가족(오른쪽 끝이 아더)

3) 그의 출생지를 인디애나주 레이(Ray)로 표기한 자료도 있는데("Becker, Arthur Lynn", Justin Corefield ed., Historical Dictionary of Pyengyang, London: Anthem Press, 2014, p. 14), 그가 대학을 졸업한 1903년, 앨비언대학에서 간행한 자료에 그의 출생지가 미시건주 사기노우로 되어 있어 그것을 따랐다. Albion College Pleiad, Feb. 25, 1903, p. 111.

베커(1903년)

베커(1900년)

베커(1895년)

베커 선교사 은퇴후 미국에서(1946년)

(183Cm)에 달하여 '키다리 아트'(Big Art)란 별명이 붙었고 농구와 야구 등 체육활동 뿐 아니라 공부도 잘하고 웅변도 잘하여 여학생들로부터 인기와 주

목을 받았다.[4)]

아더는 가난한 시골농부 베커 집안의 희망이었다. 부모 뿐 아니라 리딩 주민들의 기대도 컸다. 그 기대는 1899년 6월, 리딩고등학교 졸업식에서 아더가 졸업생 대표연설을 할 때 최고조에 달했다. 아더는 '산티아고의 영웅'(Hero of Santiago)이란 제목으로 졸업연설을 하였는데 스페인전쟁의 영웅이자 공화당 상원의원인 시어도어 루즈벨트(Theodore Roosevelt)를 지지하는 '정치적인' 연설이었다.[5)] 루즈벨트는 당시 대통령 매킨리가 '평화주의자'였던 것에 비하여 스페인 뿐 아니라 쿠바와 파나마, 필리핀 등 국제적 분쟁지역에 적극 개입하여 미구의 힘을 보여주자는 '확장주의' 노선을 추구하였다. 루즈벨트는 1901년 매킨리 대통령과 러닝메이트로 출마하여 부통령에 당선 되었다가 그 해 9월 피격을 당해 목숨을 잃은 매킨리 대통령 후임으로 미국의

앨비언대학(1890년대)

4) Evelyn Becker McCune and Heather McCune Thompson, *Michigan to Korea: Arthur Lynn Becker 1899-1926*, Evelyn McCune and Heather Thompson, 2009(이하 Michigan to Korea), pp. 2-5; Heather McAfee McCune Thompson, *A Daughter's Journey: Evelyn Becker McCune*(이하 A Daughter's Jpurney), Heather McAfee McCune Thompson and Darlene McAfee Blackwood, 2006, pp. 3-4; *Arthur L. Becker's Application of Candidate for Mission Board*, 1903.2.3.

5) *Michigan to Korea*, pp. 2-5.

제26대 대통령이 되어 국제 문제에 적극 개입, '후발 제국주의' 국가로서 미국의 영향력을 세계에 확산시켰다.

아더가 고등학교 졸업식 때 이런 정치적 연설을 한 것은 '정치 출세의 꿈'이 그에게 있었음을 보여준 것이었다. 그러나 베커의 가정 형편은 경제적 여유가 없었다. 그는 대가족 농부집안 맏아들이었기에 졸업 후 농장에 들어가 집안 살림을 도와야 했다. 그런데 졸업식 날, 식장에서 아더의 졸업연설을 들은 리딩감리교회 마틴(Martin) 목사가 그에게 대학 진학을 권하면서 미시건주 북부에 있는 감리교 계통 앨비언대학(Albion College)을 소개하였다. 마틴 목사는 회심 체험 이후 주일학교 교사를 하면서 종교 생활에도 헌신적인 모습을 보였던 베커를 미래 사역자로 키우기 위해 앨비언대학 진학을 권하였다.

마틴 목사가 추천한 앨비언대학은 1835년 미감리회 미시건연회가 설립한 학교로 처음엔 앨비언 남부 스프링아버(Spring Arbor)에서 '스프링아버신학교'로 출발했다가 1837년 학교를 앨비언으로 옮긴 후 1840년부터 웨슬리언신학교(The Wesleyan Seminary)로 이름을 바꾸었다.[6] 웨슬리언신학교는 1850년부터 앨비언여자대학(The Albion Female Collegiate Institute)을 설립해서 여성 고등교육도 시작하였는데 1857년에 두 학교를 병합하였고 1861년부터 남녀공학의 '앨비언대학'(The Albion College)으로 이름을 바꾸었다. 남녀공학의 앨비언대학은 비록 역사가 60년 밖에 되지 않은 지방대학이었지만 과학과 정치 분야에서 뛰어난 인재를 배출하였다. 미국 생태학과 수문학(hydrology) 창시자인 호턴(Robert E. Horton)을 비롯하여 식물학자로서 식목일 제도를 창시한 모턴(Julius S. Morton), 천문학자 모울턴(Forest R. Moulton), 그리고 정치인으로 연방국회의원을 지낸 웨버(John M. Weber)와 버트(Wellington R. Burt), 제임스(William F. James) 등이 이 대학 출신들이었다.[7] 학교 역사가 오래지는 않았지만 앨비

---

6) "Albion College", The Encyclopedia of World Methodism(이하 EWM), vol. I, Nashville: The Methodist Publishing House, 1974, p. 78; http://www.albion.edu/about-albion/our-history.

7) https://en.wikipedia.org/wiki/Albion_College.

언대학은 미시건주 명문대학으로 명성을 얻고 있었다.

아더 베커는 리딩교회 목사로부터 앨비언대학을 소개받은 후 '대학 진학'을 새로운 목표로 삼았다. 그리고 이런 아들의 결심을 어머니가 적극적으로 후원했다. 그래서 아더는 고등학교 졸업 후 두 달 동안 마을 농장에서 일하여 번 여비로 30마일(50Km) 떨어진 앨비언대학을 찾아가 학장 디키(Samuel Dickie, 1851-1925) 박사를 만났다. 디키 학장은 캐나다 온타리오 출신으로 앨비언대학을 졸업한 후 1877년부터 모교 교수로 천문학과 수학을 강의하다가 1884년 미국 금주동맹 의장이 되어 이후 13년 동안 전국 규모의 금주운동을 지휘하였고 1896년 앨비언 시장에 선출되어 3년 봉사하기도 하였다. 이후 디키는 1899년 앨비언대학 9대 학장이 되어 이후 20년 넘게 재직하면서 10만 달러를 모금하여 학교 부채를 해결하고 학교 시설과 교수진을 확충함으로 앨비언대학 중흥기를 이루었다.[8] 디키 학장으로선 15년 만에 모교에 돌아와 학장으로 일을 시작할 즈음 시골에서 올라온 베커를 처음 만났다.

디키 학장은 리딩교회 목사의 소개장을 갖고 찾아 와 "이 학교에 들어오고 싶다."는 베커에게 "우리 학교에 들어오려는 학생들 가운데 자네 같이 경제적인 형편이 어려운 학생들이 많다. 자네가 우리 학교에 기여할 것이 무엇인가?" 라고 물었다. 이에 베커는 "이 대학 안내서에서 학교 설립목적이 '교회 청년을 기독교 사역자로 훈련시키는 것'(To train the young people of the Church for Christian service)이라는 것을 보았습니다. 나는 그 목적에 부합하여 훈련받을 준비가 되어 있습니다."라고 하면서 고등학교 때 체육 선수로 활동한 전력도 소개하였다. 이에 디키 학장은 즉시 그의 입학을 허락하고 입학금과 학비를 벌 수 있도록 청소부 일을 시켰다. 그래서 베커는 개학 전 두 달 동안 사다리를 타고 학교 유리창을 닦는 것으로 앨비언대학 생활을 시작하였다. 베커는 이후 4년 동안 고학을 하면서 대학을 다녔다. 처음 2년은 청소 일을 하

---

8) "Dickie, Samuel", *EWM* vol. I, p. 680.

였고 후반 2년은 조교 일을 하면서 학비와 기숙사비를 벌었다. 시골집에서 해 준 것은 계절마다 추수한 농산물을 보내주는 정도였다.[9)]

베커는 앨비언대학에서 라틴어와 독일어, 불어 등 기초언어를 비롯하여 역사와 문학, 성경과 철학, 수학과 과학 등 다양한 과목을 수강하였다. 그는 특히 역사와 문화, 성경과 헬라어를 강의했던 굿리치(Frederic S. Goodrich) 교수와 과학 담당 바(Samuel D. Barr), 수학 담당 베너(Henry Benner), 화학 담당 폴(Delos Fall) 교수 강의에 열심히 참석하였다. 그 중에도 인문주의자인 굿리치 교수의 관용과 인간적 세계관에 많은 영향을 받았고 수학과 생물학, 지질학을 강의한 바 교수의 학자적 태도에도 감명을 받았다. 과학자 특유의 엄격하고 무뚝뚝한 성격의 바 교수 강의를 학생들은 별로 좋아하지 않았지만 베커는 오히려 그의 과학적 사고와 냉철한 세계관이 마음에 들었다.[10)] 그는 바 교수의 진화론을 적극 수용하였고 상급반에 올라가면서 수학과 과학 등 이과를 전공으로 택하였다. 그가 후에 한국에 선교사로 와서 과학교육자로 헌신하게 된 배경에는 바 교수의 영향이 크게 작용하였다.

베커는 3학년 때부터 바 교수의 조교가 되어 신입반 학생들에게 수학과 기하학을 가르쳤는데 폴 교수가 가르쳐 준 듀이(J. Dewey)의 실용주의 교육방법론(pedagogy)을 적용해서 수강생들의 인기를 끌었다. 그는 또 학생동아리 활동에도 적극 참여하였다. 우선 앨비언대학 농구대표 선수로 활약하였는데 그가 선수로 뛰었던 시기 앨비언대학 농구팀은 가장 우수한 성적을 냈다. 그러면서 인문학회(The Ecletic and Atheniaedes Society) 회장으로 활동하였는데 나중에 그의 아내가 되는 1년 후배 루이즈(Louise Ann Smith)를 같은 학회에서 만나 사귀게 되었다. 그리고 대학 기독교청년회(YMCA)와 해외선교자원학생회(The Student Volunteer Band for Foreign Missions)에도 가입해서 활동했는데 후에 한

---

9) *Albion College Pleiad*, Feb. 25, 1903, p. 111; *Michigan to Korea*, pp. 11-13.

10) *Michigan to Korea*, pp. 15-16.

국에 선교사로 함께 사역하게 되는 크리쳇(Carl Critchett)과 루퍼스(Carl Rufus)도 같은 동아리 회원으로 만나 사귀었다. 특히 루퍼스는 농구팀에서도 함께 뛰었고 1901년 여름방학 때 그랜래프드에서 함께 알바를 하면서 친해져 '평생 친구'가 되었다.[11] 이렇게 베커는 앨비언대학에서 수업과 학문 뿐 아니라 동아리와 조교, 사회 활동을 통해 다양한 경험을 쌓았다.

앨비온대학 인문학회(1902년) 앞줄 가운데가 베커

앨비온대학 농구팀(1902년) 뒷줄 가운데가 베커

약혼녀 루이즈(1902년)

11) *Michigan to Korea*, pp. 21-29; 나일성, "알비온(Albion)에서 온 두 과학자-베커(Arthur Lynn Becker)와 루퍼스(W. Carl Rufus)의 교육과 사상-", pp. 585-589.

2.2 한국선교 지원

베커는 대학 4학년이 되는 1902년 가을부터 대학 졸업 후 장래를 본격적으로 고민하기 시작했다. 그는 대학 상급반에 되면서 자신의 특기와 자질이 '과학과 교육'(Science and Education)에 있다고 확신했다. 그래서 뉴욕 기독교청년회와 장로교 계통 해외선교단체인 아메리칸 보드(American Board of Foreign Missions)에 "어느 곳이든 과학을 가르칠 수 있는 곳이 있으면 알려 달라."는 편지를 보냈고 아메리칸 보드로부터 "중국 광뚱(廣東)지역 기독교대학에서 가르칠 수 있다."는 답장을 받았다. 그는 이 문제로 굿리치 교수를 찾아가 상담하였는데 굿리치 교수는 "감리교 출신으로 감리교 계통 대학을 다녔으니 감리교 계통 학교로 가서 사역하는 것이 좋지 않겠느냐."고 조언하였다.[12] 그런 상황에서 1903년 1월, 미국 감리교회의 데이비드 무어(David H. Moore) 감독과 오하이오 웨슬리언대학의 윌리엄 올드햄(William F. Oldham) 박사가 앨비언대학을 방문해서 해외선교, 특히 한국 선교에 대해 특강을 하였다. 베커는 무어 감독의 강연을 들으면서 자신의 미래를 '한국 선교'로 결정했다.

미국 오하이오대학 출신인 무어 감독은 1855년부터 미감리회 오하이오연회에서 목회를 시작하였는데 1861년 미국 남북전쟁 때 북군 장교로 참전하여 부상을 입고 남북전쟁 영웅 호칭을 받았다. 이후 그는 1872년 신시내티 웨슬리언여자대학 학장, 1875년 콜로라도신학교 학장, 1880년 덴버대학교 학장을 역임한 후 1900년 미감리회 총회에서 감독으로 선출되어 한국과 중국, 일본지역 관리 감독으로 활동하였다. 무어 감독은 1901년 5월, 처음으로 한국을 방문하여 서울에서 연회를 주재하고 김창식, 김기범 두 전도사를 한국인 최초 목사로 안수하였다. 연회 후에는 인천과 평양을 방문하여 급속하게 부흥한 선교 현장을 확인하였는데 특히 선교 착수 10년도 되지 않은 평양에서 좁은 한옥 예배당에 5백 명이 넘는 신자들이 모여 예배드리는 광경을

---

12) *Michigan to Korea*, pp. 34-35.

목격하였다.[13] 전국 2개 지방에 2천 9백 명 교인으로 부흥한 한국교회는 더 많은 선교인력을 필요로 하였다. 한국 선교를 현장에서 관장하는 스크랜턴(W.B. Scranton) 장로사는 연회를 주재하는 무어 감독에게 선교사 증파를 호소하면서 특히 교육 선교사의 필요를 지적했다. 스크랜턴의 호소였다.

> "현 시점에서 우리에게 가장 시급한 과제는 교회부속 매일학교입니다.[14] 학교가 없어 우리 청년들을 훈련시킬 수 없습니다. 그래서 우리가 어른들을 모으는 순간 그 자녀들은 빼앗기고 있는 실정입니다. 이 아이들에게 적절한 교육을 하지 못하면 모두 잃고 말 것입니다. 우리교회 교인들이 자기 자녀를 공립학교로 보낸다는 말을 많이 듣고 있는데 이유는 자기 자녀들에게 필요한 교육을 우리가 실제로 시켜주지 못하고 있기 때문입니다."[15]

자녀들에게 성경과 기독교교리 공부만 아니라 일반 공교육도 받게 하려는 교인들의 욕구를 채울 수 없다는 말이었다. 교육자 출신인 무어 감독도 기독교 정신을 바탕으로 한 일반 공교육이 교회와 사회 발전에 얼마나 중요한 지 잘 알고 있었기에 매일학교 설립과 그것을 지도할 선교사를 파견해 달라는 한국 교인들의 호소를 진지하게 받아들였다. 연회를 마치고 귀국하는 무어 감독의 머릿속에는 한국에 파송할 추가 선교사, 특히 교육을 전담할 선교사 선발이 중요한 과제로 남게 되었다. 그런데 안타깝게도 선교사 추가 파송은

---

13) "Moore, David Hastings", E*WM* vol.Ⅱ, p. 1,664; *Official Minutes and Reports of the Annual Meeting of the Korea Mission of the Methodist Episcopal Church*(이하 KMEC) 1901, pp. 5-7; "문 감목께서 평양교회에 오심", 〈신학월보〉 1901.6.

14) '매일학교'는 영어의 'day school'을 번역한 것이다. 요즘을 일반 학교와 같은 개념인데 주간 중 낮에 등교해서 공부하고 오후에 집으로 돌아가는 학교이다. 이는 교회에서 주일에만 운영하는 '주일학교'(Sunday school), 선교부가 운영하지만 모든 학생들이 기숙사에서 생활하는 '기숙학교'(boarding school), 그리고 직장인과 불우한 환경의 학생들을 위한 '야간학교'(night school)과 구분해서 사용하는 어휘였다.

15) "Report of W.B. Scranton, Superintendent", *KMEC* 1901, p. 23.

곧바로 이루어지지 못했다.

무어 감독은 다시 1년 후, 1902년 5월에도 연회를 주재하기 위해 한국을 방문했다. 1902년 연회는 평양에서 개최되었는데 무어 감독은 연회 기간 중 1천 명을 수용할 수 있는, 당시로서는 한국에서 가장 규모가 큰 남산현교회 벽돌예배당 정초식을 거행하였다.[16] 그는 1년 사이에 더욱 부흥, 성장한 한국교회 선교현장을 목격하였다. 교세는 3개 지방, 47개 교회, 3천 2백 명 교인으로 보고되었다.[17] 그러나 선교사 상황은 더욱 악화되어 있었다. 무엇보다 한국 선교 개척자였던 아펜젤러(H.G. Appenzeller)와 스크랜턴 두 가족이 1년 사이에 모두 한국을 떠나 없었다. 아펜젤러는 1901년 5월 연회를 마친 한 달 후 목포로 성경번역을 하러 가다가 서해 어청도 앞바다에서 해상 선박충돌사고로 순직하였고 스크랜턴도 그 해 8월, 급작스런 질병에 걸린 어머니(Mary F. Scranton)를 모시고 미국으로 들어간 상태였다.

무어 감독은 아펜젤러의 순직과 스크랜턴 모자의 귀국으로 선교사들과 한국 교인들의 사기가 떨어져 있는 것을 쉽게 파악할 수 있었다. 그런 상황에서 스크랜턴 후임으로 한국 선교회 장로사로 선임된 존스(G.H. Jones)도 무어 감독에게 선교사 증파를 호소하면서 구체적인 숫자까지 제시하였다.

> "우리는 해야 할 사역을 도무지 감당할 수 없습니다. 개종자가 있어도 세례를 줄 수 없으며 교인 가정의 결혼식도 집례하지 못하고 있습니다. 한국 선교회를 살리려면 적어도 여덟 명이 필요합니다. 세 명은 북한지방에, 세 명은 남한지방에, 그리고 두 명은 서부지방에 파송해야 합니다. 본국 회에 간곡하게 부탁합니다. 1903년에 두 명, 1904년에 세 명, 그리고 1905년에 세 명을 보내 주십시오."[18]

---

16) *KMEC* 1902, pp. 5-16; "년환회할 차로 평양에 감목 오심", 〈신학월보〉 1902. 7.

17) "Summary of Stastics", *KMEC* 1902, p. 90.

18) "Report of G.H. Jones, Superintendent", *KMEC* 1902, p. 23.

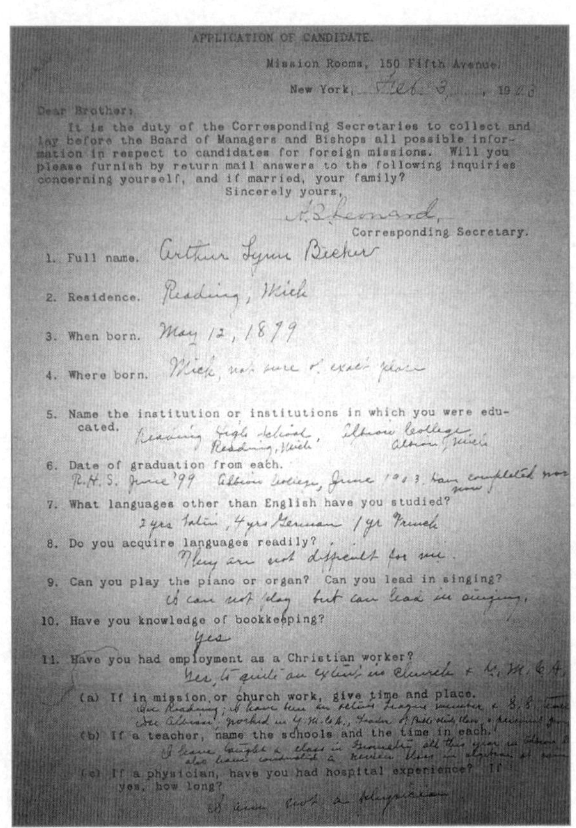

APPLICATION OF CANDIDATE.

Mission Rooms, 150 Fifth Avenue.

New York, Feb. 3, 1903

Dear Brother:

It is the duty of the Corresponding Secretaries to collect and lay before the Board of Managers and Bishops all possible information in respect to candidates for foreign missions. Will you please furnish by return mail answers to the following inquiries concerning yourself, and if married, your family?

Sincerely yours,

A. B. Leonard,

Corresponding Secretary.

1. Full name. Arthur Lynn Becker
2. Residence. Reading, Mich.
3. When born. May 12, 1879
4. Where born. Mich, not sure of exact place
5. Name the institution or institutions in which you were educated. Reading High School, Reading, Mich. Albion College, Albion, Mich.
6. Date of graduation from each. R. H. S. June '99 Albion College, June 1903. Have completed now
7. What languages other than English have you studied? 2 yrs Latin, 4 yrs German 1 yr French
8. Do you acquire languages readily? They are not difficult for me.
9. Can you play the piano or organ? Can you lead in singing? I can not play but can lead in singing.
10. Have you knowledge of bookkeeping? Yes
11. Have you had employment as a Christian worker? Yes, to quite an extent in Church & Y. M. C. A.
    (a) If in mission or church work, give time and place. [illegible]
    (b) If a teacher, name the schools and the time in each. [illegible]
    (c) If a physician, have you had hospital experience? If yes, how long? I am not a physician

베커의 해외선교사 지원서(1903년)

앨비온대학 선교자원학생들(1902년) 앞줄 가운데가 크리쳇, 그 오른쪽이 베커

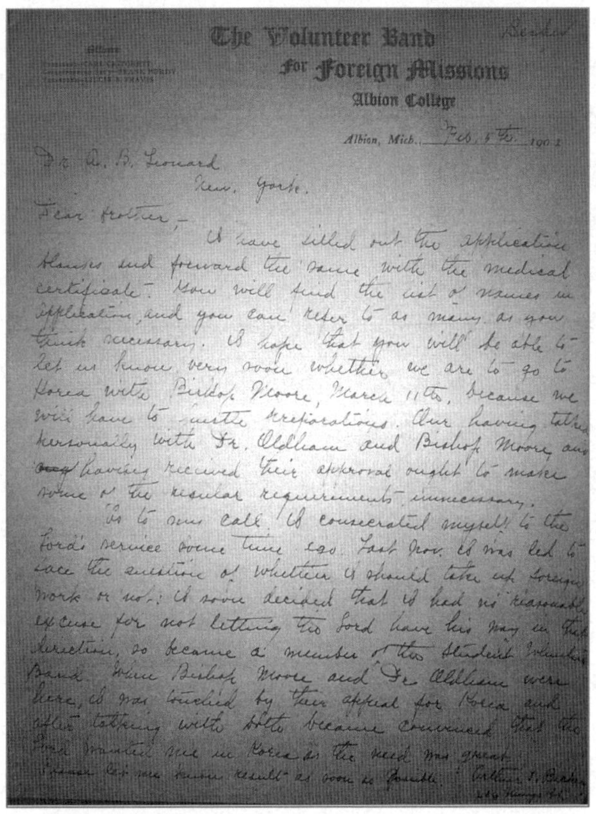

The Volunteer Band
For Foreign Missions
Albion College

Albion, Mich., Feb. 5th 1902

Dr. A. B. Leonard
New York.

Dear Brother,—

I have filled out the application blanks and forward the same with the medical certificate. You will find the list of names in application, and you can refer to as many as you think necessary. I hope that you will be able to let us know very soon whether we are to go to Korea with Bishop Moore, March 11th, because we will have to make preparations. Our having talked personally with Dr. Oldham and Bishop Moore and having received their approval ought to make some of the regular requirements unnecessary.

As to my call. I consecrated myself to the Lord's service some time ago. Last Nov. I was led to face the question of whether I should take up foreign work or not; I soon decided that I had no reasonable excuse for not letting the Lord have his way in that direction, so became a member of the Student Volunteer Band. When Bishop Moore and Dr. Oldham were here, I was touched by their appeal for Korea and after talking with them became convinced that the Lord wanted me in Korea as the need was great.

Please let me know result as soon as possible. [illegible]

베커의 해외선교 지원 편지(1902년 2월 5일)

"1903년에 최소한 두 명이라도 보내 달라."는 한국 선교회의 요청은 절규에 가까운 호소였다. 연회를 마치고 미국으로 귀환하는 무어 감독의 마음은 1년 전보다 더욱 무거웠다. 선교사 선발과 파송이 더 이상 미룰 수 없는 과제가 되었다. 그래서 무어 감독은 미국으로 돌아가서 한국에 보낼 교육 선교사를 선발하는 일을 최우선 과제로 삼고 감리교 계통 대학들을 순방하였다. 무어 감독의 순회강연에 웨슬리언대학의 올드햄 박사도 동행했다. 그 역시 말레이시아와 싱가포르 감리교 선교 개척자로서 10년 동안(1885-94년) 사역했

던 경험을 학생들에게 소개하며 해외 선교의 중요성을 깨우쳤다.[19]

그렇게 해서 무어 감독이 1903년 1월 앨비언대학을 찾아와 "한국에 선교사로 나갈 학생은 없는가?" 호소할 때 그 무렵 미래를 두고 고민하며 기도 중이던 스물두 살 대학생 베커의 마음이 움직였다. 그는 특히 무어 감독의 "한국에 특히 교육 선교사가 필요하다."는 호소를 '신의 계시'로 받아들였다. 그 때 무어 감독의 강연을 듣고 한국 선교를 결심한 또 다른 앨비언 대학생 중에 베커보다 1년 선배로서 앨비언대학 해외자원학생회 회장인 크리쳇도 있었다. 목회에 뜻을 두었던 크리쳇은 앨비언에서 대학 과정을 마친 후 별도로 신학 공부를 하고 있었다. 강연을 마친 무어 감독과 올드햄 박사는 한국 선교를 지원한 베커와 크리쳇을 면담한 후 두 사람을 한국 선교사로 선발하였다.

무어 감독은 그 사실을 디키 학장에게 알리고 한국의 선교지 상황이 급하니 졸업 전이라도 1903년 3월 한국에 나갈 때 함께 데리고 갔으면 좋겠다며 협조를 부탁했다.[20] 사실 크리쳇은 이미 앨비언대학을 5년 째 다니고 있어 문제없었으나 4학년인 베커는 6월 졸업까지는 한 학기 더 공부해야 했다. 그러나 디키 학장은 이미 오래 전부터 주목해 왔던 '훌륭한' 학생들이라며 협조를 약속했다. 그는 특별교수회의를 소집하여 베커가 그동안 수업과 학교 생활에 충실하였을 뿐 아니라 이미 1년 넘게 조교로 수학 강의를 해온 경력을 인정하여 조기 졸업을 허락하기로 했다.

디키 학장을 통해 조기 졸업이 가능하게 되었다는 사실을 안 베커는 즉시 뉴욕의 미감리회 해외선교부에 선교사 지원 의사를 알렸다. 즉 1903년 1월 28일 해외선교부 총무 레너드(A.B. Leonard) 박사에게 "수학과 물리학에 재능이 있으므로 이 분야 교사로 파송해 줄 수 있는지" 문의하는 편지를 보냈고

---

19) 올드햄은 1904년 미감리회 총회에서 감독으로 선출되어 말레이시아를 중심한 아시아 남부 관리감독으로 사역하였고 1912년부터 미감리회 해외선교부 총무가 되어 전 세계 해외선교를 관리하였다. "Oldham, William Fitzjams", *EWM* vol.Ⅱ, p. 1,810.

20) *Michigan to Korea*, pp. 37-38.

[21] 그 이튿날 다시 무어 감독 및 올드햄 박사와 상의했다면서 "무어 감독과 함께 3월 11일 출국하기를 원한다. 시간이 촉박하니 필요한 서류가 무엇인지 알려 달라."는 편지를 보냈다.[22] 그리고 2월 5일, 베커는 선교사 지원 서류와 건강진단서를 선교본부에 보내면서[23] 자신이 한국 선교사로 지원하게 된 배경을 이렇게 설명하였다.

> "저의 소명에 대해 말씀드리겠습니다. 저는 오래 전부터 주님의 사역에 내 자신을 헌신하기로 결심했습니다. 그리고 지난 해 11월부터 해외선교 사역에 임할 것인가 하는 문제로 진지하게 고민하였습니다. 오래지 않아 주님께서 나를 그쪽 방향으로 이끄신다면 내가 주저할 필요는 전혀 없다는 것을 깨닫고 즉시 해외선교자원학생회(The Volunteer Band for Foreign Missions)에 가입했습니다. 무어 감독님과 올드햄 박사님께서 우리 학교에 오셔서 한국 선교사가 필요하다는 내용의 강연을 듣고, 그리고 강연 후 두 분과 대화를 나눈 결과 한국 상황이 시급하여 주님께서 나를 그리로 인도하신다는 확신이 생겼습니다. 제가 갈 수 있는 지 여부를 가능한 한 빨리 알려주시기 바랍니다."[24]

무어 감독과 올드햄 박사, 디키 학장을 통해서도 같은 내용을 보고받았던 미감리회 해외선교부는 2월 실행위원회에서 '앨비언대학 졸업생' 베커와 크리첏을 한국 선교사로 보내기로 결의하였다. 불과 한 달 만에 이루어진 일이었다. 베커로서도 '예상보다 빠른' 상황 전개였다. 이렇게 해서 '한국 선교

---

21) *A.L. Becker's letter to Dr. A.B. Leonard,* Jan, 28, 1903.

22) *A.L. Becker's letter to Dr. A.B. Leonard,* Jan, 29, 1903.

23) *Arthur L. Becker's Application of Candidate for Mission Board,* 1903.2.3.; *Michigan to Korea,* pp. 28-29, 47-48.

24) *A.L. Becker's letter to Dr. A.B. Leonard,* Feb. 5, 1902. 미국 뉴저지 드류대학교 구내에 위치한 미국연합감리회 역사자료관에 소장된 베커 편지의 원본에는 이 편지를 쓴 날짜가 1902년 2월 5일로 표기되어 있으나 전후 사정으로 보아 베커가 연도를 착각해서 '1903년'을 '1902년'으로 잘못 쓴 것으로 보인다.

사'로서 베커의 운명이 결정되었다.

2.3 선교 준비와 출발

베커가 한국 선교사로 나가게 되었다는 소식은 앨비언대학 뿐 아니라 앨비언 시민사회에도 이야기 거리가 되었다. 왜냐하면 그는 앨비언대학 농구팀의 주축 선수로 지역사회에 '유명인사'가 되어 있었기 때문이었다. 다음은 1903년 2월 14일, 지역 신문 〈The Albion Newspaper〉가 보도한 베커 관련 기사다.

"베커는 리딩고등학교 졸업생으로 앨비언대학 4학년에 재학 중이다. 그는 종교와 체육 양쪽 분야에서 뛰어난 대학생이었다. 지금까지 대학 농구팀 선수 가운데 가장 우수한 실력을 갖춘 선수였다. 앞으로 대학 연맹전이 열릴 터인데 그의 빈자리가 크게 느껴질 것임은 분명하다. 이런 시점에서 그가 해외 선

베커 부인 앨비언대학 졸업(1905년)

교사로 나가겠다고 결심한 것은 불과 며칠 사이에 이루어진 일인데 그것은 무어 감독의 방문 결과였다. 베커가 해외선교자원학생회에 가입한 것은 불과 몇 달 전인데 그 때까지 그는 남아메리카에 가서 교육에 종사할 계획을 세워놓고 있었다. 그가 한국으로 가기로 한 것은 그에게 보다 넓은 사역지가 열렸다는 것을 의미한다. 그는 사실 이번 여름 방학에 중국과 일본 인도를 여행할 계획을 세워놓고 있었다."[25]

베커는 한국에 선교사로 나가게 된 사실을 리딩의 가족들에게 알렸고 2년 째 사귀고 있던 인문학회 후배 루이즈에게도 알렸다. 앨비언대학에서 음악(피아노)을 전공하고 있던 루이즈는 베커의 결정을 적극 지지하였고 자신도 2년 후 졸업하면 베커와 결혼한 후 한국 선교에 합류하겠다는 의사를 밝혔다.[26]

이후 베커와 루이즈, 두 사람은 학교 도서관에 가서 한국관련 서적 찾아 탐독하기 시작했다. 마침 1892-98년 서울에서 간행된 영문 월간잡지 〈The Korean Repository〉와 1901년부터 간행된 〈The Korea Review〉가 있어 그것을 탐독하면서 한국의 역사와 문화, 정치와 종교, 그리고 기독교 선교 상황을 파악할 수 있었다. 사실 베커는 이 책들을 읽기 전까지 한국을 남부아시아 섬나라 가운데 하나로, 아직도 식인문화(cannibalism)가 남아 있어 선교사도 잡아먹힐 수 있는 그런 나라로 생각하였다. 그러나 〈The Korean Repository〉와 〈The Korea Review〉에 실린 선교사들의 논문을 통해 한국이 수천 년 역사와 문화, 종교 전통을 간직한 우수한 문화민족인 것을 알았다. 그리고 1백년 앞선 가톨릭(천주교) 선교 역사와 미국인이 개입된 제너럴 셔먼호사건의 진상도 알았고 미감리회의 20년 선교 역사와 현황은 물론 2년 전에 일어난 아펜

---

25) *Michigan to Korea,* p. 48.

26) *A.L. Becker's letter to Dr. A.B. Leonard,* Feb. 9, 1903; *Michigan to Korea,* p. 40.

젤러 순직 사실도 알게 되었다.[27)]

이런 식으로 비록 한 달 밖에 되지 않는 짧은 기간이었지만 베커는 도서관에서 한국관련 논문들을 읽으면서 한국에 대해 가졌던 부정적 선입견과 편견을 상당 부분 해소할 수 있었다. 베커는 리딩과 앨비언에서 친구와 교인들이 마련한 환송식에 참석한 후 무어 감독을 만나기 위해 샌프란시스코로 가던 기차 안에서 쓴 3월 4일 자 일기에서 그동안 한국에 대해 부정적 편견과 선입견을 갖고 있었음을 반성하면서 선교 사역의 첫 번째 과제를 이렇게 정리하였다.

> "이처럼 수천 년 나름대로 지켜져 내려온 한국의 고유 문명을 무시한 채 나의 생활 방식을 그들에게 가르칠 것인가? 그들 나름대로 훌륭한 종교와 과학 전통이 있는데 나 자신의 종교와 과학적 관념만 그들에게 가르칠 것인가? 내가 그들에게 바꾸라고 말하기 전에 먼저 그들의 문화를 배워야 하지 않을까? [그렇게 배운 후에] 내가 믿는바 길이요 진리요 생명 되시는 예수 그리스도, 민족과 장소를 초월하여 영원한 생명의 근거가 되시는 예수 그리스도를 가르칠 수 있을 것이다."[28)]

교사라 할지라도 가르치기 전에 공부해야 하고, 목사라 할지라도 설교하기 전에 먼저 '하늘 메시지'를 받아야 하듯, 베커는 한국 선교사로 새로운 여정을 시작하면서 가르치고 전하기에 앞서 "먼저 저들을 배워야 하겠다."는 자세를 확립하였다. 가르치기 전에 배우고, 말하기 전에 듣는 것으로 가장 기본적인 '선교지 이해'를 한 후 민족과 장소를 초월한 '영생의 진리'로서 기독교 복음을 전하는 것으로 선교의 방향과 순서를 잡았다. 이렇게 베커는 '대

---

27) *Michigan to Korea,* pp. 44-78.

28) *Michigan to Korea,* p. 84.

학생'에서 '선교사'로 정체성을 확립해 나가고 있었다. 샌프란시스코행 열차 안에서 동창생 크리쳇에게 신학에 대한 기본 지식을 배운 것도 베커로서는 선교사로서 기본 훈련과정이었다.

샌프란시스코에 도착한 베커와 크리쳇은 거기서 그들을 기다리고 있던 무어 감독을 만났다. 무어 감독의 이번 여행은 단지 한국과 일본, 중국에서 연회를 주재하기 위한 것이 아니었다. 이번에는 1년 동안 세 나라, 특히 중국 대륙의 선교와 교회 형편까지 돌아볼 계획을 수립해 놓고 있었다. 감독으로서는 65세 나이에 무리한 여행일 수도 있었다. 그래서 감독은 20세 아들을 동행시켰다. 그런데 샌프란시스코에는 베커와 크리쳇 말고 한국에 나갈 선교사 두 명이 더 와서 기다리고 있었다. 오하이오 사이인대학 및 뉴저지 드류신학교 졸업생 존 무어(John Z. Moore, 1874-1963)와 뉴욕 브룩클린선교사양성소 및 오벌린대학 졸업생 로버트 샤프(Robert A. Sharp, 1872-1906)였다.[29] 두 사람 역시 베커와 크리쳇처럼 무어 감독의 '순회강연'을 듣고 한국 선교사로 지원한 신학교 졸업생들이었다. 이로써 데이비드 무어 감독 부자와 베커와 크리쳇, 존 무어와 샤프 등 6명의 여행단이 구성되었다. 나이로 보면 베커가 24세로 제일 어렸다.

무어 감독 일행은 3월 11일 태평양을 건너는 미국 여객선 시베리아호에 승선했다. 이후 보름간의 항해는 베커를 비롯한 '새내기' 선교사들에게 교육과 훈련의 기간이었다. 무어 감독은 어린 선교사들에게 선교사로서 갖추어야 할 기본 소양 뿐 아니라 1901년과 1902년, 두 차례 한국을 방문하면서 파악한 선교지 상황을 신임 선교사들에게 알려주었다. 특히 무어 감독은 개인적으로 베커를 따로 만나 '교육 선교'의 현황과 필요성을 알려 주었다. 무어 감독은 20년 전 미감리회가 한국 선교를 개척하면서 처음 세운 서울의 배재학당과 이화학당의 '성공적인' 발전 역사를 소개한 후 이제 복음이 전국 지방

---

29) 윤춘병, 『한국 감리교회외국인 선교사』, 한국감리교회사학회, pp. 70-71, 99-100.

으로 확산됨에 따라 지방교회들의 부속 소학교(매일학교) 설립 요청이 비등하고 그에 따라 이들 지방의 기독교 학교에서 가르칠 기독교인 교사 양성을 위한 고등교육기관(대학교) 설립이 시급한 과제임을 강조하였다. 그러면서 무어 감독은 베커에게 다음과 같이 지시와 같은 당부를 하였다.

> "당신은 우리 선교부가 지금까지 파송한 한국 선교사 중에 처음이자 유일한 교육전담 선교사입니다. 우리는 당신이 학교를 설립하고 교사를 양성하는 일에 전념하기를 바랍니다. 또한 곧바로 소학교로부터 대학교에 이르기까지 감리교 학교 운영체계를 수립하기를 기대합니다. 교과과정은 미국 학교의 것에 기초해야 할 것이지만 교재는 당연히 현지 언어로 만들어야 할 것입니다."[30)]

이렇게 베커는 '한국에 파송된 처음이자 유일한 교육 선교사'(the only one so far who has been designated an educational missionary in Korea mission)로서 책임과 사역

베커가 타고 태평양을 건넌 시베리아호(1903년)

---

30) *Michigan to Korea,* p. 97.

을 위임받았다. '교육을 통한 선교', 그것은 베커가 대학 때부터 염두에 두었던 사역이기도 했다.

베커는 이처럼 '교육 선교사'로서 자기 정체성을 수립하는 한편 다른 동료 선교사, 특히 신학교 출신으로 전도와 목회사역에 전념하는 '복음전도 선교사'(evangelical missionary)와의 관계를 어떻게 설정할 것인지 생각하였다. 당시 한국에 나가서 사역하고 있는 10여 명의 선교사 가운데 의사인 맥길(W.B. McGill)과 폴웰(E.D. Follwell)을 빼고 나머지는 모두 복음전도 선교사들이었고 지금 동행하고 있는 4명의 신임 선교사 중에도 베커를 제외한 3명이 신학교 출신이었다. 베커는 '영혼 구원과 그리스도인 양육'이라는 공통 목표를 지향하면서도 사역의 내용과 성격이 다른 복음전도와 교육선교를 어떻게 조화롭게, 협력하며 추진할 것인가 생각하였다. 이 문제에 대하여 베커는 동행하던 존 무어와 대화하면서 많은 도움을 얻었다. 베커가 교육 선교사로서 확고한 소명의식을 갖고 있듯 존 무어도 복음전도와 영혼구원 사역에 대해 확고한 신념을 갖고 있었다. 다음은 배 안에서 이루어진 무어와 베커의 대화이다.

"무어: 한국에 가장 필요한 것이 무엇일까요? 지금 한국에 가장 시급한 것은 기독교로 개종시키는 것입니다. 그것이 첫 번째 할 일입니다. 그래서 나는 언어만 어느 정도 되면 곧바로 시골로 들어가서 복음을 전할 것입니다. 그래서 기독교인을 만들고 그들로 교회를 세울 것인데 그렇게 해서 하나님이 도우시면 온 땅을 새 예배당으로 채울 것입니다. 그렇게 교회를 세운 후에야 교인 자녀들을 가르칠 소학교를 교회마다 설립할 수 있겠지요.

베커: 그렇게 해서 세워질 새 학교들에서 가르칠 토착인 교사들이 모두 기독교인이어야 하지 않을까요?

무어: 물론이지요. 그게 중요합니다.

베커: 그렇다면 그런 기독교 토착인 교사들은 어디서 데려 옵니까? 바로 나

같은 교육 선교사가 고등교육기관을 만들어 이런 교사들을 훈련시켜 내보내야 할 것입니다. 교회를 설립하는 것과 동시에 해야 할 일입니다.

무어: 사범학교와 같은 현대적 학교를 세우기까지 수년은 걸릴 텐데요.

베커: 당신 말대로 기독교인을 만들고 교회를 설립하는데도 수년은 걸릴 겁니다. 당신이 교회를 설립한 후 소학교를 세울 즈음이면 저도 기독교인 교사들을 배출할 수 있을 겁니다. 한국에서 가장 좋은 교육을 받은 교사들을 보낼 수 있을 겁니다.

무어: 아더, 당신과 내가 같은 선교부로 파송되었으면 좋겠습니다."[31]

베커의 교육선교와 무어의 복음전도는 둘 중에 어느 하나를 선택하거나 먼저 하고 나중 할 것이 아니라 모두 함께 추진하면서 서로 보완하고 협력할 사역이었다. 이처럼 항해 중에 이루어진 무어와의 대화를 통해 베커는 교육선교와 복음전도 사역과의 관계를 정립할 수 있었다. 이런 대화를 통해 베커는 새로 만난 무어와 친구가 되었고 무어의 소원대로 둘은 같은 평양선교부에 파송을 받아 10년간 함께 일했다.

이렇듯 태평양을 횡단하는 보름간의 여행을 통해 베커를 비롯한 선교사들은 선교사로서 소명감을 재확인하고 함께 사역할 선교사들 사이의 상호 이해와 협력 기반을 만들었을 뿐 아니라 각자 선교사역의 기본방향을 세울 수 있었다. 신임 선교사들로서 이탈이 불가능한 '선상'(船上)이라는 제한된 공간에서 무어 감독이 직접 지휘하는 '선상 훈련'을 받은 셈이다.

---

31) *Michigan to Korea,* p. 92.

3. 선교지 정착과 초기 선교사역

3.1 서울 도착과 선교지 적응훈련

1903년 3월 11일 샌프란시스코항을 떠난 무어 감독 일행은 하와이를 거쳐 3월 27일 일본 요코하마항에 도착하였다. 이들은 곧바로 도쿄로 들어갔다가 4월 1일부터 나고야에서 개최된 미감리회 일본연회 제20차 연회에 참석하였다. 1873년 선교를 시작한 일본 감리교회는 전국 7개 지방에 40개 교회, 교인 수 5천 명을 기록하고 있었다. 무어 감독이 주재한 일본연회는 베커를 비롯하여 크리쳇, 무어, 샤프 등 한국으로 들어갈 4명의 선교사들을 연회 준회원 1년급에 허입함과 동시에 미감리회 '선교사 규정'에 의거하여 '집사 및 장로'(deacon and elder) 목사로 안수하도록 결의하였다.[32] 한국 선교사인 이들이 일본연회 회원이 된 것은 일본 감리교회가 1884년 독자적인 '일본연회'(Japan Annual Conference)를 조직하고 목사 안수를 줄 수 있었던 반면 한국은 여전히 독자적 안수가 불가능한 '한국선교회'(Korea Mission) 체제로 유지되고 있었기 때문이었다. 그러나 베커를 비롯한 한국 선교사들에 대한 목사 안수식은 무어 감독과 본인들의 의지에 따라 한 달 후 무어 감독이 한국으로 가서 집행할 한국선교회 연회에서 거행하기로 하였다.

일본연회는 4월 7일 끝났는데 연회를 마친 무어 감독은 일본 선교와 교회 상황을 돌아보기 위해 일본에 좀 더 머물기로 하고 베커와 크레첫, 무어와 샤프 등 한국 선교사들은 연회 폐회에 앞서 4월 6일 나가사키에서 출발하는 미국 여객선 오하이오호를 타고 한국을 향해 출발하였다. 베커 일행이 탄 배

---

32) *Journal of the Twentieth Session of the Japan Annual Conference of the Methodist Episcopal Church*, 1903, pp. 20-21. 초창기 감리교회의 목사 안수는 '집사'(deacon) 안수와 '장로'(elder) 안수로 나뉘어 있어 먼저 집사 안수를 받은 후 어느 정도 시간이 지나 장로 안수를 받도록 되어 있었는데 목사 안수를 순차적으로 받기 어려운 선교사로 나가는 경우엔 감독의 재량에 따라 집사 안수와 장로 안수를 함께 받을 수 있도록 했다.

는 부산을 거쳐 4월 9일 목요일 오후 인천 제물포항에 도착하였다. 이들은 인천까지 마중 나온 존스(G.H. Jones) 장로사와 인천에서 사역하고 있던 케이블(E.M. Cable) 선교사의 환영을 받았다. 베커는 특히 앨비언대학 도서관에서 읽은 〈The Korean Repository〉에 실렸던 수많은 한국관련 논문의 필자인 존스를 만난 것에 감격했다. 스크랜턴과 아펜젤러에 이어 '세 번째' 한국 선교사로 임명을 받아 1887년 내한한 존스는 고등학교만 졸업하고 스무 살 나이에 온 '최연소 선교사'였지만 한국에서 사역하는 15년 동안 한국 역사와 문화, 언어와 종교에 관련된 수준 높은 논문들을 발표하여 해외에서 '한국학 연구자'(Korean studies scholar)로 명성을 얻고 있었다.

베커가 한국에 와서 처음 묵었던 서울 정동 선교부

베커도 존스가 쓴 논문들을 읽으며 한국에 대해 가졌던 선입견과 편견을 해소할 수 있었다. 그래서 필자를 직접 만나는 순간 베커는 저절로 '고두'(叩頭, kowtow)의 예, 즉 고개를 숙여 인사하였다.[33] 그는 특히 존스가 유창한

33) *Michigan to Korea*, p. 106.

한국말로 설교하고 한국인들과 대화하는 모습을 보며 마음 깊은 곳으로부터 존경을 표하였다. 존스도 베커에게 "한국인들이 고등교육을 받기 위해서 일본이나 미국 등 외국으로 나간다."면서 한국 안에 교사 양성을 위한 고등교육 기관이 있어야 하는데 그것이 베커가 할 일이라는 점을 확인시켜 주었다.[34] 그것은 이미 베커와 그를 선발한 무어 감독이 염두에 두고 있던 바였다.

이런 존스의 안내를 받으며 베커 일행은 경인선 기차를 타고 곧바로 서울로 들어왔다. 앞서 들어와 사역하고 있던 선교사들은 새로 나온 선교사 네 명을 열렬히 환영하였다. 당시 서울 정동 선교부에는 존스 장로사 외에 7년차 선교사 벙커(D.A. Bunker)와 6년차 스웨어러(W.C. Swearer), 5년차 베크(S.A. Beck) 등이 있었고 여선교부에는 이화학당 사역을 하는 페인(J.O. Paine)과 프라이(L.E. Fry), 보구여관 의료사역을 하는 커틀러(M.M. Cutler)와 에드먼즈(M.J. Edmund), 서울과 지방 전도사역을 하는 루이스(E.A. Lewis)와 해먼드(A.J. Hammond), 구타펠(M. Guthapfel) 등이 있었다. 그리고 지방에는 평양에 맥길과 노블(W.A. Noble), 모리스(C.D. Morris) 그리고 여선교사 홀 부인(R. S. Hall)과 에스티(E.M. Estey), 로빈스(H.P. Robbins) 등이, 인천에는 케이블과 여선교사 힐만(E.M. Hillman), 밀러(L.A. Miller) 등이 사역하고 있었다.[35] 남녀 합하여 25명 선교사들이 있었는데 이들이 감당할 수 없을 정도로 당시 한국교회의 선교 상황은 급속도로 확장되고 있었다. 그래서 지난 수년 동안 본국교회에 선교사 보충을 호소하였는데 이제야 선교사 네 명이 보충된 것이다.

이들을 환영한 것은 선교사만 아니었다. 한국 교인들도 그들을 뜨겁게 환영하였다. 베커를 비롯한 선교사들의 내한 소식을 전한 〈신학월보〉 기사다.

---

34) *Michigan to Korea*, p. 127.

35) *KMEC* 1903, pp. 20-22.

"작년 년환회에 대한으로 목사 몃 분을 더 파송하기로 결정이 되엿더니 양력 사월 초생에 미국서 목사 네 분이 새로 나오사 지금 아직 서울 정동교회에 유하시다가 올 년환회 후 각각 지방을 맛혀 시무하신다는 데 우리는 이 목사 네 분이 대한의 죽고 망하는 불상한 령혼들을 만히 건져내심을 축원하나이다."[36]

이렇게 환영을 받으며 서울에 도착한 베커는 크리첫과 함께 2년 전 순직한 아펜젤러 가족이 살던 정동 사택에 짐을 풀었다. 그리고 먼저 들어온 선교사들을 만나 선교 현황을 파악하는 것으로 사역을 시작하였다. 즉 서울에 도착한 이튿날 배재학당으로 가서 교장 벙커와 학교 인쇄소를 담당하고 있던 베크를 만나 학교 현황을 들었다. 특히 벙커는 1887년 조선정부의 초청을 받아 국립 육영공원 교사로 들어와 일한 경험과 1895년 미감리회 선교부로 옮긴 후 배재학당 사역을 하면서 '교육선교사'로 일한 경험이 있어 베커에게 많은 도움이 되었다. 그리고 여선교부에서 운영하는 이화학당의 페인과 프라이 등을 만나 그들의 헌신적인 노력으로 학교가 착실하게 발전하는 모습도 확인할 수 있었다.[37]

그리고 존스의 소개로 베커는 서울에서 사역하고 있던 다른 교파 선교사들도 만났다. 구리개 세브란스병원의 에비슨(O.R. Avison)과 서울 종로 기독교청년회 총무 질레트(P.L. Gillett), 관립 영어학교 교사 헐버트(H.B. Hulbert) 등을 만났고 남대문 밖에 새 집을 마련하고 이사한 언더우드(H.G. Underwood)도 만났다. 베커는 한국 개신교 선교 개척자 언더우드와의 만남에 큰 기대를 걸었다. 언더우드도 그를 만나 "방금 질레트로부터 '베커, 이 친구, 눈여겨 볼만한 인물입니다.'는 말을 들었다."고 한 후 "우리도 선교본부에 당신과 같은

---

36) "세 목사 네 분이 나오심", 〈신학월보〉 1903.5.

37) *Michigan to Korea,* pp. 1114-115.

전문 교육 선교사를 보내달라고 요청했는데 아직도 들어주지 않고 있다." 고 부러워하면서 "나도 당신에 대해 알고 싶다. 어떤 교육을 받았는지, 어떤 계획을 갖고 있는지 알려 달라."고 하였다.[38] 언더우드가 이처럼 베커에게 깊은 관심을 표한 것은 오랫동안 품어 왔던 대학교 설립에 대한 꿈 때문이었다. 언더우드는 베커에게 자신의 포부를 이렇게 털어놓았다.

> "나는 앞으로 수년 내에 우리 장로교 선교부와 감리교 선교부가 새롭게 진정한 연합 대학(a truly Union College)을 설립할 수 있게 되기를 기대합니다. 나중엔 모든 선교부가 참여하도록 말입니다. 우리는 현재 동대문 근처에 소학교 하나가 있는데 그 학교는 내가 이곳에 와서 처음 고아원 학당으로 시작한 학교입니다. 우리 선교부가 처음 세운 학교인데 지금은 게일(J.S. Gale) 목사가 담당하고 있습니다. 그 외에 새로 들어온 밀러(E.H. Miller)가 서울에서 고등학교 사역을 하고 있습니다. 평양에도 또 다른 소학교가 있고 서울과 평양에 서너 개 여학교가 있습니다. 서울은 모든 선교부가 힘을 모을 수 있는 곳이어서 일하기에 좋은 곳입니다. 나는 당신이 서울에 임명되기를 기대합니다."[39]

언더우드의 이러한 "서울에 기독교연합대학을 세우고 함께 일하고 싶다."는 기대는 그로부터 11년 후(1914년), 베커와 함께 조선예수교대학(연희전문학교)을 설립함으로 이루어졌다.

이렇듯 '교육 전문' 선교사로서 베커는 선배 선교사들의 기대를 받으며 서울 생활을 시작하였다. 베커 자신은 사역에 앞서 어학공부에 충실할 생각이었다. 그는 존스와 벙커, 언더우드, 게일 등 선배 선교사들이 한국인 학생과 회중 앞에서 한국말을 '모국어처럼' 능숙하게 구사하며 '막힘없이' 소통하는

---

38) *Michigan to Korea,* p. 129.

39) *Michigan to Korea,* pp. 129-130.

미감리회 한국선교회(1903년) 뒷줄 오른쪽에서 두 번째가 베커

모습을 보고 감동과 도전을 받았다. 그래서 적어도 1년은 서울에 머물러 어학 공부를 철저하게 한 후 사역 현장으로 나가기를 원했다. 그러나 그의 예상대로 되지 않았다. 선교회는 그를 곧바로 현장에 투입하였다.

베커 일행이 서울에 도착하여 3주간의 선교지 탐색을 마친 후 1903년 5월 1일, 서울 정동교회에서 미감리회 한국선교회 제19차 연회가 개최되었다. 남자 선교사 13명, 여자 선교사 11명, 한국인 목회자 9명, 도합 33명이 연회원으로 참석했다. 일본 순회일정을 마치고 들어온 무어 감독이 연회를 주재하였다. 어청도 앞바다에서 순직한 아펜젤러와 강화에서 목회하다가 병사한 박능일 전도사 추모기도회로 시작한 연회 분위기는 그리 밝지 않았다. 더구나 한국선교 개척자 스크랜턴 모자도 급작스럽게 귀국한 바람에 이들이 떠난 후 빈 자리가 크게 느껴졌다. 그런 중에도 한국 선교회 역사상 처음으로 네 명의 선교사가 함께 들어온 것이 남은 선교사들에게 위안과 힘이 되었다. 그리고 연회에는 참석하지 못했지만 버딕(G.M. Burdick)과 츄(N.D. Chew), 두 선교사가 연말까지 추가로 들어오기로 되어 있어 1년에 6명이 보충된 것은 처음이었다. 무어 감독은 새로 들어온 베커와 크리쳇, 무어, 샤프 등 4명 선교사들을 연회 참석자들에게 소개하면서 "일본연회에서 이미 선교사 규

Know all Men by these Presents, that
I, David H. Moore,
ONE OF THE BISHOPS [illegible]
Methodist Episcopal Church,
[illegible] Almighty God [illegible] Arthur L. Becker [illegible] Deacon [illegible] Japan [illegible] Baptism, Marriage [illegible] Elder [illegible] Feed the Flock of Christ [illegible] Gospel of Christ [illegible] Gospel.
In Testimony Whereof, [illegible] Third [illegible] May [illegible] Three [illegible] Seoul, Korea
David H. Moore

베커 목사안수증서(1903년)

정에 따라 집사 및 장로 목사로 안수할 것을 결의했다."는 사실을 알렸다. 그리고 연회 3일째 5월 3일 주일 오후에 정동교회에서 이들 네 명에 대한 목사 안수식을 거행하였다.[40)]

그리고 5월 7일, 연회 마지막 날 무어 감독은 선교사와 목회자들의 사역지를 정하여 발표하였는데 그 때 베커는 북부지방 소속으로 평양에 거주하면서 어학훈련을 받는 동시에 맹산구역 담임자로 파송되었다. 베커와 함께 들어왔던 다른 선교사들도 파송을 받았는데 존 무어는 북부지방 평양구역(남산현교회) 담임자로, 샤프는 남부지방과 서울 배재학당 교사로, 크리췟은 서부지방 인천과 황해도 지역 선교 담당자로 각각 파송을 받았다.[41)] 베커로서는 서울에 머물러 어학 공부에 전념하려던 계획이 틀어지고 곧바로 사역 현장, 그것도 교육이 아닌 전도와 목회 사역에 임해야 한다는 사실에 부담과 실망을 느꼈지만 그것이 '거역할 수 없는' 감독의 명령이기에 따를 수밖에 없었다. 그가 어학에 익숙해 질 때까지 기다려 줄 수 없을 만큼 선교지

---

40) 그 날 평양 남산현교회를 담임하고 있던 이은승 전도사도 집사 목사로 안수를 받았다. KMEC 1903, p. 13; "대한미이미감리교회 제십구년환회 회록", 〈신학월보〉 1903.6.

41) *KMEC* 1903, pp. 20-21.

상황이 시급했던 때문이었다. 태평양을 건너는 여행 가운데 친구가 되었고 "함께 일했으면 좋겠다." 했던 무어와 같은 지방으로 파송된 것이 그나마 위안이 되었다.

3.2 평양 선교부 파송과 선교지 탐색

연회 마지막 날 감독의 '파송기' 낭독이 있은 후 베커는 자신이 부임할 평양을 관리하고 있던 북부지방 장로사(감리사) 노블(William Arthur Noble, 1886-1945)을 만났다. 베커보다 열세 살 위인 노블은 미국 와이오밍신학교와 드류신학교를 졸업하고 1892년에 내한, 서울 배재학당에서 사역하다가 1895년부터 평양 선교부로 옮겨 평양과 북한지역 선교를 지휘하고 있던 11년차 선교사였다. 베커와는 가운데 이름(Arthur)이 같았던 노블은 먼저 베커에게 다가와 "축하합니다. 당신이 우리와 함께 갈 분인가요?" 하며 반갑게 맞아 주었다.[42] 이때부터 노블은 베커의 직속상관(?)으로 베커의 평양 선교를 지휘하며 도와주었다. 베커는 계속해서 평양 선교부 소속으로 영변지역 선교를 담당하고 있는 모리스(C.D. Morris) 선교사도 만났다. 평양에는 폴웰 선교사도 있었지만 그는 평양의 기홀병원을 떠날 수가 없어서 서울 연회에는 참석하지 못했다.

연회가 끝난 이튿날(5월 8일), 노블과 모리스, 베커, 무어 등 평양선교부 소속 선교사들은 곧바로 인천에서 배를 타고 진남포에 도착해서 다시 배를 타고 대동강을 거슬러 그 날 밤늦게 평양에 도착하였다. 이들 일행의 뱃길은 37년 전(1866년), 영국 선교사 토마스(R.J. Thomas)가 미국 상선 제너럴셔먼호를 타고 평양에 접근했다가 화를 당했던 바로 그 길었다. 베커는 이미 앨비언대학 도서관에서 읽은 자료들을 통해 제너럴셔먼호사건에 대한 정보를 알고 있었기에 평양에 들어가는 뱃길의 의미가 남달랐다. 베커는 평양에 처음

42) *Michigan to Korea,* p. 133.

평양 대동강

들어간 그 날 일기를 이렇게 적었다.

> "밝은 보름달은 우리 길을 인도하기에 충분했다. 우리는 성경의 다윗 왕과 같은 시대에 지었지만 지금은 거의 무너져 내린 옛 성벽(외성)을 따라 좁고 울퉁불퉁한 골목길을 걸었다. 그리고 2백년 쯤 전에 다시 복원해서 완벽한 형태를 갖춘 평양 성(내성) 안으로 들어온 첫 경험은 두고두고 기억날 것이다. 우리 일행이 성문 안에 들어오자마자 사방에서 수많은 개들이 짖어댔는데 성 안의 모든 사람들이 깨어나 '도대체 잠자는 평안을 깨뜨린 자가 누구냐?' 하며 보러 나오지나 않을까 걱정할 정도였다."[43)]

밤중에 짖어 대는 개들의 환영을 받으며 베커는 '다윗 왕 시대'(BC 1천년 경)에 조성되었다는 평양성에 들어왔다. 그리고 평양 내성의 서문(정해문) 안쪽 언덕에 자리 잡은 감리회 선교부의 노블 사택 2층 다락방에 짐을 풀었다. 베

---

43) *Michigan to Korea,* p. 139.

커의 평양 선교는 그렇게 시작되었다.

미감리회의 평양선교는 1887년 4월 아펜젤러가 고양과 파주, 황주를 거쳐 평양을 처음 방문한 것을 시작으로 이후 스크랜턴과 존스 등이 계속 방문하였고 1892년 미감리회 연회에서 캐나다 출신 의료 선교사 홀(W. J. Hall)을 평양 개척 선교사로 파송함으로 본격화되었다. 홀은 1893년 김창식과 함께 평양 서문 안 언덕 대찰리에 '초당집'이라 불리던 한옥 기와집과 초가집 한 채를 사서 주택 겸 진료소와 예배처소로 꾸미고 본격적으로 선교 사역을 시작하였다. 그리고 오래지 않아 오석형, 황정모, 이항선, 김재선, 전삼덕, 이수산나 등 수십 명 교인이 생겨 집회를 시작하였다. 또한 홀은 평양에 부임한 직후부터 서문안 사택에서 교인 자녀들을 가르치기 시작하였는데 그것이 후에 광성학교(光成學校)로 발전하였다.[44] 이로써 평양에는 서울과 인천에 이어 세 번째로 미감리회 선교부(mission station)가 개설되어 북한지역 선교의 구심점이 되었다.

같은 시기 미국 북장로회 선교부도 평양 선교를 시작하였다. 즉 북장로회 선교사 언더우드도 1887년부터 평북 의주를 다녀오는 길에 평양을 자주 들렀고 1888년 봄에는 언더우드가 미감리회의 아펜젤러와 함께 평양을 다녀오기도 했다. 그리고 북장로회 선교부도 1893년 마펫(S.A. Moffett)을 선교 개척자로 파송하여 평양 선교를 본격적으로 추진했다. 마펫은 의주 출신 매서인 한석진을 데리고 평양에 들어가 대동문 안 널다리골에 집회소를 마련하고 전도하기 시작하였고 오래지 않아 최치량과 송린서, 신상호, 이치룡 등 수십 명 교인을 얻어 집회를 시작하였는데 그것이 후에 평양 장대현교회로 발전하였다. 그리고 마펫도 널다리골에 사숙을 설립하고 교인자녀들을 가르치기 시작하였는데 그것이 후에 숭덕학교(崇德學校)가 되었다. 북장로회 선교부에서는 계속해서 1895년 리(Graham Lee)와 웰즈(J.H. Wells), 1896년 휘트모

---

44) "조선감리교회 약사: 평양 남산현교회", 〈감리회보〉, 1936.6.10; 이덕주, 『독립운동의 요람 남산재 사람들』, 그물, 2015(이하 『남산재 사람들』), pp. 36-39.

어(N.C. Whittemore), 1897년 베어드(William M. Baird)와 헌트(William B. Hunt) 등을 계속 파송하여 평양과 북한지역 선교 확산을 꾀하였다.[45)]

그러나 평양선교가 순조롭게 진행된 것만은 아니다. 평양 선교를 본격적으로 시작한 지 1년 만인 1894년 5월, 소위 '평양기독교도박해사건'이 터져 교인들이 시련을 당했다. 이 사건은 수구파였던 평양감사 민병석이 평양에 기독교가 확산되는 것을 막기 위해 "선교사와 내통했다."는 이유로 김창식과 한석진을 비롯한 감리교와 장로교인 10여 명이 체포하여 평양감옥에 가두고 고문과 악형을 가한 사건이었다. 이 사건은 선교사들이 영국과 미국 공사관을 통해 한국정부에 항의하고 결국 중앙 정부의 지시로 교인들을 석방함으로 이틀 만에 해결되었으나 제너럴셔먼호사건을 기억하고 있는 평양주민들의 반(反) 외세 감정이 더욱 확산되는 계기가 되었다. 선교에는 악재였다. 그러나 그 해 8월 청일전쟁이 일어났을 때 김창식은 피난을 가지 않고 평양 서문 안 예배당을 지키며 피난민과 주민들을 중국과 일본 군인들로부터

평양 대동문

45) H.A. Rhodes, *History of the Korea Mission of the Presbyterian Church in the USA, 18884-1934,* Seoul: Chosen Mission of the Presbyterian Church USA, 1934, pp. 143-156.

안전하게 보호해주었고 그 결과 전쟁 후 교인들이 크게 늘어났다. 또한 전쟁 직후 평양성에 전염병이 창궐하였을 때 서울로 피신했던 홀 선교사가 돌아와 환자들을 진료하다가 그 병에 감염되어 그 해 11월 목숨을 잃었다. 그 일로 기독교에 대한 평양 주민들의 반감과 편견이 사라졌다.

이런 상황에서 1895년 노블이 평양으로 파송을 받아 선교사역을 재개하였다. 노블은 우선 전쟁 후 교세가 급증하여 서문 안의 초가집 집회공간이 좁아짐으로 남문 쪽으로 남산재 언덕 위 수옥리에 2천여 평 부지를 구입하고 1896년 교인들의 헌금으로 기와집 예배당을 짓고 교회를 옮겼다. 이때부터 '남산현교회'(南山峴教會)로 불리게 되었다.[46] 교인들은 남산재에 교회를 지으면서 학교 건물도 별도로 마련하고 황정모를 교사로 세워 교인 자녀들을 가르치게 했다. 그리고 노블과 같은 해 의료 선교사 폴웰도 평양에 파송을 받아 서문 안에 홀을 기념하는 '기홀병원'(紀忽病院)을 세우고 의료사역을 재개하였다. 홀(Rosetta S. Hall) 부인도 남편 장례식 후 미국으로 돌아왔다가 3년 만인 1897년 다시 평양에 와서 기홀병원 옆에 여성전용 광혜여원(廣惠女院)을 짓고 의료 선교사역과 맹인 교육을 시작하였다.[47] 이후 1900년 모리스, 1902년 맥길이 평양 선교부에 파송되어 평안남도 일대와 평안북도 영변까지 선교지역을 확대하였다. 이처럼 평양은 청일전쟁 이후 교세가 '폭발적으로' 늘어났다. 그에 따라 선교지역도 급속도로 확장되어 손길이 부족한 상황에서 젊은 선교사 두 명이 합류함으로 평양 선교부는 활기를 띠게 되었다.

베커는 이런 평양에 한 밤중 '개 짖는 소리'를 들으며 성 안에 들어와 노블 사택 다락방에서 첫날밤을 지내고 이튿날 노블의 안내로 명승지 기자릉(箕子陵)을 구경하는 것으로 평양 생활을 시작하였다. 기자릉 방문은 그에게 구경 이상의 의미가 있었다. 그는 이미 앨비언대학 도서관에서 읽은 〈The Korean

---

46) "Pyeng Yang Circuit", *KMEC* 1896, p. 30; 『남산재 사람들』, pp. 50-51.

47) W.A. Noble, "Pyeng Yang Circuit", *KMEC* 1898, p. 30.

Repository〉에 실린 존스와 소학교, 게일 등의 논문을 통해 한국의 고대역사, 특히 기자조선(箕子朝鮮) 역사에 대한 기본정보를 알고 있었다. 그는 기자릉을 돌아보며 중국인이었던 기자의 무덤이 이처럼 오랜 세월 한국인들에 의해 보존, 추앙되고 있는 이유를 생각했다. 그리고 그 답을 자신의 선교사역과 연관시켜 이런 결론을 냈다.

> "한국의 역사 기록에 의하면 기자는 한국인들에게 문자와 농사, 길쌈, 결혼 제도 등을 가르쳤다고 한다. 나는 내가 이곳에 온 이유가 기자의 그것과 같다고 생각한다. 다른 선교사들도 그럴 것이다. 우리는 여기 나락에 떨어진 백성에게 새로운 삶의 방식을 가르쳐 주기 위해 오지 않았던가? 기자가 가르친 문명이 어찌하여 이처럼 오래 지속될 수 있었는가? 이미 오래 전에 죽은 이 중국인[기자] 보다 우리 구주 나사렛 예수님은 더 위대하고 지혜로운 분이 아니던가? 우리가 이 민족을 진정 사랑하고 그들의 마음을 얻을 수만 있다면 우리도 이곳에 새로운 삶을 가져다 줄 수 있을 것이다."[48]

기자가 1천 년 전 중국에서 한반도로 건너와 선진 문화와 문명을 전해주었듯 베커는 예수 그리스도의 복음과 함께 기독교 문화와 문명을 한국인들에게 전해 주기 위해 왔다고 생각했다. 일종의 '문명 선교'(civilization mission) 관점이 수립된 것이다. 그런데 그것이 쉬운 일은 아니었다. 언어와 문화가 다른 낯선 환경이었고 그가 서울에서 만나본 사람들과 달리 평양 사람들은 거칠고 호전적이었다. 더욱이 40년 전 제너럴셔먼호사건과 10년 전 청일전쟁을 겪었던 평양 사람들은 외국인, 특히 서양인에 대한 반감과 배척의식이 강하였다. 베커도 그 사실을 잘 알고 있었다.

---

48) *Michigan to Korea,* p. 142.

"인간적인 관점에서 볼 때 이는 분명 쉬운 과제는 아니다. 어쩌면 불가능할지도 모른다. 나에겐 다른 선교사들처럼 단순한 믿음의 확신이 없다. 그들은 설교할 때 전능하신 하나님께서 기적적으로 이곳 사람들의 마음을 열어 주실 것이란 확신을 갖고 있다. 나는 그렇지 못하다. 나는 하나님께서 그렇게 해주시기를 기대하기보다 내가 먼저 할 수 있는 것부터 해야 한다고 생각한다. 내가 믿는 바는 내가 마땅히 해야 할 것은 책임지고 해야만 한다는 것, 이처럼 최선을 다하는 자들을 하나님께서 도우실 것이란 사실이다. 잘하든 못하든 내가 노력한 결과에 따라 성공할 수도, 실패할 수도 있다고 본다."[49]

베커는 과학자였다. 그리고 경험과 실천을 강조하는 듀이의 실용주의 교육학자이기도 했다. 그렇기 때문에 무조건 초월적 능력과 이적을 의존하는 신비주의 신앙과는 거리가 있었다. 그는 하나님이 부여하신 능력을 개발하

평양선교부에서. 베커 어학교사 오기선과 함께

---

49) *Michigan to Korea,* p. 143.

여 최대한 노력하는 것이 우선 되어야 한다고 보았다. 그리고 자기 앞에 놓여 있는 선교의 과제를 성공적으로 수행하기 위해서는 자기가 해야 할 일, 그리고 할 수 있는 모든 것에 최대한 노력해야 한다고 보았다.

그런 의미에서 그는 한국에서 선교사로 가장 시급한 과제를 어학공부로 보았다. 한국말을 배우되 빨리 배우는 것보다 제대로 배워야 한다고 생각했다. 그러기 위해서는 훌륭한 어학교사를 만나야 했다. 노블 장로사의 소개로 만난 오기선(吳基善, 1877-1946)이 그런 인물이었다. 평양에서 서쪽으로 1백리(40Km) 떨어진 평남 강서군 함종 출신인 오기선은 어려서부터 한학을 배웠고 17세 때 관비 유학생으로 선발되어 평양에 와서 3년간 한문과 신학문을 배웠는데 그 과정에서 같은 강서 출신인 오석형과 전삼덕 등의 소개로 노블 선교사를 만나서 1900년 내한한 여선교사 에스티(E.M. Estey)의 어학선생이 됨으로 평양선교부와 관계를 맺게 되었다. 베커가 평양에 왔을 때 오기선은 에스티에게 한문을 가르치고 있었는데 그의 성실성을 눈여겨 본 노블이 베커의 어학선생으로 그를 추천하였던 것이다.[50)]

이때부터 오기선은 베커의 어학선생 겸 통역이 되었다. 오기선은 베커보다 나이가 두 살 위였다. 그는 평양의 지식인 사회에서 알아주던 한학자였고 유교에 대한 자부심이 강해 기독교로 개종하지 않은 상태였다. 직업으로 선교사 어학선생 일을 하고 있을 뿐이었다. 노블도, 베커도 그런 그에게 기독교로 개종할 것을 강요하지 않았다. 스스로 결단하기까지 기다릴 뿐이었다. 그것이 전통 종교와 문화에 대한 자부심과 자존심이 강한 양반 지식인에게 효과적이었다. 오기선은 그렇게 5년 넘게 선교사 동네를 드나들며 선교사들과 함께 지내는 동안 선교사들의 생활과 문화, 그리고 그들의 종교인 기독교를 알게 되었고 새로 나온 베커의 어학선생이 된 지 얼마 되지 않아 개종을 결심하고 세례를 받았다. 세례를 받은 오기선은 목회자가 되기로 결심

---

50) *Michigan to Korea,* pp. 145-148.

하고 1908년 연회에서 고향인 함종읍교회 전도사로 파송을 받아 목회를 시작하였고 이후 일제 강점기 한국 감리교회를 대표하는 목회자 가운데 한 사람이 되었다.[51)]

이처럼 오기선이 베커의 어학선생으로 활동하던 시기에 세례를 받았다는 점에서 베커와의 만남과 교제가 그의 개종에 결정적인 역할을 하였음을 알 수 있다. 둘은 마음이 통하는 친구가 되었는 말이다. 베커의 한국 이름 '백아덕'(白雅德)도 오기선이 지어준 것으로 보인다. '백'(白)은 그의 성(姓, family name) '베커'(Becker)에서 따 온 것으로 "희다", "밝다", "맑다"는 뜻을 지닌다. '아덕'(雅德) 역시 그의 부모가 지어준 이름(名, second name) '아더'(Arthur)를 한문으로 표기한 것으로 '아'(雅)는 "바른" 혹은 "아름다운"이란 뜻이고 '덕'(德)은 "성품", "인품"을 의미한다. 따라서 동양 선비 오기선이 서양에서 온 선교사에게 지어 준 '백아덕'이란 이름에는 "맑고 아름다운 성품의 사람"이란 뜻이 담겨 있었다. 베커도 그런 한국 이름을 좋아했다. 이때부터 한국 교인과 학생들은 그를 '백아덕 목사' 혹은 '백아덕 선생'으로 부르기 시작했다.

이렇듯 베커는 평양에 도착하자마자 평양 주변의 역사 유적지를 돌아보고, 실력 있는 어학선생을 통해 한국말을 배우면서 한국 언어와 역사, 종교와 문화를 알아갔다. 그는 특히 자신의 선교 대상이 될 한국인, 특히 평양 사람들을 이해하기 위해 노력하였다. 베커는 평양 사람에 대하여 다음과 같이 정리하였다.

> "평양을 비롯하여 북한 지역 사람들은 그 조상에 중국과 몽골, 만주족 피가 많이 섞여 있어서 몸집이 크고 활동적이라 한다. 전해들은 바로 북한 사람은 남쪽 사람보다 건장하고 근면하다고 한다. 서울과 남쪽에 사는 소위 양반이라는 사람들은 조상 대대로 왕실에 관련을 맺거나 정부 관료출신 후예들이라 권

51) "오기선", 『한국 감리교 인물사전』, 기독교대한감리회, 2002, pp. 288-290.

력 상부 층이란 강한 자부심에 사로잡혀 육체로 하는 일은 하층민이나 하는 것으로 여기는 잘못된 선입견과 인습의 노예가 되었다고 한다."[52]

육체적인 노동이 몸집을 크게 했다는 이론은 선뜻 받아들일 수 없지만, 조선시대 권력의 중심에 가까웠던 서울과 기호지방에 비해 평양과 북한지방은 권력으로부터 소외된 지역이었다는 분석은 정확했다. 베커는 이러한 정치적 소외감이 오히려 북한 사람들의 독립정신을 고취시키는 배경이 되었다고 보았다.

"북한 사람들은 [남쪽 사람들] 보다 자주적인 독립정신(independent spirit)을 갖고 있으며 그래서 서울의 절대 권력에 골칫거리가 되어 왔다고 한다. 이곳 평양에서 우리 선교사들이 사역하면서 지방 정부나 관료들과 다투어야 할 힘든 과제는 없다. 선배 선교사들이 전하는 바에 따르면 여기 사람들은 힘도, 소망도 없는 자기네 정치사회 상황 때문에 곤경을 겪어야 하는데 그런 것들을 해결해 줄 수만 있다면 선교사들로부터 어떤 도움이라도 기꺼이 받으려는 열린 자세를 취하고 있다고 한다. 국왕에게 돈을 주고 벼슬을 사서 여기 내려온 관료들은 백성들을 잔혹할 정도로 쥐어짠다고 한다. 정기적으로 내는 고액의 세금 외에도 값어치가 있는 것이면 수단을 가리지 않고 빼앗아 가려고 한다. 그래서 교회가 자신들의 방패가 되어 보호해 줄 것을 기대한다."[53]

사실 평양을 비롯한 서북지방(황해도와 평안도)에는 중앙에서 파견 받아 내려온 탐관오리의 탐욕과 탐학으로부터 보호를 받기 위해 선교사와 교회를 찾아 나오는 교인들이 많았다. 청일전쟁 직후 북한지역 교세가 급증한 원인

---

52) *Michigan to Korea,* pp. 151-152.
53) *Michigan to Korea,* pp. 151-152.

의 하나였다. 그러다보니 선교사의 보호와 지원을 배경 삼아 지역주민은 물론 지방 관리들에게도 '안하무인격'으로 행동하는 교인들이 생겨났는데 일반사회는 이를 두고 '양대인자세'(洋大人藉勢)라 하였다. 실제로 1901-03년 황해도 신천과 장연, 재령 등지에서 일어난 일련의 '교안사건'(教案事件)도 외국인 선교사들의 보호와 지원을 배경으로 삼아 지방 관리들의 통제와 치리를 무시했던 천주교인과 개신교인 사이의 갈등과 충돌에서 비롯된 '좋지 못한' 사건이었다.[54] 이처럼 선교사를 두려워하고 선교사들로부터 보호를 받으려는 정치사회적 환경이 당장 선교에 유리한 점도 있었지만 길게 보면 불리한 점이 더 많았다. 교회가 전하는 기독교 복음의 핵심을 파악하지 못한 채 단지 교회를 피난처와 보호막, 심지어 자신의 정치적 출세와 세속적 욕구 충족의 기회로 삼아 입교한 사람들이 교회가 그런 욕구를 시켜 주지 못하면 곧바로 교회에 대한 비판세력으로 변할 것이기 때문이다. 선교사들은 이런 교인들을 '쌀 교인'(rice Christian)이라 불렀다. 먹거리 문제와 세속적인 목적을 해결하기 위해 나오는 교인들을 의미하였다. 이런 '쌀 교인'을 '참 교인'(real Christian)으로 바꾸기 위해서 교회의 바른 신앙교육이 필요하였다. 그것이 베커를 비롯한 평양지역 선교사들이 당면한 과제였다.

3.3 남산현교회 소학교와 맹산지방 선교여행

평양에 도착한 며칠 후 베커는 노블의 안내를 받으며 선교 현장과 시설들을 둘러보았다. 제일 먼저 찾아간 곳은 서문안 선교부에서 멀지 않은 남산재 언덕이었다. 평양 시내 뿐 아니라 대동강 건너 너른 들판까지 한눈에 내려다 보이는 남산재 언덕에는 웅장한 남산현교회 벽돌예배당이 3년 공사를 마치고 봉헌식을 기다리고 있었다.

평양 교인들은 1893년부터 서문안 '초당집'에서 예배드리다가 청일전쟁

54) 윤경로, 『한국 근대사의 기독교사적 이해』, 역민사, 1992, pp. 70-84.

평양 남산현교회

후 교인들이 늘어남으로 1896년 이곳 남산재 언덕에 1백 명을 수용할 수 있는 한옥 기와집 예배당을 지었다. 그러나 급속도로 교세가 부흥해서 두 차례 증축 공사를 했음에도 5백 명을 넘긴 교인들을 미처 수용할 수 없었다. 그래서 무어 감독이 평양을 처음 방문한 1901년에 새 예배당을 짓기로 결정하고 공사를 시작하여 1902년 5월, 역시 무어 감독이 평양에 다시 와서 연회를 개최하는 중 정초식을 거행하였다. 그리고 이제 1903년 5월, 서울에서 연회를 주재한 무어 감독이 평양에 와서 봉헌식을 거행할 준비를 갖추고 있었다. 새로 지은 남산현교회 예배당은 1천 명을 수용할 수 있는 95간(270평) 규모의 2층 높이 벽돌건물이었다. 고딕양식과 로마네스크양식을 절충한 이 예배당은 평양 뿐 아니라 북한지역에서 처음 세워진 '서양식' 건물로서 교인들 뿐 아니라 일반 주민들에게도 좋은 구경거리였다.[55] 평양시내가 한눈에 내려

55) W.A. Noble, "North Korea District", *KMEC* 1903, p. 28; 『남산재 사람들』, pp. 94-99.

다 보이는 남산재 언덕 위에 우뚝 선 남산현교회 예배당은 선교 착수 10년 만에 성공적일 뿐 아니라 안정적인 선교 기반을 구축한 평양 감리교회의 위상을 보여주기에 충분하였다.

베커가 다음으로 둘러본 곳은 남산현교회 부속학교였다. 바로 베커가 사역할 곳이기도 했다. 이미 앞서 언급한 것처럼 1893년 홀과 김창식이 처음 서문 안 '초당집'에서 집회를 시작할 때부터 교인 자녀들을 가르치는 학교를 시작했다. 홀의 순직으로 학교는 잠시 중단되었다가 1895년 노블 부부가 들어오면서 남녀 학교로 나누어 다시 시작하였고 1896년 교회를 남산재로 옮기면서 교인들은 남산현교회 옆에 별도 건물(한옥)을 마련하고 남자학교를 그리로 옮겼다. 그 때부터 '남산현학당' 혹은 '남산현소학교'로 불렸다. 그 무렵(1903년 5월) 남산현 소학교 형편을 남산현교회 이은승 목사는 이렇게 소개하였다.

> "평양 남산현 소학교 학도는 합 一百三十인인대 항상 모히는 학도는 九十명 가량이오 선생은 구학문 선생이 두 분이오 신학문 선생이 한 분인대 지금 신학문 선생을 더 구하랴고 서울교회로 상의하는 중이며 과정은 국문 한문 성경지지 산술 각 문답 등이요 특별이 체조를 힘써 련습하는대 여러 해 동안 익숙히 공부한 강창후씨가 체조 선생이 되엿더라."[56]

학생이 무려 130명이나 되었는데 한문을 가르치는 '구학문' 선생이 대부분이고, 이은승 목사가 성경을, 체조 선생 강창후가 기초 '신학문'(한글과 산수)을 가르치는 정도였다. 이런 학교 현실을 파악한 베커는 처음 방문한 현장에서 즉석 노블과 이은승 목사에게 "우선 나이 많은 학생들에게 영어와 수학을 가르쳐 보는 것이 어떻겠느냐?" 제안하였다. 그렇게 해서 베커는 어학

56) "학교 왕성", 〈신학월보〉 1903.7.

선생 오기선의 도움(통역)을 받아가며 상급반 나이든 학생들에게 영어와 수학을 가르쳐보았다. 결과는 아주 좋았다. 베커는 그 결과를 미국에 있는 약혼녀 루이즈에게 알렸다.

> "나이든 학생 몇 명에게 영어와 수학을 조금 가르쳐 보았어요. 그랬더니 곧바로 예상치 못했던 결과가 나타났습니다. 그들 가운데 좀 더 똑똑한 학생 세 명이 나를 찾아와 좀 더 가르쳐 달라고 요구했어요. 그들은 영어를 몰랐는데 그들 덕분에 나는 일상생활에 필요한 한국말을 많이 배울 수 있었어요. 그들은 반쯤 중국인 행세를 하는 형식적인 한문교사와 달랐어요."[57)]

거들먹거리는 한문 선생과 달리, 배우고 싶어 하는 학생들의 간절한 모습에서 베커는 가능성과 희망을 읽었다. 그것은 곧 '교육 선교사'로서 자신에게 주어진 과제와 의무였다. 그런 식으로 베커는 평양에 도착하자마자 '교육 선교'에 임하였다.

그리고 얼마 되지 않아 약속했던 무어 감독의 평양 방문이 이루어졌다. 무어 감독은 5월 7일 서울에서 연회를 마친 후 서울과 수원, 인천 지역 교회와 선교 현장을 둘러보고 인천에서 배를 타고 5월 16일 진남포항에 도착했다. 그는 곧바로 평양으로 들어오지 않고 노블 장로사의 안내로 선교와 교회 개척이 활발하게 이루어지고 있던 평양 서부의 삼화와 함종, 강서 지역을 방문한 후 5월 22일, 수 백 명의 교인과 학생들의 환영을 받으며 평양에 들어왔다.[58)] 무어 감독이 평양을 방문한 가장 큰 이유는 물론 5월 24일의 남산현교회 새 예배당 봉헌식이었다. 그런데 그는 하루 앞선 5월 23일(토요일) 장로교 선교부에서 운영하는 숭실학당의 학생야외운동회(체육대회)를 참관하였다.

---

57) *Michigan to Korea*, p. 154.

58) "문감목 평양성에 드러오심", 〈신학월보〉 1903.7.

운동회를 주최한 곳은 숭실학당이지만 남산현소학교 학생들도 초청해서 성격은 장로교와 감리교 연합 학생운동회로 진행되었다. 무어 감독이 참관한 학생운동회 장면을 〈신학월보〉는 이렇게 소개했다.

"양력 五월 二十三일은 곳 장로회 중학당 학도들의 체조 시험하는 날이라. 우리 교회 목사들과 감목[감독]도 청하심을 밧어 나아가시고 우리 소학교 학도들도 청한 고로 나아가 운동 련습에 참례하고 도라왓시니 장로회 학도는 중학도 외에 소학도가 一百三十이요 우리 학도는 밋처 통기치 못한 고로 八十二명만 참례하엿는대 서로 친애하고 돈목하는 뜻으로 하오 三시부터 五시 반까지 즐기다가 각기 귀가하엿더라."[59]

이 야외운동회에 베커를 비롯한 감리교 선교사들도 물론 참석했다. 미국에서 고등학교 시절부터 운동선수로 활약한 바 있었던 베커는 평양 학생들의 체조시범과 운동하는 모습을 보면서 적지 않은 흥분을 느꼈다. 그래서 베커는 초청받아 온 '귀빈' 신분임에도 운동장으로 내려가 학생들과 함께 달리기 시합을 하였다. 그리고 거기서 장로교 선교사들을 처음 만났다. 장로교의 평양 선교 개척자인 마펫을 비롯하여 숭실학당 설립자이자 교장인 베어드(William M. Baird), 평양에서 병원사역을 하는 웰즈(J.H. Welles), 평양에 거주하면서 평안도와 황해도 선교사역을 담당하고 있던 리(Graham Lee)와 스왈른(W. L. Swallen), 블레어(W. N. Blair), 번헤슬(Ch. F. Brenheisel), 헌트(W. B. Hunt), 그리고 여선교부의 베스트(Margaret Best)와 스눅(V.L. Snook) 등이었다.[60] 특히 야외 학생연합운동회에서 베어드와의 만남은 이후 전개될 장·감 연합학교로서 '숭실중학 및 숭실대학' 설립과 운영을 위한 예비 만남의 성격을 띤 것이었다.

59) "학도 체조를 구경함", 〈신학월보〉 1903.7.

60) *Report of the Pyeng Yang Station of the Korea Mission of the Presbyterian Church in the USA 1902-1903*, 1903, p. 3.

이처럼 평양 숭실학당 야외운동회를 참관한 무어 감독은 이틀날, 예정대로 남산현교회 봉헌식을 집례하였는데 무려 2,124명이 참석하였다.[61] 감리교인 뿐 아니라 장로교에서 장대현교회 교인들과 마펫과 베어드 등 장로교 선교사들도 답방 형태로 참석해서 축하해 주었다. 무어 감독은 봉헌예배를 성대하게 마친 후 8개월 예정으로 중국 선교지 방문 길에 올랐다. 무어 감독이 한국을 떠난 1903년 6월 초, 베커는 노블 장로사와 함께 지난 5월 연회에서 자신의 목회지로 파송을 받은 맹산(孟山)을 방문하였다. 맹산은 평양에서 동북방으로 76마일(2백리) 떨어진 함경남도와 접경지역에 위치한 산골 마을이었는데 1890년대 말부터 평양에 있던 김창식 전도사와 강인걸 전도사 등이 그곳을 왕래하며 가서 전도한 결과 맹산 뿐 아니라 중간 마을인 순천(順川)과 성천(成川), 신평(新坪), 신창(新倉), 아파(丫波), 양덕(陽德) 등지에도 교인들이 생겨나 집회를 시작하였다. 그리고 1902년 연회에서 맹산구역이 설립되어 맥길을 담당 선교사로 파송하여 1년 동안 사역하고 1903년 5월 연회에서 맥길이 공주로 파송을 받음으로 갓 들어온 베커가 맹산구역을 담당하게 된 것이다.[62] 베커는 노블 장로사와 함께 도보로 여행을 하면서 사랑방에서 잠을 자고 한국 음식을 먹으면서 한국 문화에 대하여, 그리고 한국인들을 어떻게 대해야 하는 지 '현지적응' 훈련을 받았다.[63] 그리고 가는 곳마다 말은 통하지 않지만 교인들이 열렬히 환영하는 모습에서 우호적인 선교 현장을 확인할 수 있었다.

베커는 1903년 10월에 보름 일정으로 어학선생 오기선과 함께 맹산을 다시 한 번 다녀왔다. 지난 번 노블과 함께 했던 여행은 소개를 겸한 탐색 여행이었다면 이번에는 선교 구역 안에 있는 열두 곳 집회소(교회) 교인들을 만나

---

61) "례배당 봉헌함", 〈신학월보〉 1903.7.

62) *KMEC* 1902, p. 38; *Annual Report of the Board of the Foreign Missions of the Methodist Episcopal Church*(이하 ARBF), 1902, p. 317.

63) *Michigan to Korea*, pp. 154-155.

대화하는 목회 여행이었다. 어학선생과 동행한 것은 통역을 위한 것이기도 했지만 주민들의 삶과 문화를 직접 체험하면서 생활현장에서 언어를 습득하려는 목적이 컸다. 언어 습득과 현지적응 훈련의 일환으로 기획한 여행이었다.[64] 베커는 연말에 한 차례 맹산을 더 다녀왔다. 그는 맹산을 다녀온 결과를 1904년 연회에 이렇게 보고하였다.

> "맹산은 북한 지역에서 우리가 담당한 선교지역 가운데 가장 멀리 있는 곳입니다. 대략 2백마일 멀리 있는 곳인데 거의 산악지역입니다. 평양에서 하루 거리(90리)에 첫 번째 처소가 있는데 두 명이 모이고 있습니다. 거기서 15리 떨어진 곳에 20명 모이는 처소가 있고 다시 30리를 가면 25명이 모이는 작은 교회가 있습니다. 다시 북쪽으로 20리 더 가면 신창인데 우리 구역 가운데 가장 많은 33명이 주일마다 모이고 있으며 신창으로부터 가깝게는 20리, 멀게는 130리 떨어진 곳에 흩어져 모이는 작은 모임들이 있습니다. 결과적으로 모두 12곳에서 모임이 이루어지고 있는데 시작은 좋습니다."[65]

베커 보고는 계속해서 열두 곳 집회소 가운데 두 곳에서 예배당을 마련했고 1년 사이에 39명 신자가 새로 등록했으며 몇 곳에서 복음이 새롭게 들어가 집회를 시작하였다고 알렸다. 그러면서 "처음 [노블과] 구역을 순방했을 때 오래 전 집회를 시작한 몇 곳에서 만난 교인들의 무관심한 태도에 적잖게 실망했지만 그것이 여기 교인들의 신중한 자세 때문이란 것을 알고 난 후에는 오히려 교회가 반석 위에 세워진 것 같아 마음이 기뻤다."고[66] 하였다. 그런 식으로 베커는 한국인, 특히 북한지역 사람들의 마음을 알아가고 있었다.

베커는 1903년 연회 후 평양에 돌아와 안식년 휴가를 떠난 폴웰 선교사 집

64) *Michigan to Korea*, pp. 162-164.

65) A.L. Becker, "Report of Maing San Circuit", *KMEC* 1904, pp. 46-47.

66) A.L. Becker, "Report of Maing San Circuit", *KMEC* 1904, p. 47.

으로 옮겼다. 베커는 한층 여유 있는 환경에서 어학공부에 전념하였고 개인 교습 형태로 남산현 소학교 상급반 학생들에게 중학 과정의 영어와 수학을 가르쳤다. 그는 평양 선교부 안에서 함께 생활하는 동료 선교사들과 공식, 비공식 만남을 통해 선교 현안에 대해 논의하고 토론하였다. 그런데 그를 제외한 노블 장로사와 모리스, 무어는 모두 드류신학교 출신으로 경건주의 신앙과 복음전도에 대한 확신과 열정을 갖고 있었다. 특히 임박한 종말론에 근거하여 피선교지 토착민들의 개종과 세례를 선교의 근본 사명으로 여겼다. 따라서 이들 복음 선교사들에겐 복음전도(evangelism)와 교회 설립(Church planting)이 최우선 과제였다. 그러나 교육 선교사로서 베커는 달랐다. 그래서 그는 복음 선교사들과 전도가 우선인가? 교육이 우선인가? 하는 문제를 놓고 종종 토론을 벌였다. 이 문제에 대하여 장로사(presiding elder) 노블의 입장은 분명했다. 노블이 주장한 내용이다.

평양에 부임한 신참 선교사(1905년) 무어 모리스 베커(왼쪽부터)

"내가 확실히 믿는 바는 하나님께서 우리 선교회를 통해 하시고자 하시는 분명한 일이 있다는 점이다. 하나님께서 원하시는 것은 하나님을 따르는 거룩한 삶이 개인 뿐 아니라 가정, 그리고 나아가 국가에서도 이루어지는 것이다. 그러기 위해서는 교회 강단의 설교만 가지고는 안 된다. 매일, 매시간 가정에서 학교에서 그리고 생산 현장에서 교육이 이루어져야 한다. 성품도 나날이 바뀌어야 하고 지식도 그 깊이와 넓이를 더하여 삶을 최상의 상태로 만드는 것, 그것이 선교의 목적이며 주님께서는 그 일을 위해 우리를 이곳에 보내셨다."[67)]

노블은 강단 설교와 생활 교육이 함께 이루어져야 한다고 보았다. 전도와 교육을 동시에 추진해야 한다는 것이다. 그 말에 동의한 베커가 "그러기 위해서 어떻게 해야 합니까?"라고 질문하자 노블은 "내 생각에 한 사람이 목회와 교육을 동시에 할 수는 없다. 나는 목회자로 이미 자리 잡았다. 그러나 당신은 전적으로 교육에 임하기를 바란다. 신학을 한 사람보다 당신 같은 사람이 더 필요한 때이다."라고 대답하였다.[68)] 그렇게 평양 선교사들은 학교 교육과 복음 전도를 동시에 추진하는 것으로 정리하였다. 사실, 노블은 교육 선교사로서 베커에게 기대가 컸다. 그동안 신학을 전공한 목회자가 교육을 담당하였기 때문에 개종과 세례를 목표로 한 종교교육으로서 효과가 있었지만 학생들이 교회 밖 일상생활에서도 영향력 있는 지도자로 살아갈 수 있도록 가르치는데 한계가 있었다. 이제 교육 전문가가 온 이상 기독교 정신을 바탕으로 한 근대교육, 일상생활에 필요한 과학이나 실업 교육이 이루어져야 한다고 보았다. 그리고 그런 일반 교육을 베커에게 전적으로 맡기기로 한 것이다.

---

67) *Michigan to Korea*, p. 161.

68) *Michigan to Korea*, p. 161.

이로써 베커와 다른 복음 선교사들 사이의 협력 관계와 역할 분담이 자연스럽게 이루어졌다. 노블은 평양 선교부 관리자로, 북한지방 장로사로, 그리고 선배 선교사로서 신참 선교사인 베커에게 큰 힘이 되었다. 베커는 그 점을 1904년 연회 보고서에서 이렇게 밝혔다.

> "지난 1년 동안의 사역을 돌아볼 때 어학 능력이 부족해서 만족스러울 만큼 충분하게 하지는 못했지만 배운 만큼 결과를 얻었음은 분명합니다. 선교사로서 첫 해 사역을 이만 큼 할 수 있도록 도와주신 노블 선교사님께 감사를 드립니다. 그분은 어학 공부 외에 내가 해야 할 일이 무엇인지, 어떻게 해야 하는지를 자세히 가르쳐 주셨습니다. 이곳에서 나의 사역이 크게 진보는 못했더라도 후퇴라도 하지 않게 된 것은 전전으로 노블 선교사님 덕분입니다."[69]

그런 식으로 베커는 노블을 비롯한 선배 선교사들의 도움을 받아 평양과 맹산을 오가며 어학공부와 현지적응 훈련을 하는 것으로 1년차 선교사역을 '성공적으로' 마쳤다.

3.4 러일전쟁과 평양 교회

1904년 연회는 예년과 달리 2월 10일에 개최하기로 되어 있었다. 미감리회 연회는 보통 5월에서 6월 사이에 개최되었는데 1904년에 2월로 앞당긴 이유는 연회를 주재할 무어 감독이 중국 선교지 방문을 마치고 귀국하기 전에 한국에 들러 연회를 주재하기로 되어 있었기 때문이었다. 그런데 정작 연회는 전국 연회원들이 참석하지도 못한 채 개회 당일에 폐회하고 말았다. 하루 만에 연회를 중단한 이유는 러일전쟁 때문이었다.

청일전쟁(1894년)에서 승리한 일본은 한반도를 아시아 대륙 진출을 위한

---

69) A.L. Becker, "Report of Maing San Circuit", *KMEC* 1904, pp. 47-48.

전진기지로 삼기 위해 한반도를 둘러싼 국제 외교정치에 적극적으로 개입하였다. 일본의 한반도 침략과 지배 야욕이 노골적으로 드러났다. 그런 일본이 극동아시아지역에서 남하정책을 펼치던 러시아와 충돌할 것은 당연했다. 일본은 러시아의 세력 확장을 우려하는 미국과 영국 등 서구 국가들의 암묵적인 지지를 등에 업고 러시아와의 일전을 준비하였다. 그리고 마침내 1904년 2월 8일, 무어 감독이 중국 순회여행을 마치고 인천에 도착한 그 날, 만주 여순에서 일본군이 러시아군을 공격하고, 무어 감독이 서울로 들어온 2월 9일, 인천 앞바다에서 일본군이 러시아군을 공격함으로 전쟁이 시작되었다. 이후 전선은 한반도 육지와 바다. 그리고 중국 요동반도와 만주 일대로 확산되었다. 이후 러일 양국 군대의 전투는 1년 넘게 전개되었고 마침내 1905년 9월, 미국의 루즈벨트 대통령 중재로 미국 포츠머스에서 강화조약이 체결됨으로 전쟁은 끝났다.

러일전쟁으로 한반도는 다시 한 번 전화(戰禍)에 휩싸여 많은 인적, 물적 피해를 입었다. 그러나 그보다 더 큰 피해는 전쟁에서 승리한 일본이 한반도 지배체제를 강화하면서 대한제국이 자주권을 잃어버린 것이다. 즉 전쟁이 러시아의 패전으로 사실상 기울어진 1905년 7월에 일본은 미국과 '카츠라·태프트밀약'을, 8월에는 영국과 '2차 영일동맹'을 체결하여 일본의 한반도 지배와 통치를 사실상 묵인하는 서구 국가들의 지지를 획득하였다. 그리고 그 해 11월 일본은 고종황제와 한국 정부를 겁박하여 소위 '2차 한일협약'이라 불리는 을사늑약을 체결하고 국가 주권의 상징인 외교권을 강탈하였다. 그러면서 '보호' 명분으로 통감부를 설치해서 외교 뿐 아니라 국내 정치 전반을 통제하기 시작했고 그에 맞추어 경제적 침탈을 목표로 한반도에 진출하는 일본인들도 급증하였다. 이러한 일본의 침략과 지배에 대한 한민족의 항일저항운동이 다양한 형태로 전개되었고 그로 인한 정치적 혼란과 갈등도 심화되었다. 바로 이와 같은 사회적 격동과 혼란기에 베커의 '2차 년도' 선교가 시작되었다.

이런 상황에서 베커를 비롯한 평양 선교부 소속 선교사들은 1904년 2월 초 연회 개회에 맞추어 서울로 올라갈 준비를 하고 있을 때 서울의 미국 공사관으로부터 "전쟁이 터졌으니 이동하지 말라."는 전보가 왔다. 결국 2월 10일 당일에는 인천과 서울에서 사역하는 남녀 선교사와 한국인 목회자 20여 명이 불안한 마음으로 정동의 샤프 선교사 집에 모여 보고서만 접수하고 산회하였다. 연회를 마치고 무어 감독은 곧바로 일본을 거쳐 미국으로 돌아갔다. 그리고 전선이 압록강 위쪽으로 올라가 한반도 정세가 어느 정도 안정을 찾은 5월 9-10일, 서울 정동교회에서 연회를 속개하였는데 이때 평양에서 노블 장로사가 내려가 연회를 주재하였지만 베커를 비롯한 다른 평양 선교사들은 참석하지 못했다.[70] 감독을 대신해서 5월 연회를 주재했던 노블은 연회를 마치고 곧바로 안식년 휴가를 얻어 미국으로 돌아갔고 그렇게 해서 비게 된 노블 선교사의 평양 사택에는 독신인 베커와 무어가 들어가 살았다. 베커는 안식년 휴가를 마치고 돌아온 폴웰 가족에게 1년 동안 기거했던 집을 내주었다.[71] 미혼 베커는 아직도 선교부 안에서 독자적인 가옥을 배당받지 못하고 있었다.

러일전쟁 기간 중 한반도 전체가 그러했지만 특히 평양은 양측의 군사적 충돌이 빚어졌던 곳이라 그 피해가 컸다. 이미 청일전쟁 때 중국군과 일본군의 만행을 경험한 적이 있었던 평양 주민은 거의 대부분 일본군 10만 명이 평양성에 진입하기 직전 평양성을 탈출, 지방으로 피난을 갔다. 교인들도 마찬가지였다. 남산현교회만 하더라도 주일예배 참석자가 7백 명에서 7십 명으로 줄었다. 일본군 진주 직전에 평양성은 거의 비었다고 해도 과언이 아니었다. 그렇다보니 빈 집을 터는 강도와 도둑들이 들끓었다. 서문 안 선교부도 안전하지 못했다. 선교사들은 자체 경비를 섰다. 그 무렵 노블 부

70) *KMEC* 1904, pp. 13-17.

71) *Michigan to Korea*, p. 178.

인의 일기다.

"하루는 남편(노블)이 급한 일 때문에 외출해서 밤에 돌아오지 못했다. 나는 잘 때 침대 머리맡에 소총을 세워두었고 혹시 몰라 쇠몽둥이를 곁에 두었다. 베커도 위층 다락방에서 권총과 소총으로 경비하였다. 한국인 전도사 두 명이 와서 밤을 새워 경비를 서겠다고 했다. 밤 늦은 시각, 내 침실 뒤쪽에서 발자국 소리가 나더니 희미한 불빛이 오른 거렸다. 나는 드디어 도둑이 왔구나 생각했다. 일어나서 창문 밖을 내다본 후 위층 베커에게 알리려 하였다. 그런데 도둑인 줄 알았던 그들은 뒤로 돌아 베커 방으로 올라갔고 얼마 후 베커는 그들이 가지고 온 전보를 들고 내게 내려왔다. 그들은 우리 전도사들로서 내가 놀라서 깰까봐 조심스럽게 내 방문을 지나 베커 방으로 올라갔던 것이다."[72)]

이런 식으로 선교사들은 한국인 전도사와 교인들의 도움을 받아 자체 경비를 하면서 전쟁을 맞았다. 또한 베커를 비롯한 선교사들은 피난가지 못한 평양 교인들을 돌아보며 위로하고 격려하였다. 그런데 피난 가는 사람들 가운데 선교사를 찾아와 땅문서와 집문서를 내놓으면서 사달라고 애원하는 이들이 많았다. 그 무렵 베커가 미국 식구들에게 쓴 편지다.

"열 명도 넘는 사람들이 나를 찾아와서 자기네 집을 사 달라고 하면서 얼마를 주던 관계없다고 하였습니다. 나는 그들의 그런 행동을 말렸습니다. 때로는 돈을 조금 빌려주기도 했어요. 곤경에 처한 그들에게서 사사로운 이득을 취할 생각은 조금도 없었습니다."[73)]

---

72) *The Journals of Mattie Wilkox Noble 1892-1934*, 한국기독교역사연구소, 1993, p. 116.
73) *Michigan to Korea*, p. 167.

베커는 그렇게 피난 가는 사람들의 집과 땅 문서를 맡아 두었다가 여름이 지나 전쟁이 소강상태가 되어 평양으로 돌아온 주인들에게 돌려주었다. 그 일로 인해 선교사들을 바라보는 평양 주민들의 시선이 한층 우호적으로 바뀌었다. 그리고 전선이 평북지역으로 옮겨 간 4월 맹산교회로부터 젊은 부부가 결혼한다면서 주례를 부탁한다는 연락이 왔다. 그는 장로교 선교부의 마펫과 함께 일본군 사령관을 찾아가 여행 허가증을 얻어 신창을 거쳐 맹산까지 다녀왔다. 전쟁의 공포에 사로잡혀 있던 지방의 교인들은 위험을 무릅쓰고 찾아온 선교사에게 최대한의 경의와 감사를 표하였다.[74] 베커는 여름 전에 한 번 더 맹산을 다녀왔다. 이 일로 베커가 토착교인들로부터 더욱 큰 신뢰와 사랑을 받게 되었음은 물론이다.

그런데 베커가 맹산을 다녀온 다음 1904년 11월, 평북 선천에서 올라온 청년 교인 몇 사람이 그를 방문했다. 그들은 베커에게 "선천에 신자 20-30명 정도가 있으니 내려와서 교회를 세워 달라." 요청하였다. 그러나 선천에는 이미 1896년 평양에서 복음을 전해들은 교인들이 교회(선천북교회)를 시작하였고 미국 북장로회 선교부도 그 해 휘트모어(W.C. Whittemore) 선교사를 파송하여 '장로교 선교 구역'으로 인정받던 곳이었다. 그래서 베커는 "이미 장로교회가 설립되어 있으니 그리로 나가라."고 권면하였다. 그러나 그들은 계속 감리교회 설립을 고집하였다. 그들을 인솔해 평양을 찾아온 대표자는 서울에 유학하던 중 감리교회에 출석하면서 감리교 교리서적들을 읽고 고향에 돌아와 감리교회와 부속학교를 설립할 계획을 갖고 있었다. 결국 베커는 선천지역 선교를 담당하고 있던 장로교 번헤슬 선교사와 함께 1905년 2월 선천을 방문하였는데 이미 자기들끼리 집회를 시작한 27명의 젊은 교인들은 장로교회 출석을 완강히 거부하고 있었다.[75]

---

74) *Michigan to Korea*, pp. 173-175.

75) A.L. Becker, "Maing San Circuit", *KMEC* 1905, pp. 43-44.

결국 이 문제는 평양에서 사역하는 장로교와 감리교 선교사들 사이의 갈등으로까지 비화될 조짐을 보였다. 감리교 선교부에서 이 문제를 장로교측과 논의하고 조정할 노블 장로사는 안식년 휴가를 받아 떠난 상태였고 나머지 선교사들은 3년차 미만의 신참들이었다. 이런 상황에서 장로교 선교부를 대표하는 마펫은 베커가 선천에 다녀온 것조차 못마땅하게 여기는 표정으로, "우리 구역에서 나가시오."(Keep out of our territory) 라고 하였다. 결국 선천에서 감리교회 설립은 불발되었고 독자적으로 집회를 시작했던 감리교인들은 뿔뿔이 흩어졌으며 그 중 몇 명은 미국 유학을 떠났다.[76] 이 사건을 겪으면서 베커는 장로교 선교사들과의 연합과 협력이 쉬운 과제가 아님을 깨달았다.

그런 중에도 베커는 가장 중요한 과제인 한국말 공부에 집중하였다. 그 결과 1년 만에 일상적인 대화는 물론 한국인 회중 앞에서 설교도 할 수 있는 수준이 되었다. 그의 첫 한국말 설교는 1905년 2월 남산현교회에서 개최된 평양지방 연합사경회에서 이루어졌다.[77] 한국말 설교를 하는 베커에게 토착교인들은 더 큰 신뢰를 표하였다. 이는 1905년 인쇄된 한국교회 신문 기사에서 확인된다.

> "백아덕 목사가 대한에 온 지 2년이 채 되지 않았지만 하나님의 은혜로 한국말을 썩 잘하게 되었다. 그는 사랑과 열정을 가지고 자기 구역을 돌아보는데 미국 사람들에게서 흔히 보이는 교만이나 형식은 찾아 볼 수 없을 뿐 아니라 어느 지방을 가든지 감리교 신자들을 방문할 때에 그 가족과 같이 바닥에 앉아서 성경 말씀을 가르친다. 또한 주일이면 아침 일찍이 일어나 10마일에서 15마일을 걸어서 작은 교회를 찾아가는데 어떤 때는 백 목사가 오전에 한 교

76) *Michigan to Korea*, pp. 181-183, 194.

77) *Michigan to Korea*, p. 186.

회, 오후에 또 한 교회 예배를 인도한다. 그는 이 모든 일을 열심히 한다. 많은 한국인들이 그를 따르며 하나님께 영광을 돌린다."[78]

한국 교인들은 한국말로 설교하고, 한국인들과 같은 눈높이에서 대화하는 베커를 지지하고 따랐다. 베커 역시 한국인들의 처지와 입장에서 사태와 상황을 이해하고 판단하려 노력하였다. 특히 베커는 러일전쟁 이후 '쏟아져 들어오는' 일본인들과 그들의 만행으로 인해 점증하는 한·일간의 민족 갈등을 잘 알고 있었다. 1905년 2월에 쓴 그의 일기다.

"일본인들은 한국인들을 잘못 다루고 있으며 그 때문에 한국인들의 분노가 치솟고 있다. 일본인들은 이 나라에 와서 땅이든 공장이든 닥치는 대로 소유하려 하는데 제 값을 치르지도 않으면서 차지하려고 한다. 평양에서도 한 지역을 독점하고 정당한 보상도 하지 않은 채 거기 사는 한국인들에게 떠나라고 한다. 그곳은 평양 시내에서도 살기 좋은 곳으로 수대에 걸쳐 명문 집안들이 살던 곳이다. 대대로 살던 집에서 힘없이 쫓겨나는 한국인들을 볼라치면 내 피가 끓는다."[79]

그는 또 이런 기록도 남겼다.

"한국에 나온 일본인들은 대부분 하층민 출신으로 불법을 자행해서라도 빼앗으려 하는 무례한 자들이다. 그들은 손 안에 들어오는 것이면 무엇이든 취하려 한다. 러일전쟁 직후 이런 불량배들이 한국에 쏟아져 들어왔고 그 결과

---

78) 이 기사가 실린 신문은 미감리회와 남감리회가 연합으로 발행하던 주간 신문 〈그리스도회보〉로 추정되는데 그 원본 자료를 확인할 수 없어 *Michigan to Korea*에 번역해서 실은 내용을 다시 한글로 번역하였다. *Michigan to Korea*, pp. 183-184.

79) *Michigan to Korea*, p. 186.

한국인들은 말 할 수 없는 곤경을 당하고 있다. 그래서 한국 청년들은 떨쳐 일어나 일본인들을 몰아내야 한다고 주장한다."[80]

한국인들의 '항일 의식'은 교육 열기로 연결되었다. 침략해 들어오는 일본에 대항하기 위해서 실력을 양성해야 하는데 그것은 근대식 교육을 통해 이루어진다는 자각이 한국교회 청년들 사이에 확산된 것이다. 베커는 그 실제적인 예를 남산현교회 청년들에게서 발견했다. 미감리회 한국선교회는 1897년 연회에서 감리교 청년단체로 '엡웟청년회'(Epworth league)를 도입하되 그동안 한국을 방문한 미감리회 감독들의 이름을 붙여 각 교회별로 지회를 설립하기로 결의하였다. 그에 따라 평양남산현교회 청년회는 '굿셀청년회'(Goodshell chapter)라는 명칭으로 조직되었다. 남산현교회 창립 교인이었던 오석형을 비롯하여 이은승과 강인걸, 안석훈, 김락선, 김재선, 김득수, 김찬흥, 강신화, 임정수, 김귀혁 등이 창립 때부터 임원으로 활동했다. 처음엔 오석형과 이은승이 회장을 맡았다가 1904년 베커가 회장으로 선임되었는데 그 때 회원 수는 2백 명을 넘겼다.[81] 선교사인 베커를 회장으로 세운 것은 지방정부나 일본 세력으로부터 청년회를 보호하려는 회원들의 의지 때문이었다.

이렇게 조직된 엡웟청년회가 처음엔 선교와 교육, 친교와 봉사 중심으로 활동하다가 러일전쟁 직후부터 점차 사회와 정치 현안에 대한 토론회를 개최하면서 항일 민족운동 단체로 변모하였다. 평양에서도 그러했다. 평양 엡웟청년회 회원들은 1904년 연말부터 밤마다 모여 영어와 일본어를 공부하기 시작했다. 1905년 봄이 되면서 공부 모임은 학교 설립운동으로 발전하

---

80) *Michigan to Korea*, p. 186.

81) "평양청년회 흥왕함", 〈신학월보〉 1902.4; "청년회", 〈신학월보〉 1903.1; "북쪽지방에서 전도함", 〈신학월보〉 1903.10; "평양 청년회원의 항심", 〈신학월보〉 1904.6; 『남산재 사람들』, p. 67.

였다. 베커는 그 내용을 "교육 열기"란 제목으로 감리교 선교사 잡지 〈The Korea Methodist〉에 기고하였다.

> "봄이 되어 청년회원 모두는 위기의 시대가 다가오고 있음을 느끼며 불안과 불만을 표현하기 시작했다. 그들은 공세적인 일본인들과 경쟁하기엔 부족하고 약점이 많음을 깨달았다. 그래서 일본에 제대로 대응하기 위해서 먼저 일본어를 배워야 한다고 생각하고 그런 학교를 설립할 것을 모색했다. 한국 교인들은 일본어를 할 수 있게 된다면 일본 사람들이 함부로 대하지 못하고 존경할 것이라고 생각하였다. 그러고 나서 얼마 후 영어와 수학도 배워야 한다는 말이 나왔다. 왜냐하면 영어와 수학을 잘하면 한국인들도 능히 일본 사람과 겨룰 수 있는 능력과 기술을 갖게 될 것이라 여겼기 때문이다."[82)]

평양 남산현교회 청년들은 처음에 일본인들에게 무시를 당하지 않기 위해 일본어를 배우기 시작했고 나아가 일본인들과 겨루어 지지 않기 위해서 영어와 수학까지 공부해야 한다고 생각했다. 그런데 이들 과목들은 자습으로 해결할 수 있는 것이 아니었다. 전문 교사가 필요했다. 기존 남산현 소학교가 있었지만 한문과 기초 과목만 가르치기에 영어와 수학 같은 과목들을 체계적으로 가르칠 수 있는 중등과정 학교가 필요했다. 마침 1904년 10월, 서울 상동교회 엡웟청년회원들이 중학교 과정의 상동청년학원(교장 이승만)을 설립했다는 소식이[83)] 들리면서 평양 남산현교회 청년들도 본격적으로 학교 설립을 추진했다. 그래서 1904년 겨울부터 남산현교회 이은승 목사와 청년회원들이 수차 회집하여 평양에서도 중학교를 시작하기로 하고 준비에 착수하였다. 그러나 두 가지 난제를 먼저 해결해야 했다. 첫째, 학교를 시작하

---

82) A.L. Becker, "A Desire for Education", *The Korea Methodist*(이하 KM), May 1905, p. 125.
83) 이승만, "상동청년회의 학교를 설시함", 〈신학월보〉 1904.11.

려면 가르칠 교사가 필요한데 교사 월급을 어떻게 마련할 것인가? 둘째, 학교를 시작하고 청년들이 원하는 과목을 가르치려 할 때 과연 선교사들 동의하고 도와 줄 것인가? 하는 문제였다. 청년회원들이 1904년 선교사인 베커를 엡웟청년회 회장으로 추대한 이유가 여기 있었다.

이렇게 중학교 설립을 논의하던 중 청년회원 중 네 명이 "우리부터라도 우선 시작하자."면서 각자 10원씩 내서 '청년학교설립발기회'(The Society for the Promotion of Special Schools for Korean Youth)를 출범시켰다.[84] 이들 설립발기위원들이 주최한 '청년학교 설립후원회' 모임이 남산현교회에서 개최되었다. 교인 뿐 아니라 일반 시민에게도 초청장을 냈는데 2천 명을 수용할 수 있는 예배당이 가득 차도록 몰려왔다. 집회 참석자들은 교사 한 사람 월급으로 6백원을 부담할 것을 결의하였고 진남포에서도 비슷한 모임이 개최되어 3백 원을 부담하기로 해서 총 9백 원이 모금되었다. 이런 청년들의 열기를 목격한 베커와 모리스는 서울 상동교회를 담임하면서 한국선교를 총괄 지휘하는 스크랜턴에게 교사 파송을 요청하였고 이에 스크랜턴은 공립학교 출신 기독교인을 선발해 내려 보냈다.[85]

이로써 1905년 4월 평양 남산현교회 청년회원들이 설립한 청년학교가 남산현교회에서 수업을 시작하였다. 개학에 앞서 청년회원들은 학교 규칙과 입학 규정을 정하였다. 예를 들면 학생은 반드시 상투를 자르고 교복을 입어야 하며 학교 안에서는 담배를 절대 피울 수 없다는 것을 포함하여 16가지 까다로운 규정을 만들었다. 그러나 청년학교에 대한 학생들의 반응은 뜨거웠다. 베커의 증언이다.

"이처럼 엄격한 규정을 내세웠음에도 학생 수는 하루하루 늘어났다. 35명가

---

84) *Michigan to Korea*, p. 187.

85) A.L. Becker, "A Desire for Education", p. 125.

량이 상투를 자르고 교복을 입었으며 그렇게 하겠다고 약속한 학생이 17명이다. 이들은 모두 15세 이상 된 청년들이다. 그 중 6명은 집안일을 마치고 10리 길을 걸어 학교에 와서 저녁 11시까지 공부한 후 평양 시내에서 자고 아침 일찍 다시 일하러 집으로 간다. 군인 출신이 4명인데 아주 열심히 공부한다. 그 중 한 명은 장교였는데 그는 매일 학생들에게 군사훈련을 시킨다. 먼 지방에서 올라온 학생이 7명인데 그들은 시내에서 자취하면서 비용을 스스로 부담하고 있다. 우리는 이와 같은 교육 욕구를 무시할 수 없었다. 그래서 내년에는 외국인 교사 한 사람이 이 학생들을 구체적으로 지도하기로 했다.[86)]

이렇게 남산현교회 청년회원들이 자발적으로, 스스로의 힘으로 중학 과정의 청년학교를 설립하는 과정을 지켜보면서 '교육 전문' 선교사로서 베커는 많은 감동과 도전을 받았다. 청년들이 원하는 교육 과정과 내용은 바로 자신이 계획하고 있던 바였다. 베커를 비롯한 평양 선교부 선교사들은 처음에 곁에서 지켜보는 입장이었지만 한국 청년교인들의 교육 열기를 더 이상 무시할 수 없어 '외국인 교사' 한 사람을 학교에 파송하기로 결정했는데 바로 베커였다.

베커는 1905년 6월 21일부터 개최될 연회에 참석하기 위해 서울로 출발하기 직전, 평양 시민대표단의 방문을 맞았다. 교인 뿐 아니라 기독교인이 아닌 평양사회 지도자들도 많았다. 그들 가운데 군수 벼슬을 했던 양반 지식인도 포함되어 있었다. 그들은 베커를 찾아와 "우리는 일본의 노예가 되고 싶지 않다. 우리 자녀들에게 신식 교육을 시켜 달라."며 "이은승 목사와 힘을 합쳐 정식으로 기독교 중학교를 설립해 달라"고 정식으로 요청하였다.[87)] 베커는 이미 1903년 5월, 평양에 도착하자마자 남산현소학교 상급반 학생 몇

---

86) A.L. Becker, "A Desire for Education", p. 126.

87) C.D. Morris, "North Korea District", *KMEC* 1905, p. 36; *Michigan to Korea*, pp. 188-189.

명을 개인교습 형태로 영어와 수학을 가르쳐 왔는데 이제 남산현교회 청년회에서 설립한 청년학교와 합하여 선교부가 운영하는 정식 중학교로 발전시킬 수 있는 기회를 얻은 것이다. 고등교육을 실시할 수 있는 기회가 의외로 빨리 찾아온 것이다.

4. 한국교회 장·감 '연합교육' 모색

4.1 1905년 연회와 교육 선교사 임명

미감리회는 1885년 한국선교를 시작한 이래 '한국선교회'(Korea Mission) 조직으로 모였던 것을 1905년부터 한 단계 승격시켜 '한국선교연회'(Korea Mission Conference)를 조직했다. 그리고 다시 3년 후 1908년에 최종 단계인 '한국연회'(Korea Annual Conference)가 조직되었다. 이처럼 1905년에 선교연회가 조직됨으로 그 동안 미국 및 일본 연회 소속으로 되어 있었던 선교사들이 모두 '한국선교연회' 소속으로 바뀌었다. 그리고 1905년 연회는 조직과 명칭이 바뀌었을 뿐 아니라 '주재 감독'(resident Bishop)이 처음 부임해 와서 회의를 주재하였다. 그 전까지는 미국에 있던 감독인 1년에 한 차례 나와 연회를 주재하고 선교현장을 돌아보는 형태로 한국교회를 관리하였는데 1905년부터 상주하는 감독이 파견된 것이다. 그렇게 해서 1905년 연회부터 해리스(M.C. Harris, 1846-1921) 감독이 주재 감독으로 나와 연회를 개최하였다. 해리스 감독은 올게니대학 출신으로 1874년부터 일본 선교사로 12년간 사역하였고 1886년부터 미국 태평양연안의 일본인교회들로 조직된 일본선교회 장로사로 18년 사역하다가 1904년 미감리회 총회에서 일본과 한국 관리감독으로 선출되어 1916년 은퇴할 때까지 일본과 한국을 오가며 교회를 관리하였다.[88] 일본인 선교 30년 경력의 해리스 감독은 한국과 일본을 동시에 관리하는 감독으로 선출되었지만 침략국과 피해국 관계로 변모하고 있던 일본과 한국 사이에서 한국보다는 일본에 편향된, 그래서 한국 교인과 민족주의자들로부터는 '친일파'(pro-Japanese) 선교사로 불리기도 했다.[89]

---

88) "Harris, Merriman Colbert", *EWM* vol. Ⅰ, p. 1,081.

89) 해리스 감독은 일본 선교와 근대화에 끼친 공로를 인정받아 일본정부(천황)로부터 두 차례 훈장을 받았다. 홍민기, 『해리스 감독의 생애와 선교에 관한 연구』, 감리교신학대학교 대

그렇게 해서 신임 해리스 감독이 주재하는 미감리회 한국선교연회 제1차 연회가 1905년 6월 21일부터 27일까지 서울 정동교회에서 개최되었다. 베커를 비롯한 평양 선교사들은 2년 만에 참석하는 연회였다. 노블 장로사와 존스 장로사는 안식년 휴가 중이어서 참석하지 못했지만 개척 선교사 스크랜턴 모자가 4년 만에 돌아와 선교사 분위기는 아주 좋았다. 이제 '3년차' 선교사가 된 베커는 신참 선교사들이 거쳐야 하는 '한국어 시험'을 무사히 통과하였고 '준회원 2년급'으로 진급하였다. 그는 연회 둘째 날인 6월 22일 '성품 통과'를 받은 후 맹산구역 선교보고서를 낭독했다. 그 서두는 이러했다.

> "지난 1년은 내게 대단히 흥미로운(exceedingly interesting) 해였습니다. 시간이 어떻게 가는지 모르게 일했습니다. 아직 한국말이나 풍습에 익숙하지 않은데도 나를 필요로 하는 일들이 몰려와서 정신없이 일했습니다. 그런데도 지난 1년 동안 나와 함께 일한 사람들을 통해 성령께서 어떻게 사역하시는지를 보고 느낄 수 있었습니다. 그것은 대단한 특권이었습니다. 나를 이곳으로 인도해 주신 하늘 아버지께 감사를 드리는 바입니다."[90]

그리고 1년 동안의 사역 결과에 대하여, "입교인 2명, 세례인 7명이었던 것이 1년 만에 학습인 127명, 원입인(구도자) 200명이 새로 등록하여 15개 교회에 총 352명 교인이 예배에 출석하고 있는데 집회 인원이 60명을 넘긴 교회가 4곳이나 된다."고 보고하였다. 그리고 비록 이루어지지는 못했지만 평북 선천에서 청년들이 찾아와 감리교회를 세워달라고 했던 일까지 보고하였다.[91] 베커의 보고는 신창교회 매일학교 설립에 관한 것으로 끝났다.

학원(석사학위논문), 2008, 79쪽.

90) A.L. Becker, "Maing San Circuit", *KMEC* 1905, p. 43.

91) A.L. Becker, "Maing San Circuit", *KMEC* 1905, pp. 44-45; A.L. Becker, "A Petition," *KM*, Aug. 1905, pp. 140-141.

"금년 봄 우리 구역 안의 신창에 최초 매일학교가 설립되었는데 나는 전혀 개입하지 않았습니다. 그 곳의 서당 훈장이 기독교인이 되기로 결심하였고 그 결과 그의 지도를 받던 학동들이 모두 교인이 되었습니다. 그러자 그곳 교회 교인들은 당연히 그 선생 봉급을 교회가 부담해야 한다고 생각했습니다. 일은 순조롭게 진행되었고 옛날 서당 책 대신 기독교 책들을 가르치기 시작했습니다. 그렇게 학제를 바꾸면서 따르기 싫으면 떠나도 좋다고 했는데 단 두 명만 떠났습니다. 이렇게 준비된 소학교를 교회가 받아들인 예는 찾아보기 힘든 경우입니다."[92]

선교사가 개입하지도 않았는데 자생적으로 교회부속 매일학교가 설립되는 광경을 목격하며 베커는 한국 교인들의 '교육 욕구'를 다시 한 번 확인하였고 그 열기를 연회 참석자들에게 알렸던 것이다. 여기에 부응하는 체계적인 학교 설립과 운영이 '교육 선교사'로서 자신에게 주어진, 더 이상 지연시킬 수 없는 과제인 것을 다시 한 번 확인하였다. 그리고 교육 선교의 관심과 내용은 이제 교회 교육 차원을 넘어 학교 교육 분야로 확산되고 있었다.

연회에 참석한 베커는 먼저 들어와 학교 선교를 담당하고 있던 선배 선교사들의 보고에 귀를 기울였다. 특히 한국의 교육선교와 근대교육의 요람으로 20년 역사를 기록하고 있는 배재학당 보고에 관심이 컸다. 그러나 벙커 교장의 배재학당 보고를 듣고 적지 않게 실망하였다. 특히 벙커가 "목회자와 소학교 교사 양성을 목적으로 운영하는 배재학당 고등과에서 영어는 가르치지 않겠다." 했을 때 그러했다. 이런 벙커의 보고를 듣고 스크랜턴이 "왜 한국 청년들이 미국에 기초교육을 받으러 가야 하는가? 왜 배재에는 나이든 학생들이 안 보이는가? 그리고 이미 20년이 지났는데도 왜 아직도 고등학교

---

92) A.L. Becker, "Maing San Circuit", *KMEC* 1905, pp. 45; A.L. Becker, "A Petition," *KM,* Aug. 1905, p. 141. 이때 설립된 학교는 평남 순천군 신창면 신창리에 있던 일신학교(日新學校)였다. 『基督教朝鮮監理會要覽』, 기독교조선감리회총리원, 1931, p. 41.

교재를 만들지 못하고 있는가?"라고 질문하였을 때 벙커는 제대로 대답하지 못했다. 베커는 그 광경을 지켜보며, 발언하지는 않았지만, 선교사들이 추진해 온 교육 선교의 목적과 내용에서 수정할 부분이 적지 않음을 깨달았다.[93)]

이런 분위기에서 연회 넷째 날인 6월 24일(토요일) 오전 회의를 마칠 무렵 벙커가 "오후 2시 교육 사역에 관한 대화모임을 가질 예정이니 원하는 분들은 참석해 달라."고 광고하였다. 그렇게 해서 그 날 오후 정동교회에서 소집된 모임의 대화 주제는 '장로교 선교부와의 연합교육'이었다.[94)] 그 무렵 벙커를 비롯한 서울의 교육담당 선교사들은 북장로회 선교부로부터 "장로교와 감리교 연합 교육을 실시하자."는 제안을 받고 있었다. 구체적으로 정동의 배재학당과 연동의 경신학교를 통합 운영까지 거론되고 있었다. 배재학당 교장이었던 벙커는 이 문제를 혼자 경정할 사안이 아니라 여기고 동료 선교사들의 지혜를 얻어 연회 차원에서 결정하기를 원했던 것이다. 그래서 6월 24일 오후에 '비공식 간담회'였지만 해리스 감독을 비롯하여 스크랜턴, 벙커 등 거의 모든 선교사들이 참석했다. 베커도 물론 참석했다. 모임의 토론 주제는 '교육과 연합운동'이었다.

마침 그 무렵 장로교 측에서도 서울에서 장로회선교공의회(Council of the Presbyterian Missions in Korea)가 열리고 있어 미국 북장로회와 남장로회, 캐나다 장로회, 호주장로회 등 6개 장로교 선교회 소속 선교사들이 서울에 올라와 있었다. 그리고 공의회에 참석 중이던 북장로회 허스트(J.W. Hirst)와 무어(S.F. Moore), 남장로회 레이놀즈(W.D. Reynolds) 등이 장로회공의회를 대표하여 6월 23일 미감리회 연회에 참석, 축하 인사를 하였으며 6월 24일 오전에는 평양에서 사역하는 북장로회 베어드 선교사가 와서 폐회 축도를 했다.[95)] 이처럼 감리교 연회에 장로교 선교사들이 참석해서 축사와 축도를 한 것에서 두 교

---

93) D.A. Bunker, "Pai Chai High School", *KMEC* 1905, pp. 75-78; *Michigan to Korea*, p. 192.
94) *KMEC* 1905, p. 20.
95) *KMEC* 1905, pp. 15-17.

파 선교사들 사이의 '우호적인' 분위기를 읽을 수 있었다. 이런 분위기에서 6월 24일 오후 정동교회에서 열린 대화모임 참석자들은 "교육 분야에서 장로교와 연합 사업을 논의할 필요가 있다."는데 의견을 모으고 연회 차원에서 처리할 것을 제안하기로 했다.

그리하여 6월 26일, 월요일에 속개된 연회는 토요일 오후 회합 내용을 보고 받고 접수하였다. 그리고 스크랜턴의 제안으로 감리교계통 학교 운영과 교과과정을 논의할 '교육위원회'(Committee of Education)를 조직하기로 하고 벙커를 위원장으로, 이화학당의 힐만(M.R. Hillman)과 베커를 위원으로 선정했다.[96] 이렇게 교육위원회가 조직된 직후 연회에 참석한 선교사와 목회자들을 '깜짝 놀라게' 만든 일이 벌어졌다. 평양에서 베커와 함께 사역하고 있던 무어 선교사를 통해 평양지방 교인들이 "평양에 중학교를 설립하고 베커 선교사로 하여금 평양에서 교육사역에 전념하도록 조치해 달라." 호소하는 청원서를 연회에 제출한 것이다. 청원서 서명자는 천 명이 넘었다. 평양 교인들의 청원서 작성과 제출은 베커도 전혀 예상하지 못했던 것이었다. 서명자의 이름이 나열된 두루마리 청원서는 길이가 무려 14야드(12.6m)에 달하였는데 그것을 펼칠 때 해리스 감독을 비롯한 연회 참석자들은 한국교회의 간절한 '교육 요구'를 다시 한 번 확인할 수 있었다. 이에 감동을 받은 해리스 감독과 연회원들은 평양 교인들의 청원을 받아들여 평양에 감리교 중학교(Academy)를 설립하기로 하고 그 교장으로 베커를 임명했다.[97] 이로써 베커는 '설립되지도 않은' 중학교 교장이 되었다.

그러면서 해리스 감독은 전에 베커가 맡아 보았던 맹산과 신창지역 선교를 무어 선교사에게 맡기고 무어가 맡았던 평양시내 교회 관리를 베커에게 맡겼다. 이로써 베커는 지방 여행을 하지 않고 평양에 머물러 학교 사역에

---

96) *KMEC* 1905, p. 18.

97) 해리스 감독은 평양에 설립될 중학교를 미국 독지가 이름을 따서 '콜린스중학교'(Collins Academy)라 하였다. *KMEC* 1905, pp. 18-19, 25; *Michigan to Korea*, p. 191.

전념할 수 있게 되었다. '교육 전문' 선교사로서 자신의 비전과 능력을 발휘할 수 있는 환경과 조건이 마련된 것이다.

4.2 장로와 감리교 연합운동 논의

이처럼 베커를 평양의 교육전담 선교사로 파송하기로 결정한 6월 26일 연회에서 또 다른 중요한 결정이 이루어졌다. 연회 벽두에 한국선교를 현장에서 총괄하는 총리사(superintendent) 직책을 갖고 있던 스크랜턴이 전 날 북장로회 선교사 게일(J.S. Gale)로부터 받은 것이라며 "미감리회 선교사들과 북장로회 선교사들이 함께 모여 '연합 사업'(union work)에 대해 논의해 보자."는 내용의 서한을 연회에 제출했다.[98] 당시 게일은 서울 연동교회와 북장로회 선교부가 운영하는 예수교학당(후의 경신학교) 교장으로, 또한 초교파적으로 진행하고 있던 성경(신약) 번역작업과 장로교 연합 〈그리스도신문〉 편집자로 활동하고 있었다. 초교파 연합운동에 관심이 많았던 게일은 북장로회 서울선교부를 대표하여 감리교 선교를 관리하고 있던 스크랜턴에게 연합사업 논의를 제안하는 공식서한을 보냈던 것이다. 게일의 제안은 '연합사업'의 범위를 교육에 한정하지 말고 출판과 의료, 교회 통합 분야까지 확대하자는 것이었다.

이런 게일의 서한에 대해 미감리회 연회원들은 즉각 호응하였고 이에 해리스 감독은 총리사 스크랜턴과 지방 장로사인 모리스, 노블, 케이블과 서울 선교부에서 배재학당의 벙커와 베크, 평양 선교부의 베커와 폴웰, 그리고 여선교사로 평양 광혜여원의 홀 부인과 서울 보구여관의 커틀러, 이화학당의 힐만 등 11명을 대표위원으로 선정하여 북장로회 선교사들과 접촉하도록 하였다.[99] 이들은 모두 교육과 의료, 문서 선교 분야에 종사하던 선교사들이었

98) *KMEC* 1905, pp. 17-18.

99) *KMEC* 1905, p. 18.

는데 '연합 사업'이 시급하게 필요한 분야였다. 이런 미감리회 연회 결정은 곧바로 게일에게 전달되었고 그리하여 그 날(6월 26일) 저녁, 벙커의 정동 사택에서 장로교와 감리교 선교사들의 연석회의가 열렸다. 그 날 모임에는 미감리회 측에서 해리스 감독을 비롯하여 낮에 선정된 대표들이 참석하였고 북장로회 선교부를 대표하여 게일과 베어드, 무어, 에비슨, 밀러(H. Miller) 등이 참석했다. 그 외에 서울에서 성경번역을 하고 있던 남장로회 선교부의 레이놀즈(W.D. Reynolds), 그리고 초교파 선교사 잡지 〈The Korea Review〉를 발행하던 헐버트(H.B. Hulbert)도 참석했다.[100)]

급하게 소집된 회의였지만 "오직 하나의 이름으로"라는 제목으로 해리스 감독이 설교한 후에 열띤 토론과 진지한 논의가 밤늦게까지 이루어졌다. 그리고 18명 참석자들은 다음과 같은 '합의사항'을 도출하였다.[101)]

1) 한국에서 가칭 '대한예수교회'(The Church of Christ in Korea)라는 칭호의 단일 개신교회를 설립한다.
2) 한국에서 교육 사업은 모든 개신교회들이 연합으로 추진한다.
3) 지금까지 감리교와 장로교가 따로 추진해 왔던 교육 사업을 하나로 묶는 작업을 즉시 착수한다.
4) 복음전도 사역에서 장로교와 감리교가 연합할 것을 각 선교부에 통보한다.
5) 추후 복음전도와 교육, 의료 사역에서 연합을 신속하게 추진하기 위해 각 선교부 대표들로 다양한 위원회를 조직한다.
6) 장로교 선교협의회가 열리는 이번 가을에 각 선교부가 참여하는 개신교 선교연합공의회(Council of the Protestant Missions)를 조직한다.

---

100) *KMEC* 1905, 17-18, pp. 20-21; "Union", *KM* Jul. 1905, p. 119; "A Notable Movement in Korea", *The Korea Review*(이하 KRV), Jun. 1905, pp. 249-254. "Union", *The Korea Field*(이하 KF), Aug. 1905, pp. 257-259.

101) "Union", *KM* Jul. 1905, 119쪽; *KMEC* 1905, 20-21쪽

7) 모든 개신교 선교사들이 참석하는 모임에서 한국의 단일교회를 설립하는 계획안을 마련한다.

8) 선교사 정기간행물도 통합하여 연합 편집부를 조직하여 발행한다.

참석자들은 교육과 의료, 문서출판과 복음전도 분야의 선교사역에서 '연합'은 물론이고 한국에서 교파를 초월하여 '단일 개신교회'를 설립하는 것까지 논의하였다. 이런 합의사항은 이튿날(6월 27일), 미감리회 연회 마지막 날에 자세히 보고되었다. 연회 참석자들은 이의 없이 그 보고를 받아들였고 전날 회합에 참석했던 감리교 대표 가운데 스크랜턴과 베크, 모리스, 벙커, 폴웰, 커틀러, 힐만 등 7인으로 '연합위원회'(union committee)를 구성하여 북장로회 선교부 및 장로교연합공의회와 계속 협의하며 합의사항을 실천해 나가도록 힘을 실어 주었다.[102] 이런 감리교 조치에 대하여 북장로회 선교부 쪽에서도 적극적으로 호응하였다.

이로써 6월 26일 정동에서 이루어진 장로교와 감리교 선교사 연합모임은 한국교회 연합과 일치운동 역사에서 중요한 의미를 지니게 되었다. 베커는 이런 중요한 모임에 감리교를 대표하는 위원으로 참석했을 뿐 아니라 중요한 임무를 부여받았다. 6월 26일 모임 이후 장로교와 감리교의 교육 담당 선교사들이 별도로 모여 '연합 교육사업'에 관하여 토론하였는데 서울과 평양에서 우선적으로 장로교와 감리교 연합으로 중학교를 운영하고 대학 역시 연합으로 남녀 각 하나씩 운영하자는 방향으로 의견을 모았다.[103] 베커의 교육사역의 방향과 내용이 좀 더 구체화되고 있었다. 그러나 정작 베커는 이러한 일련의 회합과 모임에서 발언을 자제하고 듣는데 열중했다. 한국에 나온 지 2년 되었지만 여전히 그는 나이가 제일 어린(26세) 선교사였다. 그는 '배우

---

102) *KMEC* 1905, pp. 8, 21-22.

103) *Michigan to Korea*, pp. 193-194.

는' 자세로 선배 선교사들의 토론을 지켜보았다. 그 무렵 쓴 일기다.

> "나는 토론 전 과정에서 듣기만 했다. 열심히 기록하면서 배웠다. 토론 결과 양측 선교회는 보다 긴밀하게 협력하기를 원한다는 것이 확인되었다. 특히 서울에 있는 선교사 대부분이 그러했는데 그들의 폭 넓은 비전과 지성적인 자세는 한국인들에게 꼭 필요한 덕목이다. 참석자들은 선교사역을 효과적으로 추진하기 위해서는 과도한 교파주의를 극복해야 한다고 만장일치로 결의했는데 그런 점이 나를 흥분시켰고 선교 비전을 어떻게 세울 것인가 돌아보게 만들었다."[104)]

평양에서 마펫으로부터 "우리 구역에서 나가라."는 말을 듣고 실망한 적이 있던 베커는 서울 장로교 선교사들의 연합하는 모습에서 깊은 감명을 받았다. 특히 6월 26일 모임에서 특강을 한 게일에게 깊은 관심이 있었다. 베커는 이미 앨비언대학 도서관에서 〈The Korean Repository〉에 실린 게일의 논문들을 읽으며 한국을 이해하는데 많은 도움을 받았고 한국에 나와서도 게일이 쓴 자전적 소설 『The Vanguard』를 읽고, 역시 그가 쓴 선교사 어학교재 『Grammatical Forms』를 가지고 어학훈련을 하였기 때문에 게일은 베커에게 '선교사의 표상'이었다. 그래서 베커는 별도로 시간을 내서 연지동 장로교 선교부로 게일을 찾아가 만났다. 16세 연상으로 18년차 선교사였던 게일도 그를 반갑게 맞아 주었다. 베커는 그동안 한국의 역사와 종교, 문화와 정치에 관하여 궁금하게 여겼던 것들에 대해 질문하였고 게일은 친절하게 대답해 주었다. 게일은 최근 한국의 정치상황에 대하여 "러일전쟁에서 승리한 일본이 한국 정치에 개입하게 된 것은 개혁의 과제를 안고 있는 한국에게 다행스런 일이다."는 식의 '친일적' 발언도 하였지만 한민족의 우수한 역사 전

---

104) *Michigan to Korea*, p. 193.

통과 문화, 특히 기독교 선교에 절대적 도움이 되는 한글 문자와 '하나님 신앙'을 갖고 있음을 지적하면서 한국이 장차 '기독교 국가'로 발전할 수 있는 가능성이 있음을 강조하였다.[105] 그러면서 게일은 교육전문 선교사로서, 특히 앞으로 활발하게 전개될 '연합 교육' 분야에서 베커의 역할이 중요하다면서 이렇게 격려하였다.

> "감리회 선교부도 평양에서 마침내 학교 사역을 시작하기로 하고 당신에게 그 책임을 맡겼다는 말을 들었습니다. 그러니 지금부터 베어드 박사와 함께 해야 할 것입니다. 당신 두 사람 사이에서 일을 잘 처리해 주기를 바랍니다. 연합하는 것만이 힘이 된다는 것을 나는 믿습니다. 하나님께서 당신을 축복하사 하는 일이 잘 되기를 바랍니다. 그리고 또 하나! 한국말 배우는 데 최선을 다하기 바랍니다. 그 어느 것보다 중요한 일입니다."[106]

"어학 공부에 매진하라."는 선배 선교사의 충고는 베커에게 중요한 지침이 되었다. 교육자로서 베커는 일상 대화에 필요한 한글 공부에 그치지 않고 아직도 한자를 선호하는 지식인들과 학문적 대화와 교류를 할 수 있도록 한문 공부도 하였다. 그 결과 베커는 한민족의 문화와 사상의 본원까지 접근해 들어갈 수 있었다.[107] 또한 게일은 "평양에 가서 '연합 교육' 사역을 할 때

---

105) *Michigan to Korea*, pp. 195-197.

106) *Michigan to Korea*, p. 198.

107) 예를 들어 베커가 1918년 9월 감리교 협성신학교 기관지 〈神學世界〉에 기고한 국한문 혼용체 논문 "成功의 要素"의 본문은 이러하다. "東西를 勿論하고 正當한 成功에는 仝一한 要素가 有하다 할지라. 余가 書籍에서나 觀察로나 在美하여서나 留鮮(十四年間)하야 得한 經驗과 및 他人과 時로 思想交換하야 得한 바 모든 裨益을 綜合하여 朝鮮青年 諸君에게 供코저 하노라. 何를 指하야 要素라 함인가 發問할진대 斯世에는 各樣의 答案이 多함으로 容易히 對答키는 難하나 斯世에 居住하는 各民族 모든 國家 모든 社會가 人情과 風土의 相異함을 隨하야 其觀察点은 相異할지라도 其各樣 答案의 本源을 溯究할진대 擧皆 眞이며 正이오 他道는 無할지라." 白雅德, "成功의 要素", 〈神學世界〉 1918.8, p. 87.

(마펫이 아니라) 베어드와 손을 잡고 일하라."고 조언하였다. 그것 역시 정확한 판단에 근거한 조언이었다.

이처럼 중요한 결정들이 이루어진 1905년 연회를 마친 베커는 떠날 때보다 훨씬 더 무거운 책임감을 느끼며 평양으로 귀환하였다. 연회 결정에 따라 그는 1) 교육전담 선교사로 평양과 북한지역 학교 사역에 전념하면서 2) 평양지방 교인들의 요청에 부응하여 평양에 중학교를 설립하되 장로교와 연합학교로 운영할 것을 모색하며 3) 학교 사역 외에 평양구역 내 교회들을 돌아보는 목회사역도 겸해야 했다. 어느 것 하나 쉬운 일이 아니었다. 무거운 책임감도 느꼈지만 그가 미국을 떠날 때부터 마음속에 간직했던 '교육 선교'에 대한 꿈과 비전을 본격적으로 펼칠 수 있게 되었다는 사실만으로도 그는 감격했다.

4.3 복음주의선교연합공의회 창설과 연합중학교 논의

1905년 6월 미감리회 연회 기간 중에 이루어진 장로교와 감리교 선교사 회합을 계기로 '연합운동'은 한국교회의 새로운 과제와 관심사가 되었다. 특히 선교사 사회에서 '연합'(union)은 모든 대화와 모임의 화두가 되었다. 장로교 선교잡지 〈The Korea Field〉는 선교사 사회에서 '연합운동'은 거역할 수 없는 시대적 공동관심사가 되었음을 지적하면서 그 배경에 해리스 감독을 비롯한 감리교 선교사들의 적극적인 참여가 있었음을 지적하였다.

> "성령의 모든 현상이 그러하듯 이 연합운동이 어디서 시작되었는지 확인하기 힘들다. 바람처럼 불어와 많은 사역자들의 가슴에 그 임재를 느끼게 해주었다. 처음엔 한두 명으로 시작하였지만 수년 전부터 많은 이들이 한국에서 그리스도 복음을 전하고 있는 두 큰 교파교회가 보다 더 가까이 연합하기를(closer union) 기도해왔다. 그리고 우리는 언제나처럼 주님께서 주시겠다고 약속하신 성령이 임하심으로 우리 마음을 부드럽게 하시고 우리 가운데 역사하고

계심을 깨닫게 되었다. 그 계기는 6월 말 미감리회 해리스 감독의 방한으로 이루어졌다. 그는 '하나님 능력의 계시'처럼 우리에게 다가와 우리로 하여금 주님께 더욱 가까이 다가가도록 이끌었다. 그 결과 우리는 세상적인 목표를 잊는 대신 그 너머 지상에 하나의 그리스도교회를 세우시려는 주님의 움직임을 확인하게 되었다. 우리는 해리스 감독이야말로 감리교와 장로교를 뛰어 넘어 예비하신 시간에 예비하신 메시지를 전달하러 온 메신저인 것을 알았다."[108)]

이런 '연합과 합동' 분위기에서 선교사들은 여름 휴가철을 보내고 9월을 맞이하였다. 9월 초에 "하나 되게 하소서."라는 주제로 서울 연합교회 사경회가 개최되었는데 '연합'을 위한 기도와 신앙 열기 속에 진행되었다. 이 연합사경회에 참석했던 장로교의 미국 북장로회와 남장로회, 캐나다장로회, 호주장로회, 그리고 감리교의 미(북)감리회와 남감리회 등 6개 선교부 대표들이 9월 11일부터 15일까지 서울 이화학당에서 회합하였다. 6월 26일 모임이 미감리회와 북장로회 선교사들을 중심으로 이루어진 것이라면 9월 모임은 보다 확대해서 한국에서 사역하고 있는 장로교와 감리교 모든 선교부 대표들이 모인 것이다. 모임에 참석했던 선교사들은 긴 토론과 논의 끝에 "선교 사역에서 협력을 추구하며 궁극적으로는 한국에서 하나의 복음주의 토착교회(one native evangelical Church)를 조직하는데" 목적을 둔 연합기구로서 '한국복음주의선교연합공의회'(General Council of Protestant Evangelical Missions in Korea)를 조직하였다.[109)] 한국 개신교회 최초 에큐메니컬운동 협의체가 탄생한 것이다.

지난 6월 26일 모임에서 결의한 내용처럼 연합공의회도 '교회 통합'과 '선교 연합' 두 가지를 과제로 제시하였다. 즉 장로교와 감리교 등 교파교회를

---

108) "Union", *KF*, Aug. 1905, p. 257.

109) H. Miller, "The History of Co-operation and Federal Council," *KMF* Dec. 1934, 256쪽.

통합해서 단일 '개신교회'를 조직하는 것과 교육과 의료, 문서출판, 복음전도 분야에서 연합 사역을 추진하자는 것이었다. 그런데 하나는 쉽고 하나는 어려운 과제였다. 선교사들을 파송한 나라의 교회들이 '교파교회' 형태를 고수하고 있는데 피선교지 교회들이 교파를 초월하여 단일 개신교회를 조직한다는 것은 쉬운 일이 아니었다. 신앙과 교리적인 문제보다 제도와 조직에 관한 정치적인 문제를 해결하기 어려웠다. 특히 장로교회가 취하고 있는 개교회 중심의 당회→노회→총회 형태의 상향식 회중주의(congregationalism)와 감리교회가 취하고 있는 연회→지방회→구역회 형태의 하향식 감독주의(episcopalism)를 절충할 수 있는 정치 제도와 조직을 만든다는 것이 쉬운 일이 아니었다. 이런 정치적인 문제 때문에 '하나의 개신교회'를 조직하는 운동은 활발하게 추진되지 못했고 결국 선교사들은 이것을 연합공의회의 장기 과제로 삼아 논의하기로 결정하고 통합작업을 중단했다.[110)]

이처럼 '교회 통합'은 난제였지만 두 번째 과제인 '선교 연합'에 관한 논의는 활발하게 진행되었다. '선교 연합'은 서로 다른 교파교회 선교부들이 같은 지역에서 같은 내용의 사역을 추진하는데서 오는 경쟁과 갈등, 낭비를 줄일 수 있을 뿐 아니라 기능과 인력, 재정을 통합하고 분담함으로 사역의 효과를 극대화할 수 있었다. 이런 피선교지의 선교 연합활동을 본국교회 선교부도 적극 지지하였다. 그 결과 선교연합공의회에 참석한 감리교와 장로교 선교사들은 우선 의료와 교육, 문서출판 분야에서 '연합 사역'을 추진하기로 의견을 모았다. 논의 과정을 지켜본 〈The Korea Field〉 편집인 빈턴(C.C. Vinton)의 기사다.

---

110) 이후 '단일 개신교회'를 조직하는 문제는 1905년 9월 조직된 한국복음주의선교연합공의회 산하 정치문제위원회를 통해 집중 논의되었지만 교리적인 문제와 정치적인 문제를 극복하지 못하고 1910년에 이르러 "조직통합을 추진하기보다는 초교파적 협력관계를 유지하는 것이 더 바람직하다."는 결론을 내림으로 교회통합은 이루어지지 못했다. "Report of Committee of Harmony of Polity", *Annual Report of General Council of Protestant Evangelical Missions in Korea,* (이하 ARGC) 1910, p. 21.

"감리교 선교사들로부터 장로교 선교사들에게 이런 분야의 사역들을 통합해서 경영하자는 제안이 들어왔다. 그렇게 되면 각 지역 선교부에는 병원이 하나, 남녀 기숙학교 한 개씩 남게 될 것이고 한글과 영어로 인쇄하는 정기간행물도 각 하나씩만 간행될 것이며 공동 찬송가를 발행해서 모든 선교부에서 그것을 사용할 것이고 인쇄소도 하나만 운영할 것이다. 이런 과정을 거쳐 현재 운영하고 있는 상당수 기관들이 문을 닫게 될 것이고 그러면 남은 인력을 다른 사역에 투입할 수 있을 것이니 지금 학교 사역에 매여 있는 많은 선교사들이 직접적인 복음전도 사역을 추진할 수 있을 것이다."[111]

논의 끝에 연합공의회는 우선적으로 '연합'할 수 있는 사역으로 1) 평양 남학교, 2) 평양 의료사업, 3) 서울 남학교, 4) 서울 여학교, 5) 서울 의료사업, 6) 주일학교 기관지, 7) 영어 정기간행물, 8) 한글 정기간행물, 9) 찬송가, 10) 출판사 등을 선정하고 각 사안별로 연합위원회를 조직하여 가능한 것부터 추진하기로 하였다.[112] 이로써 그동안 장로교와 감리교가 별도로 전개해 온 교육과 의료, 문서 선교 사업을 장·감 연합 사업으로 추진할 수 있게 되었다. 연합공의회 추진 및 창립 과정을 가까이서 지켜본 〈The Korea Review〉 편집인 헐버트는 그 결과를 이렇게 소개하였다.

"한국에서 사역하고 있는 그리스도 일꾼들이 보다 더 긴밀하게 연합하려는 움직임이 지난 한 달 동안 꾸준하게 추진되어 마침내 그 결실을 보게 되었다. 이달(9월) 초에 한국에서 사역하는 프로테스탄트 선교사들이 대거 서울에서 회집하였는데 참석자들은 바야흐로 연합기구를 만들 때가 이르렀다는 데 동감을 표하고 길고도 충분한 토론 끝에 모든 복음주의 선교회가 동참하는 연합공

---

111) "Union", *KF*, Aug. 1905, 258쪽.

112) S.A. Beck, "Committee of Union", *KMEC* 1906, 73쪽.

의회를 조직하기로 결의한 후 조직을 구성했다. 이 조직에 참여하여 함께 운동을 전개하기로 한 선교회는 미국 북장로회와 남장로회, 오스트레일리아장로회, 캐나다장로회, 미감리회, 남감리회 등이다. 이로써 이들 선교회들이 추진해 온 교육과 의료, 문서와 출판 분야에서 즉각적인 통합이 이루어질 것으로 믿어 의심치 않는다. 실제로 이번 가을부터 이미 합동을 추진하여 일을 시작한 기관도 있다."[113]

'선교 연합'의 결과물들은 1906년부터 나타나기 시작했는데 선교사들이 내던 영문 선교잡지로 장로교의 〈The Korea Field〉와 감리교의 〈The Korea Methodist〉를 통합하여 〈The Korea Mission Field〉를 발행하기 시작하였고 한글 신문도 감리교의 〈그리스도회보〉와 장로교의 〈그리스도신문〉을 통합한 〈그리스도신문〉(후의 〈예수교회보〉)을 내기 시작했으며 찬송가도 감리교의 『찬미가』와 장로교의 『찬양가』, 『찬송시』를 통합한 『찬송가』를 간행했다. 그런데 헐버트가 1905년 9월 이 기사를 쓰면서 "이번 가을부터 이미 합동을 추진하여 일을 시작한 기관도 있다."고 하였는데 이는 서울과 평양에서 시작한 '연합중학교'를 의미하였다.

우선 서울의 '연합중학교'는 미감리회 선교부에서 운영하는 정동의 배재학당과 북장로회 선교부에서 운영하는 연지동의 예수교학당(후의 경신학교)의 통합으로 이루어졌다. 1885년 아펜젤러에 의해 시작된 배재학당은 벙커가 교장으로 취임한 1902년 9월부터 남감리회 선교부가 동참하면서 남·북감리회 연합학교로 운영되고 있었다. 언더우드에 의해 1886년 정동에서 '고아원 학당'으로 출발한 장로교 학교도 1902년 게일이 연지동으로 옮긴 후 1905년 지하 1층, 지상 2층짜리 벽돌건물을 짓고 후원자 이름을 따서 '웰즈기념학교'라 하였다. 배재학당의 벙커나 예수교학당의 게일 모두 선교연합

113) "Missionary Union in Korea", *KRV* Sep. 1905, 342쪽.

운동에 적극적인 자세를 취하고 있었기에 두 학교의 통합작업은 어렵지 않게 진행되었다. 그리하여 미감리회와 남감리회, 북장로회 등 3개 선교부가 연합으로 경영하는 '합성중학교(合成中學校, Union High School)로서 1905년 10월 6일 새로 지은 연지동 교사에서 '통합 수업'을 시작하였다.[114] 그러나 합성중학교는 1908년 감리교 측에서 배재학당 '복교'를 선언하고 정동에서 수업을 재개하고, 장로교 측에서도 '경신학교'로 재출발함으로 서울에서의 통합교육과 연합학교 실험은 3년으로 끝났다.

평양에서의 '연합중학교'는 서울보다 한 달 빠른 1905년 9월에 개교하였을 뿐 아니라 10년 동안 유지되었다. 평양에서는 연합 중학교 뿐 아니라 대학교까지 운영되었다. 이처럼 평양에서 연합학교가 성공적으로 설립, 운영된 배경에는 미감리회 선교부를 대표한 베커, 북장로회 선교부를 대표한 베어드, 두 선교사 사이의 탄탄한 신뢰와 긴밀한 협력이 있었다. 더 구체적으로 표현하면 베커가 평양에서 '교육 전문' 선교사로서 사역을 시작한 1905년부터 그가 서울로 임지를 옮긴 1914년까지 10년 동안 평양에서 연합 중학교와 대학교가 운영되었으니, 평양에서의 장·감 연합교육은 베커로 시작해서 베커로 끝났다 해도 과언이 아니다. 그 기간 베커와 함께 사역했던 베어드의 지지와 협력이 큰 몫을 차지했음도 물론이다.

4.4 베커와 베어드의 만남

베커와 함께 사역할 베어드(William M. Baird, 裵偉良, 1862-1931)는 마펫과 함께 평양 선교부를 지휘하는 '대선배' 선교사였다. 베어드는 마펫보다도 두 살 위였다. 미국 인디애나주 찰스턴 출신이었던 베어드는 하노버대학을 거

114) "학당 과정을 작정함", 〈그리스도신문〉 1906.9.30; D.A. Bunker, "Union School Work", *KMF* Dec. 1905, pp. 21-22; D.A. Bunker, "Report of the Union High School", *KMEC* 1906, pp. 41-42; E.H. Miller, "The John D. Wells Training School", *KMF*, Aug. 1906, p. 182; 이덕주, 『배재학당사』(통사), 배재대학교 출판부, 2013, pp. 204-206.

쳐 1888년 매코믹신학교 졸업했고 1890년 결혼한 부인(Annie Laurie Adams)과 함께 미국 북장로회 해외선교부 파송을 받아 1891년 내한하였다. 베어드 부부는 처음 부산에 정착해서 부산과 경남 일대에서 사역하다가 1895년 대구로 옮겨 경북지역 사역에 임했다. 그리고 1896년 서울로 옮겨 당시 곤당골(현 을지로 2가)에 있던 예수교학당 사역을 맡아 보다가 1897년 평양 선교부에 부임하여 이후 1931년 별세하기까지 평양에서만 34년간 사역하였다.[115] 베어드는 신학교 출신으로 복음전도 사역에 궁극적 관심이 있었지만 교육선교에도 깊은 관심을 갖고 있었다.

베커가 제작한 숭실 중학과 대학 팜플렛(1911년)

115) Richard H. Baird, *William M. Baird of Korea a Profile,* Oakland: Richard H. Baird, 1968, pp. 67-70.

교육 분야에서 베어드가 남긴 최대 업적은 평양의 숭실학당(崇實學堂)이었다. 그는 1897년 10월 평양에 부임한 직후 신양리 자택 사랑방에서 13명 학생으로 학당을 시작했다. 장대현교회 부속 소학교(숭덕학교)가 있었기 때문에 처음부터 중등과정(Academy)으로 출발하였다. 교사로는 베어드 부부와 스왈른, 마펫, 번헤슬 등 평양 선교부 소속 선교사들이 영어와 수학, 과학, 음악 등을 맡았고 한국인 교사 박자중(朴子重)이 한문을 가르쳤다. 1899-1900년 안식년 휴가를 다녀온 베어드는 1901년 신양리 선교부지 안에 2층짜리 동서양 절충의 기와집 벽돌건물을 마련하였고 그때부터 '숭실학당'이란 명칭을 사용하였다.[116] '숭실학당'을 '숭실학교'로 바꾼 것은 일제 강점기가 시작된 1911년부터였다.

숭실학당이 신양리에 독자적인 교사를 마련하자 학생 수가 급증하였다. 전에 10명 수준이던 것이 교사 마련 1년 만에 50명을 넘겼다. 베어드는 1903년부터 지방에서 올라온 학생들을 위한 기숙사와 가난한 학생들을 위한 공작부(labor department)를 운영하였다. 그러자 평양 뿐 아니라 평북 선천에서도 학생들이 몰려와 1902-1903년 학기에는 72명이 등록해서 65명이 수료하였고 1904년에는 120명이 등록했다. 그리고 중학 4년 과정을 마친 졸업생들이 나오기 시작했는데 1904년에 최광옥과 차리석, 노광옥 등 3명이 제1회로 졸업하였고 1905년에 김인식과 김종렬, 김두화, 장혜순 등 4명이 제2회로 졸업했다.[117] 졸업생들은 대부분 교회 사역이나 지방의 기독교 소학교 교사로 나갔는데 계속해서 대학과정까지 공부하고 싶어 하는 졸업생들도 적지 않았다. 이런 한국 학생들의 '교육 욕구'에 응답하기 위해서는 중학 과정의 숭실학당 교육을 한층 내실화하는 것과 대학과정 설립이 필요하였다.

베어드는 첫 졸업생이 나온 1904년부터 이 문제를 심각하게 고민했다. 우

---

116) "Academy", *Annual Report of the Pyeng Yang Station of the Korea Mission of the Presbyterian Church in the USA*(이하 ARPY), 1902, pp. 34-36; 『숭전·숭실 회원명부』, 숭실교우회, 1938, p. 25.

117) *ARPY* 1903, pp. 40-44; 『숭전·숭실 회원명부』, p. 110.

선 교사진과 시설을 확충할 필요가 있었다. 베어드 개인이나 평양 선교부 차원에서 해결할 수 있는 문제가 아니었다. 한국선교회나 본국의 선교본부 차원에서 결정하고 도와주어야 했는데 그렇지 못했다. 이런 상황에서 베어드가 돌파구를 모색한 것이 '연합'이었다. 그는 평양에서 함께 사역하고 있던 감리교 선교부 대표자 노블을 '사적으로' 만나 교육 분야에서 장로교와 감리교가 연합하는 문제에 대해 대화하였다. 노블도 호의적인 반응을 보였다. 그러나 노블이 1904년 4월 안식년 휴가를 얻어 평양을 떠났다가 1905년 10월 귀환하였기 때문에 평양에서의 논의는 더 이상 진전되지는 않았다. 하지만 앞서 살펴보았듯이 1905년 6월 24-26일, 서울에서 장로교와 감리교 선교사들이 회합하여 교회 합동 및 연합 선교에 관하여 중요한 결정들이 도출되면서 베어드가 품어 왔던 '연합 교육'도 현실적으로 가능하게 되었다.

베어드는 서울의 6월 모임에 참석하지 못했다. 6월 12일의 숭실학당 졸업식과 7월 중순에 실시할 평양지방 기독교소학교 교사를 위한 사범과(normal class) 프로그램을 준비해야 했기 때문이었다. 사범과 교육은 베어드가 1903년부터 실시하였는데 지방의 기독교 소학교 교사들이 대부분 숭실 출신이었지만 그렇지 못한 교사들도 많아 교육의 질을 높이기 위해 준비한 프로그램이었는데 교사들의 반응이 아주 좋았다. 이 프로그램은 베커가 합류한 후에도 계속 진행되어 매년 여름 방학만 되면 지방 소학교 교사들이 평양으로 올라와 기독교 교리와 선진학문, 그리고 효과적인 교수법 등을 배웠다. 이처럼 베어드는 평양에서 처리할 일 때문에 서울에 올라가지는 못했지만 6월 말 서울에서 연회를 마치고 평양으로 귀환한 베커를 만나면서 베어드도 본격적으로 '연합교육' 논의에 참여했다.

사실 베커가 베어드를 처음 만난 것은 1903년 5월 23일, 그가 평양에 도착한 직후 숭실학당 학생야외운동회 때였다. 베커는 그 때 평양을 방문 중인 무어 감독과 함께 장로교 선교사들의 초청을 받아 학생 운동회를 참관하였는데 거기서 베어드를 처음 만났다. 그 후 공적인 자리에서 몇 차례 더 만났지만 의례적인 인사만 나누었을 뿐 '마음을 터놓고' 사역에 관하여 깊이 있는 대화를 나눈 적은 없었다. 그런데 1905년 6월 미감리회 연회는 그를 교육전담 선교사로 파송하면서 설립되지도 않은 '중학교' 교장으로 임명하였다. 평양으로 귀환하는 그의 발걸음이 가볍지 않았다. 우선 학교 건물과 교실이 없었다. 남산현교회 부지 안에 소학교 건물이 하나 있는데 중학교까지 할 수는 없었다. 서문 안 대찰리 선교부 안에 소학교가 남산현으로 옮기기 전 사용하던 방이 하나 있지만 역시 좁았다. 그에게 중학교 건물을 마련하고 교사를 확충하는 일은 쉬운 일이 아니었다. 반면에 장로교에는 3년 전에 지은 숭실학당 건물이 있었다. 베커도 "연합만이 답이다."(Only in unity is there strength)는 생각을 하였지만 장로교 평양 선교부의 실질적인 지휘자 마펫이 "우리 구역에서 나가라." 했던 말이 떠오르면서 자신이 없었다. 그러나 서울을 떠나기 직전 게일로부터 받은 "베어드와 함께 일하라."는 조언을 믿고 시도해 보기로 하였다.[118]

그래서 베커는 6월 27일 연회를 마치고 평양에 돌아오자마자 베어드에게 만나자는 편지를 보냈다. 베어드 쪽에서도 곧바로 답장이 왔다. 그렇게 해서 신양리 베어드 사택에서 두 사람의 만남이 이루어졌다. 대화 모임엔 베어드 부인도 참석했는데 베커는 한국에 와서 어학공부를 할 때 큰 도움을 주었던 한영 어휘사전 『Fifty Helps』 저자 베어드 부인에게 감사를 표했다. 베커보다 나이가 17세 위였을 뿐 아니라 선교사로서 경력도 14년 차이가 나는 '대선배'였지만 베어드는 따뜻한 미소로 베커를 맞아 주었다. 다음은 베커의 비망록을 기초로 하여 재구성한 두 사람의 대화이다.[119]

베어드: 베커씨, 그동안 공식적인 자리에서만 만나 서로 깊이 얘기할 기회

118) *Michigan to Korea*, p. 209.

119) *Michigan to Korea*, pp. 210-212.

가 없었군요. 당신 얼굴을 보니 이번에 만나자고 한 것은 의례적인 인사가 아닌 것이 분명하군요, 무슨 생각을 하고 계십니까?

베커: 베어드 박사님, 저는 제가 노련한 교육자라고는 생각지 않습니다. 하지만 교육에 관해 나름대로 생각한 것이 있어 찾아왔습니다. 실례가 되지 않는다면 연합 교육에 대한 귀하의 생각이 어떠한지, 교육 분야에서 양측 선교회가 인력과 물질을 어떤 식으로 마련해야 하는지, 학교는 어떻게 세울 것이며 어떻게 해야 효율적으로 운영할 수 있는지 등등 말입니다.

베어드: ....(침묵)

베커: 우리 선교부는 아직 여기 평양에 중학교를 세우지 못했습니다. 기껏해야 교인 자녀를 위한 소학교를 방금 시작했을 뿐입니다. 소학교 과정 이상의 교육이 필요한데 고작 제가 개인 교습 형태로, 혹은 야학으로 공부를 시키고 있습니다. 연합으로 중학교를 시작하는 것에 대해 어떻게 생각하시는지요? 이렇게 시작해서 나중에 연합대학까지 나가면 어떨까요?

베어드: 좋습니다. 더 기다릴 것 없이 바로 일을 시작합시다. 나는 이미 이 사안에 대해 마펫 목사와 다른 선교사들에게 말해 두었습니다. 그들도 명분상 이의를 제기하지 않았습니다. 우리는 이미 중학교를 설립해서 장로교에서 필요한 것들을 가르치고 있습니다.

베커: (속으로) 한국인들이 원하는 것이 아니라 장로교회가 원하는 것을 가르친다?

베어드: 내가 그 중학교 책임자이고 아내도 잘 가르치고 있습니다. 우리 선교부 소속 선교사들도 한 학기씩 와서 가르치고 있습니다. 나는 성경을 가르치고 아내는 세계사를 가르치고 있습니다. 다른 교사들이 영어와 수학, 지리 등을 가르칩니다. 우리는 이번 가을에 9학기를 시작할 것입니다. 우리는 기하학과 대수학, 물리학도 가르치고 싶은데 아직 수업을

담당할 만한 선생을 구하지 못하고 있습니다. 당신이 한 두 과목이라도 맡아 준다면 우리로서는 큰 다행이겠습니다.

베커: 그 과목은 제 전공입니다. 아직 한국말이 능숙하지 못합니다만 상급반 학생들이라면 제 영어를 알아들을 수 있어서 서로 노력하면서 수업할 수 있을 것입니다. 그렇지만 그렇게 하면 연합 교육이라고 할 수는 없을 것입니다. 제가 가르치고 있는 감리교 학생들을 귀하의 학당으로 데리고 왔으면 좋겠는데요.

베어드(미소를 띠며) : 베커씨, 지난 5월 우리 학교 야외운동회 때 귀하가 참가해서 우리 학생들이랑 달리기 하던 것을 보았습니다. 아주 보기 좋았습니다. 나는 귀하가 과학과 수학에 능하단 것도 들어서 알고 있습니다. 그리고 듀이의 현대 교육이론을 지지한다는 것도 알고 있습니다. 운동장에서 당신이 권위를 내세우지 않는 모습을 보아 알았습니다. 또한 귀하의 가르치는 재능이 특별하다는 것도 들어서 알고 있습니다. 그리고 아직 언어가 완전치도 않은데도 농촌지역 사람들을 그리스도께 인도하려는 열정에서 힘든 난관을 뚫고 그 먼 산간지역까지 순회여행을 감행했다는 것도 들어서 알고 있습니다. 그리고 무엇보다 중요한 것은 젊은 한국 청년들 사이에서 귀하의 영향력이 증대하고 있다는 점입니다. 당신 안에 이미 하나님의 의지가 깃들어 있다고 봅니다. 지금 이 시점에서 우리 학교는 바로 당신과 같은 분을 필요로 하고 있습니다. 그런데 귀하는 귀하대로 우리가 필요하다고 했습니다. 귀하가 선발해서 보내주는 학생들을 받아들일 수 있도록 우리 학교도 만만의 준비를 하겠습니다.

베커: 학생들은 어떻게 선발합니까?

베어드: 내가 개인적으로 면담해서 고릅니다. 첫째는 반드시 기독교인이어야 하고 교회에 출석을 잘하고 있어야 합니다. 그리고 열심이 있어야 하며 마지막으로 장차 교회에서 사역할 것이란 약속을 받습니다. 귀하

가 선발해서 보내주는 학생들도 이런 학생들이 되기를 바랍니다.

베커: 우리 학생들도 그럴 것입니다.

첫 만남에서 모든 것이 해결되었다. 모두가 서로를 필요로 하였기에 문제될 것은 전혀 없었다. 베커는 마펫과는 전혀 다른 분위기를 베어드에게서 느꼈다. 베어드는 우호적이고 친절했다. 두 사람은 곧바로 각자 선교부에 계획안을 제출해 승인을 받은 후 9월 가을 학기부터 '연합중학교'(Union Academy)로 시작하기로 약속하였다. 베커에게 새로운 사역의 장이 마련된 것이다.

5. 평양 '연합' 숭실중학교와 숭실대학 설립

5.1 결혼과 평양 연합중학교 설립

베커와 만나 평양에서 '연합중학교'를 시작하기로 합의한 베어드는 예정했던 소학교 교사초청 사범과 교육을 실시하였고 그 프로그램이 끝난 7월 중순 서울 선교사들로부터 "연합 교육 문제를 논의할 예정이니 서울로 올라와 달라."는 편지를 받았다.[120] 그것은 베어드가 바라던 것이었다. 그 때부터 베어드는 북장로회 선교부를 대표하여 서울에서 진행되는 '연합 사업' 논의에 참가했다. 그는 서울에서 논의된 내용을 평양의 장로교 선교사들 뿐 아니라 감리교의 베커에게도 알려 정보와 지식을 공유하였다.

한편 베어드와의 회합을 성공적으로 끝낸 베커는 곧바로 맹산지방 순회여행을 떠났다. 맹산은 그가 지난 2년 동안 사역했던 곳이었는데 1905년 연회에서 그의 임지가 평양구역으로 바뀌었기 때문에 일종의 '고별 여행'이었다. 비록 산간지역 힘든 여행이었지만 베커에게는 선교사 초년병인 자신에게 실망과 보람, 좌절과 용기, 한계와 도전의 기회를 동시에 경험할 수 있었던 선교현장이었다. 그렇게 3주간의 여행을 마치고 평양으로 돌아온 직후 1905년 8월 1일, 미국의 약혼녀 루이즈에게 이런 편지를 썼다.

> "오늘 의자에 기대서 참으로 많은 생각을 하였습니다. 그리고 한국에 온 이후 힘들었던 시간은 이제 끝났다고 생각했습니다. 지난 2년간을 돌아보면 어떤 때는 고독과 실망, 불확실과 좌절 때문에 나락에 떨어진 적도 있습니다. 그러나 지금은 내가 바라는 모든 것이 채워진 느낌입니다. 지난 연회에서 어학시험에서 통과한 이후 갑자기 일이 진행되어 서울에서 마음 넓은 선교사들을

---

120) *W.A. Baird's letter to Dr. A.J. Brown*, Jul 31, 1905.

만났고 여기서도 베어드 박사와 손을 잡고 일하게 되었습니다. 내가 생각해도 놀라운 일입니다. 나 자신을 위해서 뿐 아니라 선교부의 동료들, 그리고 한국 학생들에게도 잘 된 일입니다."[121]

3년차 선교사 베커는 자신이 미국을 떠날 때부터 마음속에 품고 있던 '교육 선교사'로서 포부를 펼칠 수 있는 환경과 조건이 마련되었음에 감사와 감동을 느끼고 있었다. 특히 '마음 넓은'(broad-minded) 베어드와 함께 사역할 수 있게 된 것에 기대가 컸다. 미국 앨비언에서 이런 베커의 편지를 받자마자 루이즈는 곧바로 한국으로 여행을 떠났다. 베커와 결혼하고 그의 한국 선교에 동참하기 위해서였다. 루이즈는 이미 앨비언대학 졸업을 앞두고 1905년 3월 미감리회 해외선교부에 선교사 지원서를 제출해 놓은 상태였다.[122] 베커는 베커대로 결혼을 준비하고 있었다.

그런데 베커는 맹산 여행을 마치고 평양에 귀환한 직 후 또 다른 '마음 넓은' 선교사의 내방을 맞았다. 서울에서 내려온 헐버트였다. 헐버트는 1887년 벙커와 함께 육영공원 교사로 초빙을 받아 와서 미감리회 선교사로 배재학당과 감리교출판사에서 사역하였고 관립영어학교 교사를 지냈으며 영문 선교사 잡지 〈The Korean Repository〉에 이어 1901년부터 〈The Korea Review〉를 발행하고 있었다. 베커는 미국에 있을 때부터 이들 잡지에 실린 헐버트의 논문들을 읽으며 많은 도움을 받았고 한국에 와서도 서울에서 여러 번 만났지만 '마음속 대화'는 나누지 못한 상태였다. 베커는 학문적 지성과 신앙적 영성을 갖추었을 뿐 아니라 무엇보다 일제 침략으로 고난 받고 있는 한민족에게 애정을 품고 도와주려 노력하는 헐버트에게 존경심을 품고 있었다.

그런 헐버트가 1905년 8월, 휴가철을 맞아 대동강 건너편 중화군에 있는

---

121) *Michigan to Korea*, p. 214.

122) *Louise A. Smith's Application of Candidate for Mission Board*, 1905.3.28; 1905.4.20.

석회암 동굴 '가사굴'을 탐방여행을 하면서 베커에게 동행을 요청하였던 것이다. 베커로서는 평소 존경했던 '대선배'(16세 연상) 헐버트와 한 주간 여행을 하면서 많은 것을 배우고 또 체험했다. 헐버트는 육영공원과 관립영어학교 교사로 활동했던 경험을 들려주었다. 그는 교회(기독교) 학교는 교회의 요청에 따라 전도인과 기독교학교 교사 양성이 목적인 반면 정부(관립) 학교는 국가와 사회가 요구하는 인재를 양성하는 것이 목적이라 둘 사이에 긴장과 마찰이 있을 수 있음을 지적한 후 앞으로 교육전문 선교사로 "지나치게 정부 요구에 부응하여 정치적인 사안에 개입하지 않는 것도 중요하지만 지나치게 교회의 요구에만 따르다가 사회와 국가 발전에 필요한 인재 양성을 놓쳐서도 안 된다."고 조언하였다.[123] 평양에서 기독교인 뿐 아니라 일반 시민들의 청원과 요구를 배경으로 '연합중학교' 사역을 하게 될 베커에게는 아주 소중한 가르침이었다.

그렇게 헐버트와 대동강 유적지 탐사여행을 마치고 평양으로 돌아온 베커는 곧바로 일본으로 떠났다. 약혼녀 루이즈와 결혼하기 위함이었다. 그런데 그의 일본여행에는 그의 앨비언대학 동창으로 해주에서 사역하는 크리쳇과 서울 배재학당 출판사에서 사역하던 츄(Alfred Chew)도 동행했다. 이들 역시 미국에서 오는 약혼녀들을 맞아 결혼하기로 되어 있었다. 그렇게 해서 베커와 크리쳇, 츄 등 3명의 '총각 선교사'들은 인천을 떠나 8월 27일 일본 도쿄에 도착하였고 닷새 후(8월 31일) 태평양을 건너 온 약혼녀들을 만났다. 베커와 결혼할 루이즈를 비롯하여 츄와 결혼할 트롬바우어(Mattie Trombauer), 크리쳇과 결혼할 코핀(Ann Coffin)이었다. 그런데 이들이 타고 온 배에는 장로교 선교사 가족들도 동승했는데 매큔(George S. McCune) 부부와 서울에서 쿤스(W. Koons)와 결혼할 도널드슨(Donaldson) 등이었다. 루이즈는 한 달 가량의 항해를 하면서 이들 장로교 선교사들과도 교제하였는데 특히 매큔 부부와 친하

123) *Michigan to Korea*, pp. 219-222.

일본 요코하마에서 결혼한 선교사 3가족(1905년) 왼쪽부터 체이스, 크리쳇, 베커

평양 선교부에서 베커 부부(1908년)

베커부인(1905년)

게 지냈다. 공교롭게도 매큔 부부는 평양 숭실학당에서 사역을 시작한 관계로 두 가족은 가깝게 지냈고 그것이 인연이 되어 후에 사돈지간이 되었다.

베커와 츄, 크리쳇 등 세 쌍의 합동결혼식은 9월 1일 요코하마의 감리교 여학교에서 거행되었다. 해리스 감독이 주례하였고 미국 총영사가 증인을 섰다.[124] 베커 부인(Mrs. Backer)이 된 루이즈 앤 스미스(Louise Ann Smith)는 1880년 8월 17일 캐나다 온타리오주 퍼거스(Fergus)에서 감리교 목회자의 딸로 출생하였다. 일곱 살 때 종교적 회심을 체험하였고 어려서부터 음악에 재능이 있

124) "Marriage", *KM* Sep. 1905, p. 157.

어 앨비언대학에서 피아노를 전공하였다. 루이즈는 대학에서 독일어와 라틴어도 공부하였는데 처음엔 졸업 후 고등학교 교사가 될 생각이었으나 앨비언대학 동아리 인문학회에서 만난 2년 선배 베커와 만나 사귀면서 해외 선교로 방향을 바꾸었다.[125] 그래서 약혼자 베커가 한국으로 떠난 후 2년 동안 나름대로 선교사로서 필요한 공부와 훈련을 받고 1905년 6월 졸업하고 나서 곧바로 한국 선교를 지원, 태평양을 건넜던 것이다.

결혼식을 마친 베커 부부는 신혼여행을 겸하여 한 주간 일본 도쿄와 고베, 교토, 오사카 등지를 둘러본 일본을 떠나 인천에 도착, 서울 정동 손탁호텔에서 한 주간을 더 머물렀다. 그 때 마침 방한 중인 미국 대통령의 딸 앨리스(Alice L. Roosevelt)를 환영하는 미국 공사관 만찬에 참석하여 대통령의 딸 뿐 아니라 함께 방한한 미국의 저명한 정치인과 외교관들을 만났다.[126] 특히 베커로서는 6년 전(1899년) 리딩고등학교 졸업식 때 당시 대통령 후보였던 루즈벨트를 지지하는 연설을 하였던 경험을 떠올리며 대통령이 된 루즈벨트의 딸을 한국에서 직접 만나 대화를 나누면서 남다른 감격을 느꼈다.

그러나 베커가 서울에 도착해서 대통령 딸을 만나본 것보다 더 중요한 소식을 들었다. 그것은 방금(9월 15일) 끝난 한국복음주의선교연합공의회 조직과 결정 사항이었다. 베커는 비록 공의회에 참석하지 못했지만 서울 선교사들을 통해 연합공의회에서 결정된 '연합 교육' 사업에 관한 내용을 전해들을 수 있었다. 그가 일본에서 신혼여행을 마치고 서울로 돌아오던 그 시각

---

125) *Louise A. Smith's Application of Candidate for Mission Board,* 1905.3.28.; *A Daughter's Journey,* pp. 5-8.

126) 루즈벨트 대통령은 러일전쟁을 종식시키는 포츠머스회담을 성사시킨 후 태평양·동아시아 지역에서 미국의 영향력을 확대할 목적에서 자기 딸 앨리스와 그의 약혼자인 롱워스(N. Longworth) 하원의원, 그리고 당시 국무장관인 태프트(William H. Taft)를 비롯하여 국회의원과 외교관리 30여명으로 구성된 아시아 순회여행단을 편성하여 파견하였다. 이 여행단의 실질적 단장인 태프트 국무장관은 7월 25일 일본에 도착하여 7월 29일 일본 수상 가츠라와 소의 '가츠라태프트밀약'을 체결하여 필리핀에 대한 지배권을 획득하였다. 이후 여행단은 필리핀과 중국을 거쳐 9월 19일 인천에 도착, 열흘 간 서울에 머물면서 관광과 "The Visit of Miss Roosevelt", *KRV,* Sep. 1905, pp. 332-334; 이덕주, 『스크랜턴』, pp. 643-653.

에 그와 함께 '연합중학교' 사역을 시작하기로 약속한 베어드는 북장로회 선교부 대표로 연합공의회 창립총회에 참석해서 회의 첫날(9월 11일) 다음과 같이 연설했다.

"우리가 경험한 것으로 미루어 볼 때 교육 사업에서 연합은 바람직한 것일 뿐 아니라 반드시 필요한 것이다. 이미 실험 단계는 지났다. 이제 교육 사업에서 연합은 필수적인 것으로 판명되었다. 우리는 동역자(co-workers)이며 그런 점에서 서로가 서로의 성공을 위해 필요한 존재들이다. 시작할 때 두려워했던 것들이 근거 없는 것들이었음이 밝혀졌다. 우리가 나뉘어 있던 시절 밤중에 유령이 꿈에 나타나면 그것이 정말 있는 것인 줄 알았는데 우리가 최선을 다하여 함께 일을 하다 보니 그것이 허깨비였음을 알 수 있었다. 같은 목적을 지닌 두 기관이 한 곳에서 경쟁을 한다는 것은 참으로 어리석은 일이다."[127)]

이런 베어드의 연설 뒤에 진행된 공의회에서 참석자들은 가능한 분야부터 '연합'을 실시하자는데 의견을 모았고 우선 서울과 평양에서 '연합중학교'를 시작하기로 결의하였다. 이런 결정을 끌어내는데 성공한 베어드는 연합공의회 총회가 끝나기 전 평양으로 돌아와 개학 준비를 하였고 마침내 서울에서 공의가 끝나는 날인 9월 15일, 평양 숭실학당에서 '연합중학교'(Union Academy)란 명칭으로 가을 학기를 개학하였다.[128)] 베커는 현장에 없었지만 장·감 연합학교로서 평양 숭실중학교의 새로운 역사가 시작된 것이다.

연합중학교로 개학한 그날(9월 15일), 베어드는 미국 북장로회 해외선교본부에 장문의 보고서를 썼다. 그는 이 보고서에서 지금까지 해온 숭실학당 사역이 기대 이상의 호응을 얻어 1백 명이 넘는 신입생들이 매년 지원하는데

---

127) H. Miller, "The History of Co-operation and Federal Council," 256쪽.

128) W.M. Baird, "Educational Work", *ARPY* 1906, p. 34; "숭실학교연혁 개요" 『숭전·숭실 회원명부』, p. 25.

이들을 가르칠 교사진 확보가 시급한 과제이며 지방의 기독교 소학교들로부터 교사를 보내 달라는 요청이 쇄도하고 있음을 밝혔다. 그리고 숭실학당의 중학과정 졸업생들이 계속해서 대학과정을 배우고 싶어 하는 데 러일전쟁 후 한반도에 진출한 일본인들이 대학교를 세워 '일본식' 교육을 실시하려고 준비하고 있으니 이에 대응할 기독교대학(Christian college) 설립도 더 이상 미루어선 안 될 과제라고 지적하였다. 그는 중학교 확충과 대학교 설립이란 과제를 '연합'으로 해결하려고 남장로회와 캐나다장로회, 호주 장로회 선교부에 의견을 타진했지만 별로 호응이 없던 차에 미감리회에서 적극적으로 나와 미감리회 평양선교부와 '연합학교'를 시작하게 되었음을 밝히면서 '연합교육'에 거는 기대를 이렇게 표현하였다.

"지금까지는 교파별 학교들을 운영해 왔는데 이런 식으로는 강력한 학교로 발전하기는 불가능하다고 봅니다. 외국인 교사 보충이 아주 느리게 이루어지고 있으니 속도를 내서 일을 추진하기가 어렵습니다. 하지만 연합으로 한다면 훨씬 빠르게 이런 일들을 이룰 수 있을 것입니다. 연합으로 얻을 수 있는 결과는 우선 효과를 배로 늘일 수 있고 최소의 수고로 최대의 결과를 얻을 수 있다는 것입니다. 연합을 한다고 해서 우리가 지금까지 교육 사업에 기울인 인력과 재정을 포기해도 된다고 생각하면 그것은 오산입니다. 새로운 조건에 맞추어 더 많은 노력을 기울여야 할 것입니다. 연합 후에 우리가 힘을 더 기울일 때 우리는 강력한 학교를 설립하여 보다 확고한 교육 기반을 조성할 수 있을 뿐 아니라 미래 교회가 필요로 하는 것들을 충족시켜 줄 수 있을 것입니다. 연합함으로 우리는 지나친 경쟁심과 그로 인한 실수를 피할 수 있을 것이며 불신사회를 향해 연합전선을 펴서 능력과 효율을 크게 증대시킬 수 있을 것입니다. 물론 지금보다 높은 차원에서 일을 전개할 때에야 연합은 기대 이상의 유익을 가져다 줄 것입니다. 단지 약한 학교들을 묶어 여전히 약한 학교로 운영한다면 별 소득이 없을 것입니다. 내가 이런 말을 하는 것은 우리 가운데도 연합 사업을 하면 자기는 학교 사역에서 빠져도 되겠다고 생각하는 분들이 계시기 때문입니다. 감리교회는 지난 해 여기 평양에서 작은 학교를 설립해 운영했습니다. 하지만 학교 건물도 없고 학교를 경영해 본 경험도 없었습니다. 그런데 최근 젊은 선교사들이 와서 전적으로 교육 사업에 매달리게 되었습니다. 그들은 모두 기꺼이 우리 중학교와 대학교 사역에 함께 하려 합니다. 연합함으로 그들로부터 증가하는 비용을 부담하겠다는 소식을 듣기 원합니다."[129]

베어드의 기대는 베커의 합류로 현실이 되었다. 일본과 서울에서 신혼여행을 마친 베커 부부는 10월 4일 평양에 돌아와 대찰리 선교부 안에 새로 마련된 사택에서 신혼생활을 시작하였다.[130] 그리고 베커는 돌아오자마자 베어드가 보름 전에 시작한 연합중학교 사역에 동참했다. 우선 학생 모집부터 하였다. 베어드가 9월 15일 개학했을 때 등록한 학생들은 대부분 기존 숭실학당에 다니던 '장로교' 학생들이었다. 감리교 학생은 베커가 새로 모집하였다. 그는 1903년 5월 평양에 처음 왔을 때부터 남산현소학교 상급반 학생들에게 영어와 수학을 가르쳐 왔는데 그렇게 해서 가르친 학생 가운데 김득수와 변성옥, 그리고 그의 어학선생이었던 오기선을 선발했고 남산현교회 엡웟청년회가 설립한 청년학원 학생들과 지방의 소학교 졸업생 가운데 지원자를 받아 35명을 모았다. 이들 '감리교' 학생들은 베커와 함께 신양리 숭실학당으로 가서 먼저 들어온 1백여 명 장로교 학생들과 통합 수업을 받기 시작했다. 베커는 수학과 과학을 담당하였는데 한 주일에 32시간을 강의하는 강행군이었다.[131] 베커와 감리교 학생들의 합류로 숭실학당은 명실공히 '연합 중학교'가 되었다. 베커가 숭실학당에 합류한 일주일 후(10월 12일) 베어드가 미국 북장로회 선교본부에 보낸 편지다.

---

129) *W.A. Baird's letter to Dr. A.J. Brown*, Sep. 15, 1905.

130) *Michigan to Korea*, pp. 230-234.

131) *Michigan to Korea*, p. 238.

"숭실학당은 신입생 1백 명으로 개학했는데 후에 35명 이상이 더 들어왔습니다. 아직은 실험 단계이지만 연합학교로서 전망은 아주 밝습니다. 더 들어온 학생들은 감리교 학생들로서 미감리회 선교부의 베커씨가 수학 과목을 맡으면서 이런 현상이 나타났습니다. 지난 봄 이후 감리교 선교사들 사이에 불기 시작한 연합정신은 우리를 능가할 정도인데 우리 모두에게 유익을 끼치고 있습니다. 어제 저녁 서울의 언더우드 부인으로부터 편지를 받았는데, '참으로 우리 모두 서로 사랑하는 정신이 흘러넘치고 있습니다. 우리는 서로 가까워지고 있음을 느끼고 있으며 앞으로 더욱 그러할 것입니다.'라고 하였습니다. 지난 몇 달 동안 성령께서 생생하게, 또한 능력으로 우리 가운데 나타나 역사하셨는데 그런 모습을 이때까지 본 적이 없습니다. 성령께서는 나 만 아니라 다른 선교사들의 마음을 움직여 우리 안에 남아 있던 선입견과 문제점들을 고쳐주셨고 우리로 하여금 하나 되어 일하게 하셨습니다. 이제야 '내 발을 넓은 곳에 세우셨음이로다.'(시 31:8)하신 말씀을 이해할 수 있게 되었습니다. 한국에 있는 모든 기독교인들이 힘을 모으면 못 이룰 것이 하나도 없을 것입니다."[132]

서울보다 한 달 앞서 평양에서 '연합중학교'를 시작할 수 있었던 것은 베어드와 베커 사이의 든든한 신뢰와 협력관계, 그것을 가능케 한 '연합정신'(spirit of union)이 있었기에 가능했다. 그리하여 베커에게 1905년은 자신이 대학시절부터 꿈꾸어 왔던 '교육 선교사'로서 본격적인 사역을 시작하게 된 점에서, 그리고 개인적으로 5년 동안 사귀었던 루이즈와 결혼하여 안정적인 생활 기반을 조성하게 되었다는 점에서 '축복의 해'(anno beatis)였다.

5.2 '연합' 숭실중학교 실험과 정착

일본과 서울 여행을 마치고 평양에 귀환한 베커는 곧바로 베어드와 만나

---

132) *W.A. Baird's letter to Dr. A.J. Brown,* Oct 12, 1905.

숭실중학교 교사와 학생(1906년)

연합 숭실중학교의 조직과 체제를 구축하고 교사진 확충과 교과과목을 정비하였다. 연합중학교 교장은 베어드가 맡기로 하였고 교과과정 정비와 추진 실무는 베커가 담당하기로 했다. 교사진용은 장로교 측에서 그동안 신양리 숭실학당에서 가르치던 베어드와 마펫, 번헤슬, 블레어 외에 새로 들어온 매큔이 합류했고 감리교 측에서는 베커와 남산현교회 청년학원에서 가르치던 한국인 교사 조설(趙偰)이[133] 합류했다. 이들 교사들은 전임(full time)과 시간제(part time)로 구분하였는데 베어드와 베커, 조설 등 3명이 전임이었고 나머지는 시간제였다. 여기에 평양 선교부에 있던 선교사 부인과 독신 여선교사들도 시간제 교사로 나와 가르쳤는데 감리교의 베커 부인과 장로교의 베어드 부인, 블레어 부인, 매큔 부인, 그리고 독신인 커크우드(H. Kirkwood)와

133) 남산현교회 엡웟청년회가 청년학원을 시작하면서 서울에서 청빙해온 교사이다. 《숭전·숭실 회원명부》(1938년)에 수록된 '숭실학교 역대교직원' 명부에 의하면 조설의 '취직연월일' '퇴직연월일'이 각각 '大正 15년 3월 31일'과 '明治 38년 10월 20일'로 표기되었는데 이는 취직과 퇴직 기간을 바꾸어 인쇄한 것으로 보인다. 이 기록에 의하면 조설은 1905년 10월 부임해서 1926년 3월 퇴직하였다. 『숭전·숭실 회원명부』, p. 5.

베스트(M. Best) 등이 나와서 수고했다.

교과목은 미국의 중고등학교(academy) 과정(6년)을 기반으로 하여 산술(arithmetic)과 대수(algebra), 기하(geometry), 미국역사(American history), 영국역사(English history), 만국역사(general history), 천문(astronomy), 화학(chemistry), 식물(botany), 지지(physical geography), 물리(physics), 생리(physiology) 과목에 성경(Bible)과 한문(Chinese classics)을 추가 했다.[134] '미국식' 교육에 종교(기독교)와 한학을 약간 추가했을 뿐이다. 그것은 교육을 담당한 교사의 절대 다수가 미국에서 온 '선교사' 교사들이었기에 불가피하였고 무엇보다 학교를 운영하는 베어드와 베커의 '미국 복음주의'(American Evangelicalism) 전통과 교육철학인 '계몽주의 근대교육론'(Modern Enlightenment Pedagogy)을 반영한 것이기도 했다. 그 결과 평양의 숭실은 전에도 그러했지만, 연합학교가 된 후 더욱 '미국식 근대교육과 기독교문화'를 배우고 체험하는 공간이 되었다.

이렇게 학교 조직과 체제를 정비한 후 그동안 학생들이 배운 학습 능력에 따라 예비과 1년, 본과 4년, 총 5년 과정으로 학년과 학급을 나눈 후 교육을 시작했다. 1백 명이 넘는 학생들을 가르칠 공간이 신양리 숭실학당 밖에 없어 수업을 그곳에서 시작하였다. 그 결과 남산재에 있던 남산현소학교와 남산현교회 청년학원에서 수업하던 '감리교' 교사와 학생들이 신양리 북장로회 선교부 안에 있는 숭실학당으로 가서 수업하는 형태가 되었다. 그런데 그것이 일부 감리교 학생들로 하여금 "장로교 학교로 갈 수 없다."며 연합학교 합류를 거부하는 요인으로 작용하였다. 감리교 학부형과 교인들도 선교사들이 '일방적으로' 추진한 학교 통합을 반대하는 추세였다. 그것이 연합학교로서 새롭게 출발한 숭실중학교가 처음 겪은 어려움이었다. 특히 감리교 책임자였던 베커의 '마음고생'이 심했다.

사실 평양의 감리교 학생들과 교인들은 2년 전 무어 감독이 평양을 방문해

---

134) *ARBF* 1906, p. 333; *KMEC* 1906, p. 62.

서 남산현에 서양식 교사를 지을 헌금을 약속하고 돌아간 이후 감리교의 독자적인 건물에 대한 기대감을 갖고 자발적으로 건축헌금을 해오고 있었다. 그리고 1905년 6월 남산현교회 엡웟청년회가 중심이 되어 야학 형태의 청년학원을 세우고 서울에서 고등교육을 받은 한국인 교사를 초빙해 그것이 정규 중학교로 발전하도록 후원을 약속한 감리교인들의 기대감도 컸다. 이런 상황에서 감리교 건물과 부지를 두고 장로교 부지와 건물로 들어가서 수업하게 되었으니 '감리교 학교'는 사라지는 것이 아닌가 하는 우려가 없지 않았고 그것이 '등교 거부'로 나타났던 것이다.

감리교 학생들의 등교 거부라는 예상치 못했던 상황에서 적지 않은 충격을 받은 베커는 서둘러 남산재 감리교 선교부지 안에 숭실중학교 학생을 위한 서양식 건물 과학관(science hall)을 짓기로 하였다. 그것이 완성되면 학생들은 신양리와 남산재를 오가며 수업을 받게 되어 '연합 학교'로서 숭실중학교가 '장로교 학교'만이 아님을 인정할 것으로 보았다. 그러나 이 '감리교' 건물이 마련되기까지 베커를 따라 왔던 숭실중학의 감리교 학생들은 여전히 불안한 심정으로 신양리에 가서 수업을 받았다. 감리교 학생들의 합류 거부로 인해 베커가 겪게 된 어려움을 숭실 동역자인 베어드도 잘 알고 있었다. 그 역시 통합교육 1년 후 1906년에 다음과 같은 선교보고를 제출했다.

"지난 해 가장 중요한 사건은 감리교와 실험적인 연합을 실시한 것입니다. 두 선교부가 지니고 있는 역량과 방안을 모두 내놓았습니다. 감리교에서는 베커에게 사역을 맡겼는데 그는 1년 동안 대단히 만족스럽게 일했습니다. 감리교는 한국인 교사 한 명도 보내주었습니다. 초반에는 지역 감리교인들이 독자적으로 교파학교를 설립하려는 위지가 강해서 어려움을 겪었는데 그들은 그것을 위해 자발적으로 헌금을 해 왔다고 합니다. 그러나 넓은 시야를 지닌 선교사들은 교육 사업에서 연합하여 역량과 재정의 효과를 극대화시킬 때 이곳에서 요구하는 수준의 학교를 운영할 수 있다고 판단하여 연합 사업을 시작하였습니다."[135)]

숭실 역사 초유의 '학생 스트라익'(?) 사태를 겪으면서 베커는 '연합교육'이 쉬운 과제가 아닌 것을 깨달았다. 그런데 과연 학생들의 등교 거부가 '감리교 학교'를 고수하겠다는 교파주의 때문 만이었을까? 선교사들의 보고나 기록에서는 확인할 수 없지만 당시 한민족이 처한 시대적 상황에서 청년학생들과 토착교인들이 품고 있던 '민족주의' 저항의식의 표현으로도 볼 수 있는 대목이 있다. 앞서 살펴보았듯이 러일전쟁 승리 후 일본은 한층 노골적으로 한국 정치에 개입하기 시작하였고 결국 1905년 11월 17일, '보호'를 명분으로 외교권을 늑탈하는 '을사조약'을 체결하였다. 일본의 한반도 지배가 현실화되고 있었다. 여기서 민족주의자들의 순국자결과 항의시위, 친일파 척결 모의, 항일 의병운동이 일어나기 시작했는데 감리교회 청년단체인 엡웟청년회 회원들이 이런 항일 민족저항운동에 적극 참여하여 구국기도회와 을사조약체결 반대시위를 벌였다. 이에 미감리회 선교부는 엡웟청년회를 해산하고 기독교인의 정치참여를 경계하고 나섰다. 뿐만 아니라 해리스 감독과 게일 같은 선교사들은 공개적으로 일본의 한반도 지배를 지지하는 발언을 해서 한국인들의 공분을 사기도 했다.[136)] 그렇게 해서 해산당한 남산현교회 엡웟청년회 회원 입장에서는 자신들이 설립했던 청년학원을 '없애고' 장로교 학교로 흡수 통합시키겠다는 선교사들의 결정을 선뜻 받아들이기 어려웠고 그것이 감리교 학생들의 등교(합류) 거부로 나타났던 것이다.

이러한 평양 기독교인들의 '반일 감정'에 대한 증언은 베커의 기록에서도 확인된다. 연합 숭실중학교에서 첫 가을 학기, 3개월 수업을 마친 베커가 1905년 12월 23일, 미국의 고향(리딩과 앨비언) 교회 교인들에게 보낸 '성

135) "Educational Work", *ARPY,* 1906, p. 35.

136) 이덕주, "초기 한국교회의 민족교회적 성격", 『초기 한국기독교사 연구』, 한국기독교역사연구소, 1995, pp. 148-149, 165-166.

탄인사' 편지다.

"친애하는 여러분, 다시 성탄절이 돌아왔는데 여러분을 뵙지 못한 것이 벌써 3년이 되었네요. 그러나 금년에는 제 사랑스런 아내와 함께 여러분에게 깜짝 인사를 하게 되었습니다. 저는 이번에 처음 시작한 평양 연합중학교 가을학기를 방금 바쳤습니다. 나는 틈틈이 일본어도 공부하고 있는데 한국이 점점 일본의 일부가 되어가고 있기 때문입니다. 일본 사람들과도 많은 일을 할 수 있을 것으로 보이는데 벌써 평양에도 5백 명이 넘는 일본인들이 들어와 있다고 합니다. 평양은 2년 전 모습과 판이하게 달라졌습니다. 다리와 하수구를 놓고 길도 정비했으며 큰 집도 들어서는 등 외형적으로 큰 변화가 이루어지고 있습니다."[137)]

베커는 새로 담당하게 된 연합중학교 사역을 소개하면서 자신이 교사이면서 동시에 일본어를 배우는 학생이라는 사실을 알렸다. 그가 일본어를 배우기 시작한 이유는 간단했다. 주변 정세의 흐름을 보아 머지않아 한국이 일본 '속국'이 될 것이기 때문이었다. 러일전쟁 이후 일본인들의 한반도 이주가 급증하였는데 평양도 예외는 아니었다. 한반도에서 이권을 탐하는 일본인들과 그들에게 침략을 당하는 한국인들 사이의 갈등과 마찰이 불가피하였다. 이 부분에서 베커는 '당하는' 한민족의 고통과 고뇌를 안타깝게 여겼다.

"그러나 한국 사람들은 아주 힘든 시간을 보내고 있습니다. 일본인들이 한국인들을 무시하고 한국인들의 권리를 박탈하고 있기 때문입니다. 두 민족 사이를 보면 한국인들은 제대로 대접을 받지 못하고 있습니다. 사방에서 불평을 듣고 있는데 반일 감정이 점점 고조되고 있습니다. 능력 면에서 본다면 한국인

---

137) *Michigan to Korea*, pp. 243-244.

들과 일본인들 사이에 별 차이가 없습니다만 너무 오랜 세월 무시를 당해왔던 탓에 한국인들은 갖고 있는 잠재력도 제대로 활용하지 못하고 있습니다. 나는 이번 가을 학기에 8명에게 대수학을 가르쳤는데 얼마나 빨리 터득하는지 놀랐습니다. 한 학기 과정인데도 이들은 미국 학생들보다 훨씬 빠른 진도를 보여주었으며 한 학생만 빼고 모두 좋은 점수를 받았습니다. 내가 보기에 어떤 면에서는 한국인들이 일본인들보다 뛰어납니다."[138]

"능력과 자질 면에서 한국인은 일본인에 뒤질 것이 없다. 오히려 어떤 면에서는 한국인이 뛰어나다."는 베커의 인식은 교육현장에서 그대로 반영되었다. 그는 '최선을 다하여' 한국 학생들을 가르쳤다. 일본의 침략과 지배를 당하지만 말고 맞서 겨룰 수 있는 실력과 능력을 길러주어야 한다는 것이 그의 지론이었다. 시간은 결렸지만 학생과 교인들도 이런 그의 진심과 의도를 알게 되었다. 그 결과 합류와 등교를 거부했던 학생들도 서서히 동참했다. 그래서 1905년 10월, 베커가 처음 연합중학교에 합류하면서 입학생으로 선발했던 감리교 학생이 35명 중에 오직 1명만 베커를 따라 신양리 숭실학당으로 등교하였는데 시간이 흐르면서 그 수가 늘어나 1906년에는 22명이 되었다.[139]

이처럼 개학 초기 감리교 학생들의 합류 거부라는 예상치 못했던 난관을 겪으면서 출발한 평양 '연합 숭실학교'의 1년 사역에 대하여 선교사들은 만족스런 평가를 내놓았다. 베커를 도와 '연합 숭실학교'의 출발을 위해 도움을 아끼지 않았던 노블 장로사는 1906년 연회에 다음과 같은 보고서를 제출하였다.

---

138) *Michigan to Korea,* p. 244.

139) *ARBF* 1906, p. 333; *KMEC* 1906, p. 62.

"지난 연회에서 (평양지방) 교육 사업을 베커 목사에게 맡기기로 결의하였습니다. 그것은 시기적절한 결정이었습니다. 지난 1년 동안 가능한 범위 안에서 장로교 선교부와 실험적으로 연합 교육을 실시하였는데 결과는 만족스럽습니다. 우리의 보편적인 정서는 연합 교육을 실시하더라도 각 선교부가 독립된 기관을 운영하는 것처럼 독자적인 학교 부지를 갖고 학생들을 관리하며 발전시켜 나가는 것이 바람직하다는 것입니다. 연합을 하더라도 그것은 교사진과 학생들을 공동 관리하면서 같은 교과목을 가르치는 것에 한정됩니다. 이렇게 교사진과 비용을 합친다면 각기 별도로 교육할 때보다 효과는 배로 늘어날 것입니다."[140]

베커처럼 감리교 학생들의 합류거부를 경험한 노블은 감리교가 '연합 숭실중학교' 사역에 참여하더라도 감리교 학교와 학생으로서 정체성은 훼손시키지 말고 '독자적이면서도 협력하는' 연합 방안을 추구할 것을 확실하게 밝혔다. 연합 교사진(united faculty), 연합 학생회(united student body), 그리고 공동과목(common methods)이 연합교육의 성공 여부를 판가름하는 요소였다. 그런 맥락에서 노블과 베커는 장로교 측과 긴밀한 협력 체제를 추구하되 남산재에 별도 감리교 학당 건물이 필요하였고 '연합 숭실학당'에 다니는 감리교 학생들을 별도 관리할 필요가 있었다. 베커나 노블로서는 연합학교로 흡수되면서 상실될지도 모를 '감리교 정체성'(Methodist identity)을 지켜내는 것이 학교 운영 외에 또 다른 과제였다.

이러한 감리교 입장을 베어드를 비롯한 북장로회 선교사들도 이해하고 받아들였다. 감리교 학생과 교인들이 '감리교 정체성'을 지키고 싶어 하듯 장로교 학생과 교인들도 '장로교 정체성'을 지키려 하였다. 이처럼 서로 정체성과 독자성을 유지하면서도 보다 좋은 결과를 얻기 위해 협력하고 연합하

---

140) W.A. Noble, "Reports of Pyeng Yang District", *KMEC* 1906, p. 61.

는 것이 '연합 숭실학당'의 기본 정신이고 경영원리였다. 그러기 위해서 두 교파 선교부 사이, 특히 양측을 대표하여 연합학교 경영 실무를 책임진 베어드와 베커 사이의 신뢰와 협력이 필수적이었다. 이 부분에 대하여 베어드와 베커 모두 상대방을 전적으로 신뢰하였다. 베커는 1년 간 베어드를 비롯한 장로교 선교사들과 함께 일한 결과를 이렇게 정리하였다.

> "나는 평양 연합학교와 관련하여 베어드 박사 및 장로교 인사들과 아주 좋은 관계를 유지하고 있습니다. 베어드 박사가 자신의 학교를 위해 채택한 교육방법은 대단히 칭송할 만(praiseworthy) 합니다. 어느 의미에서 나는 교사이면서 동시에 학생인 셈입니다. 이곳의 전통 학교(서당)들이 큰 혼란에 빠져 있는 것과는 정반대로 베어드 박사가 수년 동안 수립해 놓은 학교 질서와 체계는 아주 안정적입니다. 평양 연합학교에서 6년간 공부를 마친 청년들은 아주 우수한 인재가 되어 우리 교회나 교회 부속학교를 이끌어나갈 것입니다."[141]

여러모로 베어드는 베커에게 '선생' 같은 선배였다. 학교 경영이나 한국 학생들을 가르치고 지도하는 베어드의 노련미 앞에서 베커는 배우는 '학생'이었다. 그래서 베커는 배우는 자세로 '연합 숭실중학교' 사역에 임하였다. 이런 베커에 대한 베어드의 평가도 '극찬'에 가까웠다. 베어드는 1년간의 '연합 실험'을 성공적으로 마치게 된 배경에는 '연합학교'에 참여한 두 선교부 관계자들의 '미래에 대한 확신'(faith in the future), '현실을 위한 희생'(sacrifice for the present), '최선을 다하여 내린 결정에 대한 존중과 신뢰'(respects great credit upon good judgement), '최상의 결과를 얻기 위한 노력'(willingness to work for the highest ends)이 있었음을 지적하면서 특히 미감리회 대표 베커의 뛰어난 능력을 칭송하였다.

---

141) W.A. Noble, "Reports of Pyeng Yang District", *KMEC* 1906, p. 63.

"지난 1년 동안의 실험 결과는 대단히 만족스러운 것이었다. 베커 씨는 탁월한 정신과 교사로서 훌륭한 자질, 그리고 학생들과 뛰어난 친화력을 지닌 인물이다. 교파의식이나 개인적인 이기심을 찾아볼 수 없는 인물로서 공동 목표를 위한 일이라면 헌신적으로 임하였다. 역할 분담을 하면서 그에게 수학부를 맡겼는데 성공적으로 잘 끌어나갔다."[142)]

이처럼 새로 시작한 평양 '연합숭실중학교'는 불안한 출발이었지만 베커와 베어드, 그리고 미감리회와 북장로회 선교사들 사이의 돈독한 신뢰와 연합정신을 바탕으로 안정적인 기반을 구축할 수 있었다. 베커는 연합교육을 위한 실험과 모험의 1905년 하반기를 보내고 안정적인 1906년을 맞이했다.

5.3 칠산교회 사건과 1906년 연회 보고

베커는 1905년 6월 미감리회 연회에서 '교육전문' 선교사로서 평양 중학교 사역과 '목사'로서 평양구역 담임자로 파송을 받았다. 그에게 맡겨진 평양구역은 평양성 안의 남산현교회를 제외한 대동강 건너편에 위치한 교회들이었다. 1893년 설립된 남산현교회는 청일전쟁과 러일전쟁을 거치면서 교세가 급증하여 평양 외곽에 지교회들을 설립하였는데 제일 먼저 1897년 대동강 건너 봉룡동(鳳龍洞, 후의 船橋里)에 교회가 개척 설립되었고 1899년 봉룡동교회 교인 일부가 칠산(七山)에 교회를 개척하였다. 그리고 1903년에 이르러 유동(柳洞)과 문수골(문수동), 절골(寺洞) 등지에 계속 교회들이 설립되었고 이에 1905년 연회에서 이들 대동강 건너편 평양 동부지역 교회들로 독립구역을 만들어 베커를 초대 담임자로 파송한 것이다.[143)] 이곳 구역 교회 중에는 칠산(七山)교회 교세가 가장 컸다. 1899년 처음 시작할 때는 30명 정도

142) W.M. Baird, "Pyeng Yang Academy", *KMF* Oct. 1906, p. 222.

143) *KMEC* 1905, p. 25; 『남산재 사람들』, pp. 103-106.

로 출발했는데 1903년에 이르러 3백여 명 교인으로 늘어났고 교인들의 자발적인 헌금으로 예배당 건물 뿐 아니라 부속 매일학교도 설립하였다. 그래서 1906년부터는 구역 명칭을 '칠산구역'이라 하였다.

베커는 이런 칠산구역 담임자가 되었지만 숭실중학교 사역 때문에 구역교회들을 자주 방문하지 못하고 대신 맹산구역 담임 시절부터 함께 일했던 이동식 전도사를 보내 예배를 인도하도록 하였다. 그런데 베커가 1905년 12월 가을 학기를 마치고 잠시 방학기간을 맞았을 때 칠산교회 속장으로부터 "교회가 곤경에 처했으니 급히 내려와 보라."는 전갈을 받았다. 베커는 추운 겨울에 얼어붙은 대동강을 건너 나귀를 타고 60마일을 달려 칠산에 도착해서 상황을 알아보니 칠산교회 예배당을 관리하고 있던 교인이 이웃 마을에 가서 유부녀를 '보쌈 해' 온 것에서 비롯된 사건이었다. 홀아비로 자식과 형제 등 부양할 가족이 많았던 그 교인은 과부인줄 알고 그 여인을 데려 왔는데 실은 남편이 있는 여자였다. 여인의 남편은 주로 동학(東學) 교도인 동네 사람들을 데리고 와서 예배당을 포위하고 그 교인을 내놓지 않으면 다시 와서 예배당에 불을 지르겠다고 위협하고 돌아갔다는 것이었다. 겁에 질린 그 교인은 예배당 밖으로 나가지 않고 버티고 있었으며 그 때문에 칠산교회 교인들도 두려움에 떨고 있었다. 상황을 파악한 베커는 그 교인에게 여인을 돌려보내고 예배당 밖으로 나가도록 했다. 그리고 이웃마을 사람들이 오면 설득해서 화해시키려 했는데 그들은 오지 않았다. 그렇게 해서 사태는 일단락되었다.[144]

어찌 보면 '해프닝'으로 끝난 사건이라 할 수 있지만 베커나 칠산교회 교인 모두에게 중요한 의미가 있는 사건이었다. 그 무렵 기독교인들 가운데 지방 관리들이 '양대인'(洋大人)이라 불리던 선교사들을 함부로 대하지 않는다는 점을 이용하여 선교사나 교회를 배경 삼아 부정한 짓을 저지르는 경우

144) A.L. Becker, "A Trying Trip", *KMF* Feb. 1906, pp. 76-78.

가 종종 있었다. 이를 '양대인자세'(洋大人藉勢)라 하였는데 일종의 기독교도로 인한 민폐(民弊)였다. 3백 명 교세를 보유한 칠산교회 예배당 관리인도 그런 식으로 이웃마을에 가서 '보쌈'을 해왔는지도 모른다. 그러나 베커는 그 교인의 잘못을 질책하고 잘못된 것으로 바르게 교정함으로 교인들 뿐 아니라 지역 주민들에게도 기독교인의 '바른 생활'이 중요하다는 것을 가르쳤다. 그 결과 이 사건 이후 교세는 오히려 늘어나 1906년 연회에서 노블 장로사는 "이동식 전도사가 돕고 있는 칠산구역 교인이 5백 명이다."라고 보고하였다.[145)]

1906년 연회는 6월 6-13일 서울 정동교회에서 개최되었다. 이 연회에서 베커는 미감리회 목사로서 3년 진급 과정을 모두 마치고 '정회원'(full member)이 되었다.[146)] 그리고 보고 시간이 되어 먼저 장로사 노블이 평양지방 사역에 대해 보고하였다. 노블은 우선 평양 남산현교회 부흥에 관하여 "지난 1년 동안 신입교인만 7백 명이 넘어 총 교인 수는 1,556명이 되었다." 면서 "지난겨울 남산현교회 교인들이 평양성을 복음화(evangelize the city)하기 위해 축호전도를 실시하였는데 그 결과 한 주일 만에 4백 명이 우리 제단에 나왔다."고 보고하였다. 그 결과 "평양시민 전체 가구 중 40%가 교인집이거나 가족 중 한 명이라도 교회에 다닌다는 사실을 확인할 수 있었다."고 하면서 이런 결과는 10년 전과 비교했을 때, "그 때는 세 집 중 두 집이 술집이었고 평양은 조선에서 가장 사악한 도성이라는 오명을 받고 있었다. 그 많던 술집들이 문을 닫거나 사라졌는데 그 이유는 더 이상 술장사가 되지 않기 때문이었다."고 보고하였다.[147)] 노블은 평양 선교 10년 동안 평양에 교인과 교회만 늘어난 것이 아니라 지역사회도 '건강한' 방향으로 발전해 나가고 있음을 강조하였다.

---

145) W.A. Noble, "Reports of Pyeng Yang District", *KMEC* 1906, p. 58.

146) *KMEC* 1906, p. 22.

147) W.A. Noble, "Reports of Pyeng Yang District", *KMEC* 1906, p. 59.

그러고 난 후 노블은 평양지방 학교 사역에 관하여, "작년 연회에서 베커 목사에게 그 일을 맡겼다. 그것은 시기적절했고 우리가 바라는 것을 충족시켜 주는 결정이었다. 그리고 그 사역을 장로교 선교부와 협력사역으로 추진했는데 실험적으로 한 것임에도 결과는 아주 만족스럽다." 면서 장로교와 감리교가 시작한 숭실의 '연합교육'이 기대 이상의 결과를 가져왔다는 점을 강조하였다.

> "이렇게 [숭실 연합학교에서] 훈련받은 학생들은 나라 밖으로 나가서 따로 유학을 할 필요가 없이 이 땅에서 최상의 교육을 받을 수 있게 되어 별도로 학교를 운영하였을 때는 예측할 수 없었던 결과를 얻을 수 있을 것입니다. 두 선교부가 따로 일을 추진한다면 요구하는 것만큼의 결과를 얻지는 못할 것이지만 연합함으로 우리는 한국인들을 가장 유능한 인재들로 길러낼 수 있을 것이며 그들은 원하는 만큼의 교육을 받기 위해 굳이 한국을 떠나지 않아도 될 것입니다."[148]

숭실에서 '외국 유학' 수준의 고등교육을 실시하겠다는 의지를 밝힌 셈이다. 그러기 위해서는 교육 시설과 교사진 보강이 시급한 과제였다. 특히 개학 초기 감리교 학생들의 등교 거부를 목격했던 노블은 숭실 안에 '감리교 건물'을 마련하는 것이 중요한 과제임을 잘 알고 있었다. 노블은 이 부분에 대하여 "평양 감리교인들은 이런 우리 교육 정책을 적극 지지하여 새로운 과학관 건축을 위해 6천 원을 모금하였다. 그들은 얼마나 열심인지 학교 건축비를 마련하기 위해 불신자들까지 찾아다니며 모금운동을 하고 있다."고 보고하였다.[149]

---

148) W.A. Noble, "Reports of Pyeng Yang District", *KMEC* 1906, p. 61.
149) W.A. Noble, "Reports of Pyeng Yang District", *KMEC* 1906, p. 62.

평양 연합학교에 관한 보다 구체적인 보고는 베커가 하였다. 베커의 1906년 보고는 숭실 연합중학교의 1차 년도 사역이기도 했다. 우선 그는 숭실 연합중학교 학생과 교사진에 대해 이렇게 보고하였다.

> "내가 이 학교에서 가르치기 시작했을 때 감리교 학생은 한 명이었는데 지금은 22명이 등록해 다니고 있습니다. 이 학생들은 거의 모두 학비를 스스로 부담하고 있는데 일하기 원하는 학생들을 두 반으로 나누어 반나절씩 교대로 일하도록 하였습니다. 부모가 학비를 전액 부담하는 학생은 한 명 뿐입니다. 나머지 학생들은 이런 식으로 일하면서 공부합니다. 13명 가운데 2명만 평양 시내 학생이고 나머지 학생은 상당히 광범위한 지방에서 올라온 학생들입니다. 나 외에 한국인 교사 한 사람이 있습니다. 내 아내도 한 주일에 두 시간씩 음악을 가르칩니다. 나머지 교사진은 장로교 출신들입니다. 베어드 외에 외국인 교사가 한 명 더 있고 베어드 부인과 블레어 부인, 매큔과 커크우드 양도 이런 모양, 저런 모양으로 가르치고 있습니다."[150]

베커는 자신이 관리하는 '감리교' 학생들을 오전반, 오후반으로 나누어 반나절씩 일을 해서 학비를 스스로 벌 수 있도록 지도하였다. '고학'(苦學)은 베커 자신이 고등학교 시절부터 경험한 바였다. 다음으로 학제와 학과목에 대한 보고다.

> "학제는 5학년으로 되어 있는데 1년 과정 예비과도 운영하고 있습니다. 학년마다 매일 4시간에서 6시간씩 수업을 하는데 교사와 교실이 부족한 형편입니다. 1년 학업을 마친 학생은 모두 103명이며 15세 이하 학생은 없고 평균 연령은 20세입니다. 교과 과정은 미국의 고등학교와 같은 수준으로 산수와 대수

---

150) "Report of the Pyeng Yang District", *KMEC* 1906, p. 62; *ARBF*, p.333.

학, 기하학, 미국사와 영국사, 일반 세계사, 천체학, 화학, 식물, 물리, 자연지리, 생리학 등을 가르치며 물론 성경과 한문 고전도 가르칩니다. 나는 지난 1년 수학과목을 전담하였는데 매 수업 때마다 새로운 어휘 때문에 어려운 점도 있었지만 아주 재미있게 수업을 하였습니다."[151]

학생들의 평균 연령이 20세였으니 미국의 대학생 연령에 해당하였다. 그리고 학생 중에는 기혼자가 더 많았다. 그렇게 집안 경제를 책임질 가장들이 매일 학교에 나와 공부를 해야 했기에 학생들의 경제 문제를 신경 쓰지 않을 수 없었다. 더구나 대부분 학생들은 지방에서 올라온 가난한 집안 출신들이었다. 그래서 베커는 '고학' 학생들에게 특별한 관심을 기울였다.

"내가 후원하는 학생들을 하나하나 관심 갖고 돌봐주려 노력하고 있습니다. 이 학생들은 매일 내 집에 와서 반나절은 집안일이나 주변 일을 하고 반나절은 학교에 가서 공부합니다. 집이 작아서 학생 대여섯 명씩 매일 와서 일할 만큼 일감이 많지는 않지만 이 학생들을 부지런히 내 집에 오도록 한 것은 집안일을 하면서 내가 학생들과 좀 더 친해지려는 의도 때문입니다. 나는 가능한 한 그들의 마음과 생각에 다가가려 노력하고 있습니다. 기대한 만큼 많은 학생이 와서 공부하는 것은 아니지만 그렇기 때문에 오히려 그들에게 좀 더 가까이 다가가 깊은 영향을 끼칠 수 있다고 봅니다. 너무 많은 학생들이 낯선 일에 매달리면 그런 결과를 얻을 수 없을 것입니다. 적은 수이기 때문에 여기 학생들을 어떻게 다루어야 하는지, 효과적으로 하려면 어떤 방식으로 해야 하는지 터득해 가고 있습니다. 머지않아 엄청나게 많은 학생들이 우리 학교에 쏟아져 들어올 것입니다. 교육에 종사하는 우리는 종종 숫자에 집착하여 개인을 지나치는 실수를 범하곤 합니다. 교육자로서 우리는 10명인가, 100명인가 숫자를

151) "Report of the Pyeng Yang District", *KMEC* 1906, p. 62; *ARBF*, p.333.

헤아리는 습관에 젖지 않도록 주의할 것이며, 이씨든, 김씨든 가리지 않고 강한 그리스도인의 성품을 배양하는 것에만 주의를 기울여야 할 것입니다."[152]

베커가 '고학생'들에게 자기 집안일을 시키는 것은 단지 일을 시키고 돈(학비)을 주려는 것만은 아니었다. 집에 와서 일하는 동안 학교 교실에서는 나눌 수 없는 대화를 나눌 수 있을 것이고 그렇게 해서 서로 마음을 열어놓고 대화할 수 있는 친밀한 관계가 될 것이기 때문이었다. 이것이 듀이의 실용주의 교육이론을 생활현장에서 실천하려는 베커의 교육철학이었다. 그러면서 베커가 목적한 것은 학생들이 '강한 그리스도인의 성품'(strong Christian character)을 갖추는 것이었다. 그것을 위한 종교교육과 훈련도 중요하였다. 그 점에서 베커는 숭실 학생들을 훌륭하게 보았다.

"중학교에 다니는 학생 가운데 기독교인이 아닌 학생은 하나도 없는데 그만큼 도덕성이나 종교심이 대단합니다. 여기 학생들의 기도회는 내가 한국에 온 이후 목격한 집회 가운데 가장 훌륭한 것입니다. 학생들은 선한 양심을 계발하고 있습니다. 지난 1년 동안 나를 찾아와서 눈물을 흘리며 잘못한 것을 자백하는 학생들이 여럿 있었습니다."[153]

2년 후(1907년) 일어날 평양대부흥운동에서 나타났던 학생들의 '통회자복' 현상이 베커의 감리교 학생들 사이에 먼저 일어났던 것이다. 베커를 찾아와 '잘못을 자백한' 학생들 가운데는 1905년 가을 학기 연합중학교가 출발하였을 때 등교를 거부하면서 베커를 곤경에 빠뜨렸던 학생들도 포함되었다. 그들은 베커의 진의를 깨닫고 뒤늦게 돌아와 용서를 구했던 것이다. 베커는 그

---

152) "Report of the Pyeng Yang District", *KMEC* 1906, p. 63; *ARBF*, p.333.
153) "Report of the Pyeng Yang District", *KMEC* 1906, pp. 62-63; *ARBF*, p.333.

래서 연회보고 말미에 학기 초에 있었던 등교거부 사건을 언급하면서 '감리교' 정체성을 상실하지 않고 장로교와 '연합'하기 위해서라도 '감리교 건물'로서 과학관 설립이 시급함을 다시 한 번 강조하였다.

"지난 해 연합 교육은 전부터 숭실학당으로 불렸던 장로교 건물에서 진행되었는데 그 때문에 나는 1년 내내 힘들었습니다. 첫 번째 어려움은 연합 학교라고 하였건만 (감리교) 학생들이 전에 장로교 학교로 사용하던 건물로 등교하기를 완강하게 거부한 것입니다. 그리고 학교에 나오는 학생들조차도 그 학교를 자기네 학교로 인식하지 않았습니다. 학생들로서는 새 학교라 했으니 별도 건물에서 시작하는 것으로 기대했을 것입니다."[154]

베커는 1906년 초에 시작한 과학관 공사에 관한 것으로 보고를 끝맺었다. 과학관은 앞서 노블이 보고했던 것처럼 선교부 자금(1천 달러)과 평양지역 감리교인들의 헌금(1만 달러)으로 짓고 있었다.[155]

"금년에 감리교 선교부지 안에서 감리교 교사 감독 하에 감리교 건물을 짓고 있으니 그 건물이 완성된다면 그런 우려는 사라질 것입니다. 우리는 새로운 과학관을 지금 건축하고 있는 중입니다. 이 건물에 대한 북한지역 교인들의 관심이 지대합니다. 이 건물이 완성되고 교사만 보충된다면 앞으로 학생들이 얼마가 오든 수용할 수 있을 것입니다. 우리 사역을 이끄시고 결과도 만들어 내시는 오직 한 분이신 하나님께 감사와 찬양을 올립니다."[156]

남산재 선교부에서 공사를 감독하는 '감리교 교사'는 바로 베커 자신이었

---

154) "Report of the Pyeng Yang District", *KMEC* 1906, pp. 63; *ARBF* 1906, p. 333.
155) *Michigan to Korea*, p. 238.
156) "Report of the Pyeng Yang District", *KMEC* 1906, pp. 63-64; *ARBF* 1906, p. 333.

평양 이문골교회(아펜젤러기념교회)

다. 과학을 전공한 학자로서 베커가 중국인 인부들의 건축 공사를 현장 감독하였던 것이다. 베커는 숭실 연합중학교의 1차 년도 사역이 이처럼 성공적인 결과를 얻을 수 있었던 것은 베어드를 비롯한 장로교 선교사들과의 우호적인 협력관계가 있어서 가능했음을 다시 한 번 강조하였다. 그러고 나서 "우리 사역을 이끄시고 결과도 만들어 내시는 오직 한 분이신 하나님께 감사와 찬양을 올립니다."는 말로 사역보고를 마칠 때 참석했던 연회원들은 박수로 축하, 격려하였다.

이러한 베커의 보고서를 접수한 1906년 연회의 마지막 날, 해리스 감독은 베커를 여전히 평양연합중학교 사역과 칠산구역 담임자로 파송하면서 여기에 추가해서 평양 '아펜젤러기념교회'(Appenzeller Memorial Chapel) 담임자로 파송했다.[157] 베커가 새로 담임하게 된 아펜젤러기념교회는 1902년 순직한 아펜젤러를 기념하여 그의 모교인 미국 드류신학교 동문들이 모금해서 한국에 보내온 선교비로 설립한 교회였다. 아펜젤러기념교회가 평양에 설립된 것

157) *KMEC* 1906, p. 25.

은 드류신학교 동문인 노블과 무어, 모리스 등이 모두 평양에서 사역하고 있었던 때문이었다. 노블은 안식년 휴가 중 모교를 방문해서 동문들의 헌금을 받아 1905년 10월 평양에 귀환해서 평양시내 중심부 이향리(이간동)에 ㄱ자 기와집을 구입하고 1906년 2월부터 집회를 시작하였다. 평양 시내에는 남산현교회 다음으로 개척된 감리교회였는데 선교사들은 '아펜젤러기념교회'로 불렀지만 평양 교인들은 지역 명칭을 따서 이간동(里間洞)교회, 혹은 이향리(履鄉里)교회라 불렀다.[158] 이로써 베커의 1906년 사역은 평양 숭실중학교와 칠산구역, 아펜젤러기념교회 등 세 곳에서 진행되었다.

5.4 숭실대학 설립과 격물학당 건축

베커가 서울에서 연회에 참석하고 있던 1906년 6월 12일, 평양 장대현교회에서는 숭실중학교 제3회 졸업식이 거행되었다. 5년 과정을 마친 김상은과 변린서, 김영서, 한준겸 등 4명이 졸업하였는데 모두 장로교 학생들이었다.[159] 숭실로서는 세 번째 졸업식이었지만 '연합 중학교' 체제로 바뀐 후에는 첫 번째 졸업식이라 베커를 비롯한 감리교 교사와 학생들도 참석했어야 하지만 베커는 연회 때문에 참석하지 못했다. 6월 13일 연회를 마치고 평양으로 돌아온 베커는 베어드를 비롯한 장로교 선교사 교사들과 함께 9월에 시작될 가을 학기를 준비하였다.

베커는 연합중학교로서 2차 년도를 맞은 만큼 신입생 선발 규정을 엄격하게 적용하여 기독교인으로서 신앙만 볼 것이 아니라 수학 능력도 철저하게 검증할 것을 제안하였다. 그리고 경제적 형편이 어려운 지방 학생들 가운데 유능한 인재들이 많으니 이들을 위한 장학제도를 확충하자고 제안하였다. 이에 대하여 매큔은 고학생들을 오전, 오후 두 반으로 나누어 일하면서 공부

158) *The Journals of Wilkox Mattie Noble 1892-1934*, p. 150; W.A. Noble, "Report of the Pyeng Yang District", *KMEC* 1906, p. 58; 『남산재 사람들』, 132-133.

159) 길선주, "평양래신", 〈그리스도신문〉 1906.6.28.

할 수 있도록 제안하여 오전반은 베커, 오후반은 베어드가 각각 맡아서 관리하도록 하였다. 장로교 학생들은 이미 숭실학당 목공소가 있어 그곳에서 일하였고 감리교 학생들은 주로 대찰리에 있는 감리교 평양선교부로 가서 그곳 선교사 집안일을 하였다. 여기에 베커는 앨비언대학 시절의 경험을 되살려 상급반 학생 가운데 실력이 있는 학생을 선발하여 하급반 학생들을 가르치는 제도도 도입하였다. 그리고 이를 위해 평양에 있는 선교사들은 물론이고 미국의 동문이나 교인들에게 장학금 보조를 요청하였다.

그러나 1906년 가을 학기를 앞두고 베커와 베어드가 가장 신경을 써서 준비한 것은 대학교 설립이었다. 선교지 상황에서 대학교는 더 이상 미룰 수 없는 과제가 되었다. 사실 한국에 와서 교육사역을 한 선교사들은 처음부터 대학교 설립을 염두에 두고 있었다. 아펜젤러는 배재학당을 시작할 때 대학을 염두에 두고 출발하였고 언더우드도 1903년 무렵부터 서울에 대학교를 설립하기 위해 여러 방면으로 노력하고 있었다. 평양의 베어드도 마찬가지였다. 베어드는 숭실학당 제1회 졸업생이 나온 1904년부터 대학 설립을 모색하였는데 1905년부터 감리교의 베커가 합류하고 연합중학교 체제가 되면서 대학교 설립계획을 보다 적극적으로 추진하였다. 베커도 한국에 올 때부터 대학교 설립을 염두에 두고 있었기에 적극 동의하였다.

그리하여 숭실중학 졸업식을 마치고, 서울 연회에 참석했던 베커가 평양으로 돌아온 직후 1906년 6월 14일, 숭실학교 운영과 대학 설립을 논의하기 위한 '연합교육위원회'(joint educational committee)를 조직했다. 장로교 대표로 평양 선교부의 베어드와 블레어, 매큔, 번헤슬, 재령 선교부의 헌트, 선천 선교부의 휘트모어 등이 참여했고 감리교 대표로 평양 선교부의 노블과 베커, 무어 등이 위원으로 참여했다. 숭실학교 운영과 관리의 책임을 지게 될 이사회 성격의 연합위원회가 조직되었다. 연합위원회는 첫 모임에서 "미래 발전을 위해 확고한 재단 설립이 필요하다."는 것과 "평양에서 연합대학을 설립할 충분한 때가 되었다."는 판단 하에 대학 설립을 추진하기로 결의한 후 초대 위원장 베어드에게 대학 설립 계획안을 마련하도록 위촉하였다.[160] 이로써 평양의 선교사들에게 대학 설립은 피할 수 없는 당면과제가 되었다.

그런데 대학 설립에 대한 필요성을 선교사들만 느꼈던 것이 아니다. 오히려 한국교회 교인들의 요구가 더 컸다. 대학교 설립을 바라는 한국 교인들의 욕구는 1906년 6월 26일 장대현교회에서 개최된 대학교 설립을 위한 모금 집회에서 확인되었다. 그 해 9월 서울에서 열린 북장로회 한국선교회 연례회에 제출한 베어드의 보고서다.

> "금년[1906년] 가을 시작할 대학교 사역의 계획안을 마련하였다. 그 요구는 대단하다. 무엇보다 중학교 졸업생들이 고등교육을 더 받고 싶어 한다. 이미 몇 명이 외국이나 일본에 가서 공부하고 있는데 졸업생들은 외국에 나가기보다 여기 한국에서 공부하기를 원한다. 한국 교인들이 얼마나 자기 자녀들에게 고등 신앙교육을 시키고 싶어 하는 지는 지난 6월 26일의 장대현교회 집회에서 잘 드러났다. 대학 설립의 필요성을 설명한 후 헌금을 실시했다. 그 결과 이 도시에서 전에 없이 뜨거운 열기를 목격하였다. 돈과 반지는 물론 토지와 집을 내놓겠다는 사람도 있었고 1년 동안 혹은 평생에 걸쳐 얼마를 내겠다고 약속 헌금을 하였는데 줄을 서서 약정헌금을 적어내는데 무려 3시간 걸렸다. 그렇게 해서 약정된 헌금이 2천 달러가 넘었다. 불신자 한국인까지 참여하면 그 액수는 배로 늘 것 같다. 이 돈이 항구적인 기반이 되어서 대학교 경상 운영비로 사용할 수 있기를 기대한다."[161]

참석자들이 대학설립 약정헌금을 내는 데 줄을 서서 '3시간이나' 기다려야 할 정도로 열기는 뜨거웠다. 이 모임을 주도했던 장대현교회 길선주 장

---

160) A.L. Becker, "Pyeng Yang High School", *KMEC* 1907, pp. 50-51.

161) "Educational Work", *ARPY,* 1906, pp. 36-37.

로는 모임의 열기와 결과를 보다 자세하게 기록하여 〈그리스도신문〉에 소개하였다.

"음력 오월 초오일에[162] 이곳셔 대학당을 설립할 일을 의론차로 장대재 례배당에 모혀서 례배절차를 행하는대 찬미하고 긔도한 후에 방[블레어] 목사 연설하고 대한 형제 중 한 사람이 대학당이 엇더케 긴요한 뜻슬 연설한 후에 연보를 하는대 신화(新貨) 수백 원짜리 전집을 밧친 사람이 륙칠인이 되고 혹 칠팔백 원짜리 집도 밧친 이도 잇고 매년 신화 오원씩 내기를 세상 떠날 때까지 작정한 형제도 만코 매일 십전씩 세상 떠나는 날까지 내기로 작정한 이도 만코 재목을 밧친 이도 잇고 주초돌 밧친 이도 잇고 교의(校椅)를 밧친 이도 잇고 시계를 밧친 이도 잇고 대못을 여러 근 밧친 이도 잇고 몸으로 품삭을 밧친 이도 잇고 혹 신화 사오십원 일이삼십원 밧친 이도 만코 자매들은 은비녀와 은지환(銀指環)과 은장도(銀粧刀) 밧친 이도 만사오니 그날 주를 위하야 여러 형제자매가 열심쓰는 거슬 가히 알바로소이다. 당일 연보난 거시 신화 사천 수삼백원 이옵고 또 남북 평안도와 황해도 각처 교회에서도 이갓치 열심히 할 모양이오니 우리나라 대학교가 장찻 잘 될 줄을 밋사온즉 여러 형제자매들은 대학교를 위하여 열심 기도하시기를 바라나이다."[163]

베어드와 베커를 비롯한 숭실학당 교사들도 그 자리에 참석해서 대학 설립을 향한 한국 교인들의 '뜨거운' 욕구를 다시 한 번 확인하였다. 집을 팔고 비녀와 반지까지 빼서 바치는 교인들의 헌신에 감격하였다. 그렇게 해서 교인들이 헌금(약정)한 '4천 3백여 원'(2천 달러)은 대학교 운영기금으로 활용할 수 있는 중요한 자산이었다. 여기에 힘과 용기를 얻은 베커와 베어드는 곧

162) 양력으로 6월 26일.

163) 길선주, "평양래신", 〈그리스도신문〉 1906.7.19.

바로 신입생 선발과 교과목 및 교수진 구성, 교실 확보 작업에 착수하였다. 그렇게 2개월 준비한 끝에 중학교 개학보다 한 달 늦은 10월 10일에 신입생 11명을 두 개 반으로 나누어 수업을 시작하였다.[164] 오늘까지 이어져 내려오는 숭실대학교의 출발이다. 대학교 명칭은 한글로 '숭실대학'(崇實大學)이라 하였지만 선교사들은 영어로 '연합기독교대학'이란 의미의 'Union Christian College'를 사용했다.

숭실대학을 시작한 보름 후(10월 27일), 베어드는 미국 선교본부에 평양 연합기독교대학 설립 사실을 이렇게 보고하였다.

> "대학 사업계획안이 마침내 통과되었고 이번 가을부터 두 반으로 시작하였는데 한 반은 4명, 다른 한 반은 7명입니다. 그동안의 경험으로 미루어 학생들은 주어진 과정을 잘 소화할 것입니다. 또한 지난 러일전쟁 이후 교육에 대한 열기가 뜨겁게 타올라 교실만 마련된다면 대학에도 금방 수백 명 이상이 들어올 것입니다. 3개 선교회[165]가 관할하고 있는 8개 지방 선교부에서 학생들을 보내주었거나 보내겠다고 하고 있습니다. 소학교와 소위 '고등과'로 불리는 중학교들도 사방에 생겨나고 있습니다. 이들 학교들은 우리 대학의 잠재적 텃밭입니다. 해를 거듭할수록 지원자들이 늘어날 것은 분명하며 금년에 시작했는데도 일은 급속하게 진행되고 있습니다."[166]

베어드가 숭실대학 설립계획을 밝힌 선교편지(1906. 10. 27.)

계속해서 베어드는 "교실과 교수, 교재, 교보재 등 필요한 것들이 너무 많다. 넘쳐나는 학생들 때문에 선교부에 있는 사택 사랑방을 비워주어야 했다.

164) H.A. Rhodes, *The History of Korea Mission of the Presbyterian Church in the USA*, 1934, p. 165.
165) 북한지방에서 선교사역을 하고 있던 미국북장로회와 미감리회, 캐나다장로회를 의미한다.
166) *W.M. Baird's letter to Dr. A.J. Brown,* Oct. 27, 1906.

현재 사용하고 있는 중학교 건물은 작년까지만 해도 전교생이 사용하기에 부족함 없었는데 금년에는 예비과 학생들만으로도 가득 찼다. 감리교 측에서 짓고 있는 건물이 완성된다면 조금 숨통이 트이겠지만 이미 수업을 시작한 대학교 수업 공간은 없는 형편이다. 미구에 많은 학생들이 올 터인데 걱정이다." 하면서 "대학교를 위한 부지 구입비 2,500달러와 건축비 6천 달러를 지원해 달라." 요청하였다.[167] 이런 평양 선교부 요청에 응하여 미국 북장로회 선교본부는 7천 달러를 보내주어 1912년 신양리에 3층짜리 벽돌 건물을 지었다.

이렇게 숭실대학은 순조롭게 출발했다. 개강 직후 한 명이 더 들어와서 모두 12명이 수업을 받았는데 이미 중학교를 졸업한 후 베커나 베어드에게 개인교습 형태로 대학과정을 공부하던 학생들이라 2학년(sophomore) 7명, 3학년(junior) 5명으로 편성해 수업을 진행했다.[168] 강의는 베커와 베어드 등 '선교사' 교수들이 담당하였는데 교과목은 중학교 상급반 때 배웠던 수학과 물리, 지리, 화학 과목에 대수학, 삼각법, 측량법, 교수법, 심리학 등을 추가했고 영어와 성경도 필수과목으로 가르쳤다. 수업은 신양리 장로회 선교부 안에 있는 선교사 사택의 사랑방을 교실로 개조해서 진행했는데 1907년 2월 '감리교' 건물로 남산재(수옥리)에 과학관이 마련된 후에는 그리로 옮겨 수업을 진행했다.

숭실 과학관(Science Hall) 건축은 1906년 봄부터 시작했지만 본격적인 공사는 1906년 6월 연회가 끝난 후 이루어졌다. 공사가 지연된 이유는 9천 원 규모의 공사비 때문이었다. 다행히 미국 위치타(Wichita) 제일감리교회 주일학교에서 공사비 5천원을 약속하고 그 중 반(2천 4백 원)을 보내주어 그것으로 공사를 시작하였다. 그리고 공사 중 해리스 감독을 통해 '평양 감리교중학

167) *W.M. Baird's letter to Dr. A.J. Brown,* Oct. 27, 1906.

168) "Educational Work", *ARPY* 1907, p. 36.

교' 설립 기금을 보내주겠다고 약속했던 미국인 독지가 콜린스(Collins)가 4천 원을 보내 주었고 여기에 한국 교인들의 헌금을 합쳐 공사는 빚 없이 끝낼 수 있었다. 공사 현장 감독은 공학도 출신의 베커가 직접 담당했다. 그렇게 해서 완공된 과학관은 반 지하에 지상 2층 벽돌건물로서 당시까지만 해도 북한과 남한 통 털어 '가장 큰 학교 건물'이었다.[169)]

이렇게 해서 숭실학당 제 2교사로 마련된 서양식 건물에 '격물학당'(格物學堂)이란 간판이 걸렸다. 건물 명칭이 된 '격물'은 공자의 『대학』(大學)에 나오는 문구, "사물의 이치를 파고들어 가 앎에 이른다."는 의미의 '격물치지'(格物致知)란 문구에서 따온 것이다. 이 건물에서 이루어질 '과학 실험과 교육'의 의미를 담은 것이기도 했지만 '격물치지'란 문구가 실려 있는 고전 문헌의 명칭처럼 '대학'(大學) 교육이 이루어질 공간이란 뜻에서 붙여진 이름이었다. 이렇듯 신양리의 '숭실학당'에 이어 숭실학교의 '제 2교사'로 마련된 남산재 '격물학당'에서 방금 출발한 대학교 수업은 물론 중학교 학생들의 과학 수업도 진행되었다.

그리고 보다 중요한 것은 남산재 감리교 선교부지 안에 '숭실대학' 건물이 들어섬으로 감리교인들이 숭실의 연합교육에 대해 품고 있었던 의구심이 해소되었다는 점이다. 그 결과 감리교 학생들의 숭실중학교 지원이 늘어났다. 실제로 연합중학교로 출발한 1차 연도(1905-06년)에 숭실학생 135명 학생 가운데 감리교 학생이 22명(16%)이었는데 2차 년도(1906-07년)에는 전체 학생 283명 가운데 감리교 학생이 140명(49%)으로 급속한 성장을 이룩하였다.[170)] 이처럼 격물학당은 숭실학교와 감리교회 모두에게 활기를 불어넣었다.

169) "Report of the Oyeng-yang District", *KMEC* 1907, p. 48; *Michigan to Korea*, p. 238.
170) A.L. Becker, "Pyeng Yang High School", *KMEC* 1907, p. 51.

평양 감리교 선교부

6. 평양대부흥운동과 숭실학교

6.1 1907년 평양 대부흥운동

이렇게 시작한 숭실대학이 첫 가을 학기를 마치고, 격물학당이 완공을 눈앞에 둔 1907년 1월, 평양에서 그 유명한 대부흥운동이 일어났다. 평양 뿐 아니라 한국교회 전체의 분위기를 바꾸어 놓은 평양 대부흥운동은 6개월 전인 1906년 8월에 원산부흥운동의 주역이었던 하디 선교사가 평양에 와서 장로교와 감리교 선교사들을 대상으로 연합사경회를 개최한 것에서 출발하였다. 하디는 요한복음을 갖고 '보혜사 성령'에 대해 설교하였는데 특히 장로교 선교사들이 '은혜를 받고' 평양에 성령이 강림하기를 위하여 기도하기 시작했다. 그리고 10월에는 미국의 세계적인 부흥운동가 존스턴(Howard A. Johnston)이 평양을 방문, 장대현교회에서 전도집회를 열었는데 그 때 존스턴은 인도와 웨일즈 지방에서 일어난 부흥운동 소식을 전하면서 "한국에서는 누가 성령을 받아 부흥을 일으킬 것인가?" 질문하였을 때 길선주 장로가 손을 들고 일어났다. 그 때부터 장로교 선교사들과 장대현교회 지도자들은 평양교회에 성령이 강림하기를 위해 기도했다.[171)]

그렇게 두 달 동안 기도를 한 끝에 1907년 1월 6일 장대현교회에서 평남노회 도사경회가 개최되었고 사경회 사흘째 되는 날 길선주 장로가 "나는 아간이었소." 하며 통회 자복을 하면서 성령 강림을 체험하였다. 이때부터 집회 때마다 교인들이 다투어 자기 죄를 자백하며 서로 용서를 비는 회개운동이 일어났고 그 운동은 숭덕학교와 숭의여학교 남녀 소학생들에게로 확산되었다. 그리고 마침내 2월 4일, 겨울학기 개학을 앞둔 숭실중학교로 부흥운동 열기가 옮겨졌다. 현장에서 그 과정을 목격했던 베어드 부인의 증언이다.

---

171) G. Lee, "How The Spirit Came to Pyeng Yang", *KMF*, Mar. 1907, p. 33.

"개학을 며칠 앞두고 교장[베어드]은 공무로 중국 치푸를 다녀와야 했다. 교장이 치푸를 다녀온 직후 비공식적인 기도회가 열렸는데 전부터 자기 반에서 기도회를 해 왔던 한국인 교사 몇 명이 인도하였고 다른 교사들도 참여했다. 하루는 교장도 기도해야 하겠다는 생각을 하고 나갔는데 학교의 동료 사역자들이 둘씩 짝을 지어 무릎을 꿇고 학교에 성령이 임하도록 해달라고 기도하는 모습을 보았다. 바로 그 시각 교실에서 폭풍이 몰아쳤다. 애통하며 통곡하는 소리가 교실 만 아니라 학교 전체에 울려 퍼졌다. 반시간쯤 지나 학생 둘이 교실 밖으로 뛰쳐나오더니 학교 옆에 붙어 있는 선교사 사택으로 달려가 선교사 부인을 붙잡고 울부짖으며 '오마니, 우리 죄를 용서 받을 수 있나요? 가망이 있나요?' 하였다."[172]

이것이 2주간에 걸쳐 진행된 숭실중학교 부흥회의 시작이었다. 숭실중학교 학생부흥회는 방금 새로 지은 격물학당 예배실에서 진행되었다. 처음엔 2월 4일부터 9일까지 한 주간만 부흥회를 하려고 했는데 워낙 학생들의 회개 열기가 뜨거워 개학 후 한 주간 더 부흥회를 연장해서 매일 수업이 끝난 오후 4시부터 부흥회를 열었다. 집회 때마다 통회 자복하는 학생들의 울부짖는 소리가 교정을 가득 메웠다. 서로 다투어 죄를 고백하려는 학생들의 몸부림을 선교사들은 놀란 눈으로 지켜보았다. 다시 베어드 부인의 증언이다.

"쏟아내는 자백들이란! 마치 지옥을 뒤집어 놓은 것 같았다. 살인, 강간 등 차마 입에 올리기도 어려든 온갖 불결한 죄들이었고 방화와 음주, 도박, 절도, 거짓말, 미움, 악의, 질투 등 죄악들을 토해내는데 수치와 고통이 가득 찬 표정들이었다. 사람의 힘으로는 이런 자백을 끌어낼 수 없음이 분명했고 그것을

172) Mrs. W.M. Baird, "The Spirit Among Pyeng Yang Students", *KMF* Mar. 1907, p. 65.

듣는 한국 교인들도 공포에 사로잡혀 있었다."[173)]

숭실중학교 부흥회는 장로교 학생 쪽에서 시작해서 감리교 학생 쪽으로 옮겨 가는 형태로 진행되었다. 감리교 학생들은 처음에 냉담했는데 그것은 그들이 출석하는 남산현교회 담임자 이은승 목사가 '감정적인' 부흥회를 비판적으로 인식하고 학생들에게 휩쓸리지 말라고 설교한 때문이었다. 그러나 숭실중학교 '감리교' 학생들은 2월 8일(금요일) 저녁 길선주 목사가 인도한 집회에서 '성령 강림'을 체험하였고 그들도 장로교 학생들처럼 통회자복하기 시작하였다. 그리고 그들은 담임 이은승 목사를 위해 기도하기 시작했다. 그리고 마침내 그 자리에 '구경꾼'으로 와 있던 이은승 목사도 회개 반열에 동참했다. 베어드 부인의 증언이다.

> "저녁 집회 기간 동안 많은 학생들이 문제의 그 목사[이은승]에게 가서 그 앞에 무릎을 꿇고 그 동안 그의 지도력을 훼손시키기 위해 옳지 못한 일을 한 것과 학생들을 잘못 인도해 축복을 받는 것을 방해하도록 만들었던 것을 자백하였다. 그러자 그[이은승]도 감동되어 집회가 끝날 즈음에 그 때까지도 당당했던 그가 선교사들을 껴안고 울면서 자신의 냉랭함과 방종과 시기심을 자백하였다. 그가 굴복함으로 집회를 방해하는 요소는 사라졌다. 성령을 거스르는 분위기는 더 이상 느낄 수 없었다."[174)]

회개한 이은승 목사는 2월 10일 주일부터 남산현교회에서 특별 부흥회를 시작했다. 그 결과 남산현교회 남녀 교인들도 성령 강림을 체험하고 "엇던 이는 서로 붓들고 울며 서로 도와주기 위하여 조용한 곳에 혹 학교이나 례배

---

173) Mrs. W.M. Baird, "The Spirit Among Pyeng Yang Students", p. 65.

174) Mrs. W.M. Baird, "The Spirit Among Pyeng Yang Students", p. 66.

당이나 조용한 산곡이나 성랑 우헤 가서 기도하고 묵상하는 이도 잇스며 엇던 이는 곳 애통함으로 죽엇다가 별안간 니러나 깃붐으로 찬송하난 이도 잇스며 또한 마음이 새로 변함을 밧어 마음이 넓고 사랑이 가득한"[175] 지경에 이르렀다. 남산현교회에서 한 주간 동안 진행된 부흥운동의 열기는 북한지역의 해주와 양덕, 증산, 영변, 그리고 남한지역의 인천과 공주까지 확산되었다. 뿐만 아니라 평양에 와서 일본인감리교회를 담임하고 있던 무라타(村田重次) 목사도 남산현교회 부흥회에 참석했다가 은혜를 받고 평양과 진남포 일본인 신자들에게 그 열기를 전달했다.[176]

이처럼 장로교회에서 시작된 평양 대부흥운동이 감리교회로 옮겨 붙는 과정에서 숭실중학교 '감리교' 학생들이 결정적인 역할을 하였다. 그 중에도 강신화와 고종철, 손정도 등이 '성령 강림'을 강하게 체험하고 감리교회 부흥운동과 전도운동을 이끌었다. 강신화의 회개에 대한 노블 부인의 증언이다.

> "숭실 학생들을 위한 1주간 특별 기도회가 진행되는 동안 밤마다 학생들이 울면서 자기 죄를 자백하고 마음의 평안을 얻었는데 그[강신화]만은 조용했다. 나는 집회를 마치고 신화와 악수를 하면서 '우리는 너를 믿는다. 마음이 평안하냐?'고 물었다. 그러자 그는 마치 물에 빠져 들어가는 사람처럼 내 손을 꽉 잡더니 쉰 목소리로, '전혀 그렇지 못해요.' 하였다. 나는 그에게 기도하라고 하면서 나도 기도하겠다고 하였다. 나는 그가 집으로 갈 줄 알았다. 그러나 얼마 후 예배당 마루바닥에 한 무더기 학생들이 모여 앉아 고통스럽게 기도하다가 각기 다른 방으로 가서 기도하였다. 또 다른 학생들도 마루바닥에 끓어 앉아 온 힘을 다해 하나님께 기도하였다. 얼마 후 신화는 승리를 얻었고 각 방을 돌아다니며 좋지 못한 감정을 지녔던 사람들을 찾아가 용서를 빌면서 그를 미

175) 이은승, "평양 오순절 략사", 〈신학월보〉 1907.5, pp. 55-56.

176) Mrs. W.M. Baird, "The Spirit Among Pyeng Yang Students", p. 67; 〈美以教會第二十三回 日本年會記錄〉, 1906, p. 129.

위함으로 성령을 격정하게 했던 것을 회개하였다. 그는 또 내게로 와서 내 무릎에 머리를 대고 주일학교 용지 판매 부수를 속여 돈을 횡령한 것을 자백하면서 용서를 빌었다."177)

철저하게 회개하여 거듭난 강신화는 동료 학생 고종철과 함께 '자원 전도자'로 1907년 4월 공주에 가서 하리동교회(현 공주제일교회) 부흥회를 인도하여 부흥운동 열기가 남부지역으로 확산되는데 결정적인 역할을 하였다.178) 고종철보다 1년 선배인 손정도도 그 때 통회자복하며 회개하는 중생 체험을 하였다. 그는 회개 후 기도와 전도의 사람이 되었다.

"[손정도가] 숭실중학교 재학시에 이십리 내외되는 성 밖에 전도 다닌 일이 있었다. 어떤 날 외촌 교회에 다녀오는 실에 나지막한 언덕 잔잔한 솔밭에 몸

숭실중학 졸업생 손정도 목사(왼쪽)와 오기선 목사

177) *The Journals of Wilkox Mattie Noble 1892-1934*, pp. 14-15.

178) 임동순, "충청남도 공주 하리동교회 부흥한 결실", 〈신학월보〉 1907.7, pp. 121-122.

을 이끌었다. 어떤 탐스런 솔포기 뒤에 업대여 기도를 시작하였다. 기도를 얼마동안이나 하였던지 밤을 새였다. 또 혹은 귀 뒤에 허연 눈이 키를 넘도록 쌓였다. 이는 다 기도를 그치고 일어날 때에 처음 안 감각이었다. 또 때로는 학교 기도실에서 밤을 보내인 적도 하 두 번이 아니었다. 길에 가나 방에 앉거나 오매간에 광명한 종교적 정화의 세계를 찾기 위하야 또는 캄캄한 조선이 구원의 길로 나아갈 살 길을 찾기 위하야 쉬임 없는 기도이었다."[179]

손정도는 이은승 목사와 함께 1907년 3월 인천에 가서 내리교회 부흥회를 인도하여 인천과 강화지역에 부흥운동 열기가 확산되었다.[180] 이처럼 부흥운동을 계기로 하여 숭실중학교 학생들의 전도운동이 활발하게 이루어졌다. 그 결과 숭실 학생들은 자발적으로 '학생 전도회'(Student Evangelistic Society)를 조직하여 국내외에 선교사를 파송하기 시작했는데[181] 처음엔 제주도와 강원도 같은 소외지역에 선교사를 파송했고 1910년에는 중국에도 선교사를 파송했는데 손정도가 자원해서 나갔다. 이처럼 평양 대부흥운동을 거치면서 숭실의 '종교적' 분위기가 한층 고조되었음은 물론이고 '기독교 학교'로서의 정체성 또한 확고하게 심겨졌다.

그러면 이처럼 '열광적인' 분위기에서 진행된 평양 대부흥운동을 '과학도'인 베커는 어떻게 보았고 또 이해했을까? 사실 베커는 모태신앙으로 태어나 7세 때 중생을 체험하였다고는 했지만 미국에 있는 동안 이번과 같이 열광적인 부흥회를 경험한 적은 없었다. 그는 1월 중순, 동료 선교사 모리스와 일본인 목사 무라타로부터 부흥운동 소식을 처음 들었다. 무라타는 평양 일본인교회를 담임하면서 시간제 강사로 숭실 학생들에게 일본어를 가르치고 있었으며 베커 역시 그에게 일본어를 배우고 있었다. 무라타 목사는 처음 놀

---

179) 최봉측, "고 해석 손정도 목사 략전(二), 〈기독교 종교교육〉 1931.8 9, p. 63.

180) C.S. Deming, "Wesley Church Chemulpo", *KMEC* 1907, p. 35.

181) W.A. Noble, "Report of Pyeng-yang District", *KMEC* 1907, pp. 52-53.

란 표정으로 장로교회의 부흥회 소식을 베커에게 알려주었다. 그리고 1월 16일, 숭실학당 예배실에서 열린 장로교와 감리교 선교사 연합모임에서 보다 자세한 소식을 들을 수 있었다. 거기서 장로교 선교사 마펫과 리는 '어제 밤' 장대현교회에서 일어났던 '성령강림'에 대해 자세히 보고하였다. 베커는 리의 보고를 들으며 감동을 받았다. 그날 베커의 일기다.

> "나도 깊은 감동을 받았다. 특히 리 목사가 지난 밤 교회 안에 일어난 성령강림을 요약해서 들려줄 때 그랬다. 리는 언제나 침착하고 상냥한 인물이었으며 동정심 많고 때로는 신비스럽게 보이는 인물이었는데 그가 그렇게 감정적으로 흥분해서 말하는 것을 본 적이 없었다. 그렇다고 목소리를 높여서 한 것도 아니고 조용조용하게 했는데도 그러했다. 그의 보고가 끝나고 우리 모두의 눈에서는 눈물이 흘러내렸다. 그 눈물의 의미를 잘 모르겠다. 슬퍼서 운 것인지 기뻐서 운 것인지."[182)]

그리고 사흘 후 1월 18일, 베커 부부는 노블 부인과 함께 장대현교회 부인집회에 직접 참석했다. 그리고 그곳에서 "성령의 능력이 죄를 어떻게 자백하게 하는지 똑똑하게 목격하였다." 한국말이 익숙해 진 베커는 한국교인들의 회개 내용을 정확하게 알아들을 수 있었다. 부인들 역시 "간음과 미움, 교만과 같은 죄들을 울면서, 몸부림치면서 자백했다." 그런 회개 현장을 바라보는 베커의 "마음도 찢어질 것 같았다." 그러나 아직 한국말을 정확히 알아들을 수 없는데다 성품이 여린 아내가 한국 교인들이 울부짖으며 통회 자복하는 모습을 보고 "졸도할 지경이 되자" 서둘러 귀가하였다.[183)] 베커는 장로교의 마펫이나 리, 블레어처럼 부흥운동 현장에 직접 뛰어들어 참여하지는

---

182) *Michigan to Korea,* p. 253.

183) *Michigan to Korea,* p. 251.

않았으나 처음 목격한 부흥운동에 대해 부정적이지 않았다.

그러다가 2월에 접어들어 부흥운동 열기가 감리교회로 옮겨 붙어 자기가 가르치는 숭실의 '감리교' 학생들과 남산현교회 이은승 목사 및 감리교인들에게서 같은 통회자복 현상이 나타났을 때 그는 비로소 부흥운동의 핵심을 목격하고, 체험할 수 있었다. 특히 2월 8일 학생 부흥회 저녁 집회에서 '통회자복'한 이은승 목사가 베커를 찾아와 "당신의 연합중학교 방안을 반대했고 그래서 속으로 미워했다."면서 용서를 구하였을 때[184] 베커는 부흥운동의 현장 속에 자신도 포함되었음을 느꼈다. 그리고 회개한 숭실 학생들이 '전혀 다른' 사람이 되어 방과 후 둘씩 짝을 지어 평양 시내로 나가 전도활동을 펼치는 모습을 보고 부흥운동의 '선한 결실'이 어떤 것인지 확인할 수 있었다. 그는 부흥운동의 결과에 대하여 "이번 부흥회를 통해 학생들의 자세가 바뀌었다. 이번 부흥회를 통해 많은 학생들이 어떤 목표를 가지고 살아야 하는지 분명히 하게 되었다. 그 전에는 분명한 목적의식 없이 다니던 학생들이 많았다."고 진단한 후 부흥운동이 성공할 수 있었던 배경과 그 신학적 의미를 이렇게 정리하였다.

> "이런 종교적 열망이 가능했던 것은 그것이 신비주의 형태를 취하였기 때문인데 그런 신비주의 운동은 그 운동 지도자가 신비로운 존재였을 때 가능한 것이다. 이런 신비 체험이 삶을 최상의 것으로 만들 것은 분명한데 양심적인 결단이 사람의 생활 모두를 바꾸어 놓을 것이기 때문이다. 이는 또한 완전한 영적인 삶으로 연결되어 세상적인 것을 거부하고 오직 하나님께로만 향하도록 만들 것이다. 냉철한 과학적 사고를 가진 나부터도 바른 선교사라면 이런 방향으로 사람들을 인도해야 한다고 믿는 바이다.[185]

184) *Michigan to Korea,* p. 252.

185) *Michigan to Korea,* p. 253.

베커는 한국 교인들의 신비적 종교체험을 실천적 삶의 변화로 이끈 평양의 리와 노블, 서울의 존스 등 선배 선교사에게 존경을 표하였다. 특히 베커는 2월 24일 서울 정동교회에서 개최된 서울지방 연합부흥회에 참석했는데 1,500여 명이 운집한 가운데 유창한 한국말로 설교하는 존스를 보고 깊은 감동을 받았다. 존스는 그의 '오랜 친구이자 멘토'였다.[186] 존스 역시 1903년부터 1907년까지 진행된 한국교회 초기 부흥운동의 가치를 높이 평가하였다. 그는 노블과 함께 쓴 『한국 부흥운동』이란 소책자에서 부흥운동을 거친 후 변화된 숭실학교 모습을 이렇게 증언하였다.

> "부흥운동을 경험한 학생들에게 나타난 결과는 전도운동 외에도 많았다. 우선 학생들은 수업에 열중하였는데 교사들의 기대치를 훨씬 상회하였다. 그 결과 학교 운영도 훨씬 수월해 졌다. 미움과 질투심이 사라졌으며 학생들은 기하학 같은 수업에서 조차도, 수업 시작 전에 무릎을 꿇고 기도하는 모습이 이제는 낯설지 않다. 지난 수년간 시도했어도 이루어지지 않았던 학생들의 성격 개조가 이번 부흥회를 통해 이루어졌다."[187]

존스와 노블의 증언대로 부흥운동을 거치면서 숭실중학과 숭실대학 분위기는 확연하게 바뀌었다. 숭실의 1907년 봄 학기는 그 어느 때보다 활기차게 시작되었다.

6.2 식목일 행사와 야외운동회

평양에서 부흥운동의 열기가 어느 정도 가신 1907년 4월 초, 베커 부부는 봄 학기 개강을 앞두고 동료 선교사 모리스가 사역하고 있는 평북 영변지방

---

186) *Michigan to Korea,* p. 254.

187) G.H. Jones W.A. Noble, *The Korean Revival,* New York: The Board of Foreign Missions of the Methodist Episcopal Church, 1910, p. 17.

을 다녀왔다. 베커로서는 처음으로 시도한 평안북도 순회여행이었다. 그리고 영변 여행을 마치고 평양에 돌아온 4월 10일, 그는 미국의 '앨비언대학 동창' 루퍼스로부터 반가운 편지를 받았다. 베커는 6개월 전(9월 30일) 숭실대학 설립 준비를 하면서 앞으로 늘어날 '교육 사역'의 과중한 업무를 함께 분담할 동료 선교사가 필요하다는 사실을 인식하고 루퍼스에게 "한국에 선교사로 와서 함께 사역하지 않겠느냐?"는 편지를 보냈는데 이런 베커의 요청에 루퍼스가 선뜻 "아내와 함께 한국에 선교사로 나가겠다."는 편지를 보내온 것이다. 그러면서 루퍼스는 1907년 봄 학기부터 "매년 숭실 학생 17명 장학금을 개인당 15달러씩 보내겠다." 약속하였다. 앨비언대학 시절부터 친하게 지냈던 루퍼스의 편지는 베커 부부에게 '기쁜 소식'이었다.[188] 루퍼스 부부는 약속대로 미감리회 해외선교부에 한국 선교사를 지원하였고 그 해 8월에 내한해서 베커의 평양 선교에 합류하였다.

베커를 비롯한 숭실의 교사와 교수들은 1907년 봄 학기가 '순탄할' 것으로 예상했다. 그런데 그렇지 못했다. 정치적인 상황 때문이었다. 4월부터 세간에 알려지기 시작한 '헤이그밀사' 파견과 그로 인한 정치·사회적 갈등과 불안에 민족주의 성향의 학생들이 적지 않은 영향을 받았다. 그래도 전체적으로 봄 학기 수업에는 지장을 받지 않았다. 다음은 베커의 일기를 중심으로 정리한 1907년 4-6월의 '숭실학교 주요일지'다.[189]

4월 11일(목요일): 베커는 처음으로 식목일(Arbor Day) 행사를 실시했다. 식목일 제도는 앨비언대학 식물학과 교수였던 모튼(J.S. Morton) 박사가 1872년 창안한 것으로 앨비언대학은 그것을 자랑스럽게 여겨 매년 식목일 행사를 하였다. 앨비언대학 출신인 베커는 그 전통을 따라 숭실

188) *Michigan to Korea*, pp. 247-248, 259.

189) *Michigan to Korea*, pp. 260-264.

학생들을 야외로 데리고 나가 "한국인들은 나무를 베어다 밥 해먹을 줄 만 알았지 다음 세대를 위해 나무를 심는 법을 모른다."며 식목일 의미를 설명하고 소나무 묘목을 나누어 주어 심게 하였다.

4월 12일(금요일): 학생들이 서울에서 일어난 항일 소동(헤이그밀사사건) 소식을 듣고 술렁거리며 수업에 집중하지 못했다. 학생들은 조선통감 이토오가 고종황제를 겁박하여 황제위에서 강제로 끌어내리려 하는 것에 분개하였다.

4월 13일(토요일): 대영성서공회 총무 릿슨(John Ritson)이 학교를 방문하여 학생 예배 설교를 하였고 미국 장로교회 학생자원운동 지도자 비커리(Vickery)도 방문하여 특강을 하였다. 윤치호가 유창하게 통역하였는데 그는 영어와 일본어에 능통했다.

4월 17일(수요일): 미국성서공회 총무 폭스(Fox)와 일본에서 사역하고 있는 네덜란드개혁교회 목사 무어(Moore)가 학교를 방문해서 학생 예배 설교를 하였는데 베커가 통역하였다.

4월 19일(금요일): 남산현소학교 야외운동회 준비위원회 모임을 가졌다. 참여 학생들이 너무 많을 것으로 예상해 일본 경찰이 예민하게 경계하고 있다.

4월 20일(토요일): 남산현소학교를 개강하였는데 수업시간을 엄수하도록 강조하였다. 우선 교사부터 교실에 늦게 들어가지 않도록 베커가 직접 교실에 나가 지켜보았다. 학생과 교사 모두 시간을 지켜 수업하는 습관을 갖도록 지도하였다.

4월 22일(월요일): 남산현소학교 교사로부터 지방 관리가 찾아와 서문 밖에 있는 넓은 관사 부지를 학교에 팔겠다는 의사를 전달 받았다. 500원이면 구입할 수 있는데 새 학교 건물 위치로 아주 좋다.

5월 16일(목요일): 남산현소학교 연합 운동회가 열렸다. 학생들이 열심히 연습하여 숭실중학교 운동장에서 거행했는데 상당한 인파가 몰려 왔다. 남산현소학교 외에 평양시내와 인근 34개 소학교 학생 2천여 명도 참가하여 실력을 겨루었다. 저녁에는 남산현교회에서 학생 전도집회가 열렸는데 네덜란드 교육가 아리아드네(Ariadne) 박사의 연설과 장대현교회 길선주 장로의 설교를 들었다.

5월 21일(화요일): 숭실중학교 운동회가 열렸다. 기마전과 100야드 달리기, 50마일 달리기, 이인삼각(二人三脚), 높이뛰기, 넓이 뛰기, 장애물 넘기 등 종목으로 학생들이 실력을 겨루었다. 프랑스 베른대학의 드베리오(Pierre de Beriot), 네덜란드 데프트공과대학 교수 거닝(Gunning), 프랑스 파리개혁신학교 교수 앙리 보아(Henri Bois) 등 외국인 참관자들이 많았다.

6월 1일(토요일): 숭실중학교 졸업식이 장대현교회에서 거행되었다. 식장엔 대형 태극기가 게양되었다. 베어드는 혹시 졸업생 연설을 하면서 학생들이 정치적인 언급을 하지나 않을까 걱정했으나 불상사는 일어나지 않았다. 저녁에는 재학생들이 주최한 졸업생 축하연이 베풀어졌다.

봄 학기 행사 중 주목을 끄는 것은 식목일과 운동회였다. 베커에 의해 한국에서는 최초로 식목일 행사가 평양 숭실에서 거행된 것이다. 그리고 천 명이 넘는 학생들이 참가하는 소학교와 중학교 운동회는 기독교인 뿐 아니라 일반 시민들에게도 큰 행사였고 군사훈련을 방불케 하는 중학교 체육 시범은 숭실학생들의 항일 민족의식을 반영한 것으로 시민들의 큰 박수를 받았다. 그리고 봄 학기에 유독 외국인 학자와 종교 지도자들의 방문이 많았는데 그것은 세계적으로 유명해진 '평양 대부흥운동'의 현장을 확인하려는 손님들 때문이었다. 숭실 학생들은 그런 외국 기독교 지도자들의 설교와 강연을 들으며 세계화(globalization)를 향한 꿈을 꾸었다.

그리고 6월 1일 장대현교회에서 거행된 숭실중학교 제4회 졸업식에서는 숭실학당 역사상 제일 많은 22명의 졸업생을 배출했다. '연합중학교'로는 두 번째 맞이하는 졸업식이었다. 아직 '감리교' 학생은 없었다. 연회 때문에

숭실중학교 운동회(1907년)

1906년도 졸업식에 참석하지 못했던 베커가 이번에는 함께 참석해서 장로교 졸업생들을 축하해 주었다. 그리고 그 해 중학교 졸업생들이 행복했던 것은 곧바로 진학할 대학교가 같은 숭실 캠퍼스 안에 있었기 때문이었다. 실제로 숭실대학의 초창기(1909-11년) 졸업생들은 모두 숭실중학 출신이었다.[190)]

이렇듯 '연합학교' 체제로 출발한 지 3년차를 맞은 숭실의 1907년은 어느 때보다 알찬 결과를 얻었다. 그것은 베어드와 베커가 각각 장로교와 감리교 선교부에 보고한 내용에서도 확인된다. 우선 베어드는 1907년 9월, 평양에서 개최된 북장로회 평양선교부 연례회에서 숭실대학 설립과 순조로운 출발에 대해 다음과 같이 보고하였다.

190) 숭실대학 1-3회 졸업생 명단은 다음과 같다. 『숭전·숭실 회원명부』, pp. 110, 121.

대학졸업(연도)	졸업생(숭실중학 졸업연도)
대학 1회(1908)	김두화(중학 2회, 1905) 변인서(중학 3회, 1906)
대학 2회(1909)	김선두(중학 4회, 1907) 김형재(중학 4회, 1907) 이기종(중학 4회, 1907) 박영일(중학 5회, 1908) 최후빈(중학 4회, 1907)
대학 3회(1910)	길진형(중학 4회, 1907) 김영서(중학 3회, 1906) 김의찬(중학 4회, 1907) 김인준(중학 4회, 1907) 노형렬(중학 4회, 1907) 정인과(중학 4회, 1907)

"평양에서 대학교를 정식으로 시작했다는 보고를 드리게 되었다. 지금까지는 대학이 필요하다며 지원해 달라는 내용으로 보고하였는데 이번에는 우리 학교 안에 대학이 세워졌다는 것을 자랑스럽게 보고하게 되었다. 중학교를 운영해야 하고 또 다른 중요한 일들이 많이 있었음에도 우리는 짬을 내서 대학 과정을 준비하였고 이제 대학도 2년차를 맞이하게 되었다. 수학 능력이 가장 뛰어난 학생 5명이 3학년(junior) 수업을 하고 있는데 성적이 우수하다. 또한 구학제에 따라 금년에 중학교를 졸업한 학생 7명으로 2학년(sophomore)을 편성했다. 대학생 교육은 당연히 선교사들의 몫인데 한문으로 된 교재가 학생들에게 큰 도움을 주고 있다."[191)]

대학의 성공적인 출발은 곧 중학교의 지속적인 발전을 의미했다. 베어드는 대학 설립 이후 급속도로 발전한 중학교 실정을 이렇게 보고하였다.

"중학교 재학생은 355명이다. 감리교와의 시험적 연합은 아주 만족스러운 결과를 얻었고 그래서 현장에서 청년 고등교육에 임하는 실무자들은 '실험적'(tentative)란 단어를 더 이상 쓰지 말자는 의견이 지배적이다. 감리교 학생은 108명이며 장로교 학생은 247명이다. 학생들은 전국에서 올라오는데 우리 선교회 구역인 선천이나 재령은 물론이고 남한지역의 남장로회, 그리고 동북부 지역에서 사역하는 캐나다 선교회 구역에서도 학생들이 온다. 우리는 2백 명도 수용할 수 없는 구건물[숭실학당]에서 가을 학기를 시작했다. 기껏 7개 교실 밖에 없는 건물 하나에서 중학교와 대학 합하여 총 367명이 12개 반으로 나누어 수업을 해야 하였으니 우리에게 새 건물이 얼마나 필요했는지 현장에 와 보지 않은 사람은 알 수 없을 것이다. 다행히 감리교 건물인 과학관이 완공되어 조금 숨통이 트였다. 교육에 대한 욕구와 열기가 점점 타오르고 있어 새 해

191) W.M. Baird, "Educational Work", *ARPY* 1907, p. 35.

엔 더 많은 지원자들이 들어올 것이다. 이들을 어디서, 누가 가르칠 것인가? 건물이 필요하다! 교사가 필요하다! 기숙사도 필요하다!" 192)

"건물이 필요하다!" "교사가 필요하다!"는 비명에는 연합학교로서 성공적인 발전을 이룩하고 있는 숭실중학과 숭실대학의 책임자로서 베어드가 느끼고 있던 행복감이 배어 있었다. 이보다 3개월 전인 1907년 6월, 숭실의 또 다른 운영자 베커도 서울에서 개최된 미감리회 연회에 참석해서 그런 '행복한 보고서'를 낭독하였다.

6.3 1907년 연회 보고

숭실중학 제4회 졸업식을 마친 후 베커는 학기말 성적처리를 한 후 6월 16일, 서울에서 개최될 연회에 참석하기 위해 평양 선교부 소속 선교사들과 함께 열차편으로 평양을 출발했다. 본래 연회에는 선교사 부인들도 참석해야 하는데 베커 부인은 출산일이 얼마 남지 않아 동행하지 못했다. 연회는 6월 18일 정동교회에서 개최되었다. 1907년 연회에는 유례없이 미국에서 '거물급' 손님들이 많이 참석했다. 연회를 주재한 해리스 감독을 비롯하여 미감리회 해외선교부 총무인 레너드(A.B. Leonard) 박사와 남감리회 감독 크랜스턴(Earl Cranston) 박사, 그리고 방금 선출된 일본감리교회 총회 초대 감독 혼다(本田庸一) 목사가 참석했다. 그리고 무엇보다 감동적인 것은 볼티모어 연회의 가우처(J.F. Goucher) 박사가 참석한 것이다.[193] 가우처는 1884년 가을 방미 중인 보빙사절단 단장 민영익을 기차 안에서 만나 한국 선교 가능성을 발견하고 한국 선교비 2천 달러를 선교본부에 보내면서 한국 선교 개척을 촉구했던 장본인이었다. 이미 중국이나 일본의 감리교 선교 개척을 지원했던 가

192) W.M. Baird, "Educational Work", *ARPY* 1907, pp. 35-36.

193) *KMEC* 1907, pp. 7-8; "Methodist Annual Meeting", KMF, Jul. 1907, p. 106..

우처 박사는 아시아 국가 중 제일 늦게 복음을 받아들였으나 다른 어느 지역보다 급속한 성장을 보여주는 한국 선교 현장을 보기 위해 해외선교부 총무 레너드와 함께 한국을 방문했다.

연회는 미감리회 감독 해리스와 남감리회 감독 크랜스턴이 교차로 사회를 보면서 진행하였다. 남북전쟁이 끝난 지 40년 지났는데도 미국에서는 아직도 남감리회가 미감리회가 나뉘어 있는 상황에서 피선교지인 한국에서 두 감리교회 감독이 '함께' 연회를 주재하는 모습을 연출한 것이다. '하나의 교회'를 지향하는 아름다운 모습에 연회 참석자들도 감동하였다. 평양에서 '연합 교육' 사역을 하고 있던 베커도 남다른 감격을 느꼈다. 연회 기간 중에 한국 선교 개척자이자 현장 지휘자였던 스크랜턴이 '친일파' 해리스 감독과의 이견으로 결국 선교사직을 사임하고 감리회 선교부를 탈퇴하는 안타까운 일이 있었지만[194] 전체적으로 연회는 무난하게 진행되었다.

베커의 1906-07년 선교 보고는 연회 둘째 날(6월 19일) 평양지방 장로사 노블의 보고서에 포함되어 제출되었다. 베커의 보고는 크게 두 부분으로 나뉘었다. 첫째는 지난 연회에서 새로 맡은 칠산구역과 평양 아펜젤러기념교회 목회 보고였고 둘째는 숭실 연합학교 사역 보고였다. 우선 칠산구역에 대하여 "구역 내 5개 교회에 총 교인은 850명이고 그 중 350명이 지난 1년 동안 등록한 새 신자다. 교회 한 곳에서 새 예배당을 지었고 두 곳에서는 예배당을 증축했다. 남자 소학교가 다섯, 여자 소학교가 두 개 있다. 지난 해 교인들이 거둔 자급 헌금은 모두 1천 원인데 전년도에 비해 배가 늘었다. 나는 주일에만 교회를 방문하고 나머지 목회는 이동식 전도사를 비롯한 토착 목회자 3명이 돕고 있다. 지난겨울 부흥운동을 통해 교회 분위기가 쇄신되었고 교인들은 의무를 다하려 노력하고 있다."고 보고하였다. 그리고 평양 중심부에 새로 개척한 아펜젤러기념교회에 대하여는 "시간이 없어 자주 방문

---

194) *KMEC* 1907, p. 16.

하지는 못했지만 등록 교인이 100명에 달하며 평균 50명이 주일 예배에 참석하고 있다. 이동식 전도사가 실제로 담임하고 있으며 지난겨울 3주간 동안 주일과 수요일 저녁에 사경회를 개최하였는데 내가 직접 지도하였다."고 보고하였다.[195)]

그런 후 베커는 자신의 주요 사역인 숭실 연합중학교와 대학교 사역에 대해 보고하였다. 그 분량이 지금까지 3년 동안 연회에 제출했던 보고서의 배가 되었다. 그만큼 보고할 내용이 많았다. 보고서 서두에서 그는 "지난 1년간 평양에서 이루어진 고등교육은 전례 없는 발전을 이룩하였을 뿐 아니라 모든 사역에서 신령한 축복을 받았다. 몇 가지 중요한 부분만 보고 드리겠다." 면서 중학교 보고부터 시작하였다.

> "작년 보고에서 저는 1906-07년 학생 수는 우리가 감당할 수 있는 한도에 가득 찰 것이라 예상하였는데 그것이 사실로 입증되었을 뿐 아니라 성령의 도우심으로 모든 분야에서 보다 확고한 기반을 갖추고 보다 높은 차원에서 사역이 전개되었습니다. 1년 수업 전 과정을 마친 학생은 전년도 대비 200% 증가하였고 등록학생은 무려 300% 증가했습니다. '과학관'이라 불린 감리교 건물이 완공되어 수업을 받게 되었음에도 교실이 부족합니다. 교사진도 전임인 베어드 박사와 나 외에 베어드 부인, 영어 교사 스타일(Stiles)씨, 번헤슬과 스미스, 일본어 교사 무라타 등이 시간제로 나와서 가르쳤고 이 외에 한국인 교사 13명이 혼신의 힘을 다해 과중한 수업을 맡아 진행했습니다. 이들 한국인 교사들에게 특별히 감사를 표하고 싶은 것은 서울에서 학교를 마치고 내려온 이들 교사들이 충분한 봉급을 받지 못하면서도 학교를 위해 최선을 다해 주었기 때문입니다."[196)]

---

195) "Chil-San Circuit and Drew-Appenzeller Memorial", *KMEC* 1907, p. 48.
196) "Pyeng Yang High School", *KMEC* 1907, p. 50.

그러고 나서 새로 시작한 대학교 사역에 대하여 보고하였다.

"지난 해 이루어진 놀라운 발전은 대학 과정이 시작되었고 거기에 맞추어 중학교 교과목을 재정비하였다는 점입니다. 지난 2년 동안 중학교를 운영해 온 연합교육위원회는 작년 5월 회합에서 '평양에서 대학교 사역을 시작할 때가 되었다는 사실을 확인한다.'고 결의하였습니다. 연합위원회는 베어드 박사가 제안한 대학 및 중학교 과정과 교과목을 받아들였고 지난 1년 동안 그 안대로 추진했습니다. 그 교과과정은 1년 예비과정과 3년 고등학교 과정, 그리고 대학 4년 과정으로 되어 있습니다. 그렇게 되면 우리 학교에서 모두 8년을 공부하게 되는데 여기에 소학교 과정 6년을 합치면 14년 동안 지식적으로, 종교적으로, 육체적으로 충분한 교육을 받게 되어 장차 한국교회가 당면할 어떤 문제든지 해결해 나갈 수 있는 유능한 인재가 될 것입니다. 그렇게 하더라도 일본이나 미국으로 공부하러 가는 학생들이 나오겠지만 대부분 학생들은 한국에서 교육을 받을 수 있게 되었으니 우리는 최선을 다해 일할 뿐입니다. 교과목을 보더라도 [미국에서 가르치는] 라틴어나 독일어, 프랑스어 대신 영어와 일본어, 한문을 가르치고 있는데 지금은 한문으로 된 교재에 전적으로 의지하고 있지만 그것을 바탕으로 해서 언젠가는 주님의 인도하심과 은총 가운데 여기 토양에 맞는 여기 언어(한글) 교재가 마련되어 다가올 미래의 한국 기독교 지도자들을 가르칠 때가 올 것이라는 희망을 갖고 있습니다."[197)]

앞서 언급한 대로 대학 과정 강의는 주로 선교사들이 맡았고 한국인 교사들은 중학교 수업을 맡았다. 대학교 수업 교재는 아직 한글로 된 것이 없어서 중국에서 인쇄된 한문 교재를 주로 사용하였고(그것이 가능했던 것은 학생 대부분이 한문을 능숙하게 읽을 수 있었기 때문이다) 선교사들이 개인적으로 미국 것

197) "Pyeng Yang High School", *KMEC* 1907, pp. 50-51.

을 번역해 사용하기도 하였다. 이처럼 초보적인 수준이었지만 한국에서는 처음 시작한 대학교 1년 과정은 성공적이었다. 그 밑바탕에는 베어드와 베커, 그리고 미감리회와 북장로회 선교부 사이의 신뢰와 협력이 있었다. 베커는 그 점을 다시 한 번 강조하였다.

"어려운 점도 있었지만 지난 2년간의 연합 사업을 한 후 확실하게 깨달은 것은 평양의 두 선교부가 연합을 위해 상호 노력을 경주하여 좋은 결과를 얻었다는 것과 성령께서는 이 도시에 하나의 기독교 고등교육기관을 원하신다는 점입니다. 어려웠던 문제도 처음엔 높은 산 같아 보였는데 시간이 지나면서 모두 사라졌습니다. 내가 알기로는 연합교육위원회 논의 과정이나 교사진의 실제적인 역할에서 하등의 마찰도 없었습니다. 지난 2년 동안 경험을 통해 깨달은 것은 진정한 그리스도인의 연합이 이루어지는 곳에는 단지 숫자적으로 여러 사람의 힘을 합친 것 이상의 능력과 효력이 나타난다는 사실입니다. 서로 다른 선교부 소속의 인력을 합친 것에서 그치지 않고 서로가 서로를 자극하여 최선을 이룰 수 있도록 도왔습니다. 교수회 의장으로서 베어드 박사는 매주 교수회의를 효율적으로 이끄셨고 그의 정확한 판단과 지혜로운 계획 덕분에 지난 1년 학교 사역을 성공적으로 마칠 수 있었습니다."[198]

베커는 특히 베어드와의 치밀한 신뢰 관계가 학교 성공의 기본이 되었다고 진술했다.

"나 개인과 베어드 박사 사이의 관계는 최상(most pleasant)이며 다년간 경험에서 나온 그분의 가르침 덕분에 감리교 부분 교육사역 관리에도 큰 도움을 받았습니다. 우리는 서로 숨김없이 자기 생각을 터놓고 말하며 모든 일에 조화를

198) "Pyeng Yang High School", *KMEC* 1907, p. 51.

이루려고 노력한 결과 학교 운영이나 관리 부분에서 어떠한 이견이나 갈등도 없었습니다. 지난 2년은 실험과 연습의 기간이었고 그래서 확실한 연합교육에 관한 규정이 없었습니다. 그러다가 지난 6월 14일 연합교육위원회가 조직되었는데 평양의 베어드와 블레어, 매큔, 번헤슬, 노블, 무어, 그리고 나, 재령의 헌트, 선천의 휘트모어 등이 참여하여 평양 중학교 및 대학교 규정을 만들었습니다. 이번 연회에 그 규정을 제출하여 승인을 요청할 것인데 북한지역에서 사역하고 있는 우리에게 필요로 한 것이므로 자세히 검토하셔서 통과시켜 주시기 바랍니다. 확고한 기초를 닦아 놓아야만 훌륭한 결과를 얻을 것입니다."[199]

이처럼 베커는 숭실 중학교와 대학교에 관하여 전체적인 보고를 한 후 연회원들이 관심을 갖고 있는 학생 현황과 관리에 대하여 보고하였다.

"지난 해 4백 명 학생이 등록했으며 그 중 283명이 수업을 마쳤습니다. 그 가운데 140명이 감리교 학생이며 그 중 85명이 최종 시험을 통과하였습니다. 낙방한 학생들은 다음 네 가지 이유 때문입니다. 첫째 지적 능력이 부족해 학교에서 요구하는 학과 과정을 따라오지 못한 경우, 둘째 경제 능력의 한계, 셋째 질병, 넷째 학교에서 요구하는 엄격한 생활 규칙에 적응하지 못한 경우 등입니다. 이렇게 도태된 학생들이 있는 반면 남은 학생들로 수업에 집중할 수 있어 오히려 교육효과는 좋았습니다. 우리는 좀 더 많은 학생을 받아들일 수 있었습니다만 작년에 두 차례 지방에 회람을 돌려 우리 학교에 입학하기 위해서는 기초 자격 외에 일정 수준의 산수와 한문 실력을 갖추어야 한다는 점을 알렸습니다. 그랬더니 우리 학교에 지원했거나 아직 지원하지 않았던 많은 학생들이 교회에서 운영하는 소학교에 입학하였습니다. 그래서 우리 평양의 소학교에 편입생 160명가량이 상급반에 들어가 우리 학교에 들어오기 위한 준비

---

199) "Pyeng Yang High School", *KMEC* 1907, p. 51.

과정을 공부하기 시작했습니다."[200]

1906년 9월 가을학기를 시작하면서 베커는 베어드에게 "입학 기준을 엄격하게 적용하여 수학 능력이 되는 학생들을 받아들이자." 제안하였고 베어드가 그것을 받아들여 그 때부터 숭실은 "교인이면 누구나 들어오는" 학교가 아니라 "교인이면서 실력을 갖춘" 학생들이 들어오는 학교로 바뀌었다. 그 결과 학생들의 수업 분위기가 눈에 띄게 좋아졌다. 베커는 계속해서 자신이 관리하며 장학금을 지급하고 있는 '감리교' 학생들에 대하여 보고하였다.

"우리 학교 감리교 학생 47명이 일을 하면서 학비를 스스로 벌고 있습니다. 이들은 반나절 일하고 반나절 공부하며 저녁에는 학과를 예습합니다. 이들은 공부만하는 학생들과 같이 시험을 보는데 전혀 실력이 뒤지지 않아 서양 학생들과 똑같이 고학하면서 공부해도 잘하는 모습을 보여주고 있습니다. 학생들이 하는 일이란 외국인의 한글 선생과 서기, 평양 시내와 근교 소학교 교사, 교재 필경(筆耕)과 한문 교재 번역, 선교사 집 가정부와 정원사 등입니다. 다른 식으로 학생이 일하려면 하루에 최소 4시간은 노동해야 합니다. 지게 일을 해야 가까스로 식비와 기숙사비를 벌 수 있습니다. 홀 부인께서 10원을 실업부 장학금으로 내놓아서 그것으로 학생들에게 땅을 고르고 길을 닦도록 했습니다. 무어 목사님도 내게 16원 50전을 주어서 그의 구역에서 올라온 학생에게 가정부 일을 시켰습니다. 이 외에 학생 한 명 분 장학금도 받았지만 그것으로는 일하고 싶어 하는 많은 학생들에게 골고루 일을 시키지 못하는 형편입니다. 또한 선교부내 선교사 가족들이 자기네 집에도 학생을 보내주기를 바라지만 그런 요구를 충족시켜주지 못하고 있습니다. 적어도 우리 공작부(工作部) 학생들만이라도 기숙사비를 벌 수 있도록 해주었으면 좋겠습니다. 가장 시급한 과제

200) "Pyeng Yang High School", *KMEC* 1907, pp. 51-52.

는 공작부 학생들이 단지 기숙사비를 버는 것에서 그치지 않고 좋은 기술을 배울 수 있도록 작업 시설을 갖추는 것입니다."[201]

베커는 자신이 미국에서 '가난한 대학생'이었듯 숭실에서도 지방에서 올라온 '고학생'들에게 특별한 관심과 배려를 잃지 않았다. 그는 장로교 학생들이 숭실학당 공작부에서 목공 일을 하며 학비와 기숙사비를 벌듯이 감리교 학생들에게도 그런 시설이 제공되기를 기대했다.

그러고 나서 베커는 "지난 1년 중에 숭실에서 일어난 가장 큰 사건"이라면서 평양 대부흥운동에 대해 보고하였다. 이 부분은 앞서 다른 선교사 보고를 통해 확인한 것이지만 베커가 연회원들에게 자신이 현장에서 직접 목격한 내용을 증언하고 그 의미를 평가한 것이란 점에서 중요하다. 우선 숭실학교 부흥운동의 시작을 이렇게 증언했다.

"지난 1년 중에 가장 중요한 사건은 학기 초에 일어난 부흥운동입니다. 지난 2월 학기가 시작되기 직전, 장로교 사경회에서 성령이 강하게 임하였습니다. 우리는 학생들에게도 그 축복이 임하기를 원해서 교사와 지방에서 미리 올라온 학생들을 모아 오후와 저녁 기도회를 시작했습니다. 첫 번째 집회 때부터 성령이 강하게 임하였는데 그 자세한 설명은 드리지 않아도 아실 겁니다. 거의 모든 교사들이 개학 전에 불을 받았습니다. 개학이 되어 학생들이 돌아오자 우리는 예전처럼 학과수업을 하는 것보다 특별 사경회와 기도회를 갖는 것이 옳다고 판단하였고 그래서 아침과 오후와 저녁에 집회를 가졌습니다. 우리가 특별히 학생들에게 감정적으로 호소하거나 의도적으로 집회를 이끈 것은 없습니다. 다만 십자가로만 나가도록(to point to the cross) 인도하였습니다. 그러자 성령의 능력이 얼마나 강하게 나타났던지 의심하던 자들까지 통회자백

201) "Pyeng Yang High School", *KMEC* 1907, p. 52.

하면서 꼬꾸라졌습니다."[202]

계속된 숭실 학생들의 통회자복 모습이다.

"한 번은 집회 시간이 끝나고 너무 늦어 돌아갈 때가 되었는데도 죄 짐을 벗지 않고는 편하게 돌아갈 수 없다면서 30명이 넘는 학생들이 서로 다투어 자백하려고 소리치는 장면을 보았습니다. 우리는 도저히 시간을 지킬 수 없었습니다. 집회가 끝났다고 몇 번이나 광고를 했어도 학생들은 영혼의 고뇌 속에서 울부짖으면서 '말하게 해주세요.'를 외쳤습니다. 어떤 때는 온 종일, 밤늦게까지 집회가 계속되었고 집회 후에도 우리를 집까지 따라오면서 위해서 기도해 달라고, 함께 기도하자고 부탁했습니다. 하루는 네 학생이 밤을 새며 예배당에서 기도했습니다. 그 결과 우리 학생 10명 중 9명이 밑바닥까지 내려갔다가 거듭 나는 체험을 하였습니다."[203]

중요한 것은 부흥운동을 경험한 학생들에게 나타난 변화였다.

"진정한 부흥의 결과는 삶과 습관의 변화에서 나타납니다. 이번 부흥운동이 마음을 새롭게 하는 부흥회였음을 확인할 수 있는 몇 가지 증거가 있습니다. 첫째, 한 주간 동안의 기도회가 일상 기도회가 되었습니다. 모든 학생들은 교실에 들어와서는 의례 기도부터 합니다. 그리고 학과 수업 중 어떤 문제로 토론할 때 그들의 진실 된 고백과 증언을 확인할 수 있습니다. 둘째, 거의 모든 학생들이 아침과 저녁에 개인 기도를 할 뿐 아니라 전교생 3분의 2가 학교 기도실에 매일 와서 기도를 합니다. 셋째, 많은 학생들이 십자가 구령에 불타

---

202) "Pyeng Yang High School", *KMEC* 1907, p. 52.

203) "Pyeng Yang High School", *KMEC* 1907, pp. 52-53.

전도인이 되어 평양 시내 뿐 아니라 인근 지방 교회, 심지어 인천과 공주까지 가서 복음을 전하였습니다. 학생들은 전도회를 조직했는데 그들이 하는 사역에 놀라운 결과들이 나타나고 있습니다. 매 주일 학생들은 평양 시내와 지방에 나가 거리 전도를 하고 있습니다. 한 학생은 며칠만 고향에 다녀오게 해달라고 요청해서 허락했더니 며칠 후 밝은 낯으로 돌아와서 결과를 보고했습니다. 그의 부모님 신앙이 더욱 깊어졌을 뿐 아니라 부자인 삼촌도 믿기로 했다면서 그가 고향교회에 가서 집회를 하는 동안 평양에서 일어난 것과 같은 자복 현상이 그곳에서도 일어났다고 합니다. 믿지 않던 이웃 여덟 가정이 새로 교회에 등록했고 새 예배당을 건축하고 여학교도 시작하기로 했다고 합니다. 학교에 들어온 지 얼마 되지 않은 신입생이 불과 며칠 사이에 이룩한 놀라운 결과입니다. 이런 예는 수 없이 많습니다."[204)]

이미 앞서 살펴보았듯이 부흥운동을 경험한 숭실 학생들은 평양시내와 근교에 나가 전도활동을 펼쳤고 손정도와 고종철, 강신화 같은 '감리교' 학생들은 인천과 공주까지 가서 부흥회를 인도하여 부흥운동 열기를 전국으로 확산시키는데 중요한 역할을 하였다. 그리고 학생들이 자발적으로 조직한 학생전도회는 선교사를 국내외에 파송하여 복음전도와 교회 개척의 사명을 감당하도록 하였다. 어른 교인들이 하지 못하는 일을 학생들이 하였다. 그러나 부흥운동의 보다 중요한 결과는 학교 분위기 쇄신이었다.

"또한 부흥회의 참된 결과는 학생들이 교사들이 원하는 수준 이상으로 공부하려는 열정에서도 나타났습니다. 대부분 학생에게 힘들었던 학과목이 쉬운 과제로 바뀌었습니다. 또 다른 부흥회의 직접적인 결과는 학생들이 여름 방학 네 달 동안 자발적으로 시골 교회에 가서 전도와 소학교 교사로 시간과 정성

---

204) "Pyeng Yang High School", *KMEC* 1907, p. 53.

을 기울이겠다고 약속한 것입니다. 감리교 학생 가운데 33명이 여름 방학 동안 이런 일을 하겠다고 약속했는데 먹는 것 외에 아무런 보수도 받지 않고 그 일을 하겠다고 했습니다. 지난 2년 동안 그렇게 노력했는데도 하지 못했던 성격 개조를 이번 부흥회는 단번에 해치웠습니다. 내 기하학 시간에 참석하는 학생들은 수업 전에 반드시 머리를 숙이고 묵상기도를 합니다. 감리교와 장로교 학생들 사이의 오래된 교파주의 질투심과 경쟁심도 순식간에 사라졌고 완벽한 조화만 흘러넘치고 있습니다."[205]

2년 전 처음 '연합학교'를 시작할 때 등교 거부로 나타났던 학생들의 불만과 불안은 모두 사라졌다. 학생들은 장로교, 감리교 따지지 않고 선의의 경쟁을 벌이며 학업에 열중하였다. 베커는 기하학이나 물리학 같은 과학 과목만 가르친 것이 아니다. 그가 특별히 관심을 갖고 지도한 과목은 체육이었다. 그것은 베커가 미국에서 고등학교와 대학교를 다닐 때부터 '부전공'처럼 중요시했던 과목이었다.

"우리는 학생들에게 의무적으로 매일 30분 동안 군사훈련과도 같은 체육활동을 요구하고 있습니다. 몇몇 학생은 전국 고등학교 체육대회 출전 준비를 하고 있습니다. 여기 숭실 학생들의 달리기와 높이뛰기 시력이 일취월장해서 미국 대학생 실력에 전혀 뒤지지 않습니다. 체육 방면의 교육도 상당히 중요합니다. 금년 중학교 졸업생은 모두 27명인데[206] 모두 장로교 학생입니다. 우리 감리교 학생들은 대부분 하급반에 있습니다. 졸업생들의 강연 제목은 '영적인 그리스도를 믿어야 할 의무', '기도의 효력', '주님의 능력으로 고난을 극

---

205) "Pyeng Yang High School", *KMEC* 1907, p. 53.

206) 실은 길진형 김윤실 김형재 김선두 김인준 김이곤 김의찬 김극행 김창국 노형렬 이기종 이근식 이석원 정인두 정인과 조용림 백신칠 최후빈 최진백 한성원 한승곤 홍성익 등 22명이었다. 『숭전·숭실 회원명부』, p. 110.

복함', '어떻게 영성을 개발할 것인가', '바로 알고 바로 행하자', '하나님의 은혜에 감사하자', '유혹' 등이었습니다. 졸업생들의 강연은 참석한 모든 사람들의 마음을 움직였습니다."[207]

베어드 교장은 혹시 졸업생들이 시국에 관한 연설을 해서 졸업식장에 들어와 있을 일본 경찰을 자극하지나 않을까 우려했지만 졸업생들은 그런 정치적인 연설은 하지 않았다. 모두 종교와 교육에 관한 것들이었다. 그러나 그 가운데 나중에 민족운동 관련사건(105인사건과 삼일운동)에 연루되어 옥고를 치룬 길진형과 김인준, 정인과, 홍성익 등이 포함되어 있었고 그 해 졸업반으로 올라간 손정도와 조만식, 선우혁 등도 '민족의식'이 강한 학생들이었다. 이런 '민족주의 성향' 숭실학생들이 참석한 체육시간이 군사훈련처럼 진행되었던 것은 당연했다. 그런 식으로 숭실 학생들은 충군애국과 국권회복을 향한 '애국정신'을 표현하였다. 같은 맥락에서 숭실중학교 졸업식이 열린 장대현교회 예배당 안에는 대형 태극기가 걸렸던 것이다. 이처럼 '애국하는' 학교로 인식된 숭실 중학교와 대학교에 입학 지원자들이 늘어날 것은 당연했다. 그래서 베커의 숭실 사역 보고는 다음과 같은 전망으로 끝났다.

"모든 상황을 종합해서 살펴볼 때 내년에는 입학시험을 어렵게 내도 신입생이 적어도 2백 명은 될 전망입니다. 평양지방 기독교 소학교 재학생만 4천 명 가량입니다. 내년도에 닥칠 이런 상황에 어떻게 대처해야 할지 지금으로서는 대책이 없습니다만 주님께서 금년에 우리 안에서 이룩하신 것을 보면 내년에도 우리가 걱정하고 예상하는 것 이상으로, 이 백성을 사랑하시는 주님께서 우리에게 감당할 수 있는 수준으로 인도하실 것을 믿어 의심치 않습니다."[208]

---

207) "Pyeng Yang High School", *KMEC* 1907, pp. 53-54.

208) "Pyeng Yang High School", *KMEC* 1907, p. 54

이런 보고를 하는 베커나, 보고를 듣는 연회원 모두 감동과 감격, 감사로 충만했다. 특히 한국에 선교사로 온 지 5년차, 평양에서 연합교육 선교사로 사역한 지 3년차 보고를 하면서 베커는 "걱정하고 예상하는 것 이상으로" 채워주신 것에 감사하고, "감당할 수 있는 분량"으로 인도하시는 "주님의 은총"을 의지하면서 평양 귀환 후 전개될 1907-08년 사역을 기대하는 마음으로 1907년 연회 보고를 마감하였다. 이런 베커의 보고를 연회원들은 박수로 받았고 해리스 감독은 연회 마지막 날 베커를 여전히 평양 연합중학교와 대학교 사역, 칠산 구역과 평양 아펜젤러교회 담임자로 파송하였다.[209] 연회를 마치고 평양으로 귀환하는 베커의 발걸음은 책임과 기대로 무거우면서도 가벼웠다.

6.4 1907년 정치 상황과 학생 소요

베커는 6월 26일 연회를 마치고 평양 선교부 소속인 모리스와 에스티와 함께 그날 저녁 기차로 평양에 귀환하였다. 이후 두 달 동안 방학이라 밀린 학교와 집안의 일을 처리하였고 7월 4일에는 평양에 있는 장로교와 감리교 선교사들이 모두 마펫의 집에 모여 '독립기념일' 축하식을 가졌다. 그리고 곧바로 베어드와 함께 7월 6일부터 시작하는 사범과 여름강습회를 준비하였다. 베어드가 1903년부터 시작한 이 프로그램은 평양과 주변 지방 기독교 소학교 교사들을 초청하여 2주간에 걸쳐 기독교교육 이론과 방법론을 가르치는 것으로 인기가 많아 매년 참자가가 늘어났고 멀리 평북지역에서도 참가를 원하는 교사들이 생겨났다. 이에 베어드는 1907년 여름 평양 프로그램을 베커에게 전적으로 맡기고 자신은 선천에 가서 평북지역 소학교 교사들을 위한 프로그램을 진행하기로 하였다. 베커는 그동안 베어드가 가르쳐 왔던 교과과정에 듀이의 교육이론을 담은 '교육방법'(pedagogy)을 새롭게 추가

209) *KMEC* 1907, p. 27.

해서 교과목을 편성했고 교육 장소는 새로 지은 과학관(격물학당)으로 하였다. 막상 개강하였을 때 참가자가 예상보다 많은 2백 명이나 되어 과학관 건물 전체를 교실과 숙소로 사용해야만 하였다. 마침 미국 캔자스시티의 판사인 프리먼(Freeman)이 평양을 방문해서 노블의 통역으로 특강을 하였다.[210]

베어드 없이 혼자서 여름 사범과 강습회를 성공적으로 끝낸 베커는 7월 말 여름 더위에 평양 선교부내 전화 가설 작업을 지휘하는 일에 몰두하였다. 당시만 해도 평양에 공관이 아닌 민간인 시설에 전화가 가설되지 않고 있었는데 처음으로 장로교와 감리교 선교부를 잇는 전화가 가설된 것이다. 두 선교부에서 운영하는 학교와 병원 뿐 아니라 선교사들의 집까지 포함하는 큰 공사였는데 공학도인 베커가 현장 감독을 하면서 공사를 지휘했다. 그렇게 해서 평양에서는 일본 사람들보다 먼저 기독교인들이 전화를 사용하게 되었다. 그는 전화 교환수로 고학생들을 선발하여 전화 사용법을 가르쳐 주었다.[211] 베커는 가난한 고학생들을 도울 수 있는 길이라면 무엇이든 가리지 않았다. 그래서 그를 찾아오는 가난한 학생들이 많았다. 베커의 8월 14일 일기다.

> "강서 출신 학생이 찾아왔다. 이번 가을 학기에 필요한 학비를 벌기 위해 일하기를 원했다. 내 은행 잔고가 너무 없다! 요즘은 모든 이들이 돈을 달라고 하는 것 같다. (영변의) 모리스로부터 편지가 왔는데 자기가 도와주는 한국인 전도사 월급 51원을 동봉했다. 그가 후원하는 전도사는 지금 평양에 있다. 로빈스 양은 잠시 영변에 갔다. 루이즈가 배와 자두 등 열매를 따 왔다. 이달 중순에는 우리 집 하인들에게 봉급을 주어야 한다. 돈이 자꾸 날아간다!(So the money flies)"[212]

---

210) *Michigan to Korea*, pp. 266-267.

211) *Michigan to Korea*, p. 268.

212) *Michigan to Korea*, pp. 274-275.

베커가 일기에서 "배와 자두를 따왔다."고 언급한 베커 부인은 그 사흘 후, 8월 17일에 광혜여원에서 여자 아이를 낳았다. 베커 부부에게 첫 아이였다. 마침 그 날은 아내 루이즈의 생일이기도 했다. 베커는 아기에게 '에블린'(Evelyn)이란 이름을 지어 주었다.[213] 이후 두 주간 동안 베커는 아내의 산후조리를 도왔다. 그래서 오히려 사역으로부터 해방되어 아내와 함께 하는 시간이 생겼다. 그리고 고향에 편지를 쓸 여유도 생겼다. 그 무렵 부모에게 보낸 편지다.

> "우리는 한국에서 처음으로 대학을 시작했습니다. 고등학교와 대학교 합쳐 모두 4백 명 학생이 있습니다. 이미 서울에 있는 학교들을 능가하게 되었습니다. 저는 대학에서는 과학과 수학 교수로, 연합교육위원회의 서기 겸 회계로, 연합교사회 서기로, 50명 학생들을 관리하는 공작부 감독으로 사역하고 있습니다. 나이 어린 저로서는 감당키 어려운 일들을 하고 있습니다. 그러나 한국에서 학교를 잘 운영한다는 평가를 받고 있습니다. 나의 오랜 대학 친구 칼 루퍼스가 아이와 아내를 데리고 우리 학교를 돕기 위해 왔습니다. 우리 집에 합류한 지 3주 되었습니다."[214]

베커의 '앨비언 동창' 루퍼스는 약속한 대로 1907년 7월 말에 내한해서 곧바로 평양 선교부로 내려와 베커의 집에 짐을 풀고 어학공부를 시작했다.[215] 루퍼스는 1907년 가을학기부터 숭실대학에서 강의하기로 하였다. 루퍼스 부인도 베커 부인의 해산과 산후 조리를 도우면서 평양 생활을 시작하였다. 사랑스런 아기와 친한 친구를 동역자로 동시에 얻게 된 베커는 어느 때보다 '행복한' 여름방학을 보낼 수 있었다.

---

213) *A Daughter's Journey*, p. 19.

214) *Michigan to Korea*, p. 275.

215) "Notes and Personals", *KMF* Nov. 1907, pp. 167-168.

그리고 그 무렵 아내 루이즈가 쓰던 피아노가 미국으로부터 선편으로 도착했다. 북한 지역에 피아노라는 서양 악기가 등장한 것은 그 때가 처음이었다. 그 장면을 매큔은 이렇게 증언했다.

"장정 열두 명이 피아노를 대동강으로부터 평양성 안까지 옮겼다. 그들은 집 안에 도착해서 포장을 풀 때까지 그 물건이 무엇인지 전혀 몰랐다. 집안 마당에서 피아노가 그 모습을 드러내자 루이즈는 참지 못하고 피아노 의자에 앉아 경쾌하게 몇 곡을 연주했다. 그러자 한국인들은 일제히 골목길로 도망쳐 숨었다. 그러나 오래지 않아 엄청나게 많은 사람들이 베커 집 문간으로 몰려들었다. 그때로부터 음악에 굶주린 한국인들 사이에 루이즈의 명성이 퍼져나갔다. 이는 마치 2년 전 아더가 처음 평양에 와서 운동장에서 보여준 운동실력으로 인해 퍼져나갔던 명성과도 같은 것이었다. 이렇게 해서 한국에서 루이즈의 피아노 교육 30년이 시작되었다."[216]

베커 부인(루이즈)의 피아노를 옮기는 장정들(1907년)

216) *A Daughter's Journey*, p. 20.

그 때부터 루이즈는 피아노를 배우러 찾아오는 학생들에게 피아노 교습을 하였고 종종 숭실중학교와 대학에도 나가 학생들의 음악수업을 지도하였다. 그래서 평양 선교부의 베커 집에서는 피아노 연주 소리가 종종 들렸고 그 음악 소리를 들으며 베커의 아이들 뿐 아니라 주변 동네 아이들이 자라났다. 이렇듯 루이즈의 피아노와 에블린의 출생으로 베커 집안 뿐 아니라 평양 선교부 분위기가 한층 활기차고 유쾌하게 바뀌었다.

그러나 '선교부 바깥' 평양과 한국 사회는 그 어느 때보다 힘들고 어려운 시련의 계절을 지나고 있었다. 1907년 4월부터 헤이그밀사사건을 빌미로 고종황제를 겁박해온 일본 통감부는 결국 7월에 고종황제를 강제 퇴위시키고 유약한 순종을 황제로 올려 세운 후 이완용을 비롯한 친일내각과 소위 '정미7조약'을 체결하여 한국정부의 관리 임용권까지 늑탈하였다. 그리고 8월에는 국권의 또 다른 상징인 한국군 부대까지 강제 해산하여 실질적인 '식민 통치 시기'로 접어들었다. 이런 상황에서 항일 민족저항운동이 거세게 일어났다. 순국자결과 항의시위는 물론이고 해산당한 구한국 부대원을 중심으로 한 의병운동이 전국에서 일어났다. 기독교인들의 저항운동도 다양한 형태로 나타났다. 1907년 6월과 7월에 서울 정동교회 교인 정재홍과 양주 기독교인 홍태순이 순국 자결하였고 8월에는 이천과 강화에서 의병을 진압하던 일본군 헌병대가 구국운동을 벌였다는 혐의로 이천지방 전도사 구연영과 구정서 부자, 강화읍교회 권사 김동수와 김영구, 김남수 등 3형제를 체포하여 재판도 없이 처형했다.[217] 1907년 여름은 전국적으로 민족적 저항운동이 고조되던 시기였다.

이러한 민족적 위기 상황에서 기독교 민족주의자들이 항일 비밀결사 신민회(新民會)를 조직했다. 그 중심인물 도산 안창호는 1897년 평남 강서에서 출생하여 평양 근교 남부산면에서 자라났고 청일전쟁 때 상경하여 언더우

217) 이덕주, "초기 한국교회의 민족교회적 성격", pp. 151-152.

드의 구세학당에서 기독교 신앙과 신학문을 배운 후 독립협회 회원으로 활동하다가 1903년 미국 샌프란시스코로 이주하여 공립협회를 창설, 민족계몽운동을 전개하다가 1907년 2월에 귀국하여 서울과 평양을 왕래하며 전덕기와 양기탁, 이갑, 안태국, 유동렬, 윤치호, 이승훈 등과 접촉하며 민족운동 세력 결집체로서 신민회를 결성하였다. 이 과정에서 안창호는 평양에서 주로 숭실중학 졸업생들과 회합하며 회원을 모집하였는데 1회 졸업생 최광옥과 차리석, 2회 졸업생 김두화, 3회 졸업생 변린서, 4회 졸업생 길진형, 그리고 숭실중학 재학생인 손정도와 선우혁, 노준택 등이 신민회와 연계하여 민족계몽운동과 항일민족운동을 전개하였다.[218] 신민회 평양지부는 실질적으로 숭실학교를 기반으로 해서 만들어졌다 해도 과언이 아니었다.

이런 상황에서 1907년 9월, 가을학기 개학직후 '학생 스트라익'이 벌어졌다. 학생들은 베어드 교장을 찾아가 일부 교사의 퇴진과 일부 과목 교체를 요구하며 수업을 거부하였다. 2학년 학생들이 시작한 수업거부는 전교생으로 확대되었고 이후 한 달 동안 학생들은 농성을 하였다. 2년 전(1905년) 처음 '연합중학교'를 시작했을 때 감리교 학생들의 등교 거부로 어려움을 겪었던 경험이 있었던 베커로서는 또 다시 학생들의 수업 거부 사태를 맞아 곤혹스러운 입장에 처했다. 그러나 그를 비롯한 선교사 교사들은 학생 소요가 단순히 학내 문제 때문에 일어난 것이 아님을 알고 있었다. 학교 밖에서 활기차게 전개되고 있던 항일 의병운동과 반일 민족저항운동에 호응하는 성격의 시위였다. 그래서 베어드와 베커 등 선교사 교사들은 학생들의 입장을 이해하면서도 학생들이 요구하는 교사 퇴진과 교과목 변경에 대해서는 단호하게 대응하였다. 그리고 수업 대신 성경공부와 기도회를 실시하면서 학생들이 교실로 돌아오기를 기다렸다. 그 결과 한 달 만에 학생들은 시위를 중단

218) 『숭전·숭실 회원명부』, p. 110; 윤병석·윤경로, 『안창호 일대기』, 역민사, 1995, pp. 42-62; 윤경로, 『105인사건과 신민회 연구』, pp. 222-246.

하고 교실로 돌아왔다.[219)]

학기 초 소요사태를 겪은 학생과 교사 모두에게 '학습 효과'가 있었다. 무엇보다 일부 교사 및 교과목 교체를 요구했던 학생들은 사태 전개 과정에서 "그들이 학교를 운영하는 것이 아니다."(they were not running the school)는 사실을 확실하게 깨달았다.[220)] 소요 과정에서 학교를 떠난 학생들이 없지 않았지만 돌아온 학생들은 학교 운영권이 선교사와 교사들에게 있음을 인정하고 학업에 전념하게 되었다. 선교사와 교사들도 '배운 것'이 많았다. 정상적인 방법은 아니었지만 교사들은 소요를 통해 학생들의 요구와 바람이 무엇인지 알게 되었다. 나름대로 '소통'(communication)이 이루어진 것이다. 일부 교사와 과목을 교체해 달라는 학생들의 불만과 요구를 묵살하기보다는 진지하게 검토하여 교정이 필요한 부분은 고쳐 나갔다.

소요사태가 진정된 후 베어드는 '연합교육위원회'를 소집해서 학생소요의 원인과 해결책을 검토했다. 그 결과 몇 가지 점에서 조정이 필요했다. 첫째, 선교사들의 중학교 저학년 수업을 늘이기로 했다. 이번 사태가 중학교 2학년(1906년 입학생)들로부터 시작되었는데 그들의 불만은 주로 '한국인 교사'들의 자질과 수업 내용에 관한 것이었다. 숭실에서는 1906년 대학을 시작하면서 선교사들은 대학 강의를 맡고 중학교 수업은 한국인 교사들에게 맡겼는데 그렇게 하다보니까 과거 서당 시절의 '훈장 체질'을 벗지 못한 한국인 교사들이 학생들의 인격을 무시하는 발언과 교육을 진행했던 것이고, 그래서 중학교 저학년들이 "우리도 선교사 수업을 받게 해 달라." 요구했던 것이다. 둘째, 교사회의를 활성화하기로 했다. 그것은 학교 구성원 사이의 소통을 강화하려는 포석이었다. 매일 교사회의를 열어 학교 운영과 학사 일정에 대한 선교사와 한국인 교사들의 상호이해와 협력을 추구했고 그것을 통해

---

219) A.L. Becker, "Report of Pyeng Yang Educational Work", *KMEC* 1908, p. 65.

220) A.L. Becker, "Report of Pyeng Yang Educational Work", *KMEC* 1908, p. 65; *Michigan to Korea*, p. 276.

학생들의 요구와 문제들을 해결해 나갈 수 있었다. 셋째, 중학교와 대학교 과정을 연계하여 교과목을 재조정하기로 했다. 충분한 사전 준비 없이 급하게 대학을 시작하는 바람에 중학교 과목과 대학교 과목이 중복되는 경우가 있어 학생들의 불만이 있었는데 차제에 중학부터 대학까지 일관성 있는 교과과정을 편성하기로 하였다. 그 결과 다음과 같이 교과목을 조정하여 1908년 봄 학기부터 적용하기로 하였다.[221)]

학교	학년	과목
중학	예비	
	1학년	성경(Bible) 만국역사(general history) 산술(arithmetic) 지리(geography) 일본어(Japanese) 한문(composition in Chinse)
	2학년	성경 산술 만국역사 자연지리(physical geography) 한글 문법(Korean grammar) 부기(bookkeeping) 제도(mechanical drawing) 영어(English) 일본어
	3학년	성경 대수(algebra) 물리(physics) 생리(physiology) 한문 일본어
대학	1학년	성경 영국역사(English history) 대학대수(college algebra) 물리(physics) 식물학(botany) 한문 영어
	2학년	
	3학년	성경 화학(chemistry) 대학물리(college physics) 삼각법(trigonometry) 교수법(pedagogics)
	4학년	성경 심리학(psychology) 생물학(biology) 측량(surveying) 영어

중학교 과정에 선교사 과목을 배치한 것과 한글과 일본어, 영어 등 어학 과목을 강화한 것이 눈에 띈다. 그리고 중학부터 대학까지 전 학년에 성경 과목을 필수로 넣은 것은 '기독교' 학교로서 기독교 신앙 교육과 훈련이 숭실의 교육 목표인 것을 반영한 것이다. 이처럼 학생소요 사태를 겪은 후 숭실은 오히려 학교 제체를 재정비하고 한층 체계적이고 내실 있는 교육을 추진해 나갈 수 있게 되었다. 선교사나 교사와 학생, 학부모와 교회지도자 모두 숭실이 '기독교 지도자'(Christian leader)을 양성하는 학교임을 다시 한 번 확

221) 대학 2학년 과목이 없는 것은 1907년 당시 2학년이 없었기 때문이다. A.L. Becker, "Report of Pyeng Yang Educational Work", *KMEC* 1908, p. 66; *ARBF* 1908, p. 390.

인하였다.

이렇게 시련을 겪으며 숭실은 성장과 성숙을 이루어나갔다. 이에 자신감을 얻은 베커는 숭실의 도약을 위한 새로운 시도를 제안했다. 지금까지 숭실은 기독교인만 받아들인다는 입학 조건을 고수해 왔는데 베커는 교인이 아니더라도 실력을 갖춘 학생을 받아들여 '기독교 지도자'로 훈련시키자고 제안한 것이다. 이 문제는 1908년 봄 학기 개강을 앞두고 숭실학교 '연합이사회'(Union Board)에서 정식 안건으로 토의되었다. 종래 '연합교육위원회'를 이사회 구조로 개편하여 장로교와 감리교 선교사 뿐 아니라 토착교회 지도자들이 이사로 참여한 모임이었는데 그 날 토론 내용을 베커의 일기를 중심으로 재구성하였다.[222]

베어드(이사장): 오늘 의제는 아주 중요한 것으로 우리 지방 기독교 소학교 졸업생이 아닌 비기독교인 몇 명을 우리 학교 학생으로 받아들일 것인가 하는 문제입니다. 지금까지 우리는 우리 기독교 소학교를 졸업한 기독교 학생만 받아들였습니다. 그런데 우리 기독교 소학교가 적을 뿐 아니라 교사가 실력도 문제가 있어 거기 졸업생들이 우리 학교 입학 기준에 못 미쳐 입학 정원을 채우지 못했습니다. 그래서 기독교인은 아니지만 장래가 촉망되는 입학 지원자들에게 눈을 돌리게 된 것입니다. 이 문제에 관하여 저나 장로회 선교부와는 다른 입장을 취하고 계신 베커 씨께서 먼저 말씀해 주시지요.

베커: 형제 여러분, 저는 지금 과격한 변화를 주장해서 여러분을 놀라게 하려는 것이 아닙니다. 제가 말씀드리고 싶은 것은 입학 지원 자격 규정을 조금 완화(easing up)하여 비기독교 사립학교 출신으로 뛰어난 재능을 갖춘 학생 몇 명, 뛰어난 재능과 훈련을 받아 지금은 교인이 아니지만

222) *Michigan to Korea*, pp. 276-278.

장차 기독교 지도자로 활동할 의지가 있는 지원자 몇 명을 받아들이자는 것입니다. 여러분 모두가 아시는 바이지만 소위 기독교학교라 불리는 우리 소학교에서 이루어지고 있는 교육은 허점투성이(spotty)입니다. 예를 들면 아홉 살에서 열두 살 된 소년이 글을 모르는 부모와 그런 환경, 기독교와 배치되는 전통문화 환경에 매어 살면서 주일학교에서 설교도 하고 가르치기도 하니 그 어린 아이가 과연 감당할 수 있는 것일까요? 제가 말씀드리려는 것은 이것입니다. 자기 부모가 기독교인이라고 하면서 우리 중학교에 들어오겠다고 하는 아홉 살에서 열두 살 먹은 아이의 실력이, 비록 교인은 아니지만 상당한 지적 능력을 갖추고 오래된 관습과 인습을 타파해야 한다는 자유정신을 지닌 부모의 자녀들보다 뛰어나다고 할 수 있을까요? 그러니 아직 교회에 등록하지는 않았지만 지역사회에서 좀 더 나은 지위와 신분을 가진 집안의 자녀 가운데 몇 명을 받아들인다면 그들로 인해 우리 학교의 전체 분위기가 손상되지는 않을 것이며 오히려 그들에게 진리를 가르침으로 이교도의 굴레로부터 마음과 정신이 자유를 얻게 될 것입니다.

무어: 베커 형제의 말씀은 내가 생각해 왔던 것으로 나도 동감합니다. 나는 지금 내가 담당한 구역 내 15개 소학교를 후원하고 있습니다. 토착교인들과 똑같이 매월 1달러씩 돕고 있습니다. 나는 좀 더 잘 사는 집의 똑똑한 아이들을 몇 명이라도 받아들이자고 말하고 있습니다. 물론 베커 형제가 말씀하신 것처럼 학교에 들어오면 우리가 정한 학교 규칙을 철저하게 준수해야한다는 조건으로 말입니다. 그런 아이들이 들어와 배우면 우리가 기대한 것이 이루어질 것입니다. 그래서 저는 그 제안에 기꺼이 찬성합니다.

블레어: 저는 반대합니다. 그 제안이 위험한 것은 처음에 비기독교 학생 몇 명을 받아들이고 나면 점점 더 많은 학생을 받아들이라는 압력이 가해져서 결국은 담장이 무너져 순수 기독교 지도자를 양성해야 한다는 우

리 학교 설립 목적이 훼손되고 말 것입니다.

이은승: 개화된 집안의 비기독교인 학생 몇 명을 받아들인다면 나중에 그 집안 전체가 우리 교회에 나오게 되는데 도움이 될 것입니다. 그리고 베커 목사님이 말씀하신 것처럼 그들이 학교에 해를 끼치지는 않을 것입니다. 나는 좋은 의견이라 생각합니다. 해도 된다고 생각합니다.

베어드: 오늘 여기서 이 문제에 대한 결론을 내릴 수 없군요. 이 문제에 대하여 각 선교부 위원회 의견도 들어봐야 할 것입니다. 우리가 해야 할 다른 일들도 많으니 이것으로 해산합시다.

예상했던 바이지만 감리교 선교사(베커와 무어)와 목회자(이은승)는 찬성, 장로교 선교사(베어드와 블레어)는 반대 입장을 취하였다. 그날 모임에서 결론은 나지 않았다. 이 후로도 이 주제를 갖고 몇 차례 더 회의를 했지만 '보수적인' 장로교 측의 반대로 비기독교인의 숭실 입학은 상당기간 지연되었다. 결국 베커는 "우수한 자질을 갖춘 비기독교인 학생을 받아들여 우수한 기독교인 지도자로 육성한다."는 자신의 교육철학은 후에(1914년) 서울로 올라가 설립한 조선예수교대학(연희전문학교)을 통해 실현되었다.

7. 숭실중학 교장 및 숭실대학 학장 사역

7.1 1908년 연회 보고

1908년 미감리회 연회는 3월 11일부터 17일까지 서울 정동교회에서 개최되었다. 이 연회부터 종래 '한국선교연회'(Mission Annual Conference)로 모였던 것을 '한국연회'(Korea Annul Conference)로 승격시켜 모였다. 그런데 매년 5, 6월에 열리던 연회를 3월에 소집한 것은 4년마다 열리는 미감리회 총회가 6월에 열리기로 되어 있어 해리스 감독이 거기에 참석해야 했기 때문이었다. 그래서 베커는 봄 학기 개강 중임에도 서울로 올라가 연회에 참석했다. 그는 연회 마지막 날인 3월 17일 칠산구역과 아펜젤러교회, 그리고 숭실학교 사역에 대한 보고를 하였다. 우선 칠산구역에 대하여 "작년 보고에서 총 교인을 850명이라 하였는데 금년은 940명으로 늘었고 1년 동안 178명에게 세례를 베풀었다. 교인들의 헌금도 작년에 총 964원 63전을 보고했는데 금년은 2,685원 65전으로 늘어났다. 구역 내 소학교에 대하여 작년에 7개 소학교에 118명이 다니고 있다고 보고하였는데 금년에는 14개 학교에 285명이 등록해서 괄목한 성장을 이룩했다."고 보고하였다. 칠산구역의 급속한 성장은 1907년 평양 대부흥운동의 결과이기도 했다. 그리고 평양 아펜젤러기념교회(이향리교회)에 대해서도 "많은 시간을 내서 돌아보하지는 못했지만 매주일 평균 50명이 출석하고 있으며 1년 동안 222원 47전을 헌금했다. 교회부속 소학교에도 38명이 등록해서 다니고 있다."고 요약해서 보고하였다.[223)]

그러고 나서 베커는 숭실학교 사역에 대해 긴 보고를 하였다. 1년 동안 사건도 많았고 그래서 보고할 내용이 많았다. 그는 보고서 서두에 "지난해 가을 학기 개학 때 신입생이 2백 명을 넘겨 기존 학생 210명을 합쳐 너무 많은

---

223) A.L. Becker, "Chil San Circuit and Drew Appenzeller Memorial Church", *KMEC* 1908, p. 61.

학생이 들어와 학교 수용능력을 초과하였기에 과목을 재편성하고 기숙사를 늘이고 학교 운영 자금을 모으고 집행하는 방안을 모색하는데 많은 시간을 할애하였다." 면서 "금년에는 그동안 이룩한 것을 상세하게 보고하기보다 압축해서 하겠다." 하고 '학생소요' 사태를 겪은 후 재정립된 숭실학교의 교육이념과 목표를 소개하는 것으로 보고를 시작했다.

"우리는 우리 학교가 이 땅에서 최고 학교로서 명성을 유지하기 위해서는 현대 기독교 교육(modern Christian education)을 한다는 원칙과 방법에 보다 확고한 신념을 갖고 나가야 할 것임을 인식하고 있습니다. 그렇게 될 때에만 시시로 변하는 세상 풍속과 요구 속에서도 흔들리지 않고 우리의 목표를 향해 나갈 수 있을 것입니다. 보다 넓은 관점에서 이 청년들을 하나님의 사역자로 훈련시키기 위해서는 우리 학교가 반드시 다음 두 가지를 염두에 두어야 할 것입니다. 1) 기독교인으로서 성품을 개발하는 것이며, 2) 그러기 위해서는 꾸준하면서도 폭넓은 정신 훈련을 통해 우리 학생들을 능력의 지도자로 육성해서 그들로 하여금 여기 이교도 국가를 바른 국가로 세워나가도록 지도해야합니다. 쉬운 일은 아닙니다. 왜냐하면 끊임없는 저항 세력이 우리 능력을 분산시키고 약화시키려하기 때문입니다. 학교가 내세운 고귀한 규범을 지키기 위해서는 학생들의 욕구와 변경 요청에 휘둘리지 말고 일관성을 지킬 필요가 있습니다. 학생이 때로는 교사보다 더 강한 성격을 갖게 되고, 교사의 실수를 본받기도 하며, 교사의 약점을 그대로 모방하기도 한다는 것은 잘 알려진 사실입니다. 그러므로 이런 학생들을 능력 있는 졸업생으로 바꾸어 놓기 위해서는 교육에 종사하는 이들이 학교가 정한 고상한 이념을 이루기 위해 흔들리지 않으면서도 자신을 희생하는 모습을 보여 주어야 합니다."[224)]

224) A.L. Becker, "Report of Pyeng Yang Educational Work", *KMEC* 1908, p. 64.

'학생들에게 휘둘리지 않는 학교'는 학생 소요를 경험하고 나서 얻은 교훈이었다. 그러기 위해서 교사의 실력과 교육의 질을 높이는 것도 중요했지만 학생들의 자질 향상도 중요하였다. 그래서 신입생을 '수학 능력' 중심으로 더욱 엄격하게 선발하자는 것이 베커의 입장이었다.

"우리는 그 어느 때보다 엄격한 기준으로 입학생을 받아들였는데 일정 수준의 한문 독해 뿐 아니라 지리와 산수, 성경 실력을 갖추었는지 시험을 치렀고 성품과 수학능력에 대한 외국인 선교사의 추천까지 받아오도록 하였습니다. 입학 지원하기 전에 교회에 출석하지 않은 학생은 받아들이지 않았습니다. 그렇게 했더니 상당수 문제 있는 학생들을 골라낼 수 있었습니다."[225)]

그 전까지는 면접과 구두시험으로 입학 여부를 판가름 했는데 1907년부터 필기시험을 거쳐 입학생을 받아들였다. 그리고 기독교인 여부를 확인하기 위해 선교사와 목회자 추천서까지 받았다. 그렇게 해서 '문제 학생'들을 사전에 골라낼 수 있었다. 1년 전에 시험을 치르지 않고 들어왔던 2학년생들이 일부 교사와 교과목에 불만을 품고 학내소요를 일으켰던 것이다. 베커는 숨김없이 그 사실을 연회원들에게 보고하였다.

"가을 학기 개학하자마자 우리는 전에는 느낄 수 없었던 불안감이 학생들 사이에 퍼져 있음을 확인했습니다. 그 이유는 물론 이 나라의 불안한 정치적 상황 때문이었고 덧붙여 근자에 이 나라 곳곳에 설립된 새로운 학교들에도 원인이 있었습니다. 학생들은 새로 세워진 학교와 우리 학교를 비교하면서 불만을 표하였습니다. 그러나 학생들은 대부분 자기네가 어떤 것을 배워야 하는지도 알지 못하고 있었습니다. 게다가 새로 들어온 학생 수가 기존 학생 수보

---

225) A.L. Becker, "Report of Pyeng Yang Educational Work", *KMEC* 1908, pp. 64-65.

다 많아서 우리는 이 두 그룹을 어떻게 조정해서 가르쳐야 하는지 알 수 없었습니다. 우리는 익명의 학생들로부터 교사 몇 명과 교과목 몇 가지를 바꿔 달라는 내용의 편지를 받았습니다. 그리고 몇 몇 학생은 예배실 뒤편 칠판에 불만 사항을 적기도 했습니다. 그리고 2학년 대표들은 베어드 박사를 찾아와 교과 과정과 정책을 바꾸어 줄 것을 요구하면서 그렇지 않으면 전 학생이 퇴교할 것이라 암시하였습니다. 우리는 굴하지 않았고 수업은 중단되었습니다. 그 후 한 달 동안 우리는 귀가 아프도록, 신경쇠약에 걸릴 정도로 저들의 고함과 불평을 들어야 했습니다."[226)]

그리고 베커는 학생 소요가 진정되기까지 과정도 소개하였다.

"결국 우리는 이런 고약한 학생들을 가르칠 필요가 없다고 생각하였습니다. 그래서 우리는 정규 수업 대신 성경공부와 기도회를 시작했습니다. 학생들로 하여금 현안을 잊고 하나님을 바라보도록 이끌기 위해서였습니다. 집회는 은혜 가운데 진행되어 학생들을 변화시켰습니다. 이후 가을 학기 중 소요가 없었던 것은 아니지만 많은 학생들은 성령께서 주시는 평안을 회복했습니다. 그런데 몇몇 학생들의 잘못된 행동으로 인한 교파주의 갈등이 야기되었습니다. 얼마 후 감리교 학생 전체가 모임을 갖고 학교를 분립하는 것만이 해결책이라며 감리교 학교를 설립해 달라고 요구하였습니다. 그들은 해리스 감독과 노블 장로사에게 그런 요구를 했습니다. 그러나 그들은 감독의 말씀을 듣고 시위를 중단한 후 학교로 돌아와서 사과하였습니다. 그들은 매주 보충수업을 열심히 참석했습니다. 지난 학기 학생들이 분명하게 깨달은 것은 한 가지, 학교는 자기들이 운영하는 것이 아니라는 점입니다."[227)]

---

226) A.L. Becker, "Report of Pyeng Yang Educational Work", *KMEC* 1908, p. 65.

227) A.L. Becker, "Report of Pyeng Yang Educational Work", *KMEC* 1908, p. 65.

1907년 연초에 평양 대부흥운동을 계기로 사라졌던 숭실 학생들 사이의 '교파주의 갈등'이 학생소요를 겪으면서 재발했던 것이다. 다행히 감독과 장로사의 설득으로 감리교 학생들이 학교로 돌아오고 사태는 진정되었지만 이런 교파주의 충돌은 언제든 재발할 수 있는 잠재적 요소였다. 베커는 학생 소요사태를 겪은 후 달라진 교사와 학교 분위기를 이렇게 소개하였다.

"[1908년] 봄 학기를 시작하기에 앞서 우리는 학사 일정을 세밀하게 검토했고 몇 가지 면에서 새롭게 조정했습니다. 예를 들면 외국인 교사들의 저학년 수업을 늘려서 이번 학기 들어온 학생들이 고분고분 수업을 들을 수 있도록 유도한 것입니다. 그리고 우리가 확보한 토착인 교사들이 최상의 실력을 갖추고는 있지만 아직은 그들에게 전 학년 모든 수업을 맡기기에는 시기상조라는 사실을 깨달았습니다. 우리 학교 교사나 대학생들이 이번 소요 사태 와중에 학내 불만을 해소하기 위해 최선을 다해 충성스럽게 사역에 임하였지만 위기상황에 흔들림 없이 대처하기 위해서는 좀 더 많은 훈련과 경험이 필요하다는 사실을 깨달았습니다."[228]

그렇게 해서 학생들의 수업 거부와 감리교 학생들의 등교 거부라는 '어려운' 난제를 베커와 베어드는 흔들리지 않는 지도력으로 극복하였고 숭실은 예전의 평화를 회복하였다. 베커는 1년간의 학사 보고를 이렇게 요약했다.

"지난 해 등록한 학생은 모두 340명이었고 평균 출석은 280명입니다. 학년별로 보면 예비과 80명, 1학년 108명, 2학년 45명, 3학년 32명, 대학과 1학년 8명, 3학년 5명, 4학년 2명입니다. 감리교 학생은 110명이 등록해서 그중 83명이 현재 다니고 있는데 예비과 28명, 1학년 34명, 2학년 18명, 졸업반 3명

228) A.L. Becker, "Report of Pyeng Yang Educational Work", *KMEC* 1908, pp. 65-66.

입니다. 대학에는 아직 감리교 학생이 없습니다. 학교를 떠난 감리교 학생에 대해서 말씀드리면 13명이 질병과 건강 때문에, 상급반 13명은 지방 교회학교 교사로 부임해서, 2명은 교회 사역으로, 3명은 배재학당으로 전학, 1명은 일본 기독교 학교에 유학, 7명은 학비를 조달할 수 없어서, 3명은 학업을 따라 올 수 없어서, 1명은 평양 병원에서 치료받다가 사망해서 떠났습니다. 나머지 16명은 학교생활에 적응하지 못해서 아무런 설명도 하지 않고 학교를 떠났습니다."[229)]

다음으로 중학교와 대학교의 교과과정 및 학과목을 소개하였다.

"우리가 어떤 과목을 가르치는지 말씀드리면 우리 학교가 지향하는 목표가 무엇인지 이해하는데 도움이 될 것입니다. 1학년에겐 성경과 일반역사, 산수, 지리, 일본어, 한문을 가르치는데 외국인 교사가 4시간 담당합니다. 2학년에겐 성경과 산수, 일반역사, 자연지리, 한국어 문법, 제도(製圖), 부기(簿記), 일본어, 습자(習字), 그리고 수강능력이 있는 학생들에게 영어를 가르치는데 외국인 교사가 17시간, 한국인 교사가 16시간 담당합니다. 3학년에겐 성경과 대수학, 생리학, 한문 고전과 일본어를 가르치는데 외국인이 18시간, 한국인 교사가 3시간을 담당합니다. 대학에서는 1학년에게 성경과 영국 역사, 대학 대수학, 생리학과 식물학, 한문과 영어를 가르치는데 20시간을 외국인 교사가 담당합니다. 2학년은 없습니다. 3학년에게 화학과 성경, 대학 물리학, 삼각법, 교육학, 영어를 가르치는데 외국인이 21시간 담당합니다. 4학년은 성경과 심리학, 생물학, 측량과 영어를 가르치는데 외국인 교사가 20시간 담당합니다."[230)]

---

229) A.L. Becker, "Report of Pyeng Yang Educational Work", *KMEC* 1908, p. 66.
230) A.L. Becker, "Report of Pyeng Yang Educational Work", *KMEC* 1908, p. 66.

다음으로 교사(교수)진에 대하여 보고하였다.

"교과과정과 교사진은 밀접한 관련을 맺고 있습니다. 교사진이 강해야 교과과정도 충실하기 때문입니다. 선교회로부터 학교로 파송을 받아 전적으로 학교 사역을 할 수 있는 교사는 베어드 박사와 나 둘 뿐입니다. 하지만 선교부의 양해를 얻어 매년 수개월씩 학교에 나와 가르쳐 주는 선교사님들이 계십니다. 베어드 박사와 나는 매주 평균 22시간씩 강의를 합니다. 매큔은 평균 10시간, 무어 부인은 5시간, 베어드 부인 8시간, 번헤슬과 블레어는 평균 12시간 가르치고 있습니다. 루퍼스는 이번 봄 학기부터 가르쳤는데 7시간을 담당하였고 루퍼스 부인도 5시간을 맡았습니다. 크리쳇은 지난 11월에 학교에 들어와 2월까지 매주 12시간을 가르쳤습니다. 리와 스왈른 부인이 한 달 동안 와서 가르쳤는데 매주 12시간 가르쳤고 일본어 교사 무라타도 12시간 가르쳐 외국인 교사가 담당한 시간은 매주 평균 112시간이 됩니다. 다시 정리하면 62시간을 장로교 선교사가, 36시간을 감리교 선교사가 담당했고 12시간을 일본인교회 목사 무라타가 담당하였습니다."[231)]

베커는 계속해서 중학교 학급 및 과목 편성과 담당 교사에 대해 보고하였다.

"예비과는 5반으로 편성했고 1학년 5반, 2학년 2반, 나머지 학년은 한 반씩 운영했는데 한국인 교사들에게 맡겨 담임하도록 했습니다. 한국인 교사들이 담당하는 시간은, 매주 평균 30시간을 가르치는 교사가 3명이고 3명이 20시간이, 10명이 15시간, 2명이 10시간, 2명이 5시간을 담당합니다. 그래서 한국인 교사 20명이 매주 총 330시간을 담당합니다. 이들 한국인 교사들은 자기 능력

231) A.L. Becker, "Report of Pyeng Yang Educational Work", *KMEC* 1908, pp. 66-67.

을 숨김없이 발휘하였습니다. 하지만 우리 학교에 들어온 학생들의 수업을 입학 초기부터 외국인 교사들이 담당했더라면 하는 아쉬움도 있습니다. 이들의 성격과 품성이 형성되는 저학년 때부터 윤리적으로, 종교적으로 바로 지도할 필요가 있기 때문입니다."[232)]

베커는 중학교 저학년 학급의 선교사 수업을 늘여야 하는 이유를 "학생들의 종교적, 윤리적 품성과 성격을 바르게 형성하기 위해서"라고 설명하였다. 청소년기 윤리 교육을 강조했던 듀이의 교육이론을 반영한 것이었다. 다음은 베커가 고학생들을 돕기 위한 '학생보조부'(student help department) 사업에 대한 보고다.

"현재 재학생 가운데 50명 정도가 스스로 일해서 학비를 벌고 있습니다. 그 가운데 39명은 내가 담당하고 있는 학생보조부에 속해서 일을 하고 있습니다. 그중 11명은 선교사 집에서 일을 하는데 무어 선교사 집에 5명, 노블 선교사 집에 2명, 루퍼스 선교사 집에 2명, 헤인즈 선교사 집에 1명, 힐만 선교사 집에 1명이고 홀 부인은 개인적으로 학생 두 명 학자금을 대주었습니다. 학생보조부는 평균 50명 학생을 돕고 있으며 2월 29일 그동안 일한 대가로 총 863원 72전을 학생들에게 지불했습니다. 보조부 수입을 보면 미국교회에서 보내온 385원 47전, 홀 부인 기금 60원, 무어 기금 47원 50전, 학생들이 일해서 받은 수익금 400원, 학생들이 꼰 새끼줄 판매수익 30원, 총 922원 97전입니다. 보조부 수입을 좀 더 많이 보고하지 못한 이유는 학생들의 일거리나 일할 시간이 없어서라기보다는 학생들의 일한 대가가 현금으로 들어오지 않기 때문입니다. 공작부(industrial department) 시설을 제대로 갖추기만 한다면 학생들이 그곳에서 일해 전적으로 자급할 수 있을 것입니다. 나는 이른 시일 내 학생들에

232) A.L. Becker, "Report of Pyeng Yang Educational Work", *KMEC* 1908, p. 67.

게 공작 기술을 가르쳐 학비를 스스로 벌 뿐 아니라 숙련된 기술자들이 되어 졸업 후 주님의 사역을 하면서 동시에 한국사회의 기술혁명을 이루어 나갈 수 있기를 기대합니다."[233]

베커는 고학생들이 선교부나 학교 공작소에서 일하는 것을 단지 학비나 기숙사비를 벌기 위한 수단으로 생각하지 않았다. 학생들이 일을 하면서 실생활에 필요한 기술을 익혀 졸업 후 사회에 나가 삶의 현장에서 '기술혁명'(industrial reform)을 주도해 나가기를 기대하였다. 그렇게 해서 봉건적 인습에 포로 되었던 한국 사회가 근대화를 이룰 것으로 기대했다. 그리고 베커는 '연합이사회' 회계로서 숭실학교 재정상황도 자세히 보고하였다.

"평양연합학교 이사회 회계로서 1907년 10월 1일부터 1908년 2월 29일까지 학교 수입과 지출에 대해 말씀드릴 의무감을 느낍니다. 입학금과 월사금, 부담금을 합쳐 총 1,428원 43전이 수입금으로 잡혔고 연료와 광열비로 298원이 지출되었고 이 외에 연말까지 월 평균 260원이 경비로 나갔습니다. 보조금은 감리교 선교부에서 3분의 1, 장로교 선교부에서 3분의 2를 부담하고 있습니다만 재정에 여유는 전혀 없습니다."[234]

보고의 마지막 부분에 임하여 베커는 숭실 졸업생과 재학생들이 '학교 밖' 현장에 나가 사역하고 있는 모습을 소개함으로 '숭실 교육'의 결과가 어떠한지를 증언하였다. 베커는 이 부분에 "열매를 보아 저들을 알리라."(By their fruits ye shall know them)는 소제목을 달았다.

233) A.L. Becker, "Report of Pyeng Yang Educational Work", *KMEC* 1908, p. 67.

234) A.L. Becker, "Report of Pyeng Yang Educational Work", *KMEC* 1908, pp. 67-68.

"교회가 필요로 하는 것을 학교가 채워주고, 그런 학교를 교회가 지원하는 것이야 말로 가장 바람직한 모습입니다. 지금 우리에게 가장 시급한 요청은 소학교에서 가르칠 기독교인 교사 양성입니다. 우리 학교는 이미 29명의 소학교 교사를 배출했습니다. 4명은 우리 중학교에서 가르치고 있으며 4명은 본처 전도사가 되었고 3명 혹은 그 이상이 권사가 되었습니다. 지난여름 거의 모든 학생들이 시골 소학교에 나가 봉사활동을 했습니다. 한 곳에서는 한 학생이 여름방학 때 수고한 결과로 50명이 그리스도께 나왔는데 그는 1년 전부터 그곳에 가서 사전 준비를 하고 봉사활동을 펼쳤답니다. 내가 담당한 지방(칠산) 교회에서도 64명이 학습인으로 등록했는데 우리 학교 학생 한 명이 수년 전부터 거기 소학교에 가서 학생들을 지도한 결과입니다. 그 결과 우리의 시골 소학교들을 6학년 제도로 승급시킬 수 있었습니다. 교육 당국에서 상당히 높은 수준의 교사 임용시험을 치르고 있는데 그 시험에 통과한 우리 학생들은 좋은 대우를 받고 지방에 나가고 있습니다. 영변과 공주에서 그런 식으로 우리 졸업생이 교사로 나갔는데 아주 좋은 평가를 받고 있습니다."[235]

이런 식으로 베커가 평양에서 숭실학교 '연합교육' 사역에 참여한 지 3년도 안 되어 평양 뿐 아니라 지방에서 맺은 '좋은 열매'에 대한 보고가 이어지고 있었다. 이는 곧 숭실이 베커가 참여한 후 '좋은 나무'가 되고 있다는 증거이기도 했다.(마 7:17) 베커는 숭실이 더욱 튼실한 나무로 자랄 수 있도록 아낌없는 지원을 부탁하는 것으로 1908년 연회 보고를 마쳤다.

"1) 공작부 건물 부지가 필요합니다(4만 원).

2) 적어도 재학생 3분의 2를 수용할 수 있는 쾌적한 환경의 기숙사가 필요합니다(1만 원).

235) A.L. Becker, "Report of Pyeng Yang Educational Work", *KMEC* 1908, p. 68.

3) 20만 원 상당의 재단 기본금이 필요합니다.

4) 대학의 여러 분야 수업을 담당할 수 있는 숙련된 교사들이 필요합니다.

5) 좀 더 훌륭한 교재들이 필요합니다."[236]

이런 '성공적인' 사역보고를 받은 연회의 마지막 날, 해리스 감독은 베커에게 숭실 중학교와 대학교, 그리고 아펜젤러교회 사역만 맡겼다. '평양 시내' 사역, 그 중에도 숭실학교 사역에 전념하라는 배려였다. 그리고 베커가 맡았던 대동강 건너편 칠산구역은 지난 해 들어온 루퍼스에게 맡겼다.[237] 그래서 루퍼스는 베커가 맡아보던 칠산구역 교회들을 돌아보면서 숭실에서도 강의하게 되었다. 5년 전 미국 앨비언대학에서 함께 동아리 활동을 하면서 "졸업 후에도 함께 사역하자." 했던 두 사람의 약속이 현실로 이루어졌다. 그리하여 목회와 교육, 양쪽 분야의 과중했던 사역의 일부를 친구 루퍼스가 들어와서 맡아 줌으로 한결 짐이 가벼워진 베커는 평양에 머물러 숭실학교 사역에 보다 많은 시간을 할애할 수 있게 되었다.

7.2 숭실대학교 1회 졸업식과 대학교 학장 취임

1908년 연회를 마치고 평양에 귀환한 베커는 곧바로 봄 학기 수업에 임하였다. 그 무렵 학교에서 그의 일상은 매일 5시간씩 강의했는데 주로 대학교에서 대수학과 화학, 물리, 삼각법, 측량 과목을 강의했다. 그가 맡은 과목이 과학 과목들이고 대상이 대학생들이기에 수업은 새로 지은 과학관 '격물학당'에서 주로 했다. 그리고 방과 후에는 신양리 숭실학당 운동장에서 매일 1-2시간씩 운동을 하였는데 중학생들에게 럭비를 가르치기도 했다. 운동 후에는 서문안(대찰리) 선교부로 돌아와서 2-3시간 교재 준비와 번역 일을 하였

236) A.L. Becker, "Report of Pyeng Yang Educational Work", *KMEC* 1908, p. 68.

237) *KMEC* 1908, pp. 27-28.

고 집안일을 돕는 고학생들의 일감을 분배하였다. 물론 그가 후원하는 50여 명 감리교 고학생들의 일감도 그가 분배해서 지휘하였다. 이런 학교 일 외에 평양 아펜젤러기념교회와 부속 소학교를 돌아보는 일도 계속 하였다.[238)]

이렇게 분주하게 봄 학기를 마친 1908년 5월에 이르러 베커와 숭실학교 모두에게 중요한 두 가지 일이 생겼다. 하나는 5월 27일 숭실 역사상 첫 대학교 졸업생이 나온 것이다. 다음은 베커가 대학 졸업식 직후(5월 31일) 미국 선교본부에 보낸 편지다.

> "제 사역에 대해 말씀드리겠습니다. 우리는 방금 중학교에서 22명, 대학교에서 2명, 아주 우수한 기독 학생들을 졸업시켜 내보냈습니다. 그들은 예외 없이 기독교 사역에 임하였는데 적어도 방학 전까지는 그렇게 할 것입니다. 방학 직전 학생전도회가 조직되었는데 회원은 1백 명가량 됩니다. 그들은 매주 토요일 오후 모임을 갖고 주일 오후에 나가서 전도할 평양과 인근 지방 구역을 분담합니다. 학생들은 매 주일 자기가 맡은 구역에 나가 열심히 하나님의 복음을 전하고 있습니다."[239)]

명예의 숭실대학교 제1회 졸업 주인공은 숭실중학 1회 졸업생인 김두화(金斗和)와 2회 졸업생 변린서(邊麟瑞)였다.[240)] 이들은 중학교 시설부터 베어드와 베커에게 고등과정 수업을 받았기 때문에 1906년 대학을 시작할 때 이미 3학년에 편입되었고 대학에서 2년 과정을 마친 후 제1회 졸업생이 되었다. 이들은 모두 장로교 출신들이었지만 베커는 처음 만나는 순간부터 "감

---

238) *Michigan to Korea*, p. 278.

239) *A.L. Becker's letter to Dr. A.B. Leonard,* May 31, 1908.

240) 『숭전·숭실 회원명부』는 제1회 졸업생이 1909년에 나온 것으로 기록하고 있다. 하지만 다음에 살펴볼 베커의 편지나 이 사실을 보도한 〈공립신보〉 기사에 따르면 1909년이 아니라 1908년 5월이 맞다. 『숭전·숭실 회원명부』, p. 121; "論平壤大學校 卒業生", 〈공립회보〉 1908,11.18.

리교 학생들로 여기고 사랑했던" 학생들이었다.[241] 그만큼 기대가 컸다. 또한 이 들은 평양 뿐 아니라 한국에서도 '대학교 졸업생'이란 호칭을 받은 첫 번째 주인공들이었다.[242] 그래서 이들에게 거는 사회적 기대감도 컸다. 당시 미국 샌프란시스코에서 발행되던 민족주의 교포신문 〈공립신보〉는 숭실대학교 제1회 졸업생의 사진을 제1면에 수록하고 "평양대학교 졸업생을 논한다."는 제목의 긴 기사를 실었다. 기사는 우선 '한국에 처음 나온 대학교 졸업생'이란 점을 강조하였다.

> "대학교라 하는 말이 삼천리강산 안에 처음 듯는 말이 아니며 본국 대학교의 졸업생이라 하는 말이 이천만 동포 가온대 처음이 아닌가. 평양 대학교와 두 졸업생은 우리 한국 교육계의 효시라. 차고 주림을 당한 궁한 자에게 엇지 반갑지 아니리오, 오날은 대학교가 하나이지만은 이로 말매암아 명년 내명년 각도 각군에 대학교가 수풀갓치 설 것이오, 오날 졸업생이 둘이지만은 명년 내명년 각도 각읍에 수십 명 수백 명이 될지라. 엇지 깃부지 아니하리오."[243]

그러고 나서 두 졸업생과 숭실대학에 거는 '민족적' 기대감을 이렇게 표하였다.

> "다시 평양대학교를 주관하는 제씨와 이번 졸업생 량씨에게 부탁하노니 이제 한국 형상을 한 번 살펴보라. 옥야천리 천부지토(天賦之土)에 물산이 풍부하되 일즉 실업 등 학문을 배호지 못하야 탁수치 아니함으로 홍수맹화(洪水猛火)

---

241) *Michigan to Korea*, p. 281.

242) 숭실대학교 졸업식보다 한 주일 늦은 1908년 6월 3일, 서울 세브란스병원의학교(Severance Hospital Medical College)에서 제1회 졸업생 6명이 배출되었다. "Severance Hospital Medical College", *KMF* Jul. 1908, pp. 98-102."Graduation Exercises, First Graduating Class, Severance Hospital Medical College", *KMF*, Aug. 1908, pp. 123-127.

243) "論平壤大學校 卒業生", 〈공립회보〉 1908,11.18.

갓흔 일인(日人)의 척식회사가 침입하며, 단군 기자 옛 나라에 력사가 자재하고 민족이 강건하되 일즉 철학가의 신이상(新理想) 발명이 업서 국민이 애국정신과 자유사상이 업슴으로 독사맹호(毒蛇猛虎) 갓흔 일인의 침략정책이 사행하야 전국 인민이 사후 지옥은 고사하고 생전 지옥을 당하얏스니 생각할지여다. 귀 학교에 한국을 부강케 할 실제응용의 각종 과학의 과정이 구비하며 귀 졸업생이 한국을 건설할 자유사상과 애국정신을 양성하얏는가. 과연 그러하면 학교의 시조가 되며 학사(學士)의 선진이 되려니와 그러치 아니하면 학교는 강적의 군용지를 불면하고 학사는 강적의 마천졸(馬前卒)이 될 터이니 속히 학교의 과정을 구비하야 예일 하버드와 갓흔 완전한 대학교를 일우며 신이상을 제창하야 몽테쓰큐와 루소 갓흔 철학가 되기를 천만앙축하노라."[244)]

"한국에서 하버드대학이나 예일대학 같은 명문대학이 되어 선진 기술과 새로운 사상을 지닌 과학자와 철학자를 많이 길러내 일제 침략으로 위기에 처한 나라를 되찾게 하라."는 부탁에서 숭실대학과 첫 졸업생들에 거는 기대가 얼마나 컸는지 알 수 있다. 이처럼 미국에서 발행되던 교포신문 〈공립신보〉가 숭실대학 졸업식에 관심을 갖고 긴 기사를 쓴 것은 졸업생 김두화, 변인서가 모두 도산 안창호가 설립한 신민회 회원이었기 때문이었다. 〈공립신보〉 역시 안창호가 설립한 미주 교민단체 공립협회의 기관지였기에 신민회원인 김두화와 변린서의 졸업 사실을 특별 기사로 다루었던 것이다. 〈공립신보〉가 기대했던 대로는 김두화와 변린서는 졸업 후 '민족 교육'에 투신하였다. 변린서는 모교인 숭실중학교 교사가 되었고 김두화는 숭실중학 동문인 최광옥, 차리석 등과 함께 신민회 기관학교인 대성학교(大成學校) 설립에 참여하고 그 교사가 되어 민족주의 계몽교육을 실시하였다.[245)] 이처럼 숭

244) "論平壤大學校 卒業生", 〈공립회보〉 1908.11.18.

245) 윤경로, 『105인사건과 신민회 연구』, pp. 48-49, 225-226.

실은 단지 신교육과 기독교 신앙을 가르치는 학교에 그치지 않고 민족 수난기 민족운동 지도자를 양성하는 학교로 자리 매김을 하였다.

숭실대학 제1회 졸업생이 나온 1908년 5월, 배커에게 또 하나 중요한 결정이 이루어졌다. 학기말에 열린 숭실학교 연합이사회에서 베커를 중학교 교장 및 대학교 학장, 그리고 연합이사회 의장으로 선임한 것이다. 그것은 지금까지 그 직책들을 맡아 보았던 베어드가 안식년 휴가를 얻어 6월 2일 미국으로 돌아가야 했기 때문에 이루어진 조치였다.[246] 그 무렵 베커가 고향의 부모에게 쓴 편지다.

> "잠깐, 알려드릴 소식이 하나 있어요. 제가 여기 중학교 교장과 대학교 학장, 그리고 이사회 의장으로 선출되었답니다. 1908-09년 베어드 박사께서 안식년 휴가로 미국에 가 계시는 동안 맡을 직책입니다. 너무 놀라지는 마세요. 어떤 사람은 태어날 때부터 위대하고, 어떤 사람은 자기가 노력해서 위대해 지고, 또 어떤 사람은 남이 위대한 일을 떠맡기는데 제일 나중에 해당하는 것이 바로 접니다. 그러나 너무 걱정하지는 마세요. 우리 집안에도 그런 위대한 일들이 곧 일어날 겁니다. 하지만 내게는 그리 큰 일로 여겨지지는 않습니다. 저는 여기 있는 다른 선교사 교사들보다 더 많은 경험을 쌓았기 때문입니다. 그런데 아직도 이상한 것은 제가 여기 교수진 가운데 제일 어리다는 것입니다. 베어드 박사님은 이 학교가 설립될 때부터 교장을 지내신 분으로 아들뻘인 내게 학교 중책을 맡긴다는 것이 불안도 했을 겁니다. 더구나 나는 감리교 소속인데 말입니다. 베어드 박사님은 한국에서 15년 사역하셨고 나는 고작 5년입니다. 다음 학기부터는 제가 중앙본부 책임자로서 일해야 하는데 제 능력의 한계가 어디까지인지 드러나겠지요. 저를 위해 기도해 주세요."[247]

---

246) "Notes and Personals", *KMF* May 1908, p.71; *William M. Baird of Korea*, p. 76.

247) *Michigan to Korea*, p. 280.

이로써 베커는 29세 약관의 나이에 대학교 학장이 되었다. 숭실학교를 창설했고 그래서 누구보다 학교에 애착이 컸던 베어드가 안식년 휴가로 자리를 비운 1년 사이에 숭실중학교와 대학교, 그리고 이사회까지 관리 운영할 책임을 자신이 속한 북장로회 선교사에게 맡기지 않고 선교사와 이사 중에 제일 나이가 어린 베커에게 맡긴 이유는 오직 신뢰와 능력 때문이었다. 베어드는 숭실이 '연합학교'로 체제를 바꾼 1905년 가을 학기부터 3년 동안 함께 일하면서 베커를 '믿을 수 있는' 동역자, '재능과 열정이 있는' 교육자로 인정하였고 그래서 나이가 어렸음에도 그에게 학교를 맡기고 떠날 수 있었다.

베어드가 기대했던 대로 베커는 1년 동안 학교를 잘 운영하였다. 베커는 몇 가지 분야에서 새로운 변화를 시도하였다. 우선 1년 전(1907년) 가을 학기 개학하자마자 학생 소요를 경험한 바 있던 베커는 교육의 질을 높이고 교사와 학생 사이의 소통을 강화하였다. 신입생 선발 기준을 더욱 엄격하게 적용하여 신앙과 학적 능력 뿐 아니라 숭실의 교육 이념과 방향에 동의하는 학생들을 받아들였다. 그리고 신앙심과 실력이 있는 중학교 교사 6명을 새로 선발했고 그에 따라 일부 교과목을 조정하면서 교재도 바꾸었다. 학사에 관한 사항은 교사회의를 통해 논의, 결정하도록 하여 한국인 교사들에게 보다 많은 재량권을 주었다. 그 결과 한국인 교사들은 책임감을 갖고 수업과 학교 행정에 참여했다. 또한 교사를 위한 고급 역사와 물리학 교실을 개설해서 교사들이 먼저 배우고 학생들을 가르치도록 이끌었다.[248)] 그 결과 교육이나 수업에 대한 학생들의 불만이 사라졌다.

또한 학생들의 수학 능력을 향상시키기 위해 매 학년 진급 고사를 실시하였고 학기 초 한 주일 간 오전에 성경공부를 실시하였다. 그랬더니 '공부하며 기도하는' 학생의 모습으로 바뀌었다. 또한 학생들의 자발적인 동아리 활동을 권장하여 기존의 학생전도회 외에 학생문학회(Student Literary Society)를

---

248) A.L. Becker, "Pyeng Yang Union Academy and College", *KMEC* 1909, p. 69.

조직해서 교사의 지도를 받으며 자치활동을 하도록 유도하였다. 그리고 학생들의 공동체적 애교심을 고취시키기 위해 학교 배지와 모표, 휘장 등을 새롭게 제정하였고 졸업장도 태극기와 십자가 문양을 넣어 인쇄하여 졸업생들이 자부심을 갖도록 이끌었다. 졸업장에 새긴 태극기와 십자기는 곧 '기독교 신앙'과 '애국정신'이라는 숭실의 교육 이념과 목표를 대변하는 것이었다. 그 결과 숭실은 '애국하는 학교'로 인식되었고 그에 따라 지원자들이 늘어났다. 1908년 가을학기에 143명이 지원, 입학시험을 거쳐 114명을 선발하여 기존 학생 210명을 합쳐 총 324명이 등록했는데 그 중 284명이 학년말 고사를 통과하였다. 1909년 봄 학기에도 신입생 60명이 들어와 이후 숭실중학교는 3백 명 재학생 시대를 열어나갔다.

이처럼 베어드가 자리를 비웠는데도 숭실은 알차게 발전하였다. 베커의 탁월한 능력과 지도력이 있었기에 가능했지만 그를 도왔던 동료 선교사와 교사들의 협력도 중요한 몫을 차지하였다. 베커보다 여섯 살 위였지만 이제는 '친한' 친구가 된 매큔 선교사가 북장로회 선교부를 대표하여 전폭적으로 지원하였고, 베커의 '앨비언대학 동창' 루퍼스도 어학공부와 칠산구역 목회를 하면서 시간제 교사로 숭실 교육을 도왔다. 그리고 무엇보다 베커에게 큰 힘이 된 것은 1908년 8월 내한한 빌링스(B.W. Billings)가 '교육전담' 선교사

평양의 감리교 교육선교사(1911년) 왼쪽부터 빌링스 베커 루퍼스)

로 평양 숭실에 파견된 것이었다.[249)] 베커보다 두 살 아래인 빌링스는 미국 인디애나주 감리교계통 디포우대학(DePauw University)을 졸업하고 베커처럼 '교육 전문' 선교사로 한국에 와서 목사 안수를 받은 후 베커와 함께 서울로 임지를 옮기는 1914년까지 숭실중학 및 숭실대학 교수로 6년간 사역하였다. 베커로서는 처음으로 자기보다 어린 후배 선교사를 만나 교육현장에서 함께 사역하면서 숭실에서 '감리교 몫'을 감당하였다.

1년 동안 베어드를 대신해서 숭실중학과 숭실대학을 지휘, 감독했던 베커의 숭실 사역은 1909년 6월에 중학 5회, 대학 2회 졸업식으로 마감되었다. 대학에서는 김선두와 김형재, 이기종, 박영일, 최후빈 등 5명이 졸업했는데 여전히 모두 '장로교' 학생들이었다. 이들 중 김선두와 김형재는 곧바로 숭실중학교 교사로 임용되었다. 그리고 중학교에서는 역사상 가장 많은 27명이 졸업했는데 그 가운데 김득수와 손정도 등 감리교 학생들이 처음으로 포함되었다.[250)] 이 감리교 졸업생들은 1905년 숭실이 '연합학교'로 베커를 따라 왔던 첫 학생들이었다. 김득수는 평양 남산현교회 첫 교인 김세지의 아들로서 졸업 후 숭실중학교 교사로 사역하다가 후에 미국 유학을 다녀와 광성고등보통학교 교장을 역임하였다.[251)] 강서 출신 손정도는 숭실중학 재학 중 평양대부흥운동을 경험한 후 목회자가 되기로 결심하고 졸업 후 진남포에서 전도사로 목회를 시작하였는데 1년 만인 1910년 미감리회 국내외선교회 및 숭실 학생 전도회 파송을 받아 중국 북경에 선교사로 파송을 받았다.[252)] 1909년 졸업식 때부터 숭실 중학교와 대학교에서 감리교 졸업생들이 나오기 시작했다는 점에 의미가 있었다.

---

249) *Michigan to Korea*, p. 290.

250) 『숭전·숭실 회원명부』, pp. 110, 121.

251) 『남산재 사람들』, p. 41.

252) *KMEC* 1909, p. 29; 이덕주, "손정도 목사의 생애와 기독교 사상", 『손정도 목사의 생애와 사상』, 감리교신학대학교출판부, 2004, pp. 37-43.

이처럼 의미 있는 숭실 졸업식을 마친 후 베커는 곧바로 열릴 미감리회 연회에 제출할 보고서를 작성하였는데 첫 문장을 "지금까지 우리학교 역사 중에 가장 성공적인 한 해(a most successful year)였다."고 쓸 정도로[253] 자신감 넘쳤다.

7.3 1909년 연회 보고

1909년 연회는 6월 23일부터 29일까지 평양 남산현교회에서 개최되었다. 1902년에 이어 두 번째로 평양에서 개최하는 연회였다. 그래서 베커를 비롯한 평양 선교사들은 서울에 올라가지 않아도 되었고 오히려 전국에서 온 선교사와 목회자들을 안내하는(hosting) 일을 했다. 베커는 연회 사흘째인 6월 25일에 보고하기로 되어 있었는데 바로 그 날 그의 아내가 둘째 아이를 생산했다. 둘째는 아들이었다. 베커는 아들을 얻은 이틀 후(6월 27일) 미국 선교본부에 이런 편지를 보냈다.

> "우리 선교부에 7파운드 아기 모습으로 새로운 인력 한 명이 충원되었다는 사실을 말씀드리고 싶습니다. 그 아이는 6월 25일 우리 집에 기쁨을 선사하며 들어왔습니다. 그 아기 이름은 맥스웰 엘머 베커(Maxwell Elmer Becker)입니다."[254]

베커는 아내의 출산 때문에 더 이상 연회에 참석하지 못하고 아내의 산후조리를 도왔다. 그래서 베커의 보고서는 친구 루퍼스가 대신 낭독했다.[255] 루퍼스가 대독한 베커의 보고는 아펜젤러기념교회 목회와 숭실학교 사역으로 나뉘었다. 우선 아펜젤러기념교회에 관하여 베커는 "속장 두 명이 떠

---

253) A.L. Becker, "Pyeng Yang Union Academy and College", *KMEC* 1909, p. 69.

254) *A.L. Becker's letter to Dr. A.B. Leonard*, Jun. 27, 1909.

255) *KMEC* 1909, p. 14.

나고 전도사가 바뀌었음에도 주일예배 평균 참석 인원이 50명에서 100명으로 늘었고 자립헌금을 3회 실시한 결과 작년 222원이던 것이 금년 434원으로 늘었다. 그리고 교회부속 소학교 학생도 작년에 33명이던 것이 금년에 63명으로 늘었다."고 보고하였다.[256] 모든 부분에서 '배가'(倍加)되는 성적을 얻었다.

다음으로 숭실학교 사역에 대하여 베커는 첫 문장을 "가장 성공적인 한 해였다."고 서술한 후 그 이유를 다음과 같이 요약해서 설명하였다.

"1) 심사숙고해서 신입생을 받아들인 것.

2) 작년 경험했던 시련에 대한 반성.

3) 중학교 교사로 실력 있고 믿을 만한 인재 6명을 추가로 선발한 것, 학교 규율과 학사에 관한 모든 문제를 교사들이 토론해서 결정하도록 유도한 것, 다시 말하여 한국인 교사들에게 학교를 바르게 운영해 나갈 수 있도록 재량권과 책임감을 부여한 것.

4) 시내에 다른 중학교가 설립되어[257] 우리 학교에 불만을 품었거나 적응하지 못했던 학생들이 그리로 옮겨 간 것.

5) 학기 초에 실시한 주일 오전 성경공부.

6) 주요 교과과정과 교재를 바꾼 것.

7) 연합교육 실행위원회 위원들의 진심어린 협력.

8) 교사들이 수업 준비나 수업에 임해서 보여준 최선의 노력과 성실성.

9) 매주 한 차례 역사와 물리학 교실을 운영해서 이 과목 교사들을 훈련시킨 것.

10) 매 학년 진급 고사 실시한 것.

---

256) A.L. Becker, "Drew Appenzeller Memorial and Chil San", *KMEC* 1909, pp. 75-76.

257) 1908년 신민회에서 설립한 대성학교(大成學校)를 의미하는 것 같다.

11) 학교 교명(name)과 배지(badge), 모표(emblem), 휘장(pennant)을 확정한 것.

12) 학생들이 스스로 전도회(Student's Evangelical Society)를 조직해서 제주도에 선교사를 파송하기로 하고 200원 이상을 모금한 것.

13) 학생들이 문학회(Student Literary Society)를 조직해서 매주 한 차례 교사들의 지도로 자치 활동을 한 것.

14) 중학교 졸업장을 완벽하게 준비한 것."[258)]

이 내용은 베커가 안식년 휴가를 떠난 베어드를 대신해서 숭실중학교 교장으로 1년 동안 시무하면서 학교 분위기를 쇄신하고 교육의 질을 높이기 위해 추진했던 개혁과 변화의 시도였다. 그리고 그 결과는 아주 좋았다. 학생들의 수업 분위기가 크게 개선되었고 학생들의 학교에 대한 '애교심'(愛校心)과 자긍심도 고양되었다. 베커는 이렇게 총괄해서 1년간 시도한 변화를 요약해서 보고한 후 구체적인 내용으로 들어가 중학교와 대학교의 학제와 수업시간, 교과목에 대하여 이렇게 보고하였다.

"중학교와 대학교를 합하여 전체 6년 과정으로 운영하였는데 중학은 예과, 1학년, 2학년, 3학년으로, 대학은 1학년과 2학년으로 편성했습니다. 중학교에서 토착인 교사들이 평균 132시간을 가르치며 강사 11명이 84시간, 외국인(선교사) 교사가 29시간을 담당하여 총 245시간을 강의하였습니다. 대학은 총 50시간 강의하였는데 한국인 교수가 4시간, 외국인 선교사들이 46시간을 담당하였습니다. 가르친 과목은 작년과 같습니다만 추가한 것은 중학교 과정에 일본어를 정규과목으로 넣은 것과 대학 과정 전체 학생에게 영어를 가르치기 시작한 것입니다. 한국어 문법과 자연지리학, 기초 물리학, 기초 화학, 생리학은

258) A.L. Becker, "Pyeng Yang Union Academy and College", *KMEC* 1909, p. 69.

저학년 과목으로 돌렸습니다."[259)]

다음으로 교사 및 교수진을 소개하였다.

"대학 교수진은 베커와 매큔, 블레어, 번헤슬 등인데 블레어와 번헤슬은 교대로 와서 강의합니다. 중학교 교사진은 베커와 매큔, 블레어(번헤슬과 교대로), 변린서, 박용을, 박승두, 김선두, 조설, 김창걸 등입니다. 매큔은 생리학과 역사, 동물학, 성경을 가르치는데 평균 23시간 강의하고 블레어는 미국 역사와 성경, 지리, 음악, 정치경제를 가르치는데 평균 17시간 강의합니다. 번헤슬은 역사와 성경, 음악 등을 평균 17시간 강의합니다. 베커는 수학과 물리학, 화학, 부기 등을 평균 23시간 가르쳤고 루퍼스는 지난 가을 학기 대수학과 제도를 평균 6시간 가르쳤습니다. 빌링스는 지난 봄 학기에 대수학을 평균 5시간 가르쳤고 마펫은 가을 학기에 미국역사와 성경을 평균 5시간 가르쳤으며 리는 봄 학기에 한 달 동안 성경을 3시간씩 가르쳤습니다."[260)]

여기서 중학교 교사로 언급되는 변린서와 김선두는 숭실중학을 거쳐 숭실대학을 졸업한 '숭실 동문'들이었다. 다음으로 학사보고를 하였다.

"가을학기 개학 때 기존 학생 210명이었고 143명이 새로 지원했습니다. 입학시험에서 79명이 불합격되었으며 60명을 예과로, 64명을 1학년으로 받아들였습니다. 그 결과 전체 학생 수는 324명이 되었고 그 중 218명이 장로교 학생, 108명이 감리교 학생입니다. 지난 학기 18명이 중도에 그만두었는데 병 때문에 휴학했다가 돌아오지 못했습니다. 12명이 병 때문에 휴학했다가 돌

---

259) A.L. Becker, "Pyeng Yang Union Academy and College", *KMEC* 1909, pp. 69-70.

260) A.L. Becker, "Pyeng Yang Union Academy and College", *KMEC* 1909, p. 70.

아오긴 했는데 학업을 따라가지 못해 포기했습니다. 3명이 소학교 교사로 나갔고 1명은 교회 사역자로 나갔으며 2명은 자격을 상실하고 떠났습니다. 2명은 수업을 따라가기 어렵다고 중단하였고 2명은 평양시내 다른 중학교로 전학을 갔습니다. 그래서 학기말에 284명이 남아 기말고사를 치러 모두 통과되었습니다."[261]

이처럼 학생 변동 상황에 대해 자세하게 보고할 수 있었던 것은 베커가 교장으로서 학생 개개인의 사정과 상황을 파악하고 있었기에 가능했다. 그만큼 베커는 '세밀하게' 관찰하며 학생들을 돌보았다는 말이다. 다음 보고는 더 자세하다.

"가을 학기를 마친 학생들은 중학교 예과 52명, 1학년 108명, 2학년 74명, 3학년 35명, 대학교 1학년 10명, 2학년 5명입니다. 봄 학기 개학 때 60명이 지원했는데 감리교 학생이 15명, 장로교 학생이 45명이었습니다. 그 중에 55명이 학비를 내고 예과에 들어왔으며 1학년으로 들어온 학생은 없습니다. 그래서 봄 학기 전교생이 315명이 되었는데 장로교 학생이 212명, 감리교 학생이 103명이며, 대학생이 14명, 중학생이 301명입니다. 1학년 전 과정을 마친 학생이 290명이었고 그 중 200명이 진급증서를 받았으며 87명은 진급에 필요한 보충 수업을 받았고 3명은 낙제하여 1년을 더 공부하도록 하였습니다. 봄 학기에 등록한 감리교 학생 103명 가운데 63명이 루퍼스가 담당한 구역(칠산) 출신이고 17명이 시내 소학교 출신이며 11명이 평양구역, 6명이 크리첫 구역(신계), 4명이 영변구역, 1명이 신창구역, 그리고 1명이 해주구역 박원백 목사가 보낸 학생입니다."[262]

---

261) A.L. Becker, "Pyeng Yang Union Academy and College", *KMEC* 1909, p. 70.

262) A.L. Becker, "Pyeng Yang Union Academy and College", *KMEC* 1909, pp. 70-71.

이렇게 베커가 학생들의 출신 배경과 환경까지 세밀하게 파악할 수 있었던 것은 그가 처음으로 전교 학생들의 신상조사(personal research)를 실시하고 그것을 분석한 결과가 있어 가능했다.

"학생 평균 연령은 20세이며 16세 이하가 7명, 30세 이상이 13명입니다. 모든 학생이 믿은 지 1년 이상 되었고 신앙생활 연도는 평균 5년입니다. 믿은 지 10년 이상 된 학생이 54명이었고 날 때부터 믿었다는 학생도 2명이나 되었습니다. 233명이 기존자이고 6명은 홀아비며 76명이 미혼입니다. 70명은 아버지가 없고 3명은 고아입니다. 부모가 모두 신앙인인 경우는 218명이고 어머니만 믿는 경우는 25명, 아버지만 믿는 경우는 10명이며 부모가 믿지 않는 학생은 56명입니다. 부모의 직업을 보면 192명이 농부, 62명이 상업, 9명이 목회자, 9명이 의사이며 기타 직업이 20명, 무직인 경우는 23명입니다. 입학하기 전 학생들의 직업을 보면 한문을 공부하다 온 학생이 106명, 소학교 신식 교육을 받은 학생이 118명, 농사일하다 온 학생이 44명, 상업이나 장사꾼 출신이 14명, 교사 출신 8명, 교회 사역자 6명, 기타 직업 11명이고 무직자도 7명이었습니다."[263]

그가 실시한 학생들의 신상 조사에는 '장래 희망과 직업' 항목도 들어가 있었다.

"학생들이 배우고 싶은 것에 대하여 44명이 다른 무엇보다 성경을 배우고 싶다고 하였으며 47명이 수학, 48명이 한문, 21명이 체육, 12명이 농업을 배우고 싶다고 했습니다. 다음으로 하고 싶은 것을 물어 보았더니 '믿음생활을 잘하고 싶다.' '열심히 공부하고 싶다.' '나팔 부는 법을 배우고 싶다.'고 했으

263) A.L. Becker, "Pyeng Yang Union Academy and College", *KMEC* 1909, p. 71.

며 그 외에 시간 지키기, 절제하기, 달리기, 나무 심기, 모자 만들기, 머리 깎기. 자전거 타기, 제 때 일어나기, 용감하기, 힘세기, 웃기기, 침묵하기, 바로 서기, 그냥 놀기 등등이라고 했으며 38명은 아무런 답도 하지 않았습니다."[264)]

이러한 조사 자료는 교사들에게 제공되어 학생 지도와 교육에 활용되었다. 이처럼 세밀한 조사와 통계 분석은 듀이의 교육이론에 기초한 것으로 베커가 숭실 교육을 통해 추구했던 '학생 중심'의 실용주의 교육방법론을 구체화한 것이기도 했다. 베커는 그러면서 기독교 학교로서 숭실 학생들의 신앙 교육과 훈련도 중시하였다. 그는 학생들의 '영적 성장'(Spiritual Growth)에 대해 이렇게 보고하였다.

"1908-09년도 학생들의 영적 성장이 이루어진 증거는 다음과 같습니다.

1) 거의 모든 학생들이 주일 아침 성경공부에 참석하고 있습니다.

2) 학생들이 자발적으로 조직한 전도회가 전례 없이 성황입니다.

3) 학생들이 자발적으로 선교사를 파송하겠다며 선교비 200원을 거두었습니다.

4) 매주일 기도회 모임이 열리고 있습니다.

5) 매주 화요일 저녁 기도회를 학생들이 돌아가며 인도하고 있습니다.

6) 교실이나 기숙사에서 생활하는 학생들의 모습에서 깊은 신앙심을 확인할 수 있습니다.

7) 신앙지도를 받는 거의 모든 학생들이 도덕적 책임감에 충성스런 모습을 보여주고 있습니다.

8) 불만을 표하는 학생들이 거의 없습니다.

9) 졸업생들은 장래 계획을 말하라고 하면 예외 없이 하나님 나라의 복지를

---

264) A.L. Becker, "Pyeng Yang Union Academy and College", *KMEC* 1909, p. 71.

꿈꾸고 있다고 대답합니다.

10) 여름 방학 때 학생들이 보수도 받지 않고 교회에 나가서 봉사활동을 벌입니다."[265]

베커는 마지막으로 고학생을 지원하는 학생보조부 사업을 요약해서 보고하였다.

"학비 보조를 받는 학생이 평균 65명인데 한 학생 당 1년에 평균 27원을 보조하여 전체 1,908원 45전을 지급했습니다. 15명은 선교사 어학선생이나 선교사 집에서 잡무나 서기 일을 하였는데 평균 월급이 7원입니다. 16명은 근교 소학교에 강사로 나가 일했는데 평균 3원 50전을 받았고 20명은 학교 교재를 등사하거나 교정, 제본하는 일을 하였는데 평균 3원 받았습니다. 11명은 학교 밖의 일을 하였는데 평균 2원을 받았고 2명은 청소 일을 하였는데 평균 5원을 받았습니다. 학생보조부 자금은 교내 장학금에서 732원 79전, 지역교회 헌금이 210원 98전, 선교부 보조가 833원, 서적 판매 수익금이 40원 등 총 1,816원 77전 수입에 지출이 1,908원 45전이었습니다. 이 부분에서 공작부 설립이 시급하게 요청됩니다."[266]

1909년 연회록은 영문 말고도 한글로도 요약본을 인쇄했는데 그 속에 베커의 숭실학교 보고는 다음과 같이 간략하게 수록했다.

"춘기 개학 시에 공부 시작할 학도 수는 중학교 학생이 315명이오 대학교 학생이 14명이오며 학도 도아줄 돈 밧은 것 본국 여러분이 연보한 돈이 132

---

265) A.L. Becker, "Pyeng Yang Union Academy and College", *KMEC* 1909, pp. 71-72.

266) A.L. Becker, "Pyeng Yang Union Academy and College", *KMEC* 1909, p. 72.

원 79전이오 본 교회에서 보조한 돈이 833원이오 평양에서 연보한 돈이 316원 60전이오 책 팔아 리(利) 엇은 돈이 40원이오 도합 1,908원 45전이외다."[267)]

그렇게 해서 평양 연회는 성황리에 끝났다. 연회 마지막 날 해리스 감독은 선교사와 목회자들을 파송하면서 베커에게는 전년도와 같이 숭실학교 사역과 아펜젤러기념교회 담임자로 파송하면서 칠산구역 목회를 추가하였다. 칠산구역을 맡았던 루퍼스는 평양서구역으로 옮겼고 새로 들어온 빌링스는 숭실학교 사역 외에 중화구역과 새로 설립된 평양 구골교회(이문동교회) 목회를 담당하게 되었다. 이로써 평양지방에는 노블 장로사 지휘 하에 베커와 루퍼스, 빌링스 외에 기홀병원에 폴웰과 새로 나온 켄트(E.M. Kent), 그리고 여선교부의 홀 부인과 로빈스(H.P. Robbins), 헤인즈(E.I. Haynes), 홀먼(S.B. Hallman) 등이 배치되어 사역하였다. 그리고 북한지역의 두 번째 선교부가 개설된 영변에도 장로사 모리스와 의료 선교사 노튼(A.H. Norton), 그리고 여선교부 에스

숭실대학 교수와 학생(1909년) 제일 뒷줄 왼쪽에서 세 번째가 베커

267) "평양 숭실대중학교 보단 대개," 〈미감리회 매년회일기〉 1909, p. 37.

티(E.M. Estey) 등이 배치되어 사역하였다.[268] 이로써 북한지역 미감리회 선교는 평양과 영변, 그리고 황해도 해주를 거점으로 해서 교육과 의료, 복음전도, 여성선교 분야 사역을 전개하였다.

7.4 백만명구령운동과 한국교회

베어드는 약속대로 1년 안식년 휴가를 마친 후 1909년 7월 평양으로 귀환하였다. 그에 따라 베커는 1년 동안 맡았던 숭실학교 관련 모든 직책들은 베어드에게 돌려주었다. 그리고 홀가분한 마음으로 7월말에 휴가를 겸하여 러시아 블라디보스토크 여행을 다녀왔는데 숭실학교 동료 선교사 매큔, 그리고 1년 전에 내한, 재령에서 사역을 시작한 북장로회 선교사 커(William C. Kerr)가 동행했다. 기차로 부산까지 갔다가 거기서 배를 타고 블라디보스토크를 다녀오는 여행이었다. 베커는 처음으로 동해안에서 강원도와 함경도 땅을 보았고 블라디보스토크에서는 그곳 한인교회에서 한국 교포들과 함께 주일예배를 드렸는데 매큔이 설교했다. 교인 뿐 아니라 그곳 한인교포들까지 "한국에서 일하는 선교사들이 왔다."는 소식을 듣고 몰려와 예배당 안이 가득 찼다. 그 날 일을 베커는 일기에 이렇게 썼다.

> "하와이와 미국에서 온 사람들, 일본사람 밑에서 살 수 없다며 한국을 떠나온 사람들, 그런 사람들이 여기 와서 살고 있다. 그들은 여기서 어느 정도 자유롭게 정치적인 입장을 말할 수 있다. 밤 11시가 되었는데도 그들은 우리를 놓아주지 않았다. 결국 우리는 타고 가기로 한 마차를 돌려보내야만 했다."[269]

베커 일행이 블라디보스토크에서 만난 한국인들은 대부분 경제적 피난민

---

268) *KMEC* 1909, pp. 29-32.

269) *Michigan to Korea,* p. 98.

이거나 정치적 망명객들이었다. 1904년 러일전쟁 이후 일본의 침략과 지배가 더욱 공고해 지는 시점에 고향을 떠난 난민들이었다. 어느 정도 한국말이 익숙해진 베커와 매큔은 그들과 밤늦게까지 대화를 나누며 '나라를 빼앗긴' 한민족의 울분과 한, 독립에 대한 열정을 느낄 수 있었다. 베커 일행은 돌아오는 길에 원산에 들러 그곳에서 사역하는 캐나다장로회 선교사 푸트(W.R. Foote)를 만나 친교를 나누기도 했다.

그렇게 보름간의 러시아 여행을 마치고 부산을 거쳐 8월 15일 평양으로 돌아온 베커는 곧바로 가을 학기 준비를 하였다. 학교관리 책임은 베어드가 다시 맡아 보았기 때문에 베커는 수업과 학생 지도에 열중하였다. 그런데도 상당히 바쁜 학기였다. 그 이유는 중학교 5백 명, 대학교 53명, 숭실 역사상 가장 많은 학생들이 학교에 들어왔기 때문이다. 다음은 1909년 11월 가을학기 끝 무렵 베커가 미국 가족들에게 보낸 편지다.

> "우리 학교는 호황(booming)입니다. 저는 한 주일에 35시간 강의했는데 이런 적은 없었습니다. 그런데도 주님께서는 내게 힘과 열정을 주셨고 그래서 그 어느 때보다 의욕에 차 있습니다. 지금처럼 많은 학생, 그러면서도 우수한 학생들을 받아들인 적이 없었습니다. 중학생만 5백 명 가량이고 대학생은 53명입니다. 저는 대학에서 대수학과 삼각법, 기초 화학과 고등 화학, 고등 물리를 가르쳤습니다. 그리고 물리와 지리 교재를 번역하고 있습니다. 그러면서 5개 교회를 관리하고 있는데 총 교인이 1,200명 됩니다. 게다가 새 사택을 짓는 일도 하고 있습니다."[270]

숭실의 '호황'은 1910년 3월, 베어드가 선교사 잡지 〈The Korea Mission Field〉에 기고한 글에서도 확인된다. 그는 자신이 자리를 비운 1908-09년, 1

---

270) *Michigan to Korea,* p. 300.

년 사이에 '배가'(倍加) 성장한 학교 현황을 자세히 소개하였다.

"숭실 중학교는 지난 9월 7일 개학하였는데 지금 523명이 출석하고 있다. 대학교는 한 주일 늦게 개학하였는데 현재 54명이 다니고 있다. 그 결과 총 577명이 학교에 나와 수업을 받고 있다. 이 숫자는 작년 종강을 할 때보다 배 이상 늘어난 것으로 우리가 감당할 수 있는 한계를 뛰어넘은 것이다. 전교생이 매일 기도회를 하는데 이들이 함께 모일 수 있는 공간이 없다. 교실도 아주 작아서 중학교 4개 반이 합반을 해서 수업할만한 교실이 없다. 교실이 작을 뿐 아니라 부족해서 신학교 교실 네 개를 빌려 수업을 하고 있는데 그것도 이번 학기까지 만이다."[271)]

배 이상 늘어난 학생들로 신양리의 중학교 캠퍼스(숭실학당)나 남산재 대학교 캠퍼스(격물학당) 모두 '포화상태'가 되었다. 그래서 부득이 중학교는 근처에 있는 평양 장로회신학교 교실을 빌려 수업을 해야만 했다.

"교사들은 모두 지쳐서 일하고 있다. 그러나 교사와 강사 22명으로 구성된 한국 교사진은 일을 훌륭하게 처리하고 있다. 외국인 교수진에서는 빌링스 씨가 들어온 지 1년 밖에 되지 않았는데도 뛰어난 활약을 보이고 있다. 몇 주 혹은 몇 달 시간제로 와서 도와주는 번헤슬 씨나 피터스(Peters) 씨도 기대 이상의 사역을 하고 있다. 베커 씨는 매주 28시간을 소화하고 있는데 수업 뿐 아니라 그이 밖에는 할 사람이 없는 행정업무까지 맡아서 처리하고 있다. 나는 아침 일찍부터 밤늦게까지 학교 일에 매달려야 했으며 그런 중에도 천문학과 윤리, 교육학, 성경, 성경 역사 등 과목을 가르쳤는데 거의 준비도 못하고 교실에 들어갔다. 그렇게 해도 선교사들이 가르쳐야 할 시간이 총 145시간인데 그 중에

---

271) W.M. Baird, "The Pyeng Yang Academy and College", *KMF,* Mar. 1910, p. 61.

115시간만 소화할 수 있었다. 이런 보고를 하는 것은 자만이나 불평이 아니다. 다만 우리는 우리가 할 수 있는 모든 것을 하고 있다(all doing all we can)는 점만 말하고 싶을 뿐이다."[272]

숭실의 베어드와 베커가 이처럼 '호황의 바쁜' 가을과 봄 학기를 보내고 있을 즈음 한국 선교사 사회와 교회는 '백만명구령운동'(One Million Souls for Christ Movement)이라는 또 다른 신앙운동 열풍에 휩싸여 있었다. "1년 안에 1백만 명을 구원한다."는 표어를 내 걸고 장로교와 감리교 선교사들이 주도하여 전국 교회가 참여한 전도운동이었다. 이 운동은 1909년 7월, 개성에서 사역하고 있던 남감리회의 스톡스(M.B. Stokes)와 리드(W.T. Reid), 갬블(F.K. Gamble) 등 청년 선교사들이 2년 전에 일어났다가 소멸된 평양대부흥운동의 열기가 다시 한국교회 안에 일어나기를 바라는 마음에서 산 기도를 하던 중, "1년 안에 개성지방에 교인 5만 명이 되도록 하자."며 전도하기로 결심한 것에서 발원하였다. 당시 개성지방 교인은 5천 명 수준이었다. 그 해 9월 서울에서 개최된 남감리회 연회에 참석한 다른 지방 선교사들은 이런 개성지방 선교사들의 결의를 받아들여 "1년 안에 20만 명 교인을 만들자."고 결의하였다. 당시 남감리회 전국교인은 2만 명 수준이었다. 그리고 다시 그 해 10월 9일 서울에서 개최된 한국복음주의선교연합공의회에 참석한 장로교와 감리교 선교사들은 이런 남감리회 선교회의 결의를 받아 들여 "1년 안에 1백만 명 교인을 만들자." 결의하였다. 그 무렵 장로교와 감리교 합하여 전국 20만이 채 되지 못했다.[273] 이렇게 해서 개성에서 남감리회 선교사들이 "5만 명을 전도하자."로 시작했던 구호가 3개월 만에 "1백만 명을 전도하자."는 구호로 바뀌었다.

---

272) W.M. Baird, "The Pyeng Yang Academy and College", *KMF,* Mar. 1910, p. 61.

273) Reed, "!,000,000 Souls This Year", *KMF,* Dec. 1909, pp. 196-198.

그렇게 해서 백만명구령운동이 시작되었는데 마침 그 무렵 미국의 저명한 부흥운동가 채프먼(J.W. Chapman)과 알렉산더(C.M. Alexander)가 이끄는 동양순회전도단이 한국을 방문하였다. 목회자와 찬양단 10여 명으로 구성된 순회전도단은 199년 3월 미국을 출발하여 하와이와 피지, 호주, 필리핀, 중국을 거쳐 한국을 방문했는데 그때 시작된 백만명구령운동에 힘을 보태 서울과 평양을 방문하여 전도집회를 열었다. 이 순회전도단의 일원으로 참여한 찬송가 작가 하크니스(R. Harkness)가 '백만명구령운동가'를 지어 집회 때마다 불렀다. 선교사들은 1910년 3월 20일 주일을 '백만명전도주일'로 설정하고 전국 교회가 대대적인 전도운동을 벌이기로 하였다.[274] 이렇게 시작된 백만명구령운동의 특징은 날연보와 쪽복음 전도였다. 날연보는 교인들이 헌금하듯 시간 즉 '날'(day)을 바쳐 전도하는 일에 전념하는 것이고 쪽복음 전도는 교인들의 헌금으로 쪽복음(주로 마가복음)을 대량 인쇄해서 그것을 전도용으로 활용하는 제도였다. 실제로 평양에서 19010년 1월 평양에서는 장대현교회에서 열린 사경회에 참석한 교인들이 쪽복음 26,427부를 인쇄할 수 있는 헌금을 하였고 1,800명이 날연보에 참여하여 총 22,150일이 헌납되었다. 이는 전도인 한 사람이 61년 동안 전도할 수 있는 시간이었다. 숭실학교에서도 1910년 봄 학기 1주일 동안 특별 사경회를 개최하고 학생들이 축호전도에 나서기도 했다.[275]

그러나 백만명구령운동 열기는 오래 지속되지 못하고 1년 만에 소멸되었다. 전도 결과도 목표로 했던 '1백만 명'에 미치지 못했으면 예년 수준의 교세 증가만 기록했을 뿐이었다. 수치로 보면 '실패한' 운동이었다. 이유는 크게 세 가지로 분석할 수 있다. 첫째, 이 운동은 선교사들이 주도하고 한국 교인들은 피동적인 입장에서 따라 가는 형태로 진행되었기 때문에 정작 전도

274) G.T.B. Davis, *Korea for Christ: The Story of the Great Crusade to win One Million Souls from Heathenism to Christianity,* London: Christian Worker's Depot, 1910, pp. 7-32.

275) G.T.B. Davis, "The Million Soul's Movement", *KMF* Apr. 1910, pp. 83-85.

현장에서 활동할 한국 교인들의 주도적인 모습이 모이지 않았다. 둘째, 현실 상황을 감안하지 않고 설정한 무리한 수치 목표가 운동에 참여하는 교인들에게 과도한 부담감으로 작용하여 처음부터 힘든 운동으로 인식되었다. 셋째, 가장 중요한 원인으로 그 무렵 한국사회는 일제의 침략과 지배, 특히 8월에 이루어질 '강제 합병'을 앞두고 그 어느 때보다 침울하였다. 이런 우울한 시대 상황에서 선교사들이 주도하는 '초월적 종교집회'가 한국인들의 지지를 얻는데 한계가 있었다.

이런 백만명구령운동의 한계를 베커는 누구보다 정확하게 파악하고 있었다. '과학도'였던 그는 이 운동이 시작될 때부터 "그렇게 많은 숫자를 제시하며 교인 수 늘리려고 몰아붙이는 것은 오히려 교회가 자연스럽고 저절로 자라는데 장애가 될 것이다."고 지적하였다.[276] 베커는 백만명구령운동의 순기능보다 역기능을 우려하였다. 1910년 봄 이 운동의 열기가 소멸될 즈음 베커는 일기에 이런 기록을 남겼다.

> "백만명구령운동은 유익했다기보다 손해를 더 많이 보지 않았는가? 나는 그렇게 생각한다. 이유는 다음과 같다. 첫째, 1년 안에 1백만 명이라는 실천 불가능한 숫자를 제시하였고 결과적으로도 그에 훨씬 미치지 못한 결과(약 10만 명)를 얻게 됨으로 선교사에 대한 신뢰가 무너졌다. 특히 이 운동을 발의한 선교사 사회 전체가 치명적 손상을 입게 되었다. 둘째, 선교사들에게 초자연적인 능력이 있는 것처럼 여기게 만들었다가 그것이 실패함으로 선교사들의 영적인 능력까지도 의심받게 되었다. 셋째, 극단적 운동 분위기가 규모는 작지만 건강했던 초창기 부흥운동으로 형성되었던 좋은 분위기를 망쳐 놓았다. 넷째, 선교사 사회에서 신비를 믿는 이들(mystics)과 현실적으로(practical) 사고하는 이들 사이에 심각한 균열이 생겨났다. 한국에서 사역하는 선교사들 가운데 현

276) *Michigan to Korea*, p. 289.

실적 판단을 하는 선교사들이 얼마 되지 않은데 그들은 그 많은 인원을 동원하고 또한 신앙 안에 세운다는 것은 당초 불가능한 일이었다고 생각했다. 그리하여 선교사들은 두 그룹으로 나뉘어 초기 부흥운동 때 서로 협력했던 모습을 보여주지 못했다. 오히려 서도 상대방 때문에 되지 못했다며 깎아내리는(let down) 현상이 나타났다."[277]

1907년 평양대부흥운동 때는 장로교와 감리교, 신비주의자와 현실주의자, 선교사와 토착교회 지도자가 서로 화해하고 연합하는 모습을 보여주었는데 이번 백만명구령운동을 그러지 못했다. 현실주의자였던 베커로서는 신비주의 '부흥사'와 선교사들이 주도했다가 기대했던 결과를 얻지 못한 한국 교인들의 실망감이 이후 한국교회 선교에 부정적인 영향력을 끼칠 것으로 보았다. 그래서 안타까워했던 것이다.

이런 안타까운 심정으로 봄 학기 수업을 마친 베커는 1910년 5월 15일, 안식년 휴가를 얻어 귀국 길에 올랐다.[278] 그로서는 1903년 한국에 도착한 이후 처음 맞이한 휴가 여행이었다. 그런데 그가 평양을 떠나기 나흘 전(5월 11일)부터 서울에서는 미감리회 연회가 개최되고 있었다. 연회원으로서 그도 연회에 참석해서 사역 보고를 해야 했지만 6개월 전부터 계획된 귀국 여행이라 연회에는 보고서만 제출하고 참석하지 못했다. 그의 보고서는 숭실학교 사역을 함께 하던 빌링스가 대신 낭독했다. 베커의 연회 보고는 역시 학교 사역과 아펜젤러기념교회 및 칠산구역 목회 보고로 나뉘었다. 우선 아펜젤러기념교회 목회에 대하여 그는 "부속학교 외에 야학교까지 설립되어 평균 80명이 출석하고 있으며 교인들이 축호 전도하여 전체 교인이 164명으로 늘어나 예배당이 좁다."고 보고하였고 칠산구역에 대하여 "지난 해 이루어

277) *Michigan to Korea*, p. 290.

278) *Michigan to Korea*, pp. 301-302.

진 선교구역분할협정으로 구역 내 혼재했던 장로교회와 감리교회 사이에 지역 분할이 정리되어 장로교 측과 주고받은 교회와 교인 숫자가 비슷하지만 1년 동안 300명이 증가, 총 등록교인이 1,260명이 되었던바 지역 인구의 13%를 차지하게 되었다."고 보고하였다.[279] 그리고 빌링스와 공동 명의로 작성한 숭실학교 보고는 길지는 않았지만 이렇게 시작되었다.

> "학기를 시작할 때 대학생 54명, 중학생 498명이었습니다. 그 가운데 3분의 1이 감리교 학생입니다. 질병과 가난, 그리고 다른 여러 가지 이유로 학교를 그만 두는 학생들이 많아 학기를 끝낼 때는 333명이 남았습니다. 대학 교육은 전적으로 외국인 교사들이 담당하고 중학교는 거의 한국인 교사들이 담당하는데 이들도 제대로 교육을 받은 이들입니다. 감리교 학생보조부는 지난 해 총 112원(56달러)를 지출하여 평균 35명을 지원했습니다. 학교 장학금으로 받은 돈은 총 706원 80전(353달러 40센트)이며 나머지는 학생들이 일을 해서 받은 돈입니다. 학생들이 하는 일이란 땅 고르기, 담 쌓기, 교재 등사하기, 서기와 잡역 등입니다. 학생 13명은 반나절 씩 소학교에 가서 가르치고 총 318원 63전(159달러 31센트)를 받았습니다."[280]

보고는 숭실 재학생과 졸업생의 종교생활로 이어졌다.

> "지난 해 대부분 학생들은 영적으로 좋은 상태를 유지했습니다. 성경에 대한 관심이 높아졌고 기독교 사역을 하겠다는 학생들이 많아졌습니다. 지난 해 기간을 정해서 기도회를 다섯 곳에 나누어 실시했는데 참석자들이 늘어났습니다. 성경은 정규과목으로 가르칩니다. 성탄절 휴가철 자원하는 학생들이 전

279) "Appenzeller Memorial Church and Chilsan Circuit", *ARBF* 1910, p. 185.

280) "Pyengyang Union College and Academy", *ARBF* 1910, p. 186.

> 도대를 조직해서 축호전도를 실시한 결과 570명이 믿겠다고 결심하였습니다. 중학교를 졸업한 감리교 학생 12명 가운데 6명이 이미 교회 사역에 임하였거나 목회를 위해 신학을 공부하고 있습니다. 나머지 졸업생들도 우리 감리교 소학교에서 가르치는 일을 하고 있습니다. [281)]

베커가 비록 연회 석상에서 보고서를 직접 읽지는 못했지만 그의 1909-10년 학교와 교회 사역 보고서를 연회원들은 박수로 받았다. 그 박수에는 지난 7년간의 '제1기' 선교사역을 성공적으로 마치고 휴가를 얻어 귀향길에 오르는 베커 가족을 환송하는 의미도 포함되어 있었다.

---

281) "Pyengyang Union College and Academy", *ARBF* 1910, p. 186.

8. 안식년 휴가와 제2기 선교사역

8.1 에딘버러국제선교대회와 석사학위 취득

1903년 6월, 베커가 처음 평양에 도착했을 때 그는 독신 '총각 선교사'였다. 그러나 7년이 지나 이제는 결혼한 아내와 사이에 에블린과 맥스웰, 두 아이가 출생해서 네 가족으로 늘어났다. 그 사이 베커의 머리칼도 반백으로 바뀌었다. 아내는 휴가를 떠나기 직전, 1910년 5월 12일에 두 아이와 함께 남편의 서른한 번째 생일을 축하하였다. 그리고 여행 짐을 싸면서 오랜 만에 학교와 목회 사역에서 해방되어 아내와 '자유로운' 대화를 나눌 수 있었다. 아내와 함께 나눈 대화는 여행 계획에 관한 것도 있었지만 지난 7년간의 선교사역을 회고하며 그 동안 자신에게 어떤 변화가 이루어졌는지 돌아보고 정리하는 기회가 되었다. 우선 그는 7년 전 처음 평양에 도착했을 때 상

첫번째 안식년 휴가 중(1910년, 에딘버러) 왼쪽부터 루이즈, 맥, 에블린, 아더

황을 이렇게 회고하였다.

"당시엔 어떻게 시작할지 도무지 알지 못했다. 물론 노블이 항상 옆에 있어 내가 무엇을 해야 하는지 가르쳐 주었지만 가능하면 나에게 모든 것을 맡기고 어떻게 하는지를 지켜보았다. 도착한 첫 해 나는 거의 모든 시간을 어학공부에 할애하였고 멀리 떨어진 시골 교회와 교인 가정들을 방문하였는데 거기 소학교를 운영하는 한국인 교사들의 말을 듣는 것이 내 일이었다. 그저 들었다. 돌이켜 생각해 보니 그 첫 번째 해에 내가 가졌던 두 가지 약점이 강점으로 바뀌었던 것 같다. 듣는 것(listening)과 기다리는 것(waiting), 그 두 가지다."[282]

미국에서 고등학교와 대학교 다닐 때 체육선수로 활약한 바 있던 베커는 성격이 급하고 직선적이어서 기다림과 듣는 것에 익숙하지 않았다. 그런데 한국에 처음 와서 문화도 다르고 말도 통하지 않는 상황에서 그는 말하기보다 듣기, 서두르기보다 기다려야만 했다. 그렇게 해서 그의 성격과 습관도 서서히 바뀌었다.

"바뀐 것은 당연하다. 나는 기다리다가 한국인들이 말하면 듣는 습관을 갖게 되었다. 그리고 그들의 말을 들으면서도 저들이 표현하지는 않았지만 진짜로 바라는 것이 무엇인지 알아내려 노력하였다. 그러지 않고는 그들의 말을 이해할 수 없었다. 그래서 내게 생긴 두 번째 버릇이 기다리는 것이다. 목표가 분명하게 드러나서 행동으로 옮기기까지 기다려야 했다. 나로서는 혈기 왕성한 청년 나이에 쉬운 일은 아니었다. 그래서 남은 에너지를 젊은 학생들과 체육 활동하는 데 썼다. 계획에도 없던 매일 운동을 하게 된 이유다. 그 결과도 좋았다."[283]

---

282) *Michigan to Korea*, pp. 309-310.

283) *Michigan to Korea*, p. 310.

태어난 성격과 오래된 습관을 바꾸는 것이 쉽지는 않았다. 베커에겐 참고 기다리는 것이 고된 '훈련'이었다. 그 훈련은 운동경기처럼 누구와 함께 하는 것이 아니라 혼자서 해야 하는 '자기와의 싸움'이었다. 그런 고독한 훈련을 통해 베커는 선교사로서 갖추어야 할 기본자세를 배워나갔다.

> "인내(patience)는 내 장기가 아니다. 때가 무르익을 때까지 참고 기다리는 것 역시 내게는 어울리지 않았다. 어떤 때는 내가 실패한 것처럼 느껴지기까지 했다. 그러나 달리 할 수 있는 것도 없었다. 학교 교실 창문 하나 여는 것조차도 한국인들이 이해하고 동의할 때까지 기다려야 했다. 그 점에서 노블은 내게 적합한 충고를 해 주었다. '서두르지 말고 신속하게 하는 법'(to make haste slowly), '하루하루 살아가는 법'(to live one day at a time)을 배우라는 것이었다. 그는 특히 '한 날의 괴로움은 그 날로 족하니라.'(마 6:34)는 말씀을 골라 주었다. 그렇게 되기까지 참으로 긴 시간이 필요했다. 이제는 미래에 대해 그다지 걱정하지 않게 되었다. 심지어 오늘 우리 집 정원에 푸른 싹이 돋아나지 않아도 걱정하지 않게 되었다. 오늘 씨를 뿌리면 내일 거둘 수 있을 것이기 때문이다. 그러기 위해 오늘은 땅을 고르는 준비만 할 뿐이다."[284)]

결국 베커는 선교 초기 적응하기 힘든 선교지 환경에서 듣고, 기다리는 훈련을 통해 성품과 성격, 태도와 습관이 바뀌는 경험을 하였다. 그것은 그가 전하는 그리스도의 복음, 그 신앙의 본질에 접근하는 과정이기도 했다. 그의 신앙이 더욱 깊어지고 성숙해졌다는 말이다.

> "이 모든 것을 통해 내 믿음이 더욱 강해졌고 내 자아도 겸손해졌다. 내가 부드러운 자아를 더 신뢰하게 된 것은 주일마다 강단에서 성경으로 탁자를 치면

---

284) *Michigan to Korea*, pp. 310-311.

서 나팔 불 듯이 외쳐대는 설교보다는 겸손한 자세로 호소하는 설교가 더 효과적이라는 사실을 깨달았기 때문이다. 내가 믿는바 하나님께서는 나름대로 당신의 세우신 방식대로 일하시지 즉흥적으로 이적을 통해서 일하시지 않는다. 적어도 우리가 사는 세상에서는 그렇다고 본다. 그 결과 7년 전에 비하면 모든 면에서 불확실했던 것이 보다 분명해 졌음을 느낀다. 그리고 약간은 모순처럼 보이겠지만 나 자신 전보다 더욱 기도 생활에 매진하게 되었다. 내가 생각한 대로 돌진해나가기 보다는 하나님께서 내게 원하시는 것이 무엇인지 알기 위해 노력하게 되었다."[285)]

이처럼 겸손한 모습으로 변화된 남편을 지켜보는 아내 루이즈도 기뻤다. 10년 전, 미국 앨비언대학에서 농구선수로 뛰었던 시절의 베커의 옛 모습, 그 성격을 기억하고 있던 루이즈로서는 한국에 와서 제1기 7년 사역을 하면서 '그리스도의 성품'을 닮아 변해가는 남편을 바라보며 함께 감격하였다. 안식년 휴가를 떠나는 베커 부부의 마음은 감사와 기대감으로 충만했다. 베커는 귀국 여정을 시베리아 열차편으로 유럽을 거쳐 영국에 들렀다가 대서양 건너 미국으로 돌아가는 방향으로 잡았다. 그래서 5월 15일 평양에서 기차를 타고 의주를 지나 중국의 센양(봉천)과 장춘, 러시아의 이르쿠츠크와 모스크바, 독일의 베를린, 프랑스 파리, 영국 런던을 거쳐 스코틀랜드 에딘버러까지 한 달간 여행하였다. 긴 여행이었지만 오랜 만에 가족들과 함께 하는 즐거운 여행이었다.[286)]

베커가 귀국 도중 에딘버러에 들린 것은 6월 15일부터 23일까지 그곳에서 개최되는 제1회 국제선교대회(International Missionary Conference)에 참석하기 위해서였다. 전 세계 1,200여 명의 개신교 신학자와 선교사, 교회 지도자들이

---

285) *Michigan to Korea*, p. 312.

286) *Michigan to Korea*, pp. 335-347; *A Daughter's Journey*, pp.29-30.

참가하여 선교 정책과 방법에 대해 토론하는 대규모 '에큐메니컬 집회'였는데 그 때 한국교회 대표로는 기독교청년회 총무인 윤치호가 참석했다.[287] 참관인 자격으로 참석한 베커는 공식 회의에서는 발언하지 않았지만 대회 중 열린 소규모 토론 모임에는 참석해서 한국선교에 관해 발표하고 토론에도 참여했다. 그는 기회 있을 때마다 1907년의 평양 대부흥운동에 관해 증언했고 대회 참석자들은 한국교회의 폭발적인 성장을 "현대사에 불가사의한 사건 중 하나"(one of the marvels of modern history)라 불렀다. 그는 대회 기간 중 이 대회를 조직한 미국의 감리교 평신도 지도자 모트(J.R. Mott)를 비롯하여 미국 북장로회 해외선교부 총무 스피어(E. Speer), 미감리회 해외선교부 총무 레너드(A.B. Leonard) 등 세계적인 선교운동 지도자들과 만나 교류하였고 강연과 토론을 통해 선교 관련 지식과 정보를 얻을 수 있었다. 특히 대회 결론 부분에서 참석자들이 "현대 기독교 전파에 있어서 근대교육은 필수적인 사항이다."고 의견을 집약하는 모습을 보고 크게 고무되었다.[288] 에딘버러대회는 제1기 사역을 마치고 제2기 사역을 준비하는 베커에게 아주 유익한 모임이었다.

에딘버러대회를 마치고 베커는 다른 미국 감리교회 대표들과 함께 대서양을 건너 뉴욕에 도착하였다. 그곳 해외선교부에 들러 필요한 업무를 처리한 후 곧바로 리딩 고향집에 돌아가 오랜 만에 가족들과 반갑게 만났다. 그리고 고향 집에서 여름을 보낸 후 9월 가을학기부터 앨비언대학 화학분야 석사과정을 시작하였다. 그 때부터 앨비언대학 기숙사에 기거하며 학업에 열중하였다. 매일 오전 2시에 일어나 과목 숙제를 하고 7시 아침 식사를 한 후 오후 2시까지 수업과 실험에 임했다. 오후 2시부터 두 시간 두 아이들과 함께 시간을 보냈고 오후 5시에 저녁식사를 한 후 7시에 취침하는 '학창생활'

---

287) C.H. Hopkins, *John R. Mott 1865-1955 A Biography*, Grand Rapids: William E. Eerdman Publishing Company, 1979, pp. 352-357; Kim Kiu Sik, "Hon, Mr. Yun Chi Ho", *KMF*, Aug. 1910, p. 199.

288) *Michigan to Korea*, pp. 348-349.

을 재개한 것이다. 다른 대학원 학생들의 2년 과정을 1년에 끝내야 했기에 그는 시간을 아껴서 수업에 임했다. 그리고 베커는 앨비언대학에서 석사 과정을 공부하는 동안 그의 '앨비언 동창' 루퍼스의 처제인 밴 와그너(Ethel Van Wagoner)를 알게 되었다. 와그너는 후에 한국 개척 선교사 언더우드의 아들 언더우드 2세(Horace H. Underwood, 원한경)과 결혼하여 서울 연희전문학교에서 함께 사역하는 관계가 되었다.[289)]

베커는 석사과정 공부를 하면서 주말에는 앨비언 근처 교회들을 방문해서 한국선교 관련 보고를 하고 숭실학교를 위한 모금 활동을 벌였다. 그 결과 앨비언에서 15명 분 장학금을 거두었고 앨비언에서 서쪽으로 50Km 떨어진 칼라마주(Kalamazoo)에서는 그곳 엡웟청년회 회원들과 함께 '한국 선교의 날' 행사를 벌여 20명 분 장학금을 거두기도 했다.[290)] 이때부터 캘러머주 엡웟청년회는 베커의 든든한 후원자가 되었다. 그의 모금활동은 미시건주에 머물

미시간 칼라마주 엡웟청년회 한국의 밤(1910년)

289) *Michigan to Korea*, p. 351.

290) *Michigan to Korea*, p. 352.

지 않고 멀리 인디애나주까지 확대되었는데 주로 평신도 단체의 초청을 받아 가서 한국선교를 소개하는 강연을 하였다. 학업과 모금을 병행하는 고된 일정이었다. 휴가나 방학 때는 집중적으로 모금 활동을 벌였다. 다음은 1911년 3월 칼라마주 엡윗청년회원들에게 쓴 편지다.

> "지금은 앨비언에서 석사 과정 중에 있는데 이는 내가 본격적으로 사랑하게 된 한국에 가서 보다 효과적으로 사역하기 위한 것입니다. 나는 하나님께서 나를 택하시어 평양 숭실대학교에서 젊은 청년들을 가르치고 지도하는 일을 맡기셨다는 것을 확신합니다. 그래서 그들을 가르치기에 부족함이 없도록 준비하는데 최선을 다하려 합니다. 우리 가족은 기숙사 작은 집에서 아주 행복하게 지내고 있습니다."[291]

베커가 안식년 휴가 기간 중에 석사과정 공부를 하는 것은 학위 취득에 목적이 있는 것이 아니라 한국 학생들을 잘 가르치기 위해 더 배워야 한다는 '교육자'로서의 책임감 때문이었다. 그의 편지에는 한국과 한국인, 특히 한국 학생들에 대한 '사랑'이 충만했다.

> "거의 매 주일 한국에 관한 강연을 하고 있는데 내 머리와 가슴, 기도 속에는 한국인만 남아 있습니다. 한국은 도움이 필요하고 그런 도움을 받을 충분한 가치가 있는 나라입니다. 본국교회에 이런 사정을 알리기 위해서라면 지금 쉴 시간도 없을 지경입니다. 필요한 것을 알았다면 지금 당장 돕기 위해 최선을 다하는 것이 마땅하다고 생각합니다. 기독교인으로서 도울 이웃이 누구인지를 알면 더욱 기꺼이 도울 수 있을 것입니다. 금년에 헌금 하실 때는 특별히

---

291) *A.L. Becker's letter to Kalamazoo District Epworth League*, Mar. 2, 1911.

한국을 기억하고 해 주시기 바랍니다."[292)]

베커는 1911년 봄 학기에 접어들어 학업에 어느 정도 여유를 얻게 되자 평양의 베어드와 연락을 취하면서 숭실학교를 소개하는 영문 팸플릿을 제작하였다. 물론 모금활동을 위한 것이었다. 그는 이 팸플릿에서, 1898년 불과 13명으로 시작한 중학교가 12년 만에 498명으로 늘어났고 1907년 12명으로 시작한 대학교도 3년 만에 46명으로 늘어난 것을 비롯하여 숭실학교의 괄목할만한 성장을 담은 학교 역사와 교수 및 학생 현황을 소개한 후 시급하게 필요한 장학금과 교육시설 확장 등을 언급하며 지원을 호소하였다. 베커는 이 영문 팸플릿을 평양에도 보내주어 주한 선교사나 외국인들을 대상으로 모금 활동하는데 사용하도록 하였다.[293)] 이렇듯 안식년 휴가를 얻어 미국으로 돌아가 있으면서도 베커의 주된 관심은 평양 숭실에 있었다.

베커는 앨비언에서 수업과 모금활동을 병행하며 바쁜 일정을 소화하고 마침내 1911년 6월 앨비언대학에서 석사학위를 받았다. 그의 안식년 휴가는 공식적으로 7월 4일에 끝나기 때문에 석사학위를 받은 직후 선교지로 귀환해야 했는데 그는 해리스 감독과 선교본부에 편지를 써서 휴가를 8월까지 휴가를 한 달만 더 연장해 달라고 하였다. 그 이유를 "첫째, 사역하고 있는 평양 숭실대학이 10월 1일까지는 개강하지 않고 둘째, 한국에 가더라도 뜨거운 장마철이라 일 할 수 있는 환경이 아니며 셋째, 컬럼비아대학 여름성경학교를 보고 가면 좋겠고 넷째, 뜨거운 여름철에 어린 두 아이와 여행하기가 쉽지 않기 때문이다." 하였다. 그리고 그 무렵 평양의 베어드로부터 "돌아오면 숭실대학 학장을 맡아 달라."는 요청을 받은 상태라 거기에 대해 준비도 필요하였다.[294)] 선교본부는 이런 그의 요청은 받아들였고 그래서 앨비언대

292) *A.L. Becker's letter to Kalamazoo District Epworth League*, Mar. 2, 1911.

293) "The Pyeng Yang Union Christian College", *KMF,* May 1911, p. 138.

294) *A.L. Becker's letter to Dr. A.B. Leonard,* Jan. 11, 1911.

학 졸업 후 두 달 동안 미시건과 인디애나를 순회하며 모금활동을 더 벌인 후 8월 23일 캐나다 밴쿠버를 출발하였다.

안식년 휴가를 마치고 선교지로 귀환하는 긴 항해 가운데 베커는 지난 제 1기 사역을 재점검하고 다가올 제2기 사역을 준비하는 묵상과 기도 시간을 가졌다. 태평양을 건너는 배 안에서 기록한 베커의 일기 내용이다.

"한국에서의 제2기 사역은 이러한 각오와 계획을 안고 시작할 것이다. 첫째, 지난 1차 7년간의 교육 선교 사역은 예상을 뛰어 넘는 결과를 얻어 한국에서 교육자로서 성공적인 경력과 명성을 얻었다. 하나님께서 내게 특별한 은총을 베푸시어 정치적으로 어려운 시기를 지나고 있는 한국의 상황에 맞도록 교육의 각성을 일깨우는데 일조하게 하셨다. 주님께서는 여기 선교 현장에서 나로 하여금 '적합한'(right) 훈련을 받도록 하시어 내가 담당한 소학교로부터 대학에 이르는 교육기관들을 발전시키도록 인도하셨음을 확신한다. 나는 한국 백성들을 동정하고 그이 원하는 교육이 무엇인지 알게 되었다. 나는 그들이 나를 신뢰하고 따르는 것을 느낄 수 있다. 왜냐하면 그들은 내가 자기들을 사랑하는 줄을, 그리고 속이거나 배반하지 않을 것을 잘 알고 있기 때문이다. 나는 상당히 많은 청년들과 친분관계를 맺고 있는데 그들은 나를 믿고 나 또한 그들을 배반하지 않을 것이다. 이유는 주님이 나와 함께 계시기 때문이다. 그들이 자기 문제를 가지고 스스럼없이 나를 찾아와 도움을 요청하는 것에서 확인할 수 있는 일이다. 나도 한국의 이 불쌍한 교육받지 못한 청년들의 문제를 해결해 주기 위해 최선을 다할 것이다. 이들은 '자유 교육'(free education)을 받음으로 미신과 가난, 무지로부터 자유 하고 이런 것들을 물리칠 수 있는 영적 능력을 갖추어 스스로 자기 삶을 영위해 나갈 수 있어야 한다. 나는 이 땅의 백성들에게 이 구원의 소식과 진리를 알려주고 성취할 수 있는 능력을 달라고 하늘 아

버지께 기도하기를 그치지 않을 것이다.[295)]

교육 선교사로서 베커의 궁극적인 관심은 "교육을 받지 못해 불쌍한 처지에 있는 한국 청년들이 자유 교육을 받음으로 미신과 가난, 무지로부터 자유하고 이런 것들을 물리칠 수 있는 영적 능력을 갖추어 스스로 자기 삶을 영위해 나갈 수 있도록 도와주는 것"이었다. 그런 면에서 그는 자신의 전공과목인 수학과 과학 교육의 중요성을 새삼 인식하였다.

"내가 담당한 과목은 주로 수학과 과학인데 나는 이것이야말로 한국 청년들에게 가장 중요한 과목이라 생각한다. 왜냐하면 이런 것을 배워야 그들이 현대 사회의 현대인들과 경쟁해서 살아갈 수 있을 것이며 특별히 가장 가까운 이웃 일본인들과 경쟁에서 뒤지지 않을 것이기 때문이다."[296)]

그가 한국학생들에게 과학교육을 강조한 것은 그들이 졸업 후 사회에 나가 일본인들과 경쟁해서 지지 않도록 이끌기 위함이었다. 그러나 이러한 베커의 '과학중심 교육관'이 다른 선교사, 특히 장로교 선교사들의 '종교중심 교육관'과 종종 충돌을 빚었다. 장로교 선교사들은 일반과목보다 성경 교육과 신앙집회를 강조하였다. 제1기 때도 그러했지만 제2기 때도 그럴 것으로 예상되었다. 이 점에서 그는 '연합학교'를 실질적으로 끌고 가는 베어드와의 신뢰 관계를 더욱 공고히 할 필요가 있었다.

---

295) *Arthur L. Becker Korea Book II(1911-1926)*, p. 2. 이 자료는 베커가 생전에(1976년) 자신의 일기를 바탕으로 해서 한국에서 했던 선교사항을 일지형태로 정리한 것인데 제1권(1905-10년) 부분은 딸과 손녀에 의해 2009년 출간된 *Michigan to Korea*에 반영되었고 1911년 안식년 휴가 마치고 돌아와 1915년 연희전문학교로 옮겨 10년 동안 사역하한 내용을을 담은 제2권은 타이핑한 형태로 남아 있던 것을 안종철 교수(독일 본대학)가 복사본으로 입수하여 한국기독교역사연구소에 기증하였다.

296) *Arthur L. Becker Korea Book II(1911-1926)*, p. 4.

"나와 베어드 박사와의 관계는 진지하였고 내가 일하는데 도움이 되었다. 내가 확실하게 말할 수 있는 것은 나와 내 동료 교사들이 믿음과 소망과 사랑 안에서 서로 협력하며 일하였다는 점이다. 선교사든 한국인이든, 감리교인이든 장로교인이든, 우리는 시시때때 서로 다른 점이 발견되더라도 신뢰와 진실을 바탕으로 협력하기 위해 노력했다. 나는 베어드 박사와 솔직하게 대화를 나누려 애썼고 같은 방식으로 같은 감리교의 좋은 친구인 노블 박사와 모리스와도 그렇게 하려 노력하였다. 베어드 박사 부부는 우리 가족과 개인적으로 각별하게 친해지기를 원했다. 그래서 우리는 서로 속에 있는 깊은 생각을 숨김없이 교환하였고 그래서 지난 6년 간 긴밀하게 협력하며 일할 수 있었다. 베어드 부부는 나의 생각과 방식을 자기네 동료 장로교 선교사들에게 소개하려 노력하였다. 그렇게 해서 다른 장로교 선교사들도, 아직은 나의 과학적인 생각을 이해할 수 없다고 하면서도, 차츰 나를 진실 된 그리스도인으로 인정하기 시작했다. 장로교 선교사들은 대부분 신학교와 성경학교 출신들이라 과학 교육을 충분하게 받지 못했다. 그런데 그런 장로교 선교사들도 이제는 바뀌어 과학이 기독교적 사고나 믿음에 배치되지 않는다고 하는 나의 과학관, 성경의 가르침과 과학적 사실이 서로 배치되는 것이 아니라 조화를 이루고, 세상과 과학의 법칙도 하나님의 법칙이라는 나의 인생관을 이해하려 노력하였다."[297]

이처럼 베커는 석사학위를 받아 학문적으로 한층 성숙하였을 뿐 아니라 신앙과 선교의식에서도 한층 성숙한 모습으로 제2기 사역을 계획하면서 태평양을 건넜다. 마침 태평양을 건너는 배 안에는 같은 미감리회 선교사 데밍(C.S. Deming) 가족이 타고 있어 외롭지 않았다. 베커보다 세 살 위였던 데밍은 드류신학교를 졸업하고 미국에서 2년 목회 후 1905년 한국 선교사로 파송되어 인천과 해주에서 사역하다가 안식년 휴가를 얻었던 것이다. 베커와

---

297) *Arthur L. Becker Korea Book II(1911-1926)*, pp. 4-5.

데밍, 두 선교사 가족이 일본을 거쳐 인천에 도착한 것은 1911년 9월 7일이었다.[298] 그런데 이들이 선교지로 귀환 했을 때 한국의 정치, 사회 상황은 1년 전과 전혀 딴 판으로 바뀌어 있었다.

8.2 급변한 교육 환경과 선교사들의 대응

예상은 했지만, 베커가 16개월 만에 돌아와서 확인한 한국 상황은 너무도 변해 있었다. 우선 나라 명칭이 '한국'에서 '조선'으로 바뀌어 있었다. 그것은 1년 전, 1910년 8월 24일에 단행된 '강제 합병'으로 인해 이루어진 상황 변화였다. 베커도 "언젠가는 한국이 일본의 속국이 될 것이다."고 예상했지만 이처럼 빨리 이루어질 줄은 몰랐다. 베커 가족이 평양을 떠날 때만해도 명목상으로나마 '대한제국'이 남아 있었는데 이제 국가 자체가 없어졌다. 자율과 자치는 사라지고 통제와 견제만 있을 뿐이었다. 숭실학교 운동회와 졸업식 때마다 내 걸렸던 태극기를 더 이상 볼 수 없었다. 평양에 돌아온 베커 가족은 '억압받는 한민족'에 대한 연민의 정을 느끼며 한국인을 위한 '교육 선교사'로서 해야 할 일이 무엇인지 고민하였다. 그 무렵 베커의 생각이다.

> "지금은 한국 역사에서 심각한 상황이다. 이 나라는 작년에 자유를 잃고 일본의 식민지가 된 후 잔혹하게 유린당하고 있다. 진정한 의미에서 한국의 친구가 되어 줄 사람은 우리 밖에 없다. 우리가 아니면 한국의 청소년들이 최상의 교육을 받을 수 있는 기회가 없다. 소학교에서부터 대학까지 전 과정에서 기독교 교육을 실시해야 한다는 내가 그래도 비난받아야 하나? 한국들이 지금처럼 전반적인 교육이 필요하다는 사실을 절실하게 느끼고 있는 때도 없을 것이다. 나는 이런 그들의 사정을 이해하며 또한 동감한다. 한국인들 또한 그것을 위해서라면 우리와 얼마든지 협력하려는 자세가 되어 있다고 본다. 하지

298) *A.L. Becker's letter to Dr. A.B. Leonard,* Jul. 11, 1911; "Notes and Personals", *KMF*, Oct. 1911, p. 276; *Michigan to Korea*, pp. 352-353.

만, 우리가 한국인들에게 교육을 시켜주는 것만으로는 충분하지 않다. 한국인들이 스스로 배우고 터득해야 한다. 그들이 지금 느끼고 있는 울분과 미신, 가난, 그리고 무기력에서 벗어나려면 말이다."[299]

이런 식으로 베커는 '고통과 억압'을 받게 된 한국 사회와 교회를 위해서라도 더욱 최상의 교육을 제공해야한다고 결심하였다. 그러나 '식민통치' 하의 교육 상황은 더욱 악화되어 있었다. 통감부 대신 들어선 총독부는 한민족의 문화와 역사, 민족적 정체성을 말살하려는 '식민지 교육'을 추구하였고 그 과정에서 사립학교에 대한 규제와 통제를 더욱 강화하였다. 기독교 학교도 예외는 아니었다. 러일전쟁 이후 전개된 항일 민족운동에 상당수 기독교인들이 참여하였고 기독교계 사립학교가 그 배경이 되었다는 사실을 파악한 일제는 선교사들이 운영하는 사립학교까지 통제, 감시하는 정책을 폈다. 1911년 10월 조선총독부가 반포한 '사립학교규칙'이 그 결정판이었다.[300] 기독교교육 뿐 아니라 기독교 선교에도 위기 상황이었다.

이런 상황에서 교육사역에 임하고 있던 선교사들도 대응책을 모색했다. 우선 '강제 합병'이 이루어진 한 달 후, 1910년 9월 12-14일 서울에서 개최된 복음주의선교연합공의회 기간 중에 교육위원회(위원장: 게일) 소속 위원들은[301] 연합공의회에 참여하는 장로교와 감리교 6개 선교부에서 운영하는 기독교학교 교장들을 중심으로 '조선기독교교육연합회'(The Educational Association of Korea)를 조직해서 바뀐 시대상황에 적응해 나가기로 하였다. 그에 따라 1911년 1월 12-14일, 서울 기독교청년회관에서 연합회 첫 모임을 가졌는데

---

299) *Michigan to Korea*, p. 357.

300) 이성전(서정민·가미야마미나코 역), 『미국 선교사와 한국 근대교육』, 한국기독교역사연구소, 2007, pp. 93-97.

301) 당시 교육위원회 위원은 북장로회의 게일과 베어드와 마펫, 미감리회의 루퍼스와 윌리엄즈(F.E.C. Williams), 남감리회의 윔즈(C. Weems), 호주장로회의 커렐(H. Currell), 남장로회의 니스벳(J.S. Nisbett), 캐나다장로회의 푸트(W.R. Foote) 등이었다. *ARGC* 19010, p. 12.

서울의 배재와 경신, 기독교청년학원 교장을 비롯하여 평양과 선천, 대구, 개성, 공주 등지의 기독교학교 교장들이 참석했다. 물론 모두 선교사들이었다. 모임에 참석한 선교사 교장들은 총독부가 제시하는 교육방침에 대응할 기독교계통 학교의 교과과정과 수업, 학사관리에 관한 통일안을 만들기로 하고 또한 기독교학교 교사들의 자질 향상을 위해 사범학교 과정을 실시하는 문제를 집중 논의하였다.[302)]

이처럼 '바뀐 시대상황'에서 교육 선교사들이 대응책을 모색하고 있던 차에 미국의 저명한 교육가이자 목회자인 마키스(W.S. Marquis) 박사가 한국을 방문했다. 미국 일리노이주 록아일랜드 브로드웨이장로교회를 담임하면서 미국 록펠러재단 대변인이기도 했던 마키스 박사는 동아시아 선교에도 관심이 깊어 일본에 왔다가 1911년 2월 말 언더우드의 초청을 받고 한국을 방문하였다.[303)] 그는 언더우드 안내로 의주까지 다녀왔는데 돌아오는 길에 평양에 들러 숭실 학생들에게 강연을 하였고 별도로 숭실대학 교수들을 대상으로 "한국의 기독교교육"이란 제목으로 특강을 하였다. 그는 누가복음 2장 52절의 "예수는 지혜와 키가 자라가며 하나님과 사람에게 더욱 사랑스러워 가시더라."는 구절을 중심으로 기독교 학교의 설립 목적과 교육 내용, 가치 등을 설명하였는데 한국적 상황에 적용하여 강의한 것이 참석자들의 마음을 움직였다. 그래서 선교사 잡지 〈The Korea Mission Field〉는 그의 강의 요점을 소개하였다.[304)]

1. 학교 설립의 목적

1) 예수 그리스도의 가르침을 누룩으로 삼아 한국의 기독교 남녀 청년들의 지성을 개발

---

302) "Educational Association Notes", *KMF*, Mar. 1911, pp. 78-79.

303) "Notes and Personals", *KMF*, Apr. 1911, p. 96.

304) "Christian Education in Korea", *KMF*, May 1911, pp.133-134.

2) 최신의 우량한 교육으로 한국민의 물질적 환경을 개선

3) 그리스도의 교회를 확장하기 위해 기독교 사역자들을 훈련

2. 필요한 교육 시설(누가 2:52)

1) 육적인 교육(예수는 키가 자라가며)

체육관, 운동장, 목욕탕, 학생 작업실, 목공예실

2) 지적인 교육(예수는 지혜가 자라가며)

소학교, 중학교, 대학교, 기술학교, 농업학교, 상업학교

3) 사회적인 교육(예수는 사람에게 더욱 사랑스러워 가며)

시민으로서 의무 교육, 사회문제 관심, 가정사 처리

4) 영적인 교육(예수는 하나님에게 더욱 사랑스러워 가며)

모든 학급에서 성경 공부, 개인 기도생활 개발, 신학교, 선교회 조직과 활동

3. 한국에만 주어진 특별한 기회

1) 다른 곳에서는 얻을 수 없는 교육의 기회를 교회 청년들에게 줄 수 있다는 점

2) 기독교 교육의 체제와 내용을 통일할 수 있다는 점

3) 협력 체제를 통해 일반 교육에까지 기독교 정신으로 파급시킬 수 있다는 점

4) 전도사역을 위해 기독교인 학생들을 훈련시킬 수 있다는 점

4. 가장 필요한 것들

1) 헌신한 사역자

2) 후원금

3) 모든 교인들의 합력

4) 위대한 교사[그리스도]의 은총과 인도하심

평양에서 특강을 하고 서울로 돌아온 마키스는 배재학당을 운영하는 벙커

와 경신학교를 운영하는 언더우드로부터 서울 특강을 부탁받았다. 그리하여 3월 21일 서울 기독교청년회관에서 복음주의연합공의회 소속 장로교와 감리교 6개 선교부와 기독교청년회가 운영하는 중학교와 대학교 책임자 15명이 참석한 가운데 특별 강연회가 열렸다. 비공식 모임이었지만 참석자들은 평양에서 내려온 마펫과 빌링스를 의장 및 서기로 선출하였다. 마펫의 소개로 강단에 오른 마키스는 '기독교 학교의 연합사업의 이점'에 대하여 "1) 힘을 합침으로 효과를 증대할 수 있고, 2) 중복과 낭비를 피할 수 있고, 3) 연합해서 하는 일이 어떤 것인지를 세상에 보여줄 수 있고, 4) 정부 기관에서 요구하는 교육 정책에 맞추어 교과 과정과 내용을 도출할 수 있고, 5) 그렇게 행동을 일치함으로 필요한 기금을 확보할 수 있다."고 설명하였다.[305] 마키스가 평양에서는 기독교 학교의 정체성을 강조하였다면 서울에서는 연합사역을 강조하였다.

마키스의 강연이 끝난 후 참석자들은 즉석에서 기독교 학교의 정체성 확립과 연합사역을 좀 더 효과적으로 논의, 결정할 '조선기독교교육협의회'(Christian Educational Federation of Korea)를 조직하기로 하였다. 6개월 전(1910년 9월)에 만들었던 '조선기독교교육연합회'보다 기능과 역할을 한층 강화한 조직이었다. 참석자들은 사흘 후 3월 25일(토요일)에 다시 모여 다음과 같은 정관을 통과시키고 협의회 초대 의장으로 마펫을 선출하였다.[306]

1조 명칭: 이 회의 이름은 조선기독교교육협의회(Christian Educational Federation of Korea)이라 한다.

2조 목적: 이 회의 목적은 다음과 같다.

---

305) H.G. Underwood, "A Significant Meeting", *KMF*, May 1911, p. 135.

306) H.G. Underwood, "A Significant Meeting", *KMF*, May 1911, pp. 135-136; *Michigan to Korea*, p. 359.

1. 한국에서 기독교 교육을 개발하고 강화한다.
2. 교육의 표준과 방법과 정책을 통일한다.
3. 중복과 반복으로 인한 낭비를 줄인다.
4. 한국의 기독교 연합을 강화한다.
5. 정부가 제시하는 기준에 맞추어 교육 사업을 추진한다.

3조 회원: 성경을 교재로 사용하며 교육을 통해 우리 주님 구세주 예수 그리스도의 나라를 건설하기 위해 노력하는 복음주의 선교회라면 누구든 회원으로 받아들인다. 회원으로 가입하기 원하는 선교회는 이 정관을 각기 속한 상위기관에 보고하여 허락을 받은 후 정관에 서명함으로 회원이 된다.

4조 임원: 임원은 회장과 부회장, 서기와 회계를 둔다. 협의회에 참여하는 각 선교회 대표 2명씩으로 평의회(Senate) 조직하되 1만 명 교인을 보유한 선교회는 평의원을 한 명 더 추가할 수 있다.

5조. 평의회 역할. 평의회의 역할은 다음과 같다.

1. 다양한 수준의 학교들이 사용할 수 있도록 통일된 교과과정을 마련한다.
2. 어떤 학교를 운영할 것인지, 그 숫자와 위치를 결정한다.
3. 학교 교사진을 근거로 해서 중학교 혹은 고등학교 과정과 졸업장 가운데 어떤 것을 부여할 것인지 판단할 재량권을 가진다.
4. 평의회는 협의회에 참여한 학교에 필요한 교육기금 모금활동을 돕고, 각 선교회가 속한 본국 해외선교부에도 같은 내용의 협조를 구하여 기금을 마련하는 일에 적극 도와야 한다. 그렇게 해서 모은 기금은 본국 해외선교부 관리 하에 운용될 것이지 협의회는 개입할 권리가 없다.
5. 다만 평의회는 이후 협의회를 운영하는데 필요한 기금은 모금할 수 있다. 또한 한국에서 기독교 교육을 확장하고 도와주는 사업에 필요한 공동기금을

모으고 운용할 수 있다.

이렇게 해서 새로 조직된 기독교교육협의회의 목적과 사업 내용을 보면 마키스 박사의 평양과 서울 강연 내용을 그대로 반영한 것임을 알 수 있다. 장로교와 감리교 6개 선교회 산하 기독교 학교들이 각자 '살 길'을 모색하기보다는 '연합해서' 기독교 학교로사의 정체성을 지키면서 총독부의 지시를 비롯한 변화된 상황에 대응하려는 의지가 들어간 조직 정관이었다. 특히 협의회 산하에 소수 임원으로 평의회(Senate)를 조직한 것은 이 조직의 효율적 운영을 위한 것이었다. 이후 평의회는 기독교 학교의 교과과정 및 학사 관리는 물론이고 학교의 등급 판정과 "어떤 학교를 어느 곳에 몇 개 세울 것인가?" 하는 문제까지도 결정할 수 있는 권한을 갖게 되었다. 한국에서 전개되는 기독교 학교 운영과 관리에 대한 최상위 결정기구라 할 수 있었다. 이로써 한국에서 외국 선교부가 운영하는 기독교학교에 관한 모든 사항을 협의, 결정할 수 있는 초교파 협의체로서 조선기독교교육협의회와 그 실행기구인 평의회가 조직되었다.

이처럼 협의회와 평의회라는 중요한 협의기구가 출범하는데 결정적인 역할을 하였던 마키스 박사는 협의회 조직이 끝난 직후 서울을 떠나 일본을 거쳐 미국으로 돌아갔다.[307] 그는 이번 평양 방문을 계기로 해서 한국의 교육 선교에 더욱 깊은 관심을 갖고 후원하였는데 그가 보내준 선교비로 숭실중학교는 1916년 대강당(헬렌마키스기념당)을 건축했고 평양여자성경학교도 새 교사를 건축하였다.[308] 마키스는 드러나지 않은 '한국 기독교교육 설계의 은인'이었다.

마키스가 떠난 후 그 해(1911년) 5월 11일 첫 번째 기독교교육협의회를 평

---

307) "Notes and Personals", *KMF*, May 1911, p. 120.

308) H.A. Rhodes, *The History of Korea Mission of the Presbyterian Church in the USA 1884-1934*, p. 165.

양에서 개최하였는데 회의에 참석한 각 선교회 대표들은 산하 기구로 평의회와 별도로 '교육정보국'(Educational Information Bureau)을 설치하기로 결의하였다. 정보국 초대 위원장은 언더우드가 맡았고 서기는 남감리회 선교사 저다인(J.L. Gerdine)이 맡기로 했다. 이 기구는 기독교 학교 운영에 관한 정보나 자료들을 공유하고 특히 총독부를 비롯한 행정기관에서 일본어로 발표하는 교육관련 규칙이나 결정 사항들을 신속하게 영어로 번역하여 기독교 교육 관련 실무자들에게 전달하여 효과적으로 대응할 수 있도록 돕자는 의도에서 설립한 것이다. 그러면서 이 정보국을 협의회보다 상위기관인 복음주의 선교연합공의회 안에 두어 협의회와 공의회 사이의 연락기구로 활용하기로 하였다.[309] 교육 선교사와 다른 분야 선교사들의 연합전선을 염두에 둔 조치였다. 그리고 그 해(1911년) 6월 11일 서울 기독교청년회관에서 첫 번째 평의회가 열렸다. 그 자리에서 평의회의 목표를 "전 한국, 전 연령층에서 필요로 하는 모든 것을 충분하게 채워줄 수 있는 기독교교육 설계"(a comprehensive plan for Christian education for all ages for all needs in all Korea)로 정했다. 이런 목표 설정은 통제와 간섭이라는 총독부의 교육정책과 정면충돌할 위험성을 안고 있는 것이기도 했다.[310]

이처럼 '일제의 식민통치'라는 급변한 시대상황에서 장로교와 감리교 선교사들은 기독교교육 분야에서 '연합' 협의체와 기구를 만들었다. 기독교학교로서 정체성을 지키면서 '식민통치'로 인해 탄압받는 한국 민족과 사회를 위한 교육을 추구하기가 쉽지 않은 불리한 교육환경에서, 총독부의 통제와 간섭에 대하여 나름대로 대응할 수 있는 연합전선을 구축한 셈이다. 이 모든 과정과 결정은 베커가 평양에 귀한하기 직전 이루어진 것들이었다. 베커는 1년 전과 비교할 때 확연하게 달라진 환경과 상황에서 미감리회를 대표

---

309) "An Educational Information Bureau", *KMF*, Jun. 1911, p. 152; *ARGC* 1911, p. 44.

310) *Michigan to Korea*, p. 364.

하는 '교육 선교사'로서 이런 연합 체제와 전선에 참여하는 것으로 제2기 선교사 사역을 시작하였다.

8.3 숭실학교 사역 복귀와 평의회 활동

1911년 9월, 안식년 휴가를 마치고 평양에 귀환한 베커는 쉴 틈도 없이 곧바로 사역에 임했다. 우선 숭실대학 교수로 복귀하여 물리와 화학, 천문학, 기초과학을 강의하였는데, 숭실에서 함께 강의하던 루퍼스가 급성이질로 1911년 초에 귀국한 바람에 그가 맡았던 과목까지 베커가 소화해야 했다. 그리고 숭실중학과 숭실대학의 '감리교' 학생들을 지도, 관리하고 고학생들에게 일감과 장학금을 주는 일도 재개하였다. 숭실학교에서는 지방 소학교 교사로 나가 사역하고 있는 '숭실 졸업생'들을 지속적으로 지도하는 일을 새로 베커에게 맡겼다. 이런 숭실학교 사역 외에 미감리회 연회에서 부여한 사역도 있었다. 해리스 감독은 그에게 미감리회 교육위원회 위원장을 맡겼는데 배재학당의 벙커와 이화학당의 프라이가 위원으로 참여해서 미감리회 교육정책 수립과 시행에 관해 협의하였다. 또한 해리스 감독은 그에게 신참 선교사들의 어학 훈련과 시험을 관리할 어학위원회 위원장직도 맡겼다. 그리고 새로 구성된 한국기독교교육협의회와 그 산하 평의회에도 미감리회를 대표하여 참여하게 되었다.[311]

그런 배경에서 베커는 평양으로 귀환한 직후 기독교교육협의회 의장인 마펫을 만났다. 마펫은 그에게 "당신이 가장 먼저 할 일이다."면서 "모든 기독교학교가 통일된 교육을 실시할 수 있도록 소학교부터 대학까지 전 과정 운영방침과 교과과정, 교재 등을 한글 문서로 정리하는 일이다."고 '지시하듯' 일을 맡겼다. 그것은 협의회가 해야 할 가장 중요한 일이었다. 베커는 한국에서 기독교학교 교육의 미래가 달린 일이라 생각하고 그 일을 수행했

---

311) *Arthur L. Becker Korea Book II(1911-1926)*, p. 8; *Michigan to Korea*, p. 366.

다. 그가 가장 고민한 대목은 기독교학교가 추구하는 지성교육과 신앙교육의 조화였다. 다행히 그가 안식년 휴가를 다녀오는 동안 '종교교육'만 고집하던 장로교 선교사들의 태도에도 많은 변화가 있었다. 마펫을 비롯한 장로교 선교사들은 "청년 학생들의 영혼구원 뿐 아니라 그들로 하여금 지구상에서 제대로 사는 법을 바로 선택할 수 있도록 만들어주는 교육을 해야 한다."는 입장으로 바뀌어 있었다.[312] 베커에게 교육협의회나 평의회 일이 한결 수월해졌다.

그러나 모든 논의가 평탄하게 추진된 것만은 아니다. 때론 격론과 경쟁도 벌였다. 특히 새로 설립하려는 '기독교 대학교'(Christian University)이 위치를 놓고 그런 격론이 벌어졌다. 베커는 자신이 한국을 떠나 있던 1년 동안 신설 대학교 위치를 두고 선교사들 사이에 상당한 격론이 벌어졌음을 알았다. 이미 평양에 숭실대학과 서울에 세브란스병원의학교, 그리고 막 시작한 이화학당 대학부 등이 있었지만 모두 전문학교(college) 수준이라 미국의 종합대학(university) 수준의 대학교를 설립하려는 운동이 본격화되고 있었다. 1910년부터 본격화된 대학교 설립논의는 언더우드와 게일 등 북장로회의 서울 선교부 소속 선교사들이 주도하고 베커와 마펫 등 평양 선교부 선교사들이 방어하는 형태로 진행되고 있었다.[313] 서울 연지동에서 경신학교를 운영하고 있던 언더우드와 게일은 배재학당 '연합 교육'에 참여하고 있는 미감리회와 남감리회 선교부를 끌어들여 서울에 세 선교부가 참여하는 '연합 기독교대학'을 설립하자고 제안하였다. 그래서 1911년 9월 15일 감리교 기관지 〈그리스도회보〉에는 "대학교 신설"이런 제목의 기사가 실렸다.

---

312) *Arthur L. Becker Korea Book II(1911-1926)*, pp. 8-9.

313) 게일은 1910년 9월 개최된 한국복음주의선교연합공의회 연례회에서 교육위원장 자격으로 '기독교대학교 설립안'(University Foundation)을 처음 내놓았다. *ARGC* 1910, pp. 19-20.

"근일에 장로교와 우리 량 감리회의 교육기관을 연합할 필요가 잇슴을 서로 깨닷고 세 교회가 위원을 정하야 수월 협의한 결과로 경성 정동 배재학당 안에 대학교를 창설하고 각처 중학교의 졸업생을 밧아 교회에서 작정한 대학과정을 가르친다더라."[314]

그러나 이러한 '서울 쪽' 선교사들의 연합대학 설립 운동에 대해 평양 쪽 선교사들은 거세게 반대하였다. 평양 선교사들은 이미 평양에 '연합대학'으로 숭실대학교가 있는데 이와 별도의 연합 대학교를 서울에 설립한다면 역량이 분산되어 교육 효과가 약해질 뿐이라며 반대하였다. 더욱이 평양의 숭실대학교는 북장로회 해외선교부의 재정 지원(7천 달러)으로 2년 공사 끝에 1912년 봄 신양리에 대학 본관 건물로 3층 벽돌건물을 지어 교육 환경을 개선하였다. 대학 교수진도 대폭 보강하여 북장로회 선교사로 베어드와 새로 들어온 모우리(E.M. Mowry) 호프만(C.S. Hoffman), 필립스(C.L. Phillips), 맥머트리(R.M. MacMutrie), 그리고 미감리회의 베커와 루퍼스, 빌링스 등이 전공 분야를 담당하는 종합대학 수준의 체제를 갖추고 있었다.[315] 그래서 평양 선교사들은 오히려 숭실대학을 집중 지원하여 경쟁력을 높여야 한다고 주장했다. 같은 북장로회 선교사들이지만 평양과 서울로 나뉘어 격론과 갈등을 빚는 상황에서 남장로회나 호주장로회 캐나다장로회에 속한 다른 장로교 선교사들은 관망하는 자세를 취하였다. 결국 서울과 평양에서 북장로회와 '연합교육'에 참여하고 있는 미감리회 선교부의 입장과 선택이 중요한 요인으로 등장했다.

이처럼 장로교와 감리교 선교사들이 '연합 기독교대학' 설립 문제를 두고 격론을 벌이고 있던 상황에서 1911년 10월 20일, 조선총독부는 데라우치(寺

314) "대학교 신설", 〈그리스도회보〉 1911.9.15.

315) *Personal Report of W.M. Baird for the Year 1910-1911*; "Educational Reports: Pyengyang Union Christian College and Academy," *KMEC* 1912, p. 90.

內正毅) 총독 명의로 '사립학교규칙'이 반포되었다. 통감부 시절인 1908년 반포했던 '사립학교령'을 한층 강화한 사립학교 통제 법규였다. 특히 사립학교 교장과 교원의 임명 및 변동에 관하여 총독의 인가를 받아야 하고, 사립학교 교과서도 조선총독부에서 편찬한 것이나 또는 조선총독의 검정을 거친 것을 써야 하고, 학생들이나 교원이 '안녕 질서를 문란케 하거나 또는 풍속을 괴란(壞亂)하는 바'가 있을 때 총독은 학교를 폐쇄할 수 있으며, 사립학교장은 매년 교직원 명단과 그 담당 교과목, 학년별, 재적자 수 및 출석자 수, 교과용 도서배당표 및 회계의 상황을 조선총독에게 신고하여야 한다는 규정 등은 기독교계 사립학교도 총독부 관할 하에 두겠다는 의지를 드러낸 것이었다.[316] 베커는 평의회에 참석해서 '사립학교규칙'에 담긴 위험요소를 지적하며 경계할 것을 지적했으나 대부분 선교사들은 "총독부는 선교사들이 운영하는 기독교학교에 개입하지 않겠다."는 총독의 '예의 발언'을 액면 그대로 받아들이며 베커의 경고를 무시했다.[317]

이런 상황에서 베커는 '연합 기독교대학 설립'과 총독부의 '식민통치 교육정책'을 연계해서 생각했다. 그는 '한국인의 입장에서' 이 문제를 보려고 노력했다. 우선 총독부 교육정책에 대한 한국인들의 생각이 어떠한 지 알아보았다. 그가 내린 결론이다.

> "한국인들도 처음엔 잘 몰랐지만 시간이 지나면서 총독부 법령이 목적하는 바가 '충성된 시민'(loyal citizen)을 양성하는 것임을 알아차렸다. 그것은 곧 일본에 충성하는 국민을 의미하는 것으로 한국인들은 당연히 반대하였다. 한국인들이 자기 국적, 자기 언어, 자기 문화를 포기하지 않을 것은 당연하다. 자기 자녀들이 일본식 학교에서 교육받는 것을 꺼려하는 것도 당연하다. 그런 면에

---

316) 〈朝鮮總督府官報〉 號外(1911.10.20.), pp. 31~32.

317) *Michigan to Korea*, p. 368.

서 선교사 학교에 자녀들을 보냄으로 은밀하게 일본정부와 일본정부 명령을 거부할 수 있는 기회를 얻을 것이다. 내 생각에는 이것도 주님의 사랑을 표현하는 방법 중 하나라고 본다. 이처럼 위급한 때에 우리가 여기 있어 한국인들에게 도움과 사랑을 줄 수 있게 된 것도 하나의 기적이라 생각한다."[318)]

모든 것이 '일본판'으로 변한 세상에서 한국인들은 유일하게 '일본식 교육'을 받지 않을 공간으로 선교사가 운영하는 기독교학교를 택하고 그곳에서 자기 자녀들이 한국 언어와 문화, 역사를 배울 것을 기대하였다. 기독교학교를 민족의 정체성 수호와 습득 공간으로 활용하려는 한국인들을 도와야 한다는 것이 한국 선교사로서 베커의 입장이었다.

"한국인들을 도와주는 일보다 더 중요한 것이 있다. 한국인들이 서로 힘을 합쳐 스스로 설 수 있도록 이끌어주는 일이다. 여기 교회가 이처럼 급속도로 발전한 것은 우리가 토착 목회자들을 교육하고 그 자녀들을 가르쳤기 때문이다. 한국 교인들은 이미 네비어스의 자립 정책에 따라 새로 세운 교회나 학교들을 자기 힘으로 유지해 나가고 있다. 적어도 한국에서만큼은 쌀 교인이 별로 없다! 일본인들도 그렇지만 우리 서양인들도 한국인들이 자기네 나라 안에서 자기 능력으로 설 수 있는 자립 능력을 갖고 있다는 점을 과소평가해 왔다."[319)]

그는 기독교학교라 할지라도 선교사들이 계속 지배하고 관리하는 형태를 유지해서는 안 된다고 생각했다. 한국 기독교인들이 스스로 학교를 운영할 수 있도록 자립심을 길러주는 것이 중요했다. 경제적 자립은 곧 정치적 독립을 의미하는 것이기도 했다. 그런 의미에서 '지배욕'이 강한 보수적 장로교

---

318) *Michigan to Korea*, p. 371.

319) *Michigan to Korea*, p. 372.

선교사들이 포진한 평양보다는 상대적으로 진보적인 선교사들이 많은 서울을 선호하게 되었다.

> "나도 이곳 평양에서 생활이 좋다. 전에도 말했지만 장로교 동료 선교사들의 실력이 뛰어난 것은 나도 인정하는 바이다. 그리고 그들이 주장하는바, 학생을 처음부터 선량한 성품으로 바꾸지 않으면 아무리 교육해도 효과가 없으며 또한 잘못된 성품을 그대로 두고 교육을 시키면 사회에 해가 될 뿐이라는 원리에 입각하여 학생을 먼저 기독교인으로 만들고 그 다음에 가르쳐야 한다는 그들의 주장에도 일리는 있다. 하지만! 그렇다고 성경만 가르친다는 것은 현대를 살아가야 하는 한국의 젊은이들을 너무 작은 무기로 무장시키는 것이라 생각한다. 내가 위원회로 모일 때마다 우리는 보다 넓은 관점에서 봉사해야 한다고 주장했던 이유다."[320]

바뀌었다고는 하지만 여전히 평양의 '보수적' 장로교 선교사들은 종교교육을 우위에 두고 성경과 신앙교육을 일반과목 학습보다 강조하였다. 그렇게 길러낸 학생들이 종교생활에서는 강할지 모르지만 일반사회에 나가 직장인으로 살아갈 때 불신자들과의 경쟁에서 밀리게 될 것은 당연했다. 그런 점에서 일반교육과 종교교육의 균형을 추구하는 언더우드와 게일 등 서울 선교사들의 입장이 보다 합리적이었다. 특히 서울 선교부를 대표하고 있던 언더우드는 1908년 무렵부터 "서울에 강력한 기독교 대학을 설립해야 한다."는 의지를 갖고 모금 활동을 시작하였고 1912년 병 치료를 위해 미국을 방문한 기간 중에 미국 선교본부 관계자들을 만나 서울에 기독교대학을 설립해야 할 이유를 설명하며 지지를 호소하였다.[321] 베커는 이미 1903년 처

---

320) *Michigan to Korea*, p. 372.

321) L.H. Underwood, *Underwood of Korea*, New York: The Fleming H. Revell Company, 1918, pp. 274-275, 296.

음 서울에 도착했을 때 언더우드로부터 "함께 일해 보자."는 제안을 받았던 경험이 있었다.

그래서 베커는 새로 설립하는 연합대학은 평양이 아닌 서울에 두어야 한다는 쪽으로 방향을 잡았다. 베커는 이런 입장을 평양의 동료 선교사들과 해리스 감독에게 밝혔고 다른 감리교 선교사들도 이와 같은 베커의 입장을 지지하였다. 그리하여 미감리회의 입장은 "새로 설립하는 기독교대학은 서울에 둔다."는 쪽으로 방향을 잡았다. 이러한 미감리회 교육 선교사들의 입장은 1912년 연회에서 확인되었다.

8.4 1912년 연회 보고

1912년 연회는 3월 5일부터 12일까지 서울 상동교회에서 개최되었다. 3월에 연회를 개최한 이유는 1908년 경우처럼 4년마다 열리는 미감리회 총회가 6월에 계획되어 있었기 때문이었다. 베커로써는 2년 만에 참석하는 연회였다. 베커는 연회 첫날 그의 숭실중학교 제자 손정도가 중국 선교사로 사역한 결과를 보고하는 모습을 보면서 크게 감격하였다. 미국 감리교회에서 파송하여 들어온 선교사들은 이제 한국 감리교회가 중국에 파송한 선교사의 사역보고를 듣는 입장이 되었다. 그리고 연회 마지막 날에는 1907년 평양 대부흥운동 때 손정도와 함께 숭실중학교 회개운동과 전도운동의 주역으로 활약했던 강신화, 그리고 베커가 내한해서 처음 파송 받았던 맹산구역에서 함께 사역했던 이동식 전도사가 목사 안수를 받는 모습을 보면서 또한 감격하였다.[322] 이런 식으로 베커의 숭실 제자들은 교육자와 목회자, 선교사가 되어 그의 사역을 계승했다.

베커의 연회 보고는 목회 사역과 교육 사역으로 나뉘었다. 칠산구역과 아펜젤러기념교회 목회 보고는 평양지방 감리사 모리스의 보고서 가운데 넣

---

322) *KMEC* 1912, pp. 6, 22.

었다. 그는 칠산구역에 대하여 "구역 내 7개 교회에 평균 933명이 출석하고 있는데 지난 1년 동안 99명이 증가하였다. 소학교 9개에 총 161명이 공부하고 있는데 평의회에서 정한 교과과정에 따라 수업을 받고 있었다. 어려운 형편에서도 교인들은 자급 헌금을 꾸준히 실시하였고 교인 30여 명이 십일조회를 조직한 것이 교회 재정에 큰 힘이 되었다. 각 교회마다 매월 속장과 유사 모임을 갖고 있으며 역시 각 교회마다 열흘 동안 사경회를 열어 교회 분위기가 좋아졌다."고 보고하였다. 그리고 아펜젤러기념교회에 대하여 "예배당이 작은데도 등록교인이 244명이며 평균 2백 명이 출석한다. 작년보다 배가 늘어난 수치다. 1년 동안 34명에게 세례를 주었고 교인들은 지난 두 달간 자급헌금을 실시하여 목회자 생활비를 대고 있다. 유년주일학교에는 250명이나 출석한다."고 보고하였다.[323] 그가 1년 동안 자리를 비웠는데도 교회들은 꾸준하게 성장하였다. 특히 평양 중심부에서 '배가성장'한 아펜젤러기념교회의 발전이 두드러졌다.

다음으로 숭실학교 사역보고는 연회 7일째 되는 3월 11일에 하였는데 보고서는 숭실에서 함께 사역하는 루퍼스 및 빌링스와 공동 명의로 작성하였다. 우선 숭실대학에 관한 보고다.

> "대학은 9월 15일 개강했는데 입학시험을 통해 37명을 신입생으로 받아들였습니다. 그 중에 25명은 우리 중학교 출신이고 12명은 다른 학교 출신입니다. 대학의 전교생은 68명인데 그 중 14명이 감리교 학생입니다. 감리교 학생들은 모두 중학교 졸업생이며 41%가 숭실중학 출신입니다. 이로써 전체 학생은 1학년 37명, 2학년 13명, 3학년 18명이 되었습니다. 현재까지 8명이 질병으로, 12명이 다른 이유로 중도 포기하였습니다. 60명이 가을 기말고사를 치렀고 그 중 48명이 1월 12일 개강에 등록할 수 있었습니다. 두 학기 등록금 수입

323) C.D. Morris, "Report to the Pyeng Yang, West Pyeng Yang, and Yeng Byen District to the Annual Conference of 1912", *KMEC* 1912, pp. 51-52.

은 모두 47만 6천원이었습니다."[324]

6년 전에 12명으로 시작한 대학교가 이제 68명으로 늘어났다. 물론 그 사이 3회에 걸쳐 졸업생 13명을 배출하였다. 다음은 대학 교수진과 담당 과목에 대한 보고다.

"대학 교수진은 거의 선교사로 꾸며졌는데 전공 부서와 과목을 다음과 같이 배정하였습니다. 성경과 윤리(베어드 박사), 수학부(루퍼스), 물리 화학부(베커), 생물학부(모우리), 역사와 정치윤리(빌링스), 정신과학과 음악(호프먼), 언어와 체육(필립스), 공작부(맥머트리). 이 외에 베커 부인이 생물학부에서 가르쳤습니다. 호프만과 필립스는 언어 문제 때문에 대학에서 충분히 교수할 수 없었으며 빌링스와 루퍼스도 한 학기만 강의하였습니다. 하지만 지난 가을 장로교 선교부의 번헤슬이 바쁜 일정에도 우리 학교에 와서 큰 도움을 주었습니다. 그래서 전체적으로 만족할만한 내용의 보고를 드릴 수 있게 되었습니다. 무엇보다 실험도구들이 보충되어 화학과 물리학 실습실을 운용할 수 있게 되었습니다. 베어드 박사 부부께서 몇 가지 분야 교재를 출판해 주셨습니다. 모우리는 자기가 가르치는 과목 실험도구를 구입해 주었고 교재도 번역하였습니다. 빌링스는 작년보다는 많은 시간을 할애할 수 있었고 루퍼스도 자신이 담당한 수학부 과정을 좀 더 체계화하였습니다. 호프먼은 음악부를 활성화시켰고 필립스는 우리 학교 축구와 야구 등 체육활동에 큰 도움을 주었습니다."[325]

숭실대학의 교수진과 교과목이 대폭 늘어났을 뿐 아니라 수학과 물리화

---

324) W.C. Rufus, B.W. Billings, A.L. Becker, "Pyeng Yang Union College and Academy", *KMEC*, 1912, p. 90.

325) W.C. Rufus, B.W. Billings, A.L. Becker, "Pyeng Yang Union College and Academy", *KMEC*, 1912, pp. 90-91.

학, 생물학, 공작 분야는 부(department)로 운영해서 종합대학교(university)로 승격하기 위한 준비 작업을 하고 있음을 알 수 있다. 베어드가 북장로회 선교부 지원으로 신양리에 새로운 대학 교사를 마련한 것도 같은 맥락이었다.

"우리는 내년도에 학교를 대대적으로 확장할 계획을 수립해 놓고 있는데 지금으로서는 건축 중인 새 건물이 완공단계에 이르렀다는 것 말고는 말씀드릴 것이 없습니다. 내년에 자세히 말씀드리겠습니다. 대학생들의 신앙 분위기는 아주 만족할 만 합니다. 그들의 신앙이 진보하고 있음을 보여주는 증거는 많습니다. 우리는 대부분 학생들이 전적으로 주님 사역에 헌신할 것이라 믿어 의심치 않습니다. 각 반 별로 학급 임원들이 선출되었는데 그들은 학급 학생들을 그리스도께 인도하기 위해 특별한 관심을 갖고 노력하고 있으며 그 결과도 눈에 띠게 나타나고 있습니다. 학생과 교수는 금년에 더욱 가까워졌습니다."[326]

대학은 나름대로 교수진과 시설(건물과 교보재)을 확충하고 안정적인 기반을 구축한 후 착실하게 발전해 나가고 있었다. 다음으로 중학교 사역을 보고하였는데 학생과 교사진, 수업에 관한 내용이다.

"지난 1911년 9월 10일 중학교 새 학기를 시작했습니다. 그에 앞서 입학시험을 치렀는데 2백 명이 넘는 학생이 지원해서 그중 194명이 최종 합격했습니다. 전교생은 358명인데 그 중에 1학년이 43명, 2학년이 151명, 3학년이 92명, 4학년이 72명입니다. 감리교 학생은 모두 87명인데 그 중 7명이 1학년, 29명이 2학년, 25명이 3학년, 26명이 4학년입니다. 가을 학기 중에 35명이 병으로 그만두었고 20명은 분명한 이유 없이 그만 두었습니다. 12월 15일 가을 학기를 마쳤습니다. 겨울학기는 1월 10일 287명 학생으로 시작하였는데 그 중

---

326) W.C. Rufus, B.W. Billings, A.L. Becker, "Pyeng Yang Union College and Academy", *KMEC,* 1912, p. 91.

80명이 감리교 학생이었고 평균 출석은 273명이었습니다. 1학년이 한 반이고 2학년은 5반, 3학년은 3반, 4학년은 2반, 총 11개 반으로 나누어 가르쳤습니다. 그 결과 많은 선생이 필요했는데 전임 교사 9명, 임시 교사 5명, 강사 7명이 총 312시간을 가르쳤으며 한 사람이 한 시간 당 평균 25전의 보수를 받고 일을 감당했습니다. 대학 교수는 단지 3시간만 맡았는데 빌링스와 루퍼스가 담당했습니다.[327)]

다음은 학생들의 가정환경과 출신지, 그리고 재정에 관한 내용이다.

"중학생들은 모두 기독교인으로서 평균 연령은 19세입니다. 280명 학생 가운데 202명이 기독교 소학교 출신이고 64명이 다른 소학교에서 4년 이상 교육을 받았습니다. 부모가 모두 교인인 학생은 222명입니다. 246명이 평안도 출신이고 24명이 황해도, 4명이 충청도, 2명이 전라도, 1명이 경기도 출신입니다. 가을과 겨울 학기 학생 등록금 수입은 1,671원 30전입니다. 197명이 학비를 자부담하고 있으며 122명이 일을 해서 학비를 벌고 있습니다. 47명이 어떤 형태로든 감리교 기관에서 일하고 있습니다. 금년 감리교 학생보조부에서 지출한 금액은 901원 33전입니다. 따라서 학생 한 명당 월 7전 정도 지출한 셈입니다."[328)]

처음엔 평양을 중심으로 북한지방 학생들만 들어왔는데 이제는 충청도와 전라도에서도 학생들이 올라 와 '전국적인' 학교가 되었다. 학생들의 수업과 학교생활 분위기도 기대 이상이었다. 학생들의 활기찬 모습은 운동장에

327) W.C. Rufus, B.W. Billings, A.L. Becker, "Pyeng Yang Union College and Academy", *KMEC*, 1912, pp. 91-92.

328) W.C. Rufus, B.W. Billings, A.L. Becker, "Pyeng Yang Union College and Academy", *KMEC*, 1912, p. 92.

서 발견할 수 있었다.

"체육이 붐을 일으키고 있습니다. 체육반을 조직하였는데 등록 학생 130명이 자발적으로 65원을 거두어 축구와 야구 운동기구를 구입했습니다. 종목별로 시간을 나누어 활동하는데 그 결과 매일 운동장에서 온 종일 운동하는 학생들을 볼 수 있습니다. 교사들도 테니스반을 만들어 겨울방학 동안 거의 매일 운동했습니다. 교사들이 이렇게 운동을 한다는 것은 놀라운 일입니다."[329]

학생 뿐 아니라 한국인 교사들도 운동장에 나와 뛰었다. 개화되었다고는 하지만 여전히 많은 교사들이 봉건시대 '서당 훈장'의 권위의식을 버리지 못하고 있었다. 이제 그런 체면과 습관을 버리고 학생들과 함께 달리게 되었으니 그것이 바로 베커가 추구하였던 실용주의 근대교육의 결실이었다. 이런 분위기를 배경으로 해서 베커는 조금 더 진보적인 목표를 학생들에게 제시할 수 있었다.

"우리가 내건 '나아가자'(Make progress)란 표어에 맞추어 우리는 전에 만들었던 목표를 계속 추구하는 한편 학생들로 하여금 학업에서 뿐 아니라 생활에서도 새로운 목표를 제시하고 격려하였는데 학생들은 우리가 기대한 이상의 결과를 성취하였습니다. 학생들은 우리가 요구하는 바를 열심히 따라 주었습니다. 우리는 그들에게 평소에 하지 않던 것도 요구했습니다. 그러나 그들은 불평하지 않고 선생을 믿고 따랐습니다. 우리는 이런 학생들을 지도하는 기쁨을 누렸습니다. 이처럼 학생들의 분위기가 바뀐 것은 1) 이들이 대부분 기독교 가정에서 훈련을 받았고 2) 대부분 기독교 소학교에서 교육을 받았던 때문입니다. 이들의 연령을 두고 볼 때 이들이 잘 훈련을 받은 다음 대학 과정까지 마치

---

329) W.C. Rufus, B.W. Billings, A.L. Becker, "Pyeng Yang Union College and Academy", *KMEC*, 1912, p. 93.

면 훗날 우리 교회의 유능한 지도자들이 될 것은 분명합니다."[330]

숭실 졸업생들이 "훗날 교회의 유능한 지도자들이 될 것이다."는 전망은 이미 이루어지고 있었다. 그것은 숭실 졸업생의 현장사역에서 확인되었다. 숭실중학교는 1904년 첫 졸업생 3명을 배출한 후 1911년 제 8회 졸업생 44명을 배출하기까지 총 158명을 졸업시켜 내보냈다. 이들 졸업생들의 사역 현황이다.

"중학교 사역에 관하여 덧붙일 것이 있습니다. 현재까지 모두 158명이 졸업하였는데 그 중 32명이 대학에서 공부하고 있으며 15명은 한국 곳곳에 흩어져 교회 사역을 하고 있고 49명은 교회부속 소학교와 고등학교에서 교사로 활약하고 있습니다. 5명은 사망했고 5명은 외국에 나가 공부하고 있으며 26명만 어디 있는지 모릅니다. 그러고 보면 전체 졸업생의 78%가 기독교 사역에 임하고 있는 셈입니다."[331]

숭실 졸업생 10명 중 8명이 교회나 기독교기관에서 사역을 하고 있었다. 숭실학교의 설립 목적인 '기독교 사역자 양성'은 이렇게 현실에서 이루어지고 있었다. 숭실 출신들이 이처럼 졸업 후 교회와 사회 현장에서 기독교 사역을 전개할 수 있었던 것은 그들이 재학시절 학교에서 받았던 신앙교육과 전도훈련이 있었기에 가능했다. 재학생들의 신앙 교육과 전도 훈련은 숭실의 전통으로 자리 잡았다. 베커와 빌링스, 루퍼스의 숭실학교 사역 보고는 학생들의 신앙과 전도 열기를 소개하는 것으로 끝났다.

---

330) W.C. Rufus, B.W. Billings, A.L. Becker, "Pyeng Yang Union College and Academy", *KMEC*, 1912, pp. 92-93.

331) W.C. Rufus, B.W. Billings, A.L. Becker, "Pyeng Yang Union College and Academy", *KMEC*, 1912, p. 93.

"전도열기도 작년보다 배가(倍加)되었습니다. 학생들은 자발적으로 선교비를 거두어 선교사를 보조하고 있습니다. 전도회 회원이 150명인데 그들은 이미 80원을 거두었습니다. 학생들도 영성을 키우기 위해 나름대로 노력하고 있으며 방학만 되면 순회전도단을 만들어 활동하는데 명성이 대단합니다. 지난 가을 한 주간 동안 매일 오전 5시에 새벽기도회를 열었는데 매일 아침 1백 명 이상 참석했습니다. 2학기 개학 때 정례대로 한 주간 사경회와 기도회를 열어서 학생 전체가 큰 은혜를 받았고 영적으로 더욱 고상한 삶을 살기로 결심하였습니다. 최근 주일 예배 때 학생 헌신예배를 드렸는데 거의 모든 학생이 성역에 봉사하겠다는 의사를 표하였습니다. 내년에는 이보다 더 좋은 보고를 드리게 되기를 기대하면서 이것으로 우리의 보고를 마칩니다."[332]

베커가 떠나 있었던 동안에도 교회와 학교는 꾸준히 발전, 성장하였다. 특히 숭실은 북한지역 뿐 아니라 전국에서 학생들이 몰려오고, 또한 졸업생들이 나가서 사역하는 '기독교 명문학교'로 자리를 잡아 나가고 있었다. 그런데 문제는 베커를 비롯한 감리교 선교사들이 이런 평양의 숭실학교를 두고 '서울 쪽으로' 마음과 사역의 방향이 바뀌고 있었다는 점이다.

332) W.C. Rufus, B.W. Billings, A.L. Becker, "Pyeng Yang Union College and Academy", *KMEC,* 1912, p. 94.

9. 한민족의 수난과 교육선교

9.1 연합기독교대학 위치 문제

1912년 미감리회 연회는 장차 설립될 기독교연합대학에 관하여 중요한 결정을 내렸다. 평양에서 숭실 '연합학교' 사역에 참여하고 있던 베커와 빌링스, 루퍼스를 포함한 미감리회 교육위원들은[333] 연회 기간 중(3월 6일) 서울에서 사역하고 있던 남감리회 교육위원들과 회합, 두 감리교회가 연합으로 추진하고 있는 기독교 학교사업에 대한 전반적인 문제들을 놓고 토론하였다. 그 무렵 장로교와 감리교 선교사들 사이의 '뜨거운' 논란거리였던 연합대학교 위치 문제를 두고 집중 토론하였다. 참석자들은 토론 결과를 정리하여 '대학교 사업에 관하여'(Concerning College Work)라는 제목의 건의안을 연회에 제출하였다.[334]

1. 우리는 남자대학에 관하여 지난 1910년 연회록 14쪽에 기록되어 있는 바, '선교부는 평양에 남자대학 하나, 서울에 남자대학과 여자대학 하나씩, 총 세 개 대학을 설립할 계획을 수립한다.'는 결의안을 이번 연회에서 폐기한다.
2. 선교부로 하여금 한국에 단 하나의 남자대학만을 지원하도록 권고한다.
3. 한국에 단 하나의 기독교대학을 세우는 것이 바람직하다는 의사를 밝힌다.
4. 그 대학의 위치는 서울이 좋다고 생각한다.

---

333) 1911년 미감리회 연회 교육위원은 남자 선교사로 베커와 루퍼스, 빌링스, 윌리엄즈, 케이블, 스웨어러, 로턴(B.R. Lawton), 레퍼트(R.R. Reppert), 데밍, 테일러(C. Taylor), 여자 선교사로 마커(J. Marker)와 헤인즈(I. Haynes), 로빈스(H. Robbins) 등이었다. *KMEC* 1912, p. 2.

334) "Report of the Educational Committee," *KMEC* 1912, p. 101.

5. 교육평의회에 파견된 우리 연회 회원들은 (남자대학) 위치에 관한 문제를 한국에서 사역하고 있는 각 선교회에 통보한 후 투표하여 그 결과를 알려주도록 이끌어야 한다.
6. 이런 방식으로 해서도 위치 문제가 결정이 나지 않으면 이 문제를 미국의 감리교회와 장로교회 선교본부에 맡겨서 결정하도록 한다.
7. 교육위원회는 이러한 임시 결의사항은 연회에 제출하여 허락을 받는다.

이 보고서 1항에 언급한 내용은 1910년 미감리회 연회에서 평양 남자대학(숭실대학), 서울 남자대학(배재학당 대학부), 서울 여자대학(이화학당 대학부) 세 곳을 지원하겠다고 결의한 바 있었는데 그것을 폐기하고 한국에서 한 곳 대학만 지원하기로 정책을 바꾸겠다는 것이었다. 또한 건의안의 핵심 내용은 그 "한국에 하나의 기독교연합대학을 두되 그 위치는 서울로 한다."(one college in Korea and that college should be located in Seoul)는 것이었다. 그리고 이러한 미감리회 연회의 입장을 평의회를 통해 다른 선교회 관계자들에게도 알리고 평의회로 하여금 이 사안(연합대학교 위치)에 대한 투표를 실시하여 결정하도록 유도하자는 것이다. 평의회에서 결론이 나지 않으면 선교사들을 파송한 미국의 장로교와 감리교 선교본부로 하여금 협의하여 결정하도록 하자는 의견까지 첨부했다.

이러한 교육위원회 건의안에 대하여 연회원들은 수용하는 분위기였지만 '사안의 중요성'을 감안하여 결의는 하지 않고 결정을 유보했다.[335] 연합교육에 참여하는 다른 선교회들의 입장을 살펴본 후 최종 결정을 하겠다는 뜻이었다. 비록 연회의 공식 결의는 얻지 못했지만 이런 식으로나마 문제를 공론화하였다는 점에 의미가 있었다. 그래서 베커는 이를 두고 "황소 뿔을 잡

---

335) *KMEC* 1912, p. 18.

은 셈"(took the bull by its horns)이라 표현했다.[336] 이처럼 미감리회 연회가 교육위원회 보고를 접수한 이틀날(3월 12일), 개성에서 열리고 있던 남감리회 연회는 "연합대학을 서울에 설립하는 것이 바람직하다."는 교육위원회 건의안을 통과시킴으로 미감리회보다 더욱 진전된 결론을 도출하였다.[337] 이로써 "연합기독교대학을 서울에 두어야 한다."는 방향에서 미감리회와 남감리회의 연합전선은 형성되었다.

비록 1912년 연회에서 확실하게 결론을 내지는 못했지만, '서울 연합기독교대학 설립안'을 지지했던 해리스 감독은 1912년 연회를 마치면서 그 계획을 추진할 수 있도록 교육전문 선교사들을 재배치하였다. 우선 베커와 함께 평양 숭실에서 사역하던 루퍼스를 서울로 옮겨 남한지역 학교들을 감독하면서 서울에서 연합대학 설립에 관한 일을 추진하도록 하였다. 그리고 베커는 평양에 머물러 숭실학교 사역과 북한지방 학교들을 감독하면서 아펜젤러기념교회와 칠산구역 목회도 겸하도록 하였다. 4년차인 빌링스는 평양에서 베커와 함께 숭실학교 사역을 하면서 평양 구골교회와 새로 시작한 중화구역 사역을 맡게 되었다. 이러한 교육 선교사 재배치는 베커가 해리스 감독에게 제안한 것이기도 했다.[338]

이러한 감리교 연회 결과는 평양에 있던 장로교 선교사들에게 '실망스런 소식'으로 전달되었다. 숭실학교에서 베커와 함께 사역했던 선교사들에겐 더욱 그러하였다. 연회를 마치고 평양으로 돌아온 베커를 보는 장로교 선교사들의 시선이 부드럽지 않을 것은 당연했다. 미감리회 연회가 그런 결정을 내리기까지 베커가 어떤 역할을 했는지 알게 되었을 때 실망감은 배반감으로 바뀌었다. 베커도 그런 장로교 선교사들의 심정을 이해하였다. 베커는 당시 상황을 이렇게 서술했다.

---

336) *Arthur L. Becker Korea Book II(1911-1926)*, p. 11.

337) *Minutes and Reports of Korea Mission of the Methodist Episcopal Church, South*, 1912, pp.7-8, 39.

338) *KMEC* 1912, pp. 29-30; *Michigan to Korea*, p. 371.

"당연히 베어드와 리, 블레어 등 나와 함께 오랫동안 일했던 평양 장로교 선교사들은 나와 감리교 선교사들에게 실망감을 느꼈을 것이다. 특히 대학 문제에 관해서 그러했다. 몇몇 선교사들은 주저하지 않고 나를 보고 '배반했다.'면서 실망감을 표하였다. 그러나 나는 대학 문제만큼은 평양에 있는 장로교 선교사들의 입장이 아니라 전체 한국을 보면서 보다 넓은 시각에서 다뤄야 한다고 생각했다. 나는 하나님께서 평양 한 곳에만 대학을 두기를 원하시지는 않는다고 확신했다. 물론 하나님의 뜻이 그렇다고 자신 있게 말할 수는 없지만 말이다(훗날 역사가 말해 줄 것이다). 빌링스와 루퍼스, 그리고 나 베커, 이 세 사람과 노블 박사는 우리의 믿음이 우리를 엉뚱한 곳으로 인도하지는 않을 것이란 확신이 있었다."[339]

미래를 내다보며 결정했다는 신념을 갖고 베커는 마펫이 의장으로 있는 기독교교육협의회나 평의회에 참석해서 미감리회의 입장을 대변했다. 때로는 나이나 경륜이 한참 선배인 장로교 선교사들과 논쟁을 벌여야 했다. 이 부분에서 베커는 미감리회 대표로 함께 선발된 루퍼스, 빌링스와 역할을 분담하였다. 대외적으로 발언하고 토론하는 일은 '달변가 빌링스'(The Eloquent Billings)가 맡았고 토론에 앞서 정보와 자료를 제공하는 일은 '학자풍 루퍼스'(The Scholarly Rufus)가 맡았으며 전체적인 전략과 진행은 '불굴의 베커'(Indefatigable Becker)가 맡았다.[340] 선교사들 사이에 '감리교 3총사'로 불렸던 이들은 6월에 개최될 평의회를 앞두고 다른 선교회 인사들과 접촉하며 감리교 입장과 이유를 설명하고 설득하였다. 1년 전 조직된 기독교교육협의회 산하 평의회는 "기독교학교 설립에 관하여, 그 종류(kind)와 숫자(number)와 위치(location)를 결정할 수 있는 권한"을 지니고 있었기에 논의되고 있는

---

339) *Arthur L. Becker Korea Book II(1911-1926)*, p. 16.

340) *Michigan to Korea*, p. 373.

'연합기독교대학'의 위치에 관하여 어떤 식으로든 결론을 내야만 했다.

그렇게 해서 1912년 6월 12일, 서울 기독교청년회관에서 평의회가 소집되었다. 1912년 기독교교육협의회에 참여하는 장로교와 감리교 6개 선교부에서 새로 선출한 대표들이 참석한 첫 번째 회의였다. 미감리회 대표로 베커와 루퍼스와 빌링스, 남감리회 대표로 크램(W.G. Cram)과 왓슨(A.W. Wasson)과 윔스, 그리고 북장로회 대표로 마펫과 베어드와 아담스(J.E. Adams)가 참석했고 그 외에 캐나다장로회, 호주장로회, 남장로회 대표 한 명씩 참석하였다. 북장로회 서울 선교부에서는 대표가 한 명도 나오지 못했고 언더우드는 '특별위원' 자격으로 참관만 하였다. 이렇게 소집된 평의회에서는 총독부에서 요구하는 사립학교 교육 과정대로 보통학교 4년, 고등보통학교 4년 체제를 수용하되 미국 기준으로 대학입학 실력을 갖추기 위해 고등보통학교 과정에 2년을 더 추가하기로 하였다. 그리고 관심의 초점이 되고 있는 '연합기독교대학'에 대하여 "한국에서 하나의 연합기독교대학을 운영한다."는 것은 만장일치로 결의하였지만 그 위치에 대해서는 감리교 측에서 제시한 '서울 연합기독교대학 설립안'을 두고 투표한 결과 찬성 6명, 반대 6명, '동수'로 나왔다.[341] 장로교와 감리교 표가 서로 갈린 것이다. 결국 결론을 내지 못했다.

결과적으로 6월의 평의회 표결은 장 · 감 대결로 비치게 되었다. 또한 "미감리회가 평양 연합교육(숭실학교) 사역에서 손을 떼려 한다."는 소문이 장로교 선교사 사회에 급속하게 퍼졌다. 숭실에서 함께 사역하는 북장로회 선교사들은 물론이고 다른 지역의 선교사들도 그동안 장로교와 감리교 사이에 유지되어 온 '연합운동'이 와해되는 것은 아닌지 우려하였다. 그런 우려와 걱정은 선교사 잡지 〈The Korea Mission Field〉 1912년 7월호에 실린 캐나다장로회 선교사 그리어슨(R. Grierson)의 글에서 확인할 수 있다.

---

341) *Arthur L. Becker Korea Book II(1911-1926)*, pp. 10-11, 21-22; *Michigan to Korea*, p. 370.

"현재 우리가 처한 상황의 심각성을 인식하면, 그런 중에도 하나님께서는 당신의 백성들이 최선을 다하기를 원하신다는 사실을 믿는다면, 지금까지 한국에서 사역하는 가운데 하나 됨을 통해 하나님의 충만하신 은총을 받아왔음을 기억한다면, 과거 우리가 이룩한 첫 번째 연합(union)의 결과인 평양의 연합교육 사업이 와해될지도 모른다는 소식을 접하고 심각한 우려를 금할 수 없으니 그것은 다른 연합운동에도 (좋지 않은) 영향을 끼칠 수도 있기 때문이다. 지금 우리는 연합이란 과제를 미뤄두거나 파기함으로 '바른 길을 잃어버리는 것'(missing the right way)은 아닌지, 혹은 처음 연합을 논할 때부터 '바른 길을 잃어버린 것'(miss the right way)은 아닌지?"[342]

이런 장로교 선교사들의 우려와 걱정에 대하여 당사자인 미감리회 선교사들, 특히 교육위원회에 속한 선교사들도 적극적으로 해명하고 나섰다. 우선 루퍼스는 〈The Korea Mission Field〉에 그리어슨의 '우려 서한'이 실린 한 달 후, "연합 문제"란 제목의 글을 같은 잡지에 투고하였는데 그는 장로교 선교사들의 우려는 "평양 상황에 대한 이해 부족에서 비롯된 것"이라고 지적하였다.[343] 그리고 1912년 3월 미감리회 연회에 제출했던 교육위원회의 〈연합대학교 사역에 대한 미감리회 방안〉(Methodist Episcopal Mission Action Concerning Union College Work)이란 건의안 전문과 함께 그것을 설명하는 긴 논문을 함께 발표하였다. 루퍼스와 베커, 스웨어라 3인이 공동 작성한 논문은 미감리회가 연합기독교대학 설립을 모색하게 된 배경을 1) 정치·사회적인 환경 변화, 2) 선교 역량을 분산하기보다 집중하는 것이 효과적이라는 선교회 판단 때문이라고 했다. 그러면서 한국에서 '하나의 기독교 연합대학'을 육성하는 방안은 미감리회 한국선교회 내부의 의견만이 아니라 미국의 장로교와 감리교

342) R. Grierson, "Correspondence", *KMF* Jul. 1912, pp. 204-205.

343) W.C. Rufus, "The Union Question", *KMF* Aug. 1912, p. 228.

해외선교 책임자와 관계자들도 지지한 내용임을 밝혔다.[344)]

그리고 '단일 연합 기독교대학'의 위치에 대하여 서울을 선호한 이유를 1) 지리적으로 한반도 중심에 위치하여 전국에서 접근이 쉽고, 2) 미감리회와 남감리회, 북장장로회 외에 성공회, 동양선교회, 성서공회, 기독교청년회 등 기독교 선교단체들이 함께 사역하고 있으며, 3) 정부가 운영하는 도서관과 동물원, 식물원, 박물관, 강연장 등이 있어 교육환경이 좋고, 4) 한국인들이 수도를 선호하고, 5) 공업과 상업 중심지이며, 6) 이미 세브란스의학교과 협성신학교, 피어선기념성경학원 등 '연합' 기독교 학교들이 있고, 7) 인구가 가장 많은 수도에서, 8) 공교육 기관과 제도의 지원을 받을 수 있다는 점을 제시하였다.[345)] 종합하면 인구가 많고 교통이 편리하며 정치와 경제, 문화, 교육 시설이 충분한 수도에 선교 역량을 집중하여 '연합 기독교대학'을 설립, 운영하는 것이 효율적이라는 판단이었다. 논문은 지금까지 '함께' 사역했던 북장로회 인사들, 특히 평양의 숭실학교 사역에 동참했던 베어드를 비롯한 장로교 선교사들에게 미감리회가 그런 결정을 할 수밖에 없었던 상황을 이해해 달라는 부탁으로 끝났다.

> "우리와 함께 연합 사업에 임하고 있는 친구들에게 밝히고 싶은 것은 우리의 이러한 일련의 조치가 평양에서 진행되고 있는 연합 사업을 반대하기 때문이 아니라는 것이다. 우리는 보다 넓은 연합의 기반에서 한국 전체를 위하여 보다 효율적인 교육 사업을 추진하려는 순수한 뜻에서 일을 추진하고 있을 뿐이다. 우리는 최근 브라운 박사[미국 북장로회 해외선교부 총무]로부터 편지

---

344) 루퍼스는 '한국의 단일 기독교대학' 설립을 지지한 미국측 인사로 미국 북장로회 해외선교부 총무 브라운(A.J. Brown) 박사와 1910년 에딘버러선교대회에서 교육분과 위원장을 맡았던 볼티모어여자대학 설립자 가우처 박사, 미감리회 맥도웰(McDowell) 감독, 자선사업가 록펠러재단 대변인 마키스 박사 등을 언급하였다. W.C. Rufus, "The Union Question", *KMF* Aug. 1912, pp. 229-230.

345) W.C. Rufus, "The Union Question", *KMF* Aug. 1912, p. 231.

를 받았는데 그것을 통해 우리는 미국 북장로회 선교본부가 한국에서 하나의 대학이 운영되기를 선호하면서도 위치 문제는 열어놓겠다는 입장인 것을 알 수 있었다. 우리도 하나의 연합대학(one union Christian college)을 운영할 것인가 하는 문제가 우선이고 위치는 그 다음 문제라고 생각한다."[346]

"위치 문제는 별개"라고는 말은 하였지만 이미 미감리회 선교사들의 마음속에는 "한국에 하나의 연합 기독교대학을 설립한다면 그 위치는 서울이다."는 생각이 지배적이었다. 평의회는 그 해 12월 20-21일 또 한 차례 모여 장로교 선교사 5명과 감리교 선교사 5명이 '연합기독교대학' 위치를 두고 다시 투표하였는데 평양 5표, 서울 5표로 다시 '동수'가 나왔다. 결국 이 문제는 한국에서 결론을 내리지 못하고 미국의 장로교와 감리교 선교본부 차원에서 해결해야 할 사안이 되었다.[347] 이처럼 연합기독교대학 위치 문제는 선교사들 사이에 '풀기 어려운' 난제가 되었다. 그런 선교사들 사이의 논쟁과 경쟁을 지켜보는 한국교인들도 피곤하기는 마찬가지였다. 이 문제에 대해 최종 결론이 나기까지는 2년을 더 기다려야 했다.

9.2 105인사건과 숭실학교

그런 상황에서도 베커는 맡겨진 숭실학교 사역을 계속하였다. 베커를 비롯하여 루퍼스와 빌링스, 그리고 베어드 등 숭실학교 사역에 참여하고 있던 선교사들은 서울에 올라가 평의회 투표에 참여하기 하루 전인 6월 11일

346) W.C. Rufus, "The Union Question", *KMF* Aug. 1912, pp. 231-232.

347) 평의회에 참석한 장로교 대표는 북장로회의 베어드와 아담스, 마펫, 휘트모어, 남장로회의 베너블(W.E. Venable)이었고 감리교 대표는 미감리회의 베커와 빌링스, 루퍼스, 남감리회의 저다인과 크램 등이었다. *A.L. Becker's letter to Dr. A.B. Leonard,* Jan. 16, 1913; *Arthur L. Becker Korea Book II(1911-1926),* p. 13; 안종철, "아더 베커(Arthur L. Becker)의 교육선교 활동과 '연합기독교대학' 설립", 〈한국기독교와 역사〉 34호, 한국기독교역사연구소, 2011.3, p. 261.

(화요일), 모두 함께 수옥리 남산현교회에서 거행된 숭실학교 졸업식에 참석하였다. 숭실이 '연합학교'로 출발한 후에도 그동안 졸업식은 주로 장로교회인 장대현교회에서 개최되었는데 이번에 처음으로 감리교회에서 졸업식을 거행하였다. 그 장면을 감리교회 기관지 〈그리스도회보〉는 이렇게 보도하였다.

"평양 감리교회 숭실학교 제九회 졸업식을 본월 十一일 상오 十시에 남산현 례배당에서 설행하엿는대 당일 순서는 해 교장 배위량씨가 제五찬송과 목사 길선주씨의 기도로 개회한 후 목사 현석칠씨가 성경을 보고 졸업생 일동이 찬미를 합창한 후 목사 백아덕씨가 개회 대지를 설명하고 목사 마삼열씨가 권면 연설한 후 본도 장관 송영무길씨가 축사하고 정의종씨가 답사한 후 교장이 졸업장을 수여하고 목사 변영서씨의 기도로 폐회하엿는대 당일에 내외국 목사와 관리와 일반 남녀 교우와 학부형과 학생을 합하야 무려 천여 명이 참석하엿고 해 학교에서 금년에 졸업한 학생은 七十인이오 현금 출석하는 학생은 四百여 명이더라."[348]

졸업식 순서는 숭실학교 교장 베어드의 사회로 장대현교회 길선주 목사의 기도, 남산현교회 현석칠 목사의 성경 봉독, 베커의 학사 보고, 마펫의 권면, 평안남도 장관(도지사) 마츠나가(宋永武吉)의 축사, 졸업생 대표(정의종)의 답사, 졸업장 수여, 빌링스의 축도로 진행되었다. 그 날 졸업한 학생은 중학생(제9회)이 70명, 대학생(제4회)이 9명이었는데 지금까지 숭실 역사상 가장 많은 졸업생을 배출하였다. 그 해 중학교 졸업생 70명 가운데 32명이 대학에 진학하였고 15명이 교회 사역에 임했으며 54명이 기독교 소학교 교사로 사역하였고 5명이 미국에 유학하였으며 18명이 사회 직업을 가졌는데 졸업

348) "숭실 졸업식", 〈그리스도회보〉 1912.6.30.

후에도 "기독교 신앙을 포기한 졸업생은 한 명도 없었다."는 것을 베커는 자랑스러워하였다.[349] 특히 그날 졸업생 가운데 중학교의 김사현과 황인식, 최상현, 송득후 등 훗날 종교계와 교육계, 신학계에서 지도자로 활약하게 될 '감리교' 학생들도 포함되어 있어 베커를 비롯한 감리교 선교사와 교인들의 마음이 흐뭇하였다.

그러나 그 날 1천여 명이 운집한 숭실학교 졸업식이 감격과 감동으로 가득 찬 것만은 아니었다. 오히려 침울하고 우울한 분위기도 감지되었다. 그것은 그 자리에 함께 있어 할 숭실중학 교사와 재학생, 졸업생 상당수가 6개월 전(1911년 11월)에 터진 소위 '데라우치 총독 암살음모사건'에 연루되어 감옥에 들어가 있었기 때문이었다. 일명 '105인사건'으로도 불린 이 사건은 '강제 합병' 후 서북지역(황해도와 평안도)의 항일 민족운동 세력을 제거하기 위해 조작한 정치적 사건이었다. 즉 1년 전(1910년 12월) 조선총독부 초대 총독 데라우치가 황해도와 평안도를 초도순시하기 위해 열차편으로 평양과 선천, 의주를 방문할 때 그 지역 기독교 학교 교사와 학생들이 총독을 암살하기 위해 모의했다가 미수에 그쳤는데 그 배후에는 1907년 결성된 항일 비밀결사 신민회가 있었다는 식으로 사건을 꾸민 것이다. 일본경찰은 1911년 6월, 선천 신성중학교 학생들을 체포하여 은밀하게 조사를 시작하였고 그 해 11월에 이르러 선천의 신성중학교, 평양의 대성중학교와 숭실중학교 교사와 학생, 지역교회 목회자와 평신도 5백여 명을 체포하였다. 조작된 사건이라 고문에 의한 허위 자백이 유일한 증거였는데 그럼에도 일본 검찰은 그 중 123명을 기소하여 1912년 6월 28일 경성지방법원에서 첫 공판이 이루어졌고 9월 28일 결심공판에서 105명이 유죄 판결을 받았다. 그래서 '105인사건'이라고 불리게 되었다. 이 사건에 연루되어 옥고를 치른 피의자 중 90%가 기

349) 『숭전·숭실 회원명부』, pp. 110, 121; *Arthur L. Becker Korea Book II(1911-1926)*, p. 13.

독교인이었던 관계로 이 사건을 '한국교회 수난사건'으로도 표현하였다.[350)]

또한 이 사건으로 그동안 은밀하게 항일운동을 전개하였던 신민회 조직이 드러났고 그 회원들이 대부분 체포되었을 뿐 아니라 평소 반일(反日) 성향을 보였던 민족주의자들도 대거 체포되었다. 그런 배경에서 1907년 안창호가 평양을 방문하여 신민회를 조직할 때 적극 가담하였던 숭실학교 교사와 학생, 졸업생들이 대거 사건에 연루되어 옥고를 치렀다. 특히 숭실중학과 숭실대학 졸업생들은 졸업 후 모교인 숭실중학교 뿐 아니라 평양 대성중학교와 선천 신성중학교에 교사로 나가 '민족주의 계몽 교육'을 전개하였는데 그 때문에 체포되어 옥고를 치렀다. 105인사건에 연루되어 1심 결심공판에서 유죄 판결을 받은 숭실 관련 인사들은 다음과 같았다.[351)]

이름	학력과 경력	현직	판결
차리석	숭실중학 1회 졸업	대성중학 교사	징역 8년
김두화	숭실중학 2회, 숭실대학 1회 졸업	대성중학 교사	징역 6년
변린서	숭실중학 3회, 숭실대학 1회 졸업, 숭실중학 교사	신성중학 교사	징역 8년
길진형	숭실중학 4회, 숭실대학 3회 졸업, 숭실중학 교사	신성중학 교사	징역 5년
홍성익	숭실중학 4회 졸업	숭실대학 학생	징역 6년
선우혁	숭실중학 5회 졸업	무직	징역 8년
곽태종	숭실중학 6회 졸업	신성중학 교사	징역 8년
안세환	숭실중학 8회 졸업	숭실중학 교사	징역 8년
윤원삼	숭실중학 8회 졸업	상업	징역 5년
옥성빈	숭실중학 재학	선교부 서기	징역 5년
이용화	숭실중학 재학	학생	징역 8년
차영준	숭실중학 재학	학생	징역 5년
편강렬	숭실중학 재학	학생	징역 5년

350) 이승만, 『한국교회 핍박』, 신한국사, 1913, pp. 86-88; 윤경로, 『105인사건과 신민회 연구』, pp. 13-32, 81-89.

351) 윤경로, 『105인사건과 신민회 연구』, pp. 48-49, 80-92.

이들 외에 숭실학교와 자매학교 관계인 평양 숭덕소학교 교사 김동원도 체포되어 징역 6년을 선고받았고 불기소 처분을 받아 재판에는 회부되지 않았지만 숭실중학교 재학생 박영일과 채채필근도 체포되어 혹독한 고문을 받았다. 한국인 교사와 학생들만 시련을 당한 것이 아니다. 일본 경찰은 이들이 소속했던 평양의 숭실과 대성, 선천의 신성 등 기독교 학교를 운영하는 선교사들까지 항일 민족운동의 배후 인물로 지목되어 감시와 조사를 받았다. 실제로 당시 신성중학교 교장이었던 매큔은 학생들에게 독립정신을 불어넣고 거사에 사용할 권총을 나누어 준 혐의를 받고 가택수색을 당하기도 하였다. 매큔 외에도 평양과 선천에서 사역하는 모든 선교사들이 "총독 모살을 조언하였다."는 혐의를 받고 엄중 감시를 받았다. 평양 숭실의 베어드와 베커도 예외는 아니었다.[352] 사건이 터졌을 때 마펫이나 게일처럼 일본경찰의 발표만 믿고 관련 교사와 학생들의 거사를 '잘못된 행동'으로 비난한 선교사들도 있었지만 베커처럼 '고난 받은 한민족'에 대해 동정심을 품고 있던 선교사들은 침묵으로 일본경찰에는 항의를, 한국인들에겐 암묵적 지지를 표하였다.

이처럼 105인사건을 통해 일제의 침략으로 인해 고통당하는 한국인들을 바라보는 베커의 심정이 어떠했을 것인지는 쉽게 짐작할 수 있다. 그가 숭실에서 가르쳤던 졸업생과 학생들이 옥중에서 견디기 힘든 고문을 당하고 쇠약해 진 모습으로 법정에 끌려 나올 때 그의 마음이 아팠다. 그것으로 끝난 것이 아니었다. 105인사건 피의자들에 대한 1심 공판이 시작된 직후인 1912년 7월, 이번에는 북만주 하얼빈에서 선교사로 나가 사역하고 있던 베커의 '감리교' 제자 손정도가 '가츠라암살음모사건'에 연루되어 체포된 후 국내로 압송되었다.[353] 일본 수상을 역임한 가츠라(桂太郎)가 일본정부 특사로 러시

---

352) A.J. Brown, *The Korean Conspiracy Case,* 1913; 윤경로, 『105인사건과 신민회 연구』, pp. 141-148.

353) 〈매일신보〉 1912.7.20.; 최봉측, "고 해석 손정도 목사 략전(二), 〈기독교 종교교육〉 1937. 8 9, pp. 64-65.

아에 가는 길에 하얼빈을 통과할 때 독립운동가들이 그를 저격하려다 실패했다는 것이다. 105인사건과 똑같이 조작된 사건이었다. 결국 가츠라암살음모사건으로 북만주 지역에서 활동하던 민족주의자 30여명이 체포되었는데 손정도는 그 '수괴'(首魁)로 지목되어 국내로 압송되어 경무청 감옥에서 "거꾸로 매달고 코에 고춧물을 붓고 죽편맹타(竹鞭猛打)와 죽침화침(竹針火針)을 하는 악형을 받은" 후 '보안조례법 위반' 혐의로 재판에 회부되어 1912년 11월 '유배 1년형'을 언도받고 전라남도 진도에서 1년 유배생활을 하였다.[354)]

베커는 1912년 연초부터 105인사건으로 체포된 숭실 제자들이 '옥중 고난'을 당하고 있어 마음이 괴로웠는데 숭실 재학시절 누구보다 아꼈던 '애제자' 손정도까지 같은 혐의로 체포되어 혹독한 시련을 겪고 있다는 소식을 접하고 더욱 마음이 아팠다. 더욱이 손정도는 숭실중학교 학생전도회가 중국에 파견한 첫 번째 선교사로서 사건 발생 4개월 전인 1912년 3월, 서울에서 개최된 미감리회 연회에 참석해서 선교사 보고를 하고 연회원들의 '뜨거운 박수'를 받았던 주인공이었다. 그 때 물론 베커도 연회에 참석해서 손정도를 축하하고 격려하였다. 그렇게 연회를 마치고 중국에 돌아갔던 손정도는 하얼빈 선교 1년 만에 2백 명으로 늘어난 교포 교인들과 힘을 합쳐 2층짜리 예배당까지 건축하고 본격적으로 목회와 선교 사역을 전개하려 할 즈음 '정치범'으로 체포되어 국내로 압송되었던 것이다.

이렇듯 105인사건과 가츠라암살음모사건을 거치면서 숭실은 항일독립운동에 적극 참여하고 그로 인해 수난당하는 학교로 인식되었다. 대외적으로 숭실이 민족주의 성향의 학교로 더욱 알려진 것은 물론이다. 이는 105인사건과 가츠라암살음모사건으로 체포되었던 숭실 교사와 학생, 그리고 동문들이 대부분 풀려나는 1913년 11월, 미국에서 간행되던 민족주의 교포신문 〈공립신보〉에 실린 학교 소개 기사에서도 확인된다.

---

354) 최봉측, "고 해석 손정도 목사 략전(三)", 〈기독교 종교교육〉 1937. 10, pp. 16-18; 〈그리스도회보〉 1913.12.1.; 이덕주, "손정도 목사의 생애와 신학사상", pp. 50-53.

"평양 숭실중학교는 평양에 있는 중학교들 중에 데일 유명한 학교로 학생이 삼백여 명에 달하엿스며 이 학교 출신으로 전국에 헤여서 일하는 일군이 데일 만흔 학교라 하더라. 대한국 안에 대학교는 다만 하나인대 평양 숭실대학교라. 금년은 생도가 칠십여 명에 달하엿스며 금년에 대학교 집을 필역하고 자미잇게 공부를 하는대 금년봇허 이 학교 출신으로 외국에 선교사가 나간다더라."[355]

이렇듯 연이은 정치적 사건으로 힘들고 어려웠던 1912-13년, 베커의 숭실학교 사역은 지속되었다. 베커는 선교사 신분으로 교사와 학생들의 정치적 행위에 직접 개입하거나 공개적으로 도울 수는 없었지만, 학생들이 '일본인과 맞서 이길 수 있는 실력'을 갖추도록 '최상의' 교육을 실시함으로 한민족의 독립운동을 간접적으로 지원하였다. 그런 맥락에서 그는 1912년 7월 중순 여름 방학을 맞아 일본 교토와 도쿄를 방문하였다. 목적은 두 가지였다. 하나는 숭실 중학교와 대학교의 '과학 수업'에 필요한 교육보조 자료와 기구들을 구입하고 수업에 사용할 교재를 인쇄하는 문제를 일본의 감리교출판사와 협의하는 것이고 다른 하나는 일본의 기독교계통 학교들을 방문하여 교육 관계자들을 만나 일본에서 선교사들이 어떻게 기독교 교육을 추진하고 있는지 살펴보기 위함이었다. 그래서 같은 미감리회 선교부가 설립한 도쿄의 아오야마학원에서 사용하는 '일본어' 교재들을 입수하였고 학교 관계자들과 많은 대화를 나누었다.

특히 미감리회의 한국선교연회 교육위원장으로서 베커는 '식민통치' 체제로 바뀐 한반도 상황에서 기독교교육에 관한 정책 입안과 방법론 개발을 어떻게 추진할 것인가 고민하고 있었는데 한반도를 지배하고 있는 일본 본토에서 기독교교육 실무를 담당한 선교사들로부터 조언을 듣고 싶었다. 베

355) 〈공립신보〉 1913.11.7.

커는 일본에서 여러 사람을 만났지만 도쿄 아오야마학원 교수와 감리교출판사 사역을 담당하고 있던 이글하트(Edwin T. Iglehart)와 대화하면서 많은 도움을 얻었다. 이글하트는 그에게 "총독이 지휘하는 총독부가 당신들이 원하는 대로 해 줄 것으로 생각하는가? 너무 큰 기대를 갖지 말라."고 충고하였다.[356] 이글하트의 조언은 평소 베커가 생각했던 것과 일치하였다. 그래서 베커는 총독과 일본 정부 관계자들이 대외용으로, 예의상으로 발표하는 '공개 언사'를 액면 그대로 믿고 받아들여서는 안 될 것이라는 생각을 더욱 굳혔다. 베커는 마지막으로 아오야마학원에 유학 중인 한국인 학생들에게 특강을 한 후 평양으로 돌아왔다.

일본 여행을 마치고 돌아온 베커는 곧바로 가을 학기를 준비하였다. 9월에 개강한 가을학기는 218명 학생으로 시작하였는데 대부분 기존에 다니던 학생들이었고 새로 들어온 학생은 6명밖에 되지 않았다.[357] 이처럼 신입생이 없었던 것은 두 가지 이유 때문이었다. 첫째. 105인사건 이후 숭실학교에 대한 일본 경찰의 감시와 통제가 한층 강화되어 학부모들이 자녀 입학을 꺼려한 때문이고 둘째, 1911년 11월 총독부의 '사립학교 규칙' 발표 이후 1912년부터 학제를 '일본식'으로 바꾸어 가을학기에 시작했던 학사일정을 봄 학기로 바꾸었기 때문이었다. 그래서 신입생 입학시험도 여름에서 겨울로 옮겨졌다. 그 결과 1년 전만 해도 중학교, 대학교 합하여 5백 명이 넘는 학생들이 교정과 교실이 좁을 정도로 북적였던 학교가 3백 명 미만의 학생들로 줄어들어 '쓸쓸한' 분위기마저 감돌았다. 105인사건으로 감옥에 들어간 숭실 교사와 학생, 졸업생들은 아직도 나오지 못하고 있었다.

그렇게 1912년 가을학기를 마무리하면서 베커는 11월 22일, 본국 교인들에게 선교사로서 일상을 소개하는 선교 보고편지를 썼다.

---

356) *Arthur L. Becker Korea Book II(1911-1926)*, p. 24.

357) A.L. Becker, "Report of Pyeng Yang Union Academy for 1912 and 1913", *KMEC* 1913, p. 79.

"우리는 아침 6시에서 6시 30분 사이에 일어나 오후 8시에서 8시 30분 사이에 침대로 갑니다. 우리는 충분하게 잠을 자려고 노력하는데 그러면 하려고 했던 일들이 순조롭게 풀리곤 합니다. 참으로 이상한 것은 충분하게 휴식을 취하면 해야 할 일이 큰 어려움 없이 풀려나가곤 하는 것을 봅니다. 특히 하나님과 동역하며 그의 인도하심을 따르고, 어떤 순간이라도 영원하신 '한 분' 하나님께 마음을 높여 '주여, 도우소서.' 하거나 '평화로 이끄소서.' 하고 기도하면 그 복잡했던 문제도 술술 풀려나가 나 스스로 '왜 진작 그러지 못했지?' 하곤 합니다. 나는 방금 새로 지은 대학 본관에서 9시간 수업을 하고 집에 돌아왔습니다. 주간에는 매일 그런 식으로 학교에서 시간을 보냅니다. 나는 대학의 저학년 수업에 깊은 관심이 있습니다. 그래서 저학년 과학 교재를 자주 들여다봅니다. 저녁에 집에 와서는 수업 준비보다는 식구들과 함께 지내거나 평양시내 아펜젤러기념교회 집회에 주로 참석합니다. 지금처럼 시간을 쓰는 것이 아주 좋습니다. 물론 독서도 합니다. 하루에 한 시간 정도는 좋은 책이나 잡지를 읽습니다. 토요일에는 반나절 식구들과 함께 지냅니다. 주일에는 다른 시급한 일이 없으면 내가 맡은 칠산구역으로 가서 교인들과 함께 지냅니다. 지난 주일에는 집에서 식구들과 함께 지냈습니다. 자주 하지는 못하지만 가족을 돌보는 것도 내게 주어진 가장 큰 임무이기도 합니다. 물론 시내 교회에 가서 설교도 했습니다만 나머지 시간은 집에서 아내와 내 사랑하는 두 아이와 함께 조용히 지냈습니다."[358]

베커는 가정에서 얻는 안식과 평화가 복잡하고 치열한 사역 현장에서 지혜와 능력으로 연결된다는 점을 터득하고 있었다. 격무에 쫓기고 시달려 마음의 평정과 사역의 균형을 잃는 위기의 선교사가 아니라 학교 사역이나 교회 목회, 그리고 가정생활, 모든 분야에서 '안정적이고 자신감 넘치는' 선교

---

358) *Arthur L. Becker Korea Book II(1911-1926),* pp. 16-17.

사 모습이었다. 이처럼 베커는 안식년 휴가를 다녀온 후 신앙적으로 성숙하였을 뿐 아니라 사역 현장에서도 한층 성숙한 선교사의 모습으로 바뀌었다.

9.3 숭실대학 졸업식

1913년 1월, 베커는 서울에 가서 미감리회 교육위원회를 소집했다. 교육위원회는 1913년도 교육 정책과 내용에 대해 다음과 같이 결의했다.[359)]

1) 방금 들어온 레퍼트(R.R. Reppart) 부부와 웰러(O.A. Weller) 부부를 서울 배재학당 영어 담당교사로 파견하고, 루퍼스는 배재학당 고등과 졸업생들로 새로운 대학을 위한 교육을 시작한다.
2) 상동청년학원과 배재학당의 중학 과정을 합쳐 고등학교로 운영하기로 한다.
3) 각 학교 교장들로 연합교육회(Joint Board of Education)를 조직해서 평의회 기준에 맞추어 통일된 교육을 실시한다.
4) 잘 운영되고 있는 4개 연합소학교를 더욱 발전시키기 위해 초교파적인 선교부연합위원회(Joint Committee of Mission Boards)를 만들어 관리하기로 한다.
5) 배재학당 교장으로 신흥우를 임명한 것은 잘 한 일이다.
6) 배재학당도 평의회 기준에 맞추어 과정을 운영하기로 한다.
7) 배재학당에서 언더우드 도움을 받아 1911-12년 진행했던 배재학당 졸업생 대학예비 교육은 북장로회 선교회 결의에 따라 중단하고 추후 연합대학교 문제가 해결될 때까지 기다리기로 한다.

교육위원회 결의 사항 가운데 아직 결론이 나지 않은 '서울 연합기독교대학'에 관하여 중요한 두 가지 결정이 이루어졌다. 언더우드의 지원을 받으

---

359) *Arthur L. Becker Korea Book II(1911-1926)*, p. 26.

며 배재학당 안에서 배재학당 졸업생을 대상으로 실시하던 대학과정 예비교육을 중단하기로 하는 대신 루퍼스가 '개인적인' 차원에서 대학 설립을 염두에 두고 배재학당 졸업생들에게 '대학 예비교육'을 실시한다는 것이었다. 베커를 비롯한 미감리회 선교사들과 언더우드를 중심한 북장로회 서울선교부 선교사들이 추진하는 '서울연합대학 설립안'이 마펫과 베어드 등 북장로회 평양 선교사들의 반대로 추진되지 못하고 있는 상황에서 계획은 그대로 추진하되 북장로회 한국선교회 전체의 입장이 정리될 때까지 '연합 교육'은 잠시 중단한다는 내용이었다. 그 무렵 북장로회의 서울과 평양 선교사들은 찬반으로 의견이 팽팽하게 맞서 미국 선교본부의 결정만 기다리고 있었다.

1월 교육위원회를 통해 '서울 연합기독교대학 설립'에 대한 미감리회의 입장은 더욱 확고해졌다. 미감리회 선교사들은 북장로회 선교회가 어떤 결론을 내리든 지금까지 평양에서 추진해 온 '연합대학' 사역을 접고 서울에서 새롭게 시작하겠다는 분위기였다. 그런 결정과 분위기를 주도한 인물은 베커였다. 앞서 언급했던 것처럼, 한국에 와서 첫 사역지로 파송을 받은 평양에서 베어드와 함께 연합교육을 '성공적으로' 수행해 왔던 베커로서는 평양과 숭실을 떠난다는 것이 쉬운 일은 아니었다. 그럼에도 그런 결심을 할 수밖에 없었던 이유를 베커는 한 달 후인 1913년 2월 3일, 본국에 보낸 선교 편지에서 자세히 설명하였다.

"여기 평양 숭실대학에서 이루어지는 나의 교육은 가장 흥미로운 결과를 빚고 있습니다. 우리 학생들이 바른 방향으로 자라나고 있음을 확연하게 볼 수 있으며 이 학교가 이처럼 발전한 데 내가 일조할 수 있었다는 것을 참으로 기쁘게 생각합니다. 정말 여기를 떠나기 싫습니다. 하지만 주님께서 내 능력을 비축하시어 여기보다 열악한 환경에서 새로 대학을 세우시려 하신다는 것을 잘 알고 있습니다. 지난 세월 거칠고 제멋대로였던 학생들을 내게 보내 주시어 착실한 학생으로 바뀌도록 인도하신 주님께 감사를 드립니다. 이런 기적의 역사가 앞으로 서울에 설립될 기독교 학교를 통해서도 이루어 질 것을 확신합니다. 그러나 그 일이 지금보다 훨씬 힘들고 어려운 일로 보다 많은 에너지를 요구하는 일이라는 것도 잘 알고 있습니다. 하지만 역시 주님께서 거기서도 능력을 주시어 학생들을 착실한 일꾼으로 만들어 선량한 국민으로 살아가면서 한국을 바로 세워 나갈 것을 믿습니다."[360)]

베커가 서울로 올라가려 한 것은 평양에서의 생활과 사역에 대한 불만 때문이 아니었다. 오히려 평양 숭실 사역은 그에게 보람이었고 감격이었다. 그는 심지어 "평양을 떠나기 싫다(hate to leave)."까지 하였다. 그럼에도 평양을 떠나 서울로 가려는 것은 평양에서 거둔 '성공'을 수도인 서울에서도 이루어 "학생들을 착실한 일꾼으로 만들어 선량한 국민으로 살아가면서 한국을 바로 세워 나가도록"(making of Korea nation which must provide a good living for its citizens) 만들기 위함이었다. '교회와 민족을 위한' 기독교교육이 평양에서 가능했다면 서울에서도 가능할 것이고, 인구나 환경에서 평양보다 세 배 이상의 파급력과 영향력을 지닌 서울에서 그런 교육이 펼쳐질 때 일본의 식민통치를 받는 한민족의 독립과 자주는 앞당겨질 것이란 소망도 있었다. 서울을 향한 베커의 생각은 '되돌릴 수 없는' 사명감으로 굳혀졌다.

그러면서도 베커는 평양에 남아 있는 동안 숭실학교 사역과 학생지도에 최선을 다하였다. 이미 앞서 여러 번 언급한 바와 같이 베커가 숭실학교에서 맡은 중요한 사역 가운데 하나는 가난한 고학생들에게 스스로 학비를 벌도록 일을 주선하는 '학생 보조부' 사역이었다. 그는 학생들에게 일감을 주어 학비 외에 생활비도 벌게 하였는데 때론 그의 집 다락방이 고학생들이 일하는 공장처럼 사용되었다.

---

360) *Arthur L. Becker Korea Book II(1911-1926)*, p. 26.

"우리 집 다락방은 지금 작업실로 쓰입니다. 우리 집에서는 8-9명 학생들이 일하고 있는데 그들은 쓰다 버린 실끈으로 카펫이나 누비이불을 만들고 있습니다(내가 '정신 산란한 이불'이라고 농담을 하면 학생들은 모두 웃습니다). 이런 것이 가난한 학생들에게 얼마나 도움이 될까요? 그런데 학생들은 그 일을 좋아 합니다. 일하면서도 즐기는 듯합니다. 무엇보다 영하로 내려가는 추운 겨울날씨에 얇은 옷을 입고 살아야 하는 가난한 집 학생들은 실내에서 일을 하게 된 것을 아주 좋아 합니다. 작업반장은 물론 루이즈입니다. 루이즈가 바쁠 때는 나이가 제일 많은 학생이 작업을 지휘합니다. 루이즈는 그들이 여학생 못지않게 일을 잘 하는데 침모에 뒤지지 않는다고 칭찬합니다. 그런 식으로 해서 우리 집에는 이들이 짠 천이 60파운드나 쌓여 있어 여학교 학생에게 보내면 훌륭한 카펫이나 누비이불로 바뀔 것입니다. 이 일은 루이즈 아이디어였는데 우리 가난한 학생들에게 도움이 되어서 참으로 행복했습니다."[361)]

추운 겨울 홑겹 옷으로 '악명 높은' 대동강 칼바람을 견뎌내야 했던 가난한 고학생들은 선교사 집 다락방 실내에서 일하게 된 것만으로도 행복을 느꼈다. 그렇게 교육선교사로서 베커 부부의 행복은 학생들의 행복에서 비롯되었다.

그렇게 겨울 방학을 보내고 1913년 3월, 봄 학기 개강을 하였을 때 서울의 루퍼스 선교사는 부인의 급작스런 질병으로 귀국해야만 했다. 이에 해리스 감독은 루퍼스 부부의 귀국을 허락하고 루퍼스가 맡았던 '남한지역 감리교

361) 베커는 훗날(1976년) 그 때 일을 회고하며 "그 때 우리 집 다락방에 와서 일한 학생 가운데 이병두(李炳斗, 숭실중학 8회 졸업)란 학생이 있었는데 그는 고등학교와 대학을 졸업한 후 미국으로 왔다. 그는 아주 똑똑한 학생으로 화학을 공부하고 큰 공장 관리자로 취직했으며 예쁜 한국 여성과 결혼해서 미국 시민권자가 되었다. 그는 우리 부부에게 그 때 도와주어서 고맙다는 편지를 여러 번 보냈다."고 기록했다. *Arthur L. Becker Korea Book II(1911-1926)*, p. 27.

학교 관리' 사역도 베커에게 맡겼다.[362] 이로써 베커는 평양의 숭실학교 사역과 아펜젤러기념교회, 칠산구역 목회 외에 북한지역 감리교학교 감독과 관리 사역을 하던 중에 남한지방 학교 사역까지 겸하게 되었다. 그래서 1913년 봄 학기는 그 어느 때보다 여행을 많이 하였다. 서울과 평양만 오고 간 것이 아니라 평북 영변으로부터 충남 공주에 이르기까지 감리교 학교가 있는 곳을 찾아다니면서 교사와 학생, 그리고 교회 지도자들을 만났다. 베커는 루퍼스가 서울을 떠난 1913년 3월부터 3개월 동안 서울과 평양, 인천, 공주 등지의 55개 감리교 학교들을 방문하여 2,600명 학생들에게 강연하였다.[363]

참고로 1912년 총독부에 등록된 미감리회 계통 학교 명단은 다음과 같았다.[364]

학교명	위치	설립자	교장	학제	학생정원
흥인배재학교	경성부 흥인동	존스 외	김우권	보통과 4년, 고등과 3년	60
왕신배재학교	경성부 왕신동	존스 외	김우권	보통과 4년, 고등과 3년	16
배재고등보통학교	경성부 정동	벙커	벙커	4년	100
의법학교	경성부 창전동	존스 외	현순	보통과 4년, 고등과 3년	40
이화학당	경성부 정동	프라이	프라이	보통과 4년, 고등과 3년 중학과 4년, 대학과 4년	600
공옥학교	경성부 상동	존스 외	전덕기	유치과 1년, 심상과 3년 예비과 1년, 고등과 2년	
공옥여학교	경성부 상동	스크랜턴부인	노턴	4년	
연희학교	경성부 창천동	존스 외	현순	보통과 4년, 고등과 3년	30
영화여학교	인천부 우각동	존스 외	밀러	보통과 4년, 고등과 3년	400
영화학교	인천부 내동	김기범	데밍	심상과 4년, 고등과 2년	300
보흥학교	광주군 노곡리	왓슨 외	천세영	6년	30
광영학교	광주군 풍납리	버딕 외	박요한	4년	50
개신학교	여주군 삼신동	버딕 외	장석홍	4년	
소성학교	여주군 처동	버딕 외	장석홍	4년	40
제하여학교	남양군 하동	밀러 외	힐만	4년	100
삼일학교	수원군 보시동	버딕	이하영	4년	200
삼일여학교	수원군 군기동	이하영 외	이하영	4년	100

362) *Arthur L. Becker Korea Book II(1911-1926),* pp. 25-26; *Michigan to Korea*, pp. 380-381.

363) *Arthur L. Becker Korea Book II(1911-1926),* pp. 30-31.

364) "在朝鮮基督教會付屬學校一覽(1912년)", 『朝鮮在留歐美人調査錄 1907-1942』, 영신아카데미 한국학연구소, 1981, pp. 172-225.

학교명	위치	설립자	교장	학제	학생정원
합일여학교	통진군 면하리	존스 외	허진일	보통과 4년, 고등과 3년	
영생학교	강화군 주문동	존스	방족신	보통과 4년, 고등과 3년	70
보영학교	강화군 석모동	존스	방족신	보통과 4년, 고등과 3년	40
조산합일학교	강화군 조산동	이규의	이규의	보통과 4년, 고등과 3년	80
합일여학교	강화군 석모동	존스 외	김경환	보통과 4년, 고등과 3년	50
합일여학교	강화군 홍문동	존스 외	조내덕	보통과 4년, 고등과 3년	50
합일학교	강화군 홍문동	존스 외	조내덕	보통과 4년, 고등과 3년	150
흥천합일학교	강화군 흥천동	존스 외	전병규	보통과 4년, 고등과 3년	
동북학교	강화군 교동	존스 외	방족신	보통과 4년, 고등과 3년	
영명학교	공주군 하리동	윌리엄즈	윌리엄즈	심상과 4년, 고등과 3년	
원명학교	공주군 경천리	신현구	윌리엄즈	심상과 4년, 고등과 3년	
영명여학교	공주군 하리동	맥기	노턴	심상과 4년, 고등과 3년	
만동학교	논산군 강경	윌리엄즈 외	윌리엄즈	4년	35
영화학교	논산군 논산	한석교	샤프부인	본과 4년, 보습과 1년	70
진광학교	논산군 논산	복기업 외	윌리엄즈	4년	100
의정여학교	해주군 육리동	노블 외	박원백	보통과 4년, 고등과 3년	100
의창학교	해주군 육리동	노블 외	박원백	보통과 4년, 고등과 3년	
보명소학교	연안군 기례동	노블 외	강신화	보통과 4년, 고등과 3년	
양영학교	연안군 갈산동	노블 외	강신화	보통과 4년, 고등과 3년	
보성학교	백천군 효정동	노블 외	강신화	보통과 4년, 고등과 3년	
광선학교	옹진군 율목동	노블 외	함의진	보통과 4년, 고등과 3년	
명진학교	서흥군 상석동	노블 외	배리일	보통과 4년, 고등과 3년	
진명학교	서흥군 두무동	노블 외	오태주	보통과 4년, 고등과 3년	30
창덕학교	봉산군 서부동	노블 외	배리일	보통과 4년, 고등과 3년	50
경신학교	연안군 율리동	노블 외	송익주	보통과 4년, 고등과 3년	20
경애여학교	연안군 율리동	노블 외	노블부인	보통과 4년, 고등과 3년	15
일신소학교	연안군 대소동	노블 외	송익주	보통과 4년, 고등과 3년	20
광흥학교	평양부 이간동	노블 외	베커	보통과 4년, 고등과 3년	
명덕소학교	평양부 구동	노블 외	크리쳇부인	보통과 4년, 고등과 3년	
정진여학교	평양부 남산동	노블 외	로빈스	보통과 4년, 고등과 3년	
맹아여학교	평양부 남산동	노블 외	홀부인	보통과 4년, 고등과 3년	
송천학교	평양부 상일동	노블 외	이동식	보통과 4년, 고등과 3년	
제성학교	평양부 유동	노블 외	공재현	보통과 4년, 고등과 3년	
신흥학교	대동군 소신동	노블 외	이동식	보통과 4년, 고등과 3년	
신덕학교	대동군 성제동	노블 외	이동식	보통과 4년, 고등과 3년	
신명학교	대동군 봉룡동	노블 외	김정길	보통과 4년, 고등과 3년	
명란학교	대동군 율목동	노블 외	이동식	보통과 4년, 고등과 3년	
신영여학교	대동군 성제동	노블 외	로빈스	보통과 4년, 고등과 3년	
명선학교	대동군 사통동	노블 외	이동식	보통과 4년, 고등과 3년	
대천학교	대동군 대천동	노블 외	이동식	보통과 4년, 고등과 3년	
삼존학교	진남포 덕동	노블 외	김기범	보통과 4년, 고등과 3년	
삼신여학교	진남포 애사동	노블 외	로빈스	보통과 4년, 고등과 3년	
삼풍소학교	진남포 금사동	노블 외	김재찬	보통과 4년, 고등과 3년	
삼달소학교	진남포 노하동	노블 외	김재찬	보통과 4년, 고등과 3년	

학교명	위치	설립자	교장	학제	학생정원
삼숭여학교	진남포 비석동	노블 외	로빈스	보통과 4년, 고등과 3년	
삼광소학교	진남포 석하동	노블 외	김재찬	보통과 4년, 고등과 3년	
삼중소학교	진남포 율곡동	노블 외	김재찬	보통과 4년, 고등과 3년	
상흥소학교	진남포 내거동	노블 외	김재찬	보통과 4년, 고등과 3년	
삼농학교	진남포 어은동	노블 외	김기범	보통과 4년, 고등과 3년	
삼성학교	진남포 탄부동	노블 외	김재찬	보통과 4년, 고등과 3년	
삼상소학교	진남포 해창동	노블 외	김기범	보통과 4년, 고등과 3년	
삼신소학교	진남포 신흥동	노블 외	김기범	보통과 4년, 고등과 3년	
삼숭학교	진남포 비석동	노블 외	손정도	보통과 4년, 고등과 3년	
양무학교	중화군 고잔동	노블 외	정진수	보통과 4년, 고등과 3년	
용산학교	중화군 내동	노블 외	이공희	보통과 4년, 고등과 3년	
율성학교	중화군 율동	노블 외	정진수	보통과 4년, 고등과 3년	
덕신학교	중화군 위원동	노블 외	정진수	보통과 4년, 고등과 3년	
보영학교	중화군 용흥동	노블 외	로빈스	보통과 4년, 고등과 3년	
신성학교	중화군 유운동	노블 외	정진수	보통과 4년, 고등과 3년	
중흥학교	중화군 용흥동	노블 외	정진수	보통과 4년, 고등과 3년	
보흥학교	성천군 봉현동	노블 외	송상유	보통과 4년, 고등과 3년	
호동학교	성천군 신정동	노블 외	송상유	보통과 4년, 고등과 3년	
순천학교	강서군 필로동	노블 외	김재찬	보통과 4년, 고등과 3년	
사창학교	증산군 신흥동	노블 외	배선조	보통과 4년, 고등과 3년	
사중학교	증산군 범오동	노블 외	오기선	보통과 4년, 고등과 3년	
창신학교	증산군 이용리	노블 외	노블	심상과 4년, 고등과 3년	
사달여학교	증산군 용전동	노블 외	로빈스	보통과 4년, 고등과 3년	
사달학교	증산군 용전동	노블 외	장문찬	보통과 4년, 고등과 3년	
사광여학교	증산군 향교리	노블 외	로빈스	보통과 4년, 고등과 3년	
광성여학교	증산군 신재동	노블 외	로빈스	보통과 4년, 고등과 3년	
사광학교	증산군 망운동	노블 외	오기선	보통과 4년, 고등과 3년	
합성학교	증산군 영명동	노블 외	박인창	보통과 4년, 고등과 3년	
사창여학교	증산군 신흥동	노블 외	로빈스	보통과 4년, 고등과 3년	
신성학교	순천군 영대동	노블 외	김창식	보통과 4년, 고등과 3년	
일신학교	순천군 창중동	노블 외	김창식	보통과 4년, 고등과 3년	
양성학교	희천군 하마동	노블 외	송희봉	보통과 4년, 고등과 3년	
벽성학교	희천군 보신동	노블 외	송희봉	보통과 4년, 고등과 3년	
진명학교	운산군 내동	노블 외	박영찬	보통과 4년, 고등과 3년	
광신여학교	운산군 교동	노블 외	에스티	보통과 4년, 고등과 3년	
연명학교	운산군 창동	노블 외	박영찬	보통과 4년, 고등과 3년	
광동학교	운산군 교동	노블 외	박영찬	보통과 4년, 고등과 3년	
숭덕학교	영변군 창하동	노블 외	장락도	보통과 4년, 고등과 3년	
숭정여학교	영변군 외교동	노블 외	에스티	보통과 4년, 고등과 3년	
흥덕여학교	태천군 길중동	노블 외	에스티	보통과 4년, 고등과 3년	
신명학교	태천군 내상동	노블 외	이진형	보통과 4년, 고등과 3년	
신흥학교	태천군 덕흥동	노블 외	이진형	보통과 4년, 고등과 3년	
광명학교	태천군 상동	노블 외	이진형	보통과 4년, 고등과 3년	
창명학교	태천군 읍산동	노블 외	이진형	보통과 4년, 고등과 3년	

전국에 흩어져 있는 105개 학교들을 관리한다는 것이 쉬운 일은 아니었다. 그럼에도 베커는 이들 감리교계통 학교들이 평의회와 총독부에서 제시한 기준에 맞추어 학제와 교과과정을 정비하였다. 그 결과 감리교계통 학교들은 대부분 보통과 4년, 고등과 3년 학제로 운영되었다.

그렇게 해서 베커는 어느 해보다 바빴던 1913년 봄 학기를 마치고 6월 11일, 숭실대학교 제4회 졸업식이 거행되었다. 1913년에는 중학교 졸업생이 나오지 않았는데 그것은 1911년 '사립학교 규칙' 발표로 학제가 바뀌어 종래 4년 수업을 마치고 졸업해야할 학생들이 1년 더 공부를 해야만 했기 때문이었다. 그래서 1913년 졸업식은 대학교 중심으로 이루어졌다. 졸업축하 행사는 6월 8일부터 11일까지 4일간 다음과 같은 순서로 진행되었다.[365]

날자	행사	장소
6월 8일(일)	오전 10시 30분 졸업생 권설회	남산현교회
6월 9일(월)	오전 10시 졸업생 반일회(班日會)	숭실대학
	오후 2시 학생 대운동회	숭실 운동장
6월 10일(화)	오전 9시 졸업생 기념 식목	숭실대학
	오전 10시 대학교 헌당식	숭실대학
	오후 2시 소운동회	숭실대학
	오후 8시 전체 중학 대학 학생대회	숭실대학
6월 11일(수)	오전 8시 대학 중학생 전체 회집	숭실대학
	오전 10시 졸업식	장대현교회
	오후 3시 30분 작별예식	베어드 교장 사택

첫째 날 행사, 졸업생 권설회(勸說會)는 남산현교회에서 주일 연합예배 형태로 진행되었는데 베어드 학장의 사회로 숭실중학교 교사 김형재와 이광윤이 기도하고 전주에서 올라온 남장로회 선교사 레이놀즈(W.D. Reynolds)가 히브리서 5장 4절을 근거로 "하나님의 부르심을 입어서 목자가 될 것"이

365) "평양 숭실대학교 졸업예식 순서", 〈예수교회보〉 1913.6.17.

란 제목으로 설교한 후 김익순 목사의 축도로 폐하였다. 숭실 졸업생과 재학생, 장로교와 감리교인 합쳐 모두 1,300여 명이 참석하였다.[366] 둘째 날 6월 9일 오전에 숭실대학 강당에서 모인 '반일회'는 일종의 친목회로서 졸업생들의 '장기자랑'으로 꾸며졌는데 5백여 명이 모였다. 순서는 졸업생들이 맡아 진행했는데 장신국의 기도와 오천경의 성경봉독, 장근의 취지 설명이 있은 후 김이곤이 졸업소감을 담아 다음과 같은 '칠언절구' 한시를 지어 발표했다.[367]

四載勤功此日存(사재근공차일존)
遊親會上感新恩(유친회상감신은)
磨沙寶玉成珍器(마사보옥성진기)
放海涓流有本源(방해연류유본원)
丈席薰陶如雨化(장석훈도여우화)
賓筵觀聽若雲屯(빈연관청약운둔)
吾儕進就還無限(오제진취환무한)
臨別遲遲更贈言(임별지지갱증언)

사년동안 열심히 공부함으로 이날이 생겼으니
유친회에서 새로운 은혜를 감사하노라
모래를 갈아서 보배로운 그릇을 이루고
큰 바다는 실개천에 근원이 있도다
스승의 교훈은 비와 같이 화하며
손님 자리에서 보고 듣는 이 구름같이 몰렸도다

366) 김형재, "평양교회 통신", 〈그리스도회보〉 1913.7.28.
367) "평양 숭실대학교 졸업생 유친회", 〈예수교회보〉 1913.7.1.

우리의 앞길은 도리어 한이 없고
이별을 당하매 더디고 더디어 말을 다시 하는도다

이어서 최응칠이 동료 졸업생들의 미래를 묘사하는 '몽상'(夢想)을 발표했고 이영휘의 헌사(獻辭)가 있은 후 변성욱이 영어 노래를 하였으며 나송덕의 '감권'(感勸), 이성휘의 '석별사' 후에 전체 졸업생과 재학생이 석별가를 부르고 베어드 교장의 축도로 행사를 마쳤다. 그날 오후 운동장에서 졸업생과 재학생들이 모두 참가하는 운동회를 계획하였으나 비가 오는 바람에 취소하였다.[368] 사흘 째 되는 6월 10일에는 북장로회 선교부 기금으로 지은 대학교 본당 헌당식이 거행되었는데 베어드 학장의 사회로 위창석 장로의 기도, 박치록 장로의 성경봉독(열왕기상 8장 12절) 후에 대구에서 올라온 북장로회 선교사 어드맨(W.C. Erdman) 선교사가 "하나님의 학교"란 제목으로 설교하였다. 설교 후 숭실대학교 재학생 박윤근의 독창과 숭실대학 2회 졸업생 김선두의 "받을만한 집"이란 제목의 연설이 있은 후 레이놀즈 선교사의 축도로 식을 폐하였다.[369] 그 날 오후에 전날 우천으로 하지 못했던 운동회를 축소해서 하였고 저녁에는 졸업생과 재학생이 함께 모여 친목 모임을 가졌다.

그리고 6월 11일 졸업식 날 오전에 졸업생과 재학생이 다시 학교에 모여 졸업식이 열리는 장대현교회까지 학교 깃발을 앞세우고 행진하였다. 졸업식은 베어드 학장의 사회로 서울에서 올라온 언더우드의 기도, 이일영 목사의 성경(데살로니가전서 5장) 봉독에 이어 졸업생 대표의 연설이 있었는데 변성옥이 "인류의 생활", 오천경(오천영)이 "인생의 모순과 조화", 장신국이 "사상시대"란 제목으로 각각 연설하였다. 졸업생 연설 후에는 숭실 교사들의 특별 4중창이 있었고 베어드 학장의 권면이 있은 후 졸업장 수여로 식을 마

368) "평양 숭실대학교 졸업생 유친회", 〈예수교회보〉 1913.7.1.
369) "평양교회 통신", 〈그리스도회보〉 1913.7.28; 〈예수교회보〉 1913.6.24.

쳤다.[370] 그 날 오후, 졸업생들이 베어드 학장의 신양리 사택에서 열린 '졸업생 파티'에 참석한 후 학장 이하 교수들의 환송을 받으며 숭실 교정을 떠나는 것으로 졸업 행사는 마무리 되었다. 그런데 이처럼 화려하고 웅장했던 졸업식과 축하행사장에 정작 베커는 없었다. 처음으로 숭실대학에서 '감리교' 졸업생(변성옥과 오천경)이 배출된 의미 있는 졸업식이었는데도 베커는 그 시각, 서울에서 개최된 미감리회 연회에 참석하고 있었다.

9.4 1913년 연회 보고

1913년 연회는 6월 5-12일까지 서울 정동교회에서 개최되었다. 그래서 베커 뿐 아니라 평양에서 사역하고 있던 모리스와 빌링스, 폴웰 등 선교사들과 현석칠, 이하영, 김창식 등 한국인 목회자들도 서울에 올라가 연회에 참석하고 있어서 숭실 졸업식은 장로교 선교사와 목회자들로만 순서를 진행하였다. 평양에서 숭실대학 졸업축하 행사와 졸업식이 거행되는 그 시각에 베커는 서울에서 1년간의 사역을 보고하고 있었다. 베커의 보고는 교육위원회 보고와 숭실중학교 보고로 나뉘었다. 우선 교육위원장으로서 베커는 지난 1월의 교육위원회 결의 사항과 연회 기간 중에 모인 교육위원회[371] 논의 결과를 정리해서 다음과 같은 건의안을 연회에 제출하였다.[372]

1. 소학교 과정(보통과) 학교를 육성하기로 한다. 한 지방에 한 학교를 설립하여 가능하면 자립하도록 지도한다. 같은 지역에 약한 학교 서너 개가 있는 것보다 강력한 학교 하나를 세우는 것이 더 효과적이다. 그리고 정

370) "숭실대학교 졸업식", 〈예수교회보〉 1913.6.24; "평양교회 통신", 〈그리스도회보〉 1913. 7. 28.

371) 1913년 미감리회 연회 교육위원은 남선교부의 베커와 노블, 빌링스 ,스웨어러, 데밍, 로턴(B.R. Lawton), 그로브(P.l. Grove), 버딕(G.M. Burdick), 왁스(V.H. Wachs), 테일러(C. Taylor), 그리고 여선교부의 로빈스와 헤인즈, 마커(J. Marker) 등이었다. *KMEC* 1913, p. 2.

372) "Report of the Educational Committee", *KMEC* 1913, pp. 91-92.

부(총독부)나 평의회에서 요구하는 기준에 충족한 학교로 육성한다.

2. 서울과 평양, 공주, 해주, 영변에 고등보통학교(고등과)를 시급하게 설립하되 교회와 선교부가 힘을 합쳐 시설과 건물, 운영기금을 확보함으로 그 지역 공립학교 수준에 뒤지지 않는 수준을 갖추도록 한다. 조선에서 기독교를 전파해야 할 우리로서는 최고 수준(first class)을 갖추지 못하면 큰 낭패를 당하게 될 것이다.
3. 우리 선교회는 연합대학교가 설립될 그곳에 2년 과정의 예비과(특별과)를 설치할 것을 건의한다.
4. 우리는 작년 연회에서 결의하고 연회록에 기록된바 "전 한국에 연합 기독교대학을 하나만 설립하되 그 위치는 서울로 한다."(One Union College for all Korea and that College be located in Seoul)는 결의사항을 다시 한 번 확인한다.
5. 각 지방마다 교육 감독관(educational superintendent)을 두어 각 지방 장로사와 지역교회 목회자들과 협력하여 지방 내 학교들을 관리하고 각 학교들에서 제기된 문제점들을 취합하여 선교회 차원에서 해결하도록 한다. 그렇게 함으로 평의회의 결정사항이나 정부기관의 지시사항을 효과적으로 수행할 수 있을 것이고 체계적인 협력 체제를 갖춤으로 선교회나 교회의 재정을 보다 효율적으로 사용할 수 있을 것이다.

교육위원회 건의안 중 3조와 4조는 새로 시작할 연합기독교대학에 관한 것으로 "연합기독교대학은 서울에 설치한다."는 미감리회의 입장을 재확인한 것이었다. 이런 건의안에 대해 1912년 연회는 결의를 유보했는데 1913년 연회에서는 그대로 받아들여 서울 연합기독교대학 설립은 미감리회의 '공식 입장'이 되었다. 그런 결의를 이끌어내는데 주도적인 역할을 한 베커는 숭실학교에 대한 '마지막' 보고를 하였다. 그의 보고는 숭실중학교 학생과 교사진에 대한 것으로 시작되었다.

"9월 가을학기를 218명 학생으로 시작하였는데 이번에는 대부분 기존 다니던 학생이었고 새로 들어온 학생은 6명밖에 되지 않습니다. 평균 출석은 195명이고 그 중 1학년이 17명, 2학년이 77명, 3학년이 56명, 4학년이 45명입니다. 우리 중학교 정규교사로는 김선두, 김형재, 김인준, 조설 등이 작년에 수고하였고 교사로 사역하고 있는 김성호와 변성옥, 김종운 등은 아직 대학 3학년과 4학년에 재학 중입니다. 이외에 소로토가 일본어를 가르치고 있으며 시간제 교사까지 합하여 8명이 총 138시간을 가르치고 있는데 한 시간에 평균 80전, 한 달에 평균 110원 40전을 이들 월급으로 지불하고 있습니다. 정규교사들의 한 달 월급 총액은 191원 50전으로 대학을 졸업한 교사라 할지라도 개인당 월 평균 27원 50전을 넘지 못하고 있습니다. 지난 가을 학기 모든 교사들의 월급으로 지급된 금액이 총 301원 50전입니다."[373]

공립학교 교사 월급의 반도 되지 않는 '박봉'임에도 숭실중학교 한국인 교사들은 사명감으로 업무에 임하고 있었다. 선교사들은 그런 희생적인 교사들에게 학교 행정업무와 및 학생 관리 분야에서 보다 많은 역할을 맡겼다.

"대학교가 새로 지은 건물로 옮겨감으로 중학교 건물에 여유가 생겨 한국인 정규교사들을 위한 교무실을 마련할 수 있게 되었습니다. 그러면서 교사들에게 책임을 분담시켰습니다. 김선두는 출근부와 일반 공문을 맡았고 김형재는 진급 시험과 학급 일지 검토를 맡아 보면서 학생 자치회와 방과 후 체육활동을 감독하도록 하였습니다. 김인준은 교무 일지를 담당하면서 매일 출석과 보고서 정리 및 학교 행사계획 초안 작성을 맡았습니다. 조설은 학생자치회(Student Aid Society)를 지도하였는데 이 모임은 후에 교사들이 해산시켰습니다. 교사들은 물론 학교 예배와 기도회 같은 모임을 맡아 지도하고 있는데 솔선수범해서

373) A.L. Becker, "Report of Pyeng Yang Union Academy for 1912 and 1913", *KMEC* 1913, p. 79; *ARBF* 1913, pp. 325-326.

베커 부부가 조직한 선교사 한글어학교(1913년, 평양)

모든 모임에 참석할 뿐 아니라 학생 복지를 위해서 적극적인 노력을 기울이고 있습니다. 우리 학교가 활기 찬 기독교 학교로 발전하기까지 이들 한국인 교사들이 보여준 헌신은 높이 평가를 받아야 합니다. 이보다 더 훌륭한 동역자들이 없습니다. 우리는 완벽한 조화를 이루고 있습니다. 교무회의는 늘 화기애애한데 교사들은 서로 일을 맡아 하겠다고 나섭니다. 이처럼 유능한 일꾼들이 있으니 학교를 책임진 자로서 더 이상 바랄 것 없는 조건이라 하겠습니다. 모름지기 학교는 이러해야 한다고 평소 생각하던 바로 그 모습입니다."[374)]

숭실중학교는 그동안 베커가 꿈꿔왔던 '모범적인 학교'의 모습을 갖추어 가고 있었다. 한국인 교사들이 재량권과 책임의식을 갖고 학생들을 지도한 결과 학생들의 수업 분위기와 수학 능력도 크게 향상되었다. 베커의 제안대로 매 학기 말에 진급 시험을 엄격하게 치렀는데 낙제하는 학생들이 점점 줄어들었다.

---

374) A.L. Becker, "Report of Pyeng Yang Union Academy for 1912 and 1913", *KMEC* 1913, pp. 79-80.

"12월 15일 가을 학기말 고사를 170명 학생이 치렀습니다. 추가 시험을 110명이 보았는데 학생들이 10과목 정도 시험을 치러야 했기에 공부할 내용도 과제도 상당히 많아 다른 어느 학교보다 엄격하게 시험을 치렀습니다. 그 결과 단지 6.5%만 낙제 점수를 받았고 나머지는 통과하였습니다. 이들 낙제생들도 겨울 박학 동안 열심히 공부해서 90%가 진급했습니다. 겨울 학기는 1월 8일 개학했는데 178명이 등록했고 3명만 신입생입니다. 개학 직후 정규 수업 전에 한 주간 사경회를 열었는데 학생들은 영적으로 큰 힘을 얻었습니다. 겨울 학기는 3월 25일 마쳤는데 학교 이사회 결정에 따라 1년 학무를 그 때 마치는 것으로 했습니다. 학년말 고사에서 144명이 통과하였고 24명이 낙제했는데 모두 재시험을 치렀습니다. 금년에는 중학교 졸업생이 없는데 이유는 교육평의회(Educational Senate)가 요구한 기준에 맞추어 학제에 1년을 추가해서 5학년을 운영하기 시작했기 때문입니다. 현재 5학년은 모두 41명입니다."[375)]

바뀐 학제에 따라 1913년 부터 봄 학기에 신입생 선발고사를 치렀는데 1백 명 넘는 학생들이 들어왔다.

"4월 5일 봄 학기를 시작했는데 기존 학생이 167명 신입생이 125명이었습니다. 각 학년별 학생 수를 보면 1학년 25명, 2학년 108명, 3학년 73명, 4학년 45명, 5학년 41명입니다. 신입생들은 모두 실력을 갖추고 들어와서 각기 시험을 치른 후 학년별로 배분되었습니다. 10명 정도만 저학년에 배치되었는데 그들도 불만을 품지 않고 받아들였습니다. 우리는 이번에 남쪽지방 남장로회 계열 고등보통학교에 다니던 학생 몇 명이 들어온 것을 매우 기쁘게 생각했습니다. 학생이 늘어남에 따라 교사진 확충도 불가피했습니다. 1학년은 1반, 2학년은 4반, 3학년은 3반, 4학년은 2반, 5학년은 2반으로 나누었고 12

---

375) A.L. Becker, "Report of Pyeng Yang Union Academy for 1912 and 1913", *KMEC* 1913, p. 80.

개 반 학생들은 매주 6일간 공부를 하는데 매일 5시간씩 수업을 했습니다. 결국 매주 360시간을 가르쳐야만 했습니다. 기존 교사들이 감당하기엔 너무 과했습니다. 그래서 금년에 대학생 중에서 시간제 교사 3명을 추가 선발했습니다. 그 결과 대학교 학생들은 우리 관리를 받으면서 효율적으로 교육 훈련을 받게 되었습니다."[376)]

봄 학기에 신입생들이 들어오면서 중학교 전교생이 다시 3백 명을 넘게 되었다. 그러면서 학생들의 가정과 출신 배경에도 변화가 생겼다. 전에는 기혼자가 미혼자보다 많았는데 이제 그것이 역전되어 미혼 학생이 더 많게 되었다.

"지난 1년 등록학생은 총 342명입니다. 평균 출석은 223명이고 그 중 감리교 학생은 75명입니다. 봄 학기 등록 학생 가운데 213명이 지방 출신이고 80명이 평양 시내에 거주합니다. 146명은 일하면서 학비를 마련하고 있고 147명은 그렇지 않습니다. 103명이 기혼자이고 190명이 미혼입니다. 미혼 학생이 65%인데 이는 1909-10년도 학생의 24%가 미혼이었던 것과 비교할 때 큰 변화입니다. 학생 90%가 기독교 가정 출신인데 1909-10년 당시 80%였던 것이 10% 증가한 셈입니다. 학생 83%가 기독교 소학교 출신인데 3년 전에 10%였던 것에 비하면 놀라운 변화입니다. 졸업 후 희망을 보면 144명이 교회 사역을 원했고 49명은 기독교 학교 교사, 10명은 농사, 17명은 상업, 3명은 의학을 지망했고 51명은 아직 정한 것이 없다고 답했습니다. 중요한 것은 전체 70% 학생들이 기독교 사역에 종사하겠다는 의사를 밝힌 것인데 그런 목표를 갖고 학교에서 준비하고 있는 셈입니다."[377)]

---

376) A.L. Becker, "Report of Pyeng Yang Union Academy for 1912 and 1913", *KMEC* 1913, pp. 80-81.

377) A.L. Becker, "Report of Pyeng Yang Union Academy for 1912 and 1913", *KMEC* 1913, p. 81.

이처럼 미혼, 기독교 소학교 출신 학생들이 증가하면서 학생들의 자치 활동에도 변화가 이루어졌다. 특히 베커가 관심을 갖고 지도했던 학생들의 체육활동에서 학생들의 보다 체계적인 자치활동이 이루어졌다.

> "금년의 새로운 변화는 그동안 학생들이 자치적으로 운영하던 방과 후 체육활동을 교사들이 관리하며 지도하도록 바꾼 것입니다. 학생들은 체육회를 만들어 한 학기 20전 회비를 내고 체육활동에 참여할 수 있습니다. 효과는 아주 좋았습니다. 우선 교사와 학생 사이의 갈등 요소가 제거되었고 학생들의 '구걸' 현상이 없어졌습니다. 종목별로 시간을 배분해서 시설도 관리함으로 모든 학생들이 당당하게 하루에 적어도 한 시간씩 원하는 종목의 체육활동을 할 수 있게 되었습니다. 그리고 학생들은 학교를 대표하는 축구와 야구팀에게 특별하게 시설과 시간을 배려하고 나머지 시간을 적당하게 사용함으로 운동장은 항상 학생들로 넘쳐났습니다. 지난 해 학생 체육회는 회비로 65원을 거두었으며 금년에는 137원을 거두었습니다. 그래서 144원으로 축구공 18개와 야구공 24개, 기타 시설을 구입했습니다. 정규 교사 두 명이 오전과 오후 체육활동을 감독하고 있습니다. 이렇게 제도를 바꾼 후 학생들은 아주 만족하는 것 같습니다."[378]

숭실 학생들이 자부심을 갖고 자치적으로 추진했던 것이 체육활동과 함께 전도활동이었다. 1907년 평양대부흥운동 때 조직된 학생전도회는 이제 그 명칭을 학생선교회로 바꾸어 국내 뿐 아니라 해외에도 선교사를 파송함으로 '숭실의 자랑거리'가 되었다.

> "몇 년 전 조직된 학생선교회(Student Missionary Association)는 특별 헌금을 해서

378) A.L. Becker, "Report of Pyeng Yang Union Academy for 1912 and 1913", *KMEC* 1913, pp. 81-82.

220원을 모았고 그 돈으로 우리 학교 졸업생 한 명을 국내의 복음 불모지(아마도 금년은 감리교 선교구역인 원주가 될 듯합니다)에 1년간 선교사로 파송할 예정입니다. 지금까지 김형재(제주)와 손정도(만주) 그리고 강병담(제주) 등이 우리 학교 선교사로 파송을 받아 훌륭하게 사역하였습니다. 학생선교회에는 전교생이 깊은 관심을 갖고 열심히 참여하고 있는데 재학생과 졸업생 모두 자랑스럽게 생각하는 바입니다."[379)]

베커는 학교의 재정 상황도 소상하게 보고하였다. 그는 지난 7년간의 숭실중학교 재정 상황을 다음과 같이 통계표로 만들어 보고하였다.

연도	전체경비	등록금	선교부 보조	교사 월급	재학 생수	졸업 생수	학생 경비	학생 등록금	학생 비용
1907	3,025.00	1,725.00	1,300.00	-	367	27	8.30	4.75	57%
1908	2,680.00	1,652.00	1,028.00	2,119.00	422	21	6.35	3.90	61%
1909	3,234.00	1,780.00	1,454.00	2,458.00	366	33	7.35	4.85	66%
1910	4,047.00	3,170.00	879.00	2,799.00	498	22	8.10	6.35	75%
1911	3,921.00	2,252.00	1,667.00	3,126.00	365	44	10.75	6.15	57%
1912	4,546.00	2,606.00	1,940.00	4,229.00	358	70	12.75	7.25	56%
1913	3,852.00	2,052.00	1,800.00	3,219.00	340	-	11.35	6.00	53%
총계	25,305.00	15,237.00	10,070.00	17,952.00	2,716	217	9.39	57.75	62%

"지난 7년 간 선교부 보조로 들어온 재정 가운데 학생 1인 당 지출한 1년 경비는 3원 55전입니다. 선교부 비용으로 학생 1인을 4년간 중학교에서 가르치는데 든 비용은 14원 20전입니다. 중학교 전 과정에 학생들이 부담한 비용은 평균 23원입니다. 지난 7년간 2,716명이 등록했고 그 중 217명이 졸업했으니 8%입니다."[380)]

379) A.L. Becker, "Report of Pyeng Yang Union Academy for 1912 and 1913", *KMEC* 1913, p. 82.
380) A.L. Becker, "Report of Pyeng Yang Union Academy for 1912 and 1913", *KMEC* 1913, p. 83.

베커의 1913년 연회 보고는 숭실중학교에 필요한 목록을 제시하며 도움을 요청하는 것으로 끝났다.

> "1913-14학년도에 지원이 필요한 부분은 다음과 같습니다.
>
> 1) 모든 교실에 비치할 의자.
>
> 2) 과학 수업을 위한 기초 실험도구.
>
> 3) 대학 졸업생 가운데 교감 한 명 선출.
>
> 4) 교사 김인준과 김형재의 월급을 30원으로 인상.
>
> 5) 모든 학생들이 생활할 수 있는 기숙사."[381)]

이것이 숭실학교와 관련한 베커의 마지막 보고가 되었다. 그는 1913년 연회를 마친 후 평양과 서울을 오가며 서울 연합기독교대학 설립을 준비하였고 1914년 5월부터 서울로 자리를 옮겨 평양 사역에서 손을 떼었다. 해리스 감독은 연회 마지막 날 베커를 여전히 숭실중학교와 대학교, 그리고 평양 아펜젤러기념교회와 칠산구역에 파송하였다. 그러면서 북한지역 뿐 아니라 루퍼스가 맡았던 남한지역의 감리교계통 학교 관리도 계속 그에게 맡겼다.[382)] 이로써 베커는 평양 사역 외에 남북한 감리교계통 학교들을 돌아보며 지휘, 감독하는 일과 새로 들어온 선교사들의 어학훈련을 지도하는 어학위원장까지 맡았다. 베커는 연회가 끝난 후 서울과 평양, 그리고 지방을 왕래하면서 교육과 목회, 감독 사역을 하는 바쁜 일정을 소화하였다.

---

381) A.L. Becker, "Report of Pyeng Yang Union Academy for 1912 and 1913", *KMEC* 1913, p. 83.

382) *KMEC* 1913, pp. 27-28.

10. 서울 연희전문학교 사역과 그 이후

10.1 평양 숭실학교 사역 정리

1913년 6월 연회를 마치고 평양으로 돌아온 베커는 어학위원장으로서 선교사 가족을 위한 '한국어학교'(Korean Language School)을 준비했다. 여름 휴가철을 이용하여 아직 한국어가 서투른 신참 선교사 가족 35명을 평양으로 초청해서 6월 말부터 한 달 동안 한글 교육과 어학 훈련을 하는 프로그램이었다. 수업은 숭의여학교를 빌려서 하였다. 선교사와 선교사 부인, 그리고 선교사 자녀들을 구분해서 반을 편성하고 선배 선교사와 한국인 어학교사들로 하여금 반을 맡아 가르치도록 하였는데 효과가 아주 좋았다. 선교사 가족들의 한국어 실력도 향상되었을 뿐 아니라 함께 생활하는 과정에서 친교도 이루어졌다. 베커 부인도 선교사 가족들의 평양 생활을 뒷바라지하며 교사로도 참여하였다.[383] 처음 시도한 프로그램이었는데 반응과 효과가 좋아 1914년부터는 초교파적으로 강사와 참석자를 확대하였다.[384]

선교사 어학훈련 프로그램을 마친 후 베커는 서울로 올라와 감리교계통 소학교 교사들을 위한 '여름 교사강습회'(Summer Normal Class)를 프로그램을 준비했다. 여름 교사강습회는 베커가 평양에서 베어드에게 배운 것으로 지방의 기독교학교 교사들의 자질과 능력을 향상시키기 위해 단기 집중교육 형태로 진행하는 프로그램이었다. 베커는 그것을 미감리회 교육위원회 프로그램으로 발전시켜 서울 배재학당에서 8월 13일부터 두 주간, 감리교계통 학교 교사들을 초청하여 여름 강습회를 실시하였다. 전국에서 70명이 참가했는데 한 주간은 교육과정에 대한 강의와 실습교육을 받았고 한 주간은 교

383) *Arthur L. Becker Korea Book II(1911-1926)*, p. 20.

384) A.L. Becker, "Schdule and Notice of Language Class", *KMF*, Mar. 1914, pp. 85-86.

베커가 신흥우와 조직한 감리교 교사강습회(1913년 8월, 배재학당)

육 정책과 방침에 관해 토론하며 감리교계통 학교들의 '통일된' 교과과정과 학교 운영 방침을 모색하였다.[385]

베커는 서울에서 여름강습회를 준비하면서 이화학당의 프라이 교장과 배재학당의 신흥우 교장으로부터 도움을 받았다. 특히 베커는 처음 만난 신흥우에게 깊은 인상을 받았다. 베커보다 네 살 아래인 신흥우는 배재학당 재학 중 이승만과 함께 독립협회 활동을 하다가 체포되어 옥고를 치르고 미국에 유학해서 남캘리포니아대학에서 석사학위를 받고 돌아와 1912년 약관 29세 나이로 배재학당 교장이 되었다. 베커는 학문적 소양과 종교적 열정을 갖추고 영어 뿐 아니라 일본어까지 능숙한 신흥우를 "값비싼 진주"(pearl of great price)라고 표현하였다. 그래서 둘은 이내 속을 터놓고 대화하는 사이가 되었다. 신흥우가 "총독부에서 일본어를 필수과목으로 가르치라 하는데 어찌하면 좋은가?"라고 하자 베커는 "일본 유학을 한 기독교인 교사를 데려오면 된다."고 알려주기도 했다.[386] 둘은 서울에 설립될 연합기독교대학에

385) "배재학당의 교사강습소", 〈그리스도회보〉 1913.8.25; *Arthur L. Becker Korea Book II(1911-1926)*, pp. 30-31.

386) *Michigan to Korea*, pp. 381-382; *Arthur L. Becker Korea Book II(1911-1926)*, pp. 30-31.

대해서도 의견을 나누고 서로 협력하기로 약속했다. 베커는 연말에 신흥우와 함께 도쿄에 가서 배재학당에 필요한 과학교육 자료와 기구들을 구입하는 것을 도와주기도 했다.

그리고 1913년 10월에 미국 볼티모어여자대학 학장 가우처 박사가 한국을 다시 방문했다. 가우처 박사는 미감리회 해외선교위원 자격으로 동아시아 순회방문 중 한국에 도착해서 17일간 머물면서 종교계 인사 뿐 아니라 일반 정치계 인사들도 만났는데 서울에서 데라우치 총독, 평양에서는 마츠나가 평남 도지사와 면담하였다. 그는 평양과 공주, 개성 등지의 감리교계통 학교들을 돌아보았고 서울에 있는 동안 장로교와 감리교 선교사들 사이에 아직도 결론이 나지 않은 '연합기독교대학' 위치 문제로 논란을 빚고 있던 평의회에도 두 번 참석했다. 가우처는 미감리회 선교사들이 추진하는 '서울 연합기독교대학 설립안'을 지지한다는 의사를 밝히면서도 평양 선교사들의 완강한 거부로 합의가 이루어지지 않고 있는 상황에서 베커에게 "연합기독교대학의 위치에 관하여 주님께서 분명하게 당신의 뜻을 밝히시지 않은 것으로 판단된다면 그 뜻이 분명하게 밝혀지기까지 당신은 평양에서 사역을 하면서 얻을 수 있는 유익을 최대한 구하라."고 조언하였다. 무리하게 서두르지 말고 '순리에 따라' 일이 진행되도록 기다리라는 충고였다.[387] 베커는 1910년 에딘버러 대회에서 잠깐 만났던 가우처 박사를 그의 방한 일정 내내 동행하면서 '교육 선교'에 대한 풍부한 경험과 지혜를 전수받았다. 가우처 박사의 방한을 계기로 베커와 미감리회의 '서울 연합기독교대학 설립' 의지는 더욱 확고해졌다.

그렇게 1913년 가을학기를 마치고 1914년 1월 겨울 학기가 시작되었다. 베커의 숭실 사역도 재개되었다. 겨울학기 개강을 한 직후, 1월 17일에 평양 부윤과 평안남도 도지사가 평양에서 사역하는 선교사 12명을 초청하여 '식

---

387) A.L. Becker, "An Educator's Visit to Chosen", *KMF,* Feb. 1914, pp. 42-43; *Michigan to Korea*, pp. 383-384; *Arthur L. Becker Korea Book II(1911-1926)*, pp. 43-45.

민통치에 협조'를 부탁하는 모임을 열었다. 그날 베커의 일기다.

"저녁에 일본인 평양부윤이 주최한 만찬에 참석했다. 평안남도지가도 참석했으며 다른 선교사 12명도 참석했다. 부윤은 방금 새로 공포된 법령에 선교사들이 협력해 줄 것을 부탁했다. 내가 보기에 한국인들은 반기지 않을 법령이다. 정성스럽게 준비한 만찬을 먹은 후 부윤이 새 법령을 우리에게 읽어주었다. 그는 일본인임에도 어색한 한국말로 그것을 읽어 주었는데 그 점에서 나름대로 현명하다고 느꼈다. 법령을 읽은 후에 다시 한 번 우리에게 협조를 부탁한다고 했다. 우리 선교사들도 부윤에게 새 법령을 알려주어 법령을 어기지 않도록 깨우쳐 주어서 고맙다고 답했다. 그러나 법령의 내용을 충분히 알지 못하기 때문에 나 자신도 모르는 사이 법령을 어길지도 모른다. 우리 모두는 어정쩡한 관계로 이 법령에 협조적인 자세를 취할 것이다. 우리 모두는 거주하는 곳의 법을 지키기 원하고 있다는 점을 강조하였다."[388]

일본인 관리는 선교사들에게 '협조'를 부탁했지만 실제 내용은 '위협'이었다. 105인사건 이후 더욱 자신감을 얻은 일본 총독부의 '무단통치' 위세가 점점 고조되었다. 이런 상황에서도 베커는 연회에서 위임한 일들 때문에 서울로 출장을 가는 일이 많았다. 예를 들어 1월 23일부터 25일까지 3박 4일간의 일정을 정리하면 다음과 같다.[389]

1월 23일(목요일): 오후 숭실대학에서 광물학 수업과 금요일 휴강에 대한 보충 수업을 저녁까지 하였다.

1월 24일(금요일): 새벽 1시 30분 기차로 평양을 출발하여 아침 8시에 서울역

388) *Arthur L. Becker Korea Book II(1911-1926)*, p. 55.

389) *Michigan to Korea*, pp. 386-387.

에 도착, 곧바로 정동의 3년차 선교사 웰러(O.A. Weller)에게 가서 그의 1월 어학수업 계획을 검토하고 웰러 가족과 아침 식사를 하면서 어학시험에 대한 조언을 했다. 오전 10시 배재학당에 가서 일본에서 배달된 교육보조 기구와 물품들을 확인한 후 신흥우 교장과 총독부 교육정책에 대한 대응책을 논의하였다. 그리고 다시 웰러 집에 가서 어학공부에 대한 조언을 한 후 점심 식사를 마치고 오후에 자전거로 마포 서강에 가서 감리교 의법학교 운영위원회를 주재하고 서울 시내로 돌아와서 데밍 가족과 저녁 식사를 하였다. 식사 후에는 데밍과 웰러, 버딕 등과 학교 문제를 협의하고 저녁 9시 40분 기차로 서울역을 출발하였다.

1월 25일(토요일): 오전 4시 10분 평양에 도착하여 오전 수업을 준비하였다.

서울과 평양을 오가며 기차 안에서 잠을 자야 하는 고된 일정이었다. 그런 식으로 1월 30일 다시 서울에 올라갔다가 1월 31일 수원을 거쳐 2월 1일 평양에 돌아왔다. 그 이튿날 2월 2일 베커의 일기다.

"아침 일찍 일어나 기도하였다. 하늘에 계신 하나님께 내 어깨에 지워진 과제와 책임들을 고하면서 지혜를 주시어 이 복잡하고 힘든 문제들을 풀어나갈 수 있도록 도와달라고 간구하였다. 아침도 먹지 않고 대학교로 가서 물리학과 삼각법을 강의하고 집으로 와서 아침 겸 저녁을 들었다."[390]

이렇게 베커가 서울과 평양, 그리고 지방을 오가며 바쁜 일정을 소화하고 있던 시기에 그의 숭실학교 동역자 베어드도 견디기 힘든 시간을 보내고 있었다. 숭실학교는 대학생 85명, 중학생 231명이 등록해서 다님으로 안정적인 발전을 보이고 있었지만 가정에 '우환'이 생긴 것이다. 그의 아내 애니

---

390) *Arthur L. Becker Korea Book II(1911-1926)*, p. 60.

베어드는 암이 발병하여 치료를 위해 1914년 2월 귀국하였다.[391] 결혼하자마자 함께 한국에 와서 23년간 선교사역에 동참했던 동역자로서 베어드에게 큰 힘이 되었던 아내였다. 아내를 미국으로 보내고 홀로 남아 '쓸쓸하게' 사역을 하고 있던 베어드에게 이보다 더 큰 충격의 소식이 전달되었다. 미국 뉴욕의 해외선교부로부터 "서울에 연합기독교대학을 설립하도록 권고한다."는 통보가 온 것이다.

그동안 한국의 장로교와 감리교 선교사들은 연합기독교대학 위치 문제로 수차례 모임을 갖고 투표까지 했으나 결론을 얻지 못하고 있었다. 결국 1913년 4월 복음주의선교연합공의회 차원에서 장로교와 감리교 6개 선교회 소속 선교사 전체를 대상으로 투표를 실시한 결과 100명이 참가하여 서울 37명, 평양 63명이란 결과가 나왔다.[392] '평양 우세'라는 결과를 얻었지만 이것은 엄밀한 의미에서 '결정권'이 없는 여론조사 성격의 투표였을 뿐이다. 학교 위치에 대한 결정권을 가진 평의회는 1913년 12월에도 모여 투표하였지만 '5대 5' 동수가 나와 결론을 내리지 못했다. 결국 선교사들은 본국 선교본부에 결정권을 위임하였고 이에 1914년 2월 14일 미국 뉴욕에서 북장로회와 미감리회 해외선교부 관계자들이 회집하여 논의한 결과, '서울 권고안'을 채택하고 이를 한국선교회에 통보하였던 것이다.[393] 이런 뉴욕 선교본부의 결정이 베어드와 평양 선교사들에겐 큰 실망을 안겨주었지만 서울의 언더우드에겐 '희소식'이었다. 이로써 2년 동안 끌어온 연합기독교대학교 위치 문제는 서울 쪽으로 확정되었다.

---

391) *Personal Report of W.M. Baird, 1913-1914*, p. 1; *Arthur L. Becker Korea Book II(1911-1926)*, p. 63.

392) "Educational Federal Senate", *The Minutes of the Korea Mission of the Presbyterian Church in the USA*, 1913, pp. 38-39; 민경배, "선교정책 결정과정에서의 선교본부 영향력의 문제-연희전문학교 설립을 중심으로-", 〈동방학지〉 46·47·48합집, 연세대학교 국학연구원, 1985. 6, pp. 567-568.

393) R.H. Baird, *William Baird of Korea*, p. 68; H.A. Rhodes, *The History of the Korea Mission of the Presbyterian Church in the USA 1884-1934*, p. 479; 안종철, "아더 베커(Arthue L. Becker)의 교육선교활동과 '연합기독교대학' 설립", pp. 261-262..

이런 소식은 미감리회 한국 선교회에도 전달되었다. 그 소식을 접한 베커는 더 이상 머뭇거릴 이유가 없다고 판단, 곧바로 일에 착수하였다. 그리하여 베커는 1914년 2월 19일, 서울의 언더우드에게 '결단의 편지'(fatal letter)를 썼다. 그날 베커의 일기다.

> "아침 7시에 일어나 '갈 길을 인도해 달라.'고 기도하였다. 그리고 언더우드 박사에게 그가 제안한 새 대학 설립에 대해서 문의하는 편지를 썼다. 나는 그에게 서울로 올라가 그와 함께 일할 준비가 되었음을 밝혔다. 나는 그에게 우선 어떤 일부터 할 생각인지 알려달라고 하였다. 그리고 일단의 감리교 학생들이 예비과 수업을 받으러 서울에 올라갈 수 있음도 밝혔다. 여기에 추가해서, 경신학교에도 대학 수업을 받을 수 있는 학생 수명이 있는 것으로 알고 있는데 날짜만 정해주면 이 문제를 가지고 대화할 용의가 있다고 하였다."[394]

그리고 같은 날(2월 19일) 해주에서 사역을 시작한 그로브(P.L. Grove)에게 자신이 떠난 후 숭실학교 수업을 맡아달라는 편지를 보냈다. 베커는 자기 대신 그로부를 숭실 교사로 추천할 생각이었다. 그리고 그 날로 숭실학교에 가서 베어드와 빌링스에게 "이번 학기를 마지막으로 숭실을 떠날 수도 있다."고 알렸다. 그는 "서울에서 대학교를 시작한다면 지금이 적기이고 서울에서 하는 대학은 장로교 뿐 아니라 남감리회도 참여하는 학교가 되어야 한다."는 것과 "평양에서 공부하고 있는 감리교 학생 몇 명도 같이 서울에 올라가기를 원하고 있다."는 것을 밝혔다. 그리고 모우리 교수를 만나 과학수업에 관한 '인수인계'를 하였다. 일단 결정했으면 '속전속결'로 일을 처리하는 베커의 성격이 그대로 드러났다.

---

394) 베어드 부인은 2년 후(1916년) 별세하였다. *Michigan to Korea*, p. 388.

10.2 서울 연합기독교대학 설립 준비

이후 베커는 본격적으로 평양 사역을 정리하고 서울 사역을 준비하였다. 2월 20일, 숭실학교 사역에 함께 참여하고 있던 감리교 선교사 빌링스와 모리스를 만나 "가능한 한 서둘러 서울의 대학교 사역을 시작하기로" 의견을 모았고 2월 21일 토요일에는 오랜 만에 가족들과 함께 평양의 명승지 모란봉으로 소풍을 다녀왔다. 2월 22일 주일 예배는 평양시내 새로 시작한 작은 교회와 아펜젤러기념교회에서 예배를 드린 후 오후에는 장로회신학교에서 드리는 평양 외국인교회 예배에 참석했다. 그리고 2월 24일에는 그동안 선교부에서 함께 일했던 한국인 직원 및 일군들과 점심식사를 하였고 저녁에는 남산현교회 부흥회에 참석했다.[395] 베커로서는 일종의 '고별 행사'들이었다. 그런 중에도 베커 부부는 '병든 아내'를 미국에 보내고 혼자 쓸쓸하게 지내고 있는 베어드 교장도 자주 찾아가 위로하였다. 그 무렵 베커에게 가장 힘든 일은 숭실학교 일을 정리하는 것도, 서울에서 대학 설립을 준비하는 것도 아니었다. 베어드와의 이별이 가장 힘들었다. 그 무렵 베커의 일기다.

> "나는 베어드 박사와 뼈아픈 이별을 고해야 할 준비가 아직 되어 있지 않다. 나는 그분과 참으로 오랫동안, 그리고 아주 친밀한 관계로 일 해왔다. 그 분은 나를 '내 아들이자 후계자'로 부를 정도로 나를 신뢰하였다. 나보다 높은 차원에서 일이 추진되고 결정되는 동안에도 내가 이처럼 빨리 베어드 박사를 떠나게 될 것이라 예상치 못했다. 더구나 박사님은 지금 부인을 미국에 보내고 슬퍼하고 있는 때에."[396]

그러는 사이 서울 언더우드로부터 "바로 만나자."는 답장이 왔다. 이에 베

395) *Arthur L. Becker Korea Book II(1911-1926)*, pp. 68-69.

396) *Michigan to Korea*, p. 394.

커는 빌링스와 함께 2월 27일 저녁 기차로 평양을 출발, 이튿날 아침에 서울역에 도착하여 곧바로 남대문 밖 언더우드의 집으로 가서 언더우드 부부와 식사를 하면서 대학교 설립에 관해 대화를 시작하였다. 그날 오후에는 남감리회 서울선교부 대표인 하디와 개성에서 올라와 있던 크램도 합류해서 연합대학 설립 문제를 본격적으로 논의했다. 이로써 서울에서 공동(joint)으로 선교사역을 하는 북장로회와 미감리회, 남감리회 등 세 선교부가 참여하는 '연합기독교대학' 설립 논의가 본격화되었다. 학생은 이미 있었다. 그동안 언더우드가 경신학당, 루퍼스가 배재학당에서 고등과 졸업생을 중심으로 대학 '예비 교육'을 시켜왔으며 베커를 따라 서울로 올라올 숭실대학교 학생들도 있어 학생 모집은 큰 어려움이 없었다. 그런데 수업 장소가 문제였다.

언더우드는 이미 서대문 밖 연희동에 대학교 부지 40에이커(160㎢)를 확보해 놓았지만 아직 건물을 짓지 못해 임시로 수업할 공간이 필요했다. 연지동에 경신학교 건물이 있었으나 중학교에서 이미 사용하고 있어 대학 수업까지 진행하기는 어려웠고 배재학당 안에도 마땅한 공간이 없었다. 그래서 일단 종로에 있는 기독교청년회관을 사용하기로 했다. 마침 언더우드가 기독교청년회 회장이었고 1층이 비어 있어 임대료를 내고 사용하기로 하였다. 교수진은 우선 북장로회에서 언더우드와 게일, 미감리회에서 베커와 빌링스, 남감리회에서 와슨(A.W. Wasson)을 전담 교수로 파견하기로 하였다. 기독교청년회관에 교실을 꾸미는 일은 언더우드가 맡고, 새로 시작하는 연합대학교 헌장과 교과과정 편성은 베커가 맡기로 했다. 대학 개강은 서둘러 4월 안에 시작하기로 의견을 모았다.[397] 베커가 예상했던 것 이상으로 서울 일은 수월하게 진척되었다. 오랫동안 기다려온 만큼 일은 빠르게 진행되었다. 베커는 언더우드의 안내로 연희동 대학 부지까지 둘러본 후 3월 1일 평양으로 돌아왔다.

---

397) *Michigan to Korea*, pp. 391-392; *Arthur L. Becker Korea Book II(1911-1926)*, pp. 69-70.

평양으로 돌아온 베커는 숭실에서의 '남은' 봄 학기 수업과 학교 행사에 참가하였다. 3월 4일 숭실중학교 아침 예배에서 설교하였고 대학교 수업을 마친 후 저녁에는 평양주재 일본인들을 위한 영어강습을 하였다. 3월 5일에는 대학 교수회의에 참석하였고 오후 기차로 평양을 출발, 이튿날 오전 서울에 도착하여 게일과 언더우드를 만나 개강 준비를 논의하였는데 거기서 "총독부로부터 조선예수교대학(Chosen Christian College)이란 명칭으로 설립 허가를 받을 수 있을 것 같다."는 소식을 들었다. 그날 저녁 기차로 평양에 돌아와 3월 8-9일 숭실중학교 기말고사를 감독하였다. 그리고 3월 13일 다시 서울로 올라가 수업을 할 기독교청년회관 시설을 확인하였고 3월 14일 평양에 내려 와 숭실대학에 재학 중인 감리교 학생 20여 명을 소집하여 서울에 올라갈 학생과 평양에 남아 공부할 학생을 분류하였다. 그리고 그동안 숭실에서 베커의 수업을 돕던 조교 노춘택과 임영필, 김인준 등이 베커와 동행하여 서울로 올라가기로 하였다.[398]

평양주재 일본인을 위한 영어반 1912

398) *Michigan to Korea*, pp. 395-396; *Arthur L. Becker Korea Book II(1911-1926)*, pp. 71-72.

베커는 3월 19일 다시 상경하여 3월 20일 오전에 열린 교육 평의회에 참석하여 총독부의 교육정책에 대한 대응 방안을 모색하였다. 그리고 그날 오후 언더우드 사무실에서 대학 설립과 개강을 위한 준비 모임을 가졌다. 그동안 배재와 경신에서 '예비' 교육을 받은 학생과 베커가 숭실에서 데려올 학생을 포함하여 모두 40여 명 학생으로 4월 1일부터 '예비과' 과정으로 대학을 시작하기로 결정하였다. 베커의 서울 주택은 언더우드가 쓰던 정동의 옛 주택을 임시 사용하기로 했다.[399] 베커는 이처럼 서울에서 대학 개교 준비를 모두 마치고 3월 20일 밤기차로 평양에 돌아왔다. 이제는 평양 사람들과 작별하는 일만 남았다. 그런데 그것이 쉽지 않았다. 3월 21일 그의 일기다.

> "저녁 기차를 타고 평양에 와서 3월 21일 낮까지 잠을 잤다. 일어나 보니 삶의 근거를 뽑아(pulling up roots) 옮겨야 하는 어려운 일이 눈앞에 있었다. 이제는 정말 이 곳을 떠나야 한다. 주님의 도우심으로 참으로 오랫동안 사역해 온 이 좋은 곳, 정든 집과 사람들을 떠나야 한다. 우리가 이곳에서 만난 선교사나 한국인들은 세계 어느 곳 사람들보다 좋은 분들이었다. 매일 매일 일상생활 속에서 그들이 보여 준 삶과 이상은 우리에게 지대한 영향을 끼쳐 주었다. 우리는 여기 감리교 선교사들과 아주 가까운 관계를 맺고 살았다. 우리는 그들과 가족처럼 서로 사랑하며 살았다. 그리고 교육 사역에서 우리와 함께 일했던 장로교 선교사들, 특히 종교 집회를 통해 만난 장로교 분들도 친구처럼 아주 가깝게 지냈다."[400]

평양에서 함께 사역했던 선교사들과 이별이 쉽지 않았는데 역시 그 중에도 베어드와의 이별이 역시 힘들었다. 베커에게 베어드는 숭실학교 사역의

399) *Michigan to Korea*, pp. 395-396; *Arthur L. Becker Korea Book II(1911-1926)*, p. 72.
400) *Michigan to Korea*, pp. 395-396; *Arthur L. Becker Korea Book II(1911-1926)*, pp. 84-85.

'동역자' 이상의 존재였다.

"특별히 언급할 분은 베어드 박사 내외분이다. 그들은 진정 성자(truly Saints)였다. 이들은 우리보다 4년 앞서 한국에 와서 평양에 오기 전에 서울과 부산 등 남한지역에서 교육 사업을 하셨던 분들로서 다른 어떤 장로교 선교사보다도 우리와 가깝게 지냈다. 그들은 한국의 전 지역에서 학교를 하신 경험이 있어서 교육에 관한한 누구보다 뛰어난 분들이었다. 그래서 내가 이곳에 대학을 갓 졸업한 애송이로 왔을 때 그들은 인내심을 갖고 우리를 지도해 주셨는데 마치 부모와 같았다(베어드 박사님 내외는 우리 부부보다 10년 연상이다). 그래서 우리는 숭실 중학교와 대학교에서 완벽한 조화를 이룰 수 있었다. 베어드 부인도 역사 과목을 맡아 가르쳤는데 이들 부부의 한국어는 너무 완벽해서 학생들이 모두 좋아했다. 우리는 주님과 함께 한국에서는 처음으로 연합 기독교 대학 프로젝트를 수행했는데 이 나라에서 추진된 선교 사역 중 가장 성공적인 것이었다는 평가를 얻게 되었다. 그래서 전국 곳곳에 있는 선교사들이 아끼고 사랑하던 현지인들을 미래 기독교 사역자로 훈련시켜 달라고 숭실 중학교와 대학교에 보내주었다."[401]

베커가 평양 뿐 아니라 한국에 와서 '교육 선교사'로서 처음 10년 사역을 숭실에서 성공적으로 마무리할 수 있었던 것은 전적으로 베어드 선교사의 신뢰와 배려, 지도와 협력이 있어 가가능했다. 그래서 베커에게 평양 사역은 참으로 행복했던 기억으로 남게 되었다.

"루이즈와 나는 평양을 떠나더라도 우리 심장은 이곳에 두고 가야할 것이라고 생각했다. 다른 곳이었다면 이만한 결과를 얻을 수 없었을 것이다. 내가

---

401) *Arthur L. Becker Korea Book II(1911-1926)*, p. 85.

자신 있게 말할 수 있는 것은 평양의 기독교연합 숭실학교에서 사역하는 동안 내 마음과 정성을 온전히 학교 사역에 바쳤다는 것, 학생과 교사를 가리지 않고, 장로교와 감리교를 구별하지 않고 그들의 복지에 관심을 아낌없이 기울였다는 것이다. 사실 나는 그들의 출신에 관심도 없었고 알려고도 하지 않았다. 나는 내가 돌보는 사람이면 누구든 가리지 않고 그리스도인의 성품을 배양해 주려 최선의 노력을 기울였다."[402]

"심장은 두고 떠난다."(leaving hearts in Pyeng Yang)고 표현할 정도로 베커 가족에게 평양은 남다른 곳이었다. 평양에서의 베커 사역은 3월 25일 숭실중학교 졸업생 성적 평가서를 학교에 제출하는 것으로 마감되었다. 그 이튿날(3월 26일) 베커는 평양지방 장로사 모리스를 만나 자기가 떠나더라도 '연합사업'으로서 숭실학교 사역은 계속하는 것이 바람직하고 그래서 그로브를 숭실 교사로 추천하기로 의견을 모았다. 그리고 그 날 오후 부인과 함께 신양리 장로교 선교부로 가서 장로교 선교사들에게 작별을 고하였다. 둘째 아이(맥스) 출산을 도왔던 의료 선교사 웰즈(J.H. Wells) 부부는 눈물을 흘리며 "가지 말라."고 하였다.[403] 베어드와도 마지막 인사를 나누었다. 베커의 비망록을 기반으로 재구성한 두 사람의 작별 대화이다.[404]

베커: 지금까지 아버지 같은 사랑을 베풀어 주신 것에 진심으로 감사드립니다.

베어드: (눈물을 흘리면서) 당신이 떠나야 한다고 생각하니 너무 가슴이 아픕니다.

베커: 내 개인적인 결단으로 떠나는 것이 아니라 선교부 소속 선교사로서 장차 서울에서 북한과 남한 모두를 아우르는 기독교 대학을 설립할 계

402) *Arthur L. Becker Korea Book II(1911-1926)*, pp. 85-86.

403) *Michigan to Korea*, p. 396.

404) *Arthur L. Becker Korea Book II(1911-1926)*, p. 86.

획을 가진 선교부의 지시에 따라 떠나는 것입니다.

베어드: (베커를 한참 동안 바라보다가) 그동안 내가 당신을 도운 것이 있다면 그것은 내 마음에서 나온 것입니다. 당신이 떠나는 것이 실망스럽고 슬픈 일이지만, 당신은 아직 젊은 사람이니 앞만 바라보며 당신이 하고 싶은 일, 가고 싶은 곳을 향해 나가기 바랍니다. 나는 이후로도 당신이 한국에서 사역하는 동안에 어떤 신념과 어떤 생각을 갖든 당신을 지지할 것입니다. 나는 여기 평양에서 일을 더 하다가 생을 마칠 생각입니다. 내가 시작한 일을 마친 후에 저 높은 본향으로 돌아가기를 바랄 뿐입니다. 당신이 옳다고 생각하면 그대로 하시기 바랍니다. 하나님의 축복이 함께 하시길 빕니다.

베어드의 말은 단순한 이별사가 아니었다. 10년 동안 잘 훈련시켜 이제는 어디를 가든 '능력 있는' 선교사로 사역할 수 있게 된 '아들 같은' 후배 선교사를 서울로 파송하면서 마지막으로 빌어주는 선배 목사의 '축도'(benediction)와 같았다. 그런 대선배 선교사의 축복을 받으며 평양을 떠나는 베커의 발걸음이 조금은 가벼워졌다.

이로써 베커와 베어드, 그리고 베커와 평양 숭실 사이에 형성되었던 신뢰와 우정의 10년 역사도 마무리되었다. 이후 베커는 서울의 조선예수교대학(연희전문학교)에서, 베어드는 평양의 숭실대학(숭실전문학교)에서 그리스도의 복음과 실용적 민주주의 교육으로 교회와 사회를 바로 세워나갈 '그리스도 사역자'를 양성하는 교육 사역을 전개하였다.

10.3 조선예수교대학 개교

베커는 베어드를 비롯한 평양 선교사들과 작별의 인사를 나눈 후 빌링스와 함께 3월 27일 저녁 기차로 평양을 출발하여 이튿날 오전 서울에 도착하였다. 그리고 곧바로 언더우드의 사무실로 가서 대학 개교를 준비하였다.

그리고 그 날 오후 4시, 언더우드 사무실에서 첫 번째 대학위원회가 열렸다. 미감리회의 노블과 빌링스, 베커, 남감리회의 하디와 크램, 저다인, 북장로회의 게일과 밀러, 언더우드 등이 각 선교회 대표로 참석했다. 이 모임에서 베커가 초안한 대학 헌장과 규칙을 통과시켰고 언더우드를 학장(General Superintendent), 베커를 학과장(Dean)으로 선출했다. 학장으로 선출된 언더우드는 베커에게 "대학 운영에 관한 실질적 권한을 부여하겠다."는 의사를 밝혔다.[405] 실제로 언더우드는 나이가 50대 중반이지만 건강이 나빠 미국에서 장기간 요양을 하고 돌아온 직후여서 30대 중반으로 한창 일할 나이의 베커에서 학교 운영의 상당 부분을 맡겼다. 베커가 평양에서 8년 동안 숭실대학에서 사역하면서 쌓은 경력을 높이 샀던 것이다.

대학교 명칭은 영어로 'Chosen Christian College'로 하였는데 숭실대학의 영어 명칭 'Union Christian College'에서 'Union'(연합)을 'Chosen'(조선)으로 바꾸었을 뿐이다. 한글 명칭은 '조선대학', '조선예수교대학', '조선기독교대학' 등으로 불렸는데 1917년 총독부로부터 전문학교로 인가를 받고 연희동에 새 교사를 마련하면서 '연희전문학교'로 불렸다.[406] 이미 '예비' 교육을 받아온 학생들이 있어 4월 1일부터 수업을 시작하기로 했다. 이로써 베커와 언더우드가 오랫동안 꿈꾸어왔던 서울의 기독교 연합대학이 마침내 출발하였다.

이렇게 서울에 올라가 대학교 설립과 개강 준비를 마친 베커는 그날 밤 기차로 다시 평양으로 내려 와 이사 준비를 하였다. 그리고 아내와 자녀들을 데리고 3월 31일 기차로 다시 서울로 올라와 정동 임시주택에 짐을 풀었다. 예정대로 대학은 4월 1일 개학하였는데 종로 기독교청년회관 내부 정리가 채 끝나지 않아 정동의 배재학당 옛 감리교출판사 건물에서 학교를 시작했

---

405) *Arthur L. Becker Korea Book II(1911-1926)*, p. 77.

406) L.H. Underwood, *Underwood of Korea*, pp. 329-330; "경성지방 감리사 노블 보단", 〈조선 미감리교회 년회일기〉 1914, p. 39; 〈미감리회매년회회록〉 1915, p. 23; "전문학교 간판", 〈기독신보〉 1917.5.16.

다. 첫 학생 32명이 참석했는데 모두 베커가 직접 면담해서 수학 능력을 확인한 학생들이었다. 32명 가운데 24명이 숭실에서 가르쳤던 학생들이고 8명은 배재학당 출신이었다. 아직 경신학교 출신 장로교 학생들은 합류하지 않았다. 그래서 '예비과' 첫 수업에 참여한 32명은 모두 감리교인이었다. 지방에서 올라온 학생들은 기독교청년회관 옥상에 마련한 임시 기숙사에서 생활하였다. 베커와 함께 올라온 노춘택, 임영필, 김인준 등 조교들의 숙소도 정동 언더우드 옛 사택 안에 마련되었다.[407)]

4월 1일 개강식을 마친 베커는 그 날 오후 정동에서 거행된 이화학당 대학부 제1회 졸업식을 참관하였고 이튿날 4월 2일에는 남대문 밖 세브란스의학교 졸업식을 참관했다. 그리고 4월 4일(토요일) 노블과 함께 평양을 다시 한 번 방문했다. 두 가지 이유였다. 하나는 미감리회 선교부를 대표하여 숭실의 연합교육에 계속 참여하겠다는 의사를 표하는 것이고 다른 하나는 그동안 맡아 보았던 칠산구역 교인들과 작별인사를 나누는 것이었다. 그래서 베커와 노블은 평양에 도착하자마자 숭실학교로 베어드를 찾아가 만나 "받아준다면 계속 교사를 파송하겠다."는 입장을 밝혔다. 이에 베어드는 '씁쓸하게' 웃으면서 "그동안 추천해 주신 교사들의 실력이 만족스럽지는 않았지만 보내주신다면 받아야지요." 하였다. 그런 베어드의 표정을 바라보는 베커의 마음도 착잡했다.[408)] 베커와 노블은 '미안한' 심정에서 음악에 조예가 깊은 그로브 선교사를 베커 후임으로 숭실에 추천한다는 의사를 밝혔다. 그러나 그 약속은 지켜지지 않았다. 그 해 6월 연회에서 해리스 감독이 그로브를 원주지방으로 파송했기 때문이다.[409)] 감독은 평양 숭실에 아무도 파송하지 않았고 그렇게 해서 숭실과 미감리회의 관계는 종결되었다.

베커는 4월 5일, 주일예배를 칠산구역 봉룡동교회에 가서 드렸다. 평양지

---

407) *Arthur L. Becker Korea Book II(1911-1926)*, p. 87.

408) *Michigan to Korea*, p. 399; *Arthur L. Becker Korea Book II(1911-1926)*, p. 89.

409) *KMEC* 1914, p. 22.

방에서 드리는 마지막 예배였다. 그 날 그의 일기다.

"아침 일찍 일어나 조반을 먹은 후 걸어서 배다리(船橋)로 대동강을 건넜는데 러일전쟁 때가 생각났다. 칠산구역에서 제일 큰 교회에 사서 설교를 한 후 어른과 아동 세례를 베풀었다. 그리고 오후에는 같은 구역 다른 교회에 가서 예배를 드렸다. 이 구역은 내가 1903년부터 11년간 사역했던 곳이다. 올 때도 걸어서 왔는데 총 10마일 거리였다. 저녁은 빌링스 집에서 지냈다. 평양에서 사역하는 감리교 선교사들은 모두 모여 옛날이야기를 하면서 즐겁게 지냈다. 지나간 사건이지만 재미있었던 경험들을 나누면서 선교사들은 실로 오랜 만에 실컷 웃고 즐겼다. 선교사들에겐 이런 시간이 필요하다."[410]

그렇게 평양 선교사와 교인들에게 작별 인사를 하고 서울로 올라온 베커는 4월 8일부터 본격적으로 수업을 시작했다. 첫 학기 교과목은 베커가 대수학과 물리학, 웰러 부인이 영어를 담당했고 경신학교 교장 쿤스(E.W. Koons)가 서양 문명사, 배재학당 교장 신흥우가 성경을 각각 맡았다. 그리고 총독부에서 필수과목으로 지정한 일본어는 일본 아오야마학원을 졸업한 한국인 교사에게 맡겼고 매일 오후 베커는 학생들을 데리고 기독교청년회관에 가서 체육수업을 하였다.[411] 그 사이 기독교청년회관 교실 공사도 마무리되어 4월 13일부터는 배재학당에서 기독교청년회관으로 옮겨 수업을 하였다. 그리고 그 사이 장로교 학생 8명이 들어와 재학생은 모두 40명으로 늘어났다.

대학 수업을 기독교청년회관에서 시작한 4월 13일 오후 이사회 성격의 대학 운영위원회가 조직되었다. 북장로회 대표로 언더우드와 에비슨, 게일, 남감리회 대표로 크램과 저다인, 하디, 미감리회 대표로 노블과 베커, 빌링스

---

410) *Arthur L. Becker Korea Book II(1911-1926)*, p. 90.

411) *Michigan to Korea*, p. 398.

등이 참여하여 언더우드를 운영위원장으로 선출했다.[412] 그리하여 대학 운영(재정)과 대외 관계 일은 언더우드가, 학내 수업과 행정은 베커가 맡는 형태로 역할 분담이 이루어졌다. 이처럼 베커가 예상했던 것보다 훨씬 순조롭게 서울에서 대학 출발이 진행될 수 있었던 것은 베커와 언더우드 사이에 신뢰와 협력의 긴밀한 관계가 수립되어 있었기에 가능했다. 평양에서 베어드가 그러했듯 언더우도는 스무살 아래 베커를 '아들처럼' 전폭적으로 신뢰하며 학교 수업과 경영 실무를 맡겼기에 베커는 평양 숭실에서 쌓은 경험과 실력을 바탕으로 서울의 새 대학에서 자신의 교육 철학과 신념을 맘껏 펼칠 수 있었다.

그렇게 서울로 옮겨 와 새로 시작한 대학의 첫 학기를 '성공적으로' 마친 베커는 1914년 6월 3-8일, 서울 정동교회에서 개최된 미감리회 연회에 가벼운 마음으로 참석할 수 있었다. 해리스 감독을 비롯한 연회원들은 오랫동안 풀리지 않았던 서울 연합기독교대학 설립 문제를 북장로회 언더우드와 협력하며 순조롭게 풀어나간 베커에게 축하와 격려의 박수를 보냈다. 우선 평양에 있을 때부터 베커의 '든든한' 후견인이자 동역자였던 노블은 '경성지방 감리사 보고'를 통해 베커가 1913-14년 1년 동안 이룩한 사역을 이렇게 요약해서 소개하였다.

> "베커 목사가 남방에 교육을 위하야 피선된 것은 발서 그 지혜로이 됨을 낫타내엿스니 간 해 동안에 약한 것이 힘을 엇게 함과 장래에 진취함을 경영함과 기독교대학교를 경성에 설치하는 큰 사건에 우리교회에서 흥미를 니라킴이외다."[413]

베커의 사역은 남한지역 감리교계통 학교를 감독한 것과 서울에 기독교대

---

412) *Michigan to Korea*, p. 401.

413) 노블은 1910년부터 평양에서 서울로 옮겨 지방감리사로 사역했다. "경성지방 감리사 노불 보단", 〈조선미감리교회 년회일기〉 1914, p. 39.

학을 설립한 것, 두 가지였다. 베커의 연회 보고도 두 가지 내용으로 꾸며졌다. 우선 그는 남한지방 교육 관리자로서 서울과 지방을 순회하며 감리교계통 학교들의 실태를 조사하고 '바뀐' 교육상황에서 사립학교로 존속할 수 있는 방안과 정책을 모색하였다. 그가 새롭게 시도한 정책은 1) 매월 학교별로 보고서를 작성하여 제출하도록 하고, 2) 각 학교의 지원 요청을 선교회에서 심의하여 수용사항을 학교에 통보함으로 지역학교의 불만을 최소화하고, 3) 교육 감독관으로 하여금 지역 학교 교장과 교육위원들을 만나 의견을 청취하되 도시의 중심학교만 방문하는 것이 아니라 시골의 지교(枝校)도 방문하며, 4) 학교 규칙에 관한 자료집을 만들어 모든 학교에 배포한 것 등이었다.[414] 그런 후 1913-14년 각 지방별 감리교 학교의 통계상황을 보고하였다.[415]

지방	학교		학생		교사		교육 재정(원)	
	1913	1914	1913	1914	1913	1914	1913	1914
서울지방	24	25	950	1,387	69	74	4,623	7,077
수원지방	18	18	386	577	22	28	1,963	2,815
공주지방	9	10	294	347	19	20	1,041	1,252
원주지방	4	5	57	98	5	7	847	685
배재고등보통학교	1	1	90	202	5	8	290	709
총계	56	59	1,777	2,611	120	137	8,764	12,538

베커는 계속해서 각 지방의 학교들에 필요한 사항을 구체적으로 소개한 후 서울에서 막 시작한 조선예수교대학에 대해 다음과 같이 간단하게 보고하였다.

"대학 예비과 수업을 지난 4월 18일부터 5월 30일까지 서울 기독교청년회

414) A.L. Becker, "Educational Report for Southern Korea", *KMEC* 1916, p. 72.

415) A.L. Becker, "Educational Report for Southern Korea", *KMEC* 1916, p. 72.

관에서 하였습니다. 등록학생은 50명이 넘었고 평균 35명이 출석했습니다. 거의 감리교 학생들입니다. 거의 대부분 배재학당이나 평양 숭실중학교 졸업생들로서 공부를 착실하게 하였고 학기말 시험에 모두 통과하였습니다."[416]

베커가 서울로 올라온 이후 평양 숭실학교의 상황에 대해서는 빌링스가 '북한 지방 교육보고' 속에 포함시켜 간략하게 보고하였다.

"작년 연회에서 베커와 빌링스를 평양 숭실대학 교수로 파송하면서 금년 6월 학기가 끝날 때까지 사역하도록 하였습니다. 그런데 미국에서 열린 합동위원회에서 대학교 위치 문제에 대한 건의를 받아들임에 따라 우리 감리교 학생들은 대부분 서울로 옮겨 봄 학기 수업을 받았습니다. 그러면서 우리 감리교회 남자학교가 북한지역 교육의 중심이 되었는데 이에 대해 간략하게 보고하는 것이 여러분의 이해를 도울 것입니다. 우리 남자학교는 1913년 여름 3층짜리 훌륭한 벽돌건물을 지었는데 보통학교용으로 지은 것입니다. 따라서 지금까지 숭실중학교 과학관으로 사용했던 건물은 고등보통학교 교사로 사용될 것입니다. 지난 9월 1일 개학하였는데 331명이 등록했습니다. 세분하면 80명이 유년부로도 불리는 예비과 학생이고 138명이 보통학교, 113명이 고등보통학교 수업을 받고 있습니다. 이처럼 금년에 시설을 확충한 결과 학생들은 훨씬 좋아진 환경에서 공부할 수 있게 되었고 그 결과 질병으로 학업을 그만 두는 학생들도 줄어들었습니다."[417]

빌링스의 보고에 나오는 '평양의 감리교 남자학교'는 남산현교회 부속 광성학교(光成學校)를 의미하였다. 1905년부터 장로교와 '연합교육'을 시작할

---

416) A.L. Becker, "Educational Report for Southern Korea", *KMEC* 1916, p. 74.

417) B.W. Billings, "Educational Report for Northern Districts", *KMEC* 1914, p. 69.

때 중학교 과정은 숭실과 통합해서 운영하였지만 초등(소학교) 과정은 '광성소학교'로 명칭을 바꾸어 남산현교회 부지 안에 있던 옛 건물에서 수업을 하였다. 그러다가 1913년 8월 서문안 경창리에 3층짜리 새 교사를 마련하면서 '광성보통학교'로 명칭을 바꾸었고 1914년 4월, 숭실의 '장·감 연합교육' 체제가 해체되면서 숭실중학교에 다니던 감리교 학생들도 숭실을 떠나 '광성고등보통학교'라는 명칭의 새 학교로 옮겨 왔다. 그 과정에서 숭실중학교에서 과학관으로 사용하던 격물학당이 광성고등보통학교 교사로 바뀌었다. 베커의 숭실중학교, 숭실대학교 제자 김득수가 미국에 유학하여 오하이오 웨슬리언대학과 컬럼비아대학원을 졸업하고 1916년 귀국, 광성보통학교와 광성고등보통학교 교장으로 취임하면서 광성학교는 획기적인 발전을 이룩하였다.[418]

결과적으로 미감리회는 1914년 숭실과의 '연합교육' 체제를 해체하면서 평양에서 '광성'이라는 이름으로 보통학교와 고등보통학교를 경영하기 시작했다. 광성도 소학교와 고등학교 합쳐 331명 학생을 보유하게 되었으니 숭실학교와 같은 수준이 되었다. 감리교회가 이처럼 광성고등보통학교를 시작하면서 격물학당을 교사로 사용하게 됨에 따라 숭실 학생들은 더 이상 그 건물을 사용할 수 없게 되었다. 결국 숭실로서는 학생과 건물 모두를 '빼앗긴'(?) 셈이 되었다. 그래서 베어드의 1914년 선교보고는 베커와 함께 떠난 감리교 교수와 학생, 건물에 대한 '상실감'으로 가득 차 있었다.

> "작년 대학 재학생은 85명이었고 이 외에 교회 조사와 목사 5명으로 특별과를 운영했습니다. 그래서 전체 학생이 90명이었습니다. 85명 대학생 가운데 72명이 장로교 학생이고 감리교 학생은 13명이었습니다. 작년 연말까지만 해도 학생 수에 큰 변화는 없었습니다. 1년 동안 장로교 학생 4명, 감리교 학생

418) "광성학교 락성식", 〈그리스도회보〉 1913.8.18; W.E. Shaw, "Kwang Sung- Established so that the Light of Christ might shine", *KMF*, May 1922, pp. 97-98.

1명만 그만 두었을 뿐입니다. 그런데 금년 봄 학기에 감리교 학생 8명이 그만 두었습니다. 그래서 현재 72명이 다니고 있으며 특별과 학생 5명이 영어로 수업을 하고 있습니다. 금년 6월에 8명이 졸업하여 총 30명 졸업생을 냈습니다.

중학교는 작년에 총 356명이 다녔습니다. 271명이 장로교 학생이고 85명이 감리교 학생이었습니다. 그 가운데 장로교 학생 231명, 감리교 학생 56명이 3월 말까지 다녔습니다. 3월에 33명이 졸업했는데 그 중 13명이 감리교 학생이었습니다. 남은 감리교 학생 43명도 4월 개학 때 돌아오지 않았습니다. 장로교 학생 146명이 새로 들어와서 그 자리를 채웠습니다. 지금 중학교에는 신입생을 합쳐 337명이 다니고 있습니다. 대학과 중학을 합쳐 총 409명이 다니고 있으며 특별과 학생 5명이 있습니다.

베커와 빌링스가 지금까지 대학교 수업을 해왔습니다. 그러나 이후로는 우리 학교와의 모든 관계를 끊었습니다. 그래서 그동안 함께 사용했던 과학관도 내년부터는 더 이상 사용할 수 없게 되었습니다. 내년도 중학교 교육을 효과적으로 추진하기 위해서는 어떤 식으로든 건물을 마련해야할 처지입니다."[419]

감리교 교수와 학생이 떠난 후 숭실의 빈자리는 더 많은 장로교 학생과 교사들로 채워졌다. 교실도 1912년 지은 대학 본관 건물을 증축해서 부족한 수업 공간을 채웠다. 미감리회가 교수와 학생들을 철수시키면서 숭실이 과연 존속할 것인가 우려하는 목소리도 없지 않았다. 사실 1914년 2월, 미국 뉴욕에서 북장로회와 미감리회 해외선교부 관계자들이 모여 한국의 '연합기독교대학' 위치 문제를 논의할 때 평양의 대학을 폐지하고 서울에 설립될 새 대학에 힘을 모으기로 결정하였다. 그래서 평양 숭실대학은 폐교 위기에 처하였는데 베어드와 마펫을 비롯한 평양 선교사들이 강력하게 이의를 제기하였고 북장로회 한국선교회와 복음주의선교연합공의회에서도 숭실대학의

419) *Personal Report of W.M. Baird 1913-1914*, pp. 6-7.

존속을 건의하여 결국 서울과 평양, 두 곳에 기독교 대학을 운영하는 것으로 방향을 잡았다.[420] 이로써 숭실대학(숭실전문학교)는 북장로회와 남장로회, 캐나다장로회, 호주장로회 등 4개 선교부가 참여하는 '장로교 연합대학'으로, 조선예수교대학(연희전문학교)은 위 장로교 4개 선교부와 감리교의 미감리회와 남감리회 등 2개 선교부가 참여하는 '장·감 연합대학'으로 남과 북의 수도 서울과 평양에 자리 잡고 선의의 경쟁을 벌이면서 일제강점기 다양한 분야의 '기독교 사역자'들을 배출하였다.

10.4 연희전문학교 사역과 은퇴

서울로 사역지를 옮긴 베커는 이후 조선예수교대학을 육성, 발전시키는 일에 혼신의 힘을 기울였다. 대학 설립자 언더우드가 건강이 악화되어 1916년 6월 귀국했다가 그해 10월 12일 미국에서 별세함으로 위기를 맞았으나

연희전문학교 교수와 학생(1918년) 두 번째 줄 앉은 이 가운데 오른쪽에서 세 번째가 베커

420) "Report of Representatives on the Educational Senate of the Federated Missions", *The Minutes of the Korea Mission of the Presbyterian Church in the USA*, 1914, pp. 37-40.

베커는 언더우드 후임으로 학장에 선임된 에비슨, 그리고 1917년부터 연희전문학교 교수로 취임한 언더우드 2세(H.H. Underwood)와 함께 대학을 세워 나갔다. 특히 베커는 처음 시작할 때부터 대학 안에 수물과(數物科)를 설치하고 인문학과와 다른 교과과정으로 수학과 물리학, 화학, 천문학 등 과학을 전공하는 학생들을 집중 육성하였다. 1917년 4월 총독부로부터 연희전문학교로 인가를 받은 후 1918년 연희동 부지에 웅장한 교사를 짓고 그곳으로 옮기면서 대학 분위기를 일신하였다. 그 무렵 베커 가족도 학교 부지 안에 지은 교수 사택으로 옮겨 살면서 안정적인 생활을 하게 되었다. 베커는 1914년 이후 미감리회 연회에서 연희전문학교 교수로 파송되면서 동시에 학교 앞에 있는 창천교회, 창의문밖(신영리)교회, 상동교회 등지 소속 목사로도 파송되어 목회를 도왔다. 베커 부인도 연희전문과 이화학당에 나가 영어와 음악을 가르쳤다.[421] 그리고 서울로 올라온 후 1915년 4월 28일 셋째 올리브 바이올렛(Olive Violet)이 출생함으로[422] 베커 가족은 모두 다섯 명으로 늘어났다.

베커와 그의 가족은 1919년 3월, 삼일독립만세운동이 일어난 직후 안식년 휴가를 얻어 귀국하였다. 그 때 열두 살 소녀 에블린은 태극기를 몰래 짐 속에 숨겨 미국으로 가져가 미국 친구들에게 보여주기도 했다.[423] 베커로써는 두 번째 얻는 안식년 휴가였다. 첫 번째 안식년 때 앨비언대학에서 석사과정을 공부하였듯 이번에도 미시건주립대학 박사과정에 들어가 핵물리학을 전공하였다. 2년 공부 끝에 1921년 6월 박사학위(Ph.D.)를 받고 미시건대학으로부터 물리학 전임강사 자리를 제의를 받았지만 선교사로 헌신하겠다는 '처음 약속'을 상기하고 그 해 9월 서울로 돌아와 연희전문학교 부학장 겸 학감(Dean of College), 그리고 이학부장(理學部長, Head of Science Department)

---

421) *KMEC,* 1914-19.

422) "Notes and Personals", *KMF* Oct. 1915, p. 297.

423) *Michigan to Korea,* pp. 47-48.

배재고등보통학교 교장 시절(1923년)

으로 교육 사역을 재개하였다.[424] 그러면서 서울 외국인학교 교장직도 겸하였고 1923-24년 배재고등보통학교 교장을 맡아 보던 아펜젤러 2세(H.D. Appenzeller)가 안식년 휴가로 자리를 비운 사이에 그를 대신해서 배재고등보통학교 교장직도 잠시 맡아 수행했다.

그리고 베커는 개인적으로 1922년 3월 창간된 기독교 잡지 〈신생활〉 발행인 겸 이사로 참여하였다. 처음엔 순간(旬刊, 열흘 간격)으로 나오다가 월간으로 간행된 이 잡지는 삼일운동 때 민족대표로 참여했다가 옥고를 치루고 나온 박희도와 김원벽이 중심이 되어 간행한 것으로 총독부 간섭과 통제를 피하기 위해 외국인 베커를 이사겸 발행인, 연희전문학교 교장 언더우드 2세(원한경)를 이사로 내세운 것이었다. 대외적으로 〈신생활〉은 기독교 신앙잡지를 표방했지만 내용에서 민족주의와 사회주의 성향의 글들을 많이 수록

424) *Michigan to Korea*, pp. 449-456.

베커 가족(1919년)

하였다. 특히 취재 원고를 많이 쓴 김명식과 신일용, 이성태, 정백 등 기자들은 사회주의 노선이었고 그래서 이 잡지에 맑스의 사회주의를 소개하는 글들이 자주 실렸다. 그런 맥락에서 당시 유행했던 김익두 목사의 '신유 부흥운동'을 '종교 아편'으로 비판하는 기사가 수록되어 발행인인 베커가 보수적 목회자들로부터 비난과 공격을 받기도 했다.[425] 결국 〈신생활〉은 총독부 검열을 피하지 못하고 1923년 1월 '불온사상 출판물'로 분류되어 잡지는 폐간되고 박희도와 김명식, 신일영 등 발행인과 기자들이 체포되어 조사를 받았다.[426] 이 사건으로 〈신생활〉 발행인 명의를 빌려주었던 베커도 일본 경찰의

425) 〈매일신보〉 1922.3.23.; 〈동아일보〉 1922.9.23.

426) 『한민족독립운동사』 8권(3·1운동 이후 민족문화운동), 국사편찬위원회, 1988; 이만열, 『한국기독교문화운동사』, 대한기독교출판사, 1987, p. 409.

연희관현악단을 위해 피아노 반주하는 베커 부인(1923년)

조사를 받고 주목과 감시를 받게 되었다.

베커 가족은 3차 안식년 휴가를 1926-27년에 다녀왔다. 그런데 이번 휴가 여행은 마음이 무거웠다. "돌아오지 않을 수도 있다."는 생각으로 떠난 여행이었기 때문이다. 2차 안식년 휴가를 마치고 서울로 돌아온 이후 베커 가족은 지속적인 '경제난'으로 어려움을 겪었다. 우선 1920년대 들어 미국의 경제공황으로 선교비가 축소되었고 한국의 물가가 치솟아 생활하기 어려워졌다. 더욱이 이제는 미국으로 가서 대학 공부를 해야 할 에블린의 교육비도 만만치 않았다. 평양에서 태어난 에블린은 1926년 6월, 서울 외국인학교 고등학교 과정을 마쳤는데 졸업식 때 졸업생을 대표하여 "한국미술의 세계적 공헌"(Korea's Contribution to World Art)이란 제목으로 연설을 하였고 그 전문이 선교사 잡지 〈The Korea Mission Field〉에 수록되었다.[427] 베커로서는 졸업연설을 하는 딸을 보면서 27년 전(1899년), 리딩고등학교 졸업식 때 "산티아고의 영웅"이란 제목으로 연설했던 자신의 기억을 떠올렸을 것이다.

이런 자녀들의 교육을 위해 베커 부부는 선교사직 사임까지 고민하였다. 그 무렵 베커의 연희전문 제자인 이춘호와 이원철 등이 미국에 유학, 박사학

---

427) Evelyn Becker, "Korea's Contribution to World Art", *KMF* Aug. 1926, pp. 169-171.

위를 받고 돌아와 모교에서 강의를 시작한 것도 베커로 하여금 "학교를 떠나도 되겠다."는 생각을 갖게 만들었다. 다만 같은 시기(6월 1일) 한국에서 40년 선교사역을 마치고 정년(70세) 은퇴하는 같은 미감리회 소속 벙커(D.A. Bunker) 선교사의 은퇴 환송회가 성대하게 열린바 있어 40대 중반 나이에 선교사역을 포기하고 돌아가는 그의 마음이 편치 않았다. 그렇게 해서 1926년 6월 10일, 베커 가족은 '속마음을 숨긴 채' 연희전문학교 교수와 학생들의 환송을 받으며 서울역을 출발하였다.[428)]

미국으로 돌아간 베커는 2년 동안 조지아공대에서 물리학 강의를 하면서 버클리 캘리포니아대학에 입학한 딸 에블린의 학비를 벌었다. 휴가 기간을 1년 더 연장한 것은 경제적인 문제도 있었지만 선교사 복귀 문제를 신중하게 검토하고 있었던 때문이었다. 그런 중에도 연희전문학교의 에비슨 학장과 언더우드 교수로부터 계속 "돌아와 달라."는 편지를 받았다. 마침 베커의 자녀 교육비를 대주겠다는 미국인 독지가를 만나 경제문제가 해결되었다.[429)] 이에 베커는 1928년 봄 서울로 돌아와 연희전문학교 교수직에 복귀하였고 창천교회 소속목사로서 종종 강단에서 설교도 하였다.[430)] 그리고 이 무렵부터 베커 부인도 연희전문학교 교수로 파송을 받아 음악과 학생들에게 피아노를 가르치기 시작했다.

베커는 1929-30년, 자신의 이름으로 두 권의 한국어 서적을 출판하였다. 우선 1929년에 간행된 『러시아혁명과 레닌』이란 책이 있는데 나오자마자 총독부 검열을 통과하지 못하고 판매 금지된 책이기 때문에 그 실체를 파악할 수 없다.[431)] 그래서 책 내용이 러시아혁명을 긍정적으로 다룬 것인지 비판적

---

428) "백박사 송별연", 〈동아일보〉 1926.6.2: "빽커 목사 전별회", 〈기독신보〉 1926.6.23; "벙커 목사 송별회", 〈기독신보〉 1926.7.10; "Notes and Personals", *KMF*, Jul. 1926, p. 156.; *Michigan to Korea*, pp. 468-470.

429) *A Daughter's Journey*, pp.34-37.

430) 〈조선기독교 미감리교회 연회록〉 1928, p. 31.

431) "思潮-鮮內 發行의 思想關係出版物", 〈朝鮮出版警察月報〉 8호, 1929.5.

인 것인지 알 수 없고, 또 베커가 직접 쓴 것인지 아니면 한국인 필자의 것에 이름만 빌려준 것인지 알 수 없지만 책 제목만 보아도 그 무렵 청년, 대학생 사회에 열풍처럼 번지고 있던 '러시아 프롤레타리아혁명'에 관한 것임을 알 수 있다. 앞서 그가 발행인으로 이름을 빌려주었던 사회주의 계열 잡지 〈신생활〉처럼, 이 책도 당시 20-30대 청년 지식인들의 진보적이고 사회주의적인 경향을 반영한 책이었던 것으로 추정된다. 이 책이 총독부 검열을 통과하지 못했다는 점에서 더욱 그러하다. 어려서부터 고학으로 대학까지 공부하였고 선교사로 나와서도 평양 숭실과 서울 연희에서 고학생들을 지원하고 후원하는 일에 누구보다 적극적이었던 베커였기에 빈곤층(프롤레타리아)을 위한 사회주의(공산주의)에 대한 우호적인 입장을 취하였을 것은 쉽게 짐작할 수 있다. 그리고 1930년 『송충(松蟲)의 폐해』라는 작은 책자를 간행했는데 이 책은 그가 평양 숭실학교에 있을 때부터 시작한 식목일 행사를 위한 계몽 도서였다. '사상도서'는 아니었지만 이 책 역시 사회 문제에 대한 그의 관심을 반영한 것으로 총독부의 '감시도서' 목록에 포함되었다.[432)]

이렇듯 총독부와 일본경찰의 주목과 감시를 받았던 어려운 상황에서 연희전문학교 사역에 전념하였던 베커는 1933년 4월, 한국에 선교사로 나온 지 네 번째 맞이하는 안식년 휴가를 얻어 귀국 길에 올랐다. 그런데 이번에는 곧바로 미국으로 가지 않고 일본을 통해 하와이에 들렀다. 그것은 4월 22일 맏딸 에블린의 결혼식이 하와이 마우이에서 열렸기 때문이었다. 1907년 평양에서 출생한 에블린은 평양과 서울 외국인학교에서 고등학교 과정까지 마치고 1926년 미국 샌프란시스코 버클리에 있는 캘리포니아대학에서 영문학과 미술사를 공부한 후 1930년 졸업과 함께 부모가 있는 서울로 돌아와 모교인 외국인학교 교사로 봉사하던 중 역시 선교사 2세인 조지 매큔(George

---

432) "出版警察概況", 〈朝鮮出版警察月報〉 28호, 1930.12.

McAfee McCune)과 결혼하게 된 것이다.[433] 이미 앞서 살펴보았듯이 매큔과 베커는 비록 소속 선교부는 달랐지만(매큔은 북장로회) 평양 숭실에서 10년 동안 함께 사역했던 관계로 두 집안은 서로 잘 아는 사이였다. 에블린보다 1년 늦은 1908년 평양에서 출생한 조지 매큔은 평양 외국인학교에서 고등학교 과정까지 마치고 미국에 돌아가 휴론대학과 럿거스대학에서 수학한 후 1930년 한국 선교를 지원하여 아버지가 사역하는 평양 숭실전문학교에서 강의하다가 건강이 나빠져 1932년 하와이로 가서 요양하던 중이었다.[434] 그래서 둘의 결혼식이 하와이에서 거행된 것이다. 어려서부터 평양 사람들이 '양촌'(洋村)으로 불렀던 선교사 동네에서 같이 자란 두 사람의 결혼이 베커와 매큔, 두 집안에 기쁨이 되었음은 물론이다.

이렇게 딸의 결혼으로 시작된 안식년 휴가를 마치고 베커 부부는 1934년 5월, 서울로 귀환하여 연희전문학교 교수와 창천교회 소속 목사로 사역을 계속하였다.[435] 그런데 그 때부터 한국 사회와 교회는 '일제말기 수난시대'에 본격적으로 접어들고 있었다. 일제는 1931년 만주를 침략하고 1937년 중일전쟁을 일으켜 '전시상황'을 만든 후 병참 후방기지인 한반도에 강력한 황민화(皇民化)정책을 펼쳤다. 소위 '내선일체'(內鮮一體), '총후보국'(銃後報國)과 같은 구호를 내세워 일본 천황 중심의 전체주의, 군국주의 체제를 구축하였는데 그 과정에서 기독교인들에게까지 일본 국가종교인 신도(神道, Shintoism) 신앙을 강요하였다. 그렇게 해서 신사참배나 동방요배와 같이 국가의식을 빙자한 종교의식을 기독교학교에도 강요하였고 거부하면 폐쇄하겠다며 위협하였다. 1938년 그 위협은 최고조에 달했다. 이런 상황에서 평양의 숭실전문학교는 신사참배를 거부하고 폐교 당하는 길을 선택했고 서울의 연희전문학교는 신사참배를 수용하고 존속을 모색하였다. 연희전문학교는 1916년

433) "Notes and Personals", *KMF*, Jun. 1933, p. 132; *Michigan to Korea*, p. 475.

434) *A Daughter's Journey*, pp.108-110.

435) "Notes and Personals", *KMF*, Jun. 1934, p. 132.

에블린과 조지 매큔 결혼식(1933년)

1931년 연희전문학교 교수 시절 베커 가족

1922년 베커의 세 자녀
(왼쪽부터 에블린, 올리브, 맥스웰)

언더우드 별세 후 에비슨이 학장직을 맡았다가 1932년부터 언더우드 2세가 학장직을 계승해서 수행하고 있었는데 총독부 정책에 협조적이었음에도 총독부로부터 노골적으로 "한국인에게 학장직을 넘기라는" 압력을 받고 있었다.[436] 연희전문학교에서 베커의 마지막 사역이 행복할 수 없었던 이유다.

이런 상황에서 베커는 1939년 8월, 5차 안식년 휴가를 얻어 미국으로 들어갔다가 1940년 9월 귀환하였다. 돌아올 때 건강이 좋지 않은 아내는 캘리

436) H.A. Rhodes A. Campbell, *The History of Korea Mission of the Presbyterian Church in the USA,* Vol. II(1935-1959), New York: Commission on Ecumenical Missions of the United Presbyterian Church in the USA, 1965, pp.91-93, 290-292,

포니아에 남고 그만 돌아왔다.[437] 그런데 그가 휴가를 마치고 돌아왔을 때 상황은 1년 전보다 더욱 훨씬 더 악화되어 있었다. 무엇보다 중일전쟁 이후 악화된 미국과 일본 사이의 외교 관계를 배경으로 일본은 한국에서 활동하고 있는 미국인 선교사들에게 추방압력을 가하고 있었다. 이에 미국 정부는 1940년 여름에 선교사 철수를 위한 수송선 '마리포사'(Mariposa) 호를 한국에 파송하였다. 결국 선교부 재산 관리를 위한 최소한의 인원만 남기고 나머지 선교사 가족 218명이 그 해 11월 4일 한국을 떠났다. 형식은 '자진 출국'이었지만 실제 내용은 '강제 추방'이었다.[438] 바로 이 '마리포사' 승객 가운데 베커도 포함되었다. 베커는 안식년 휴가를 마치고 서울로 돌아온 지 두 달 만에 다시 배를 타고 돌아가야만 했다. 그것으로 베커의 '연희전문학교 사역'도 끝났다.

미국으로 돌아간 베커는 가족들이 있는 캘리포니아 버클리에서 잠시 휴식을 취했다. 7년 전에 하와이에서 결혼한 맏딸 에블린은 옥시덴탈대학(Occidental College) 교수가 된 남편(G.M. McCune)과 로스앤젤리스에 살고 있었고 둘째 아들 맥스웰은 1932년 샌프란시스코 캘리포니아대학을 졸업한 후 오레곤주 연방 산림청 직원으로 근무하고 있었다. 그리고 막내아들 올리브만 어머니와 함께 버클리에 살면서 캘리포니아대학에서 미술 전공으로 공부하고 있었다.[439] 베커가 미국으로 돌아간 이후 미·일 관계는 더욱 악화되었고 1941년 11월 일본군이 하와이를 침공함으로 미·일 태평양전쟁이 터져 선교지 귀환의 기회는 더욱 사라졌다. 이에 베커는 선교지를 인도로 바꾸어 인도 북부 감리교계통 학교인 럭노우대학(Lucknow Christian College)에서 물리학 교수로 사역을 하다가 1944년 10월, 65세 나이로 조기 은퇴를 신청하였

437) "Notes and Personals", *KMF*, Oct. 1940, p. 162.

438) E.W. Koons, "The Mariposa Comes to Jinsen", *KMF*, Dec. 1940, pp. 200-201.

439) "Directory of Children of Missionaries in Active Service", *KMF* Nov. 1940, p. 186; "Where to find the Folks from Korea", *KMF* Dec. 1940, p. 215.

다. 이후 미국으로 돌아가 미군 전략첩보부(OSS) 한국문제 자문위원으로 활동하기도 했다.[440] 비록 돌아갈 수는 없었지만 한국을 향한 베커의 관심과 열정은 사라지지 않았다.

1945년 8월, 일본의 항복으로 2차 세계대전이 끝나고 한국이 해방되었다는 소식을 듣자 베커는 서둘러 해외선교부에 선교사 복직을 신청하였다. 그리고 1946년 4월 젠센(A.K. Jensen) 및 스나이더(L.H. Snyder)와 함께 선발대로 한국에 나왔는데 제일 연장자였던 그가 미감리회 선교부 회계로서 한국 교회와 기독교기관 재건업무를 지휘하였다. 서울에는 이들보다 6개월 전(1945년 9월)에 미군정청 농업 및 경제 자문으로 들어온 윌리엄즈(F.E.C. Williams)와 아펜젤러 2세(H.D. Appenzeller)가 있었고 선교사 2세로서 주한미군사령부 소속 장교였던 윌리엄즈(G.Z. Williams)와 윔즈(C. Weems)도 있었다. 그래서 베커도 감리회 선교사업 재개를 지휘하면서 동시에 미군정청 교육 자문으로 활약하였고 베커의 오레곤주 산림청 직원으로 근무하던 둘째 아들 맥스웰도 두 달 후 자원하여 미군정청 산림 자문역으로 들어왔다.[441] 이로써 베커는 아들과 함께 해방 후 한국 재건과 정부수립 과정에서 일정 부분 기여하게 되었다.

6년 만에 서울로 돌아온 베커는 다른 무엇보다도 해방직전 일본인 소유로 넘어갔던 연희전문학교를 복원, 재건하는 일에 관심이 깊었다. 그래서 연희전문학교 '과도 이사회' 이사로 참여하여 해방 후 새 학장으로 취임한 백낙준 박사와 역시 미군정청 자문으로 들어온 언더우드 2세를 도와 학교 재건사업을 추진하였다. 그 결과 1946년 미군정청으로부터 사립학교로는 처음으로 대학 인가를 받았다.[442] 베커는 교육 선교사로서 한국을 위한 마지막

---

440) 안종철, "아더 베커(Arthur L. Becker)의 교육선교활동과 '연합기독교대학' 설립", p. 270.

441) S.A. Sauer, *Methodists in Korea,* Seoul: The Christian Literature Society, 1973, pp. 161-162; 안종철, "아더 베커(Arthur L. Becker)의 교육선교활동과 '연합기독교대학' 설립", p. 271.

442) H.A. Rhodes A. Campbell, *The History of Korea Mission of the Presbyterian Church in the USA,* Vol. II(1935-1959), pp.290-296.

봉사를 부산에서 하였다. 즉 미군정청의 교육 정책에 따라 부산에 국립대학교를 설립하는 일을 맡게 된 것이다. 그래서 베커는 1946년 9월부터 부산에 내려가 국립대학(현 부산대학교) 설립 작업을 추진하였는데 장로교 윤인구(尹仁駒) 목사가 그 일을 도왔다. 부산 출신인 윤인구 목사는 삼일운동 때 만세 시위에 가담하여 옥고를 치르고 일본 메이지학원 신학부와 영국 에딘버러 대학에서 수학하고 돌아와 일제말기 서울 조선신학원(현 한신대학교) 교수로 활동하다가 해방 직후 부산에 내려와 광복교회를 설립, 목회를 하고 있었다. 부산에 처음 설립된 대학인데다 교수와 학생 사회에 이념적 갈등까지 빚어져 쉽지 않은 작업이었지만 베커는 1년 만에 대학 틀을 잡은 후 학장직을 윤인구 목사에게 물려주고 서울로 복귀하였다.

이로써 베커는 1906년 평양에서 숭실대학, 1914년 서울에서 조선예수교대학(연세대학), 그리고 해방 후 1946년 부산에서 국립대학(부산대학교)까지 설립함으로 한국에서 3개 대학 설립에 참여하는 '전무후무한' 경력을 소유하게 되었다. 베커로서는 60대 후반 나이에 서울과 부산을 오가면서 대학 설립 작업을 추진하는 일이 쉽지 않았다. 그래서 건강을 잃었고 결국 1947년 귀국했다가 이듬 해 정년(70세)을 1년 앞두고 은퇴하였다.[443] 귀국한 후 베커는 잠시 미시건 리딩의 집안 농장에서 지내다가 첫째 딸 에블린이 살고 있던 캘리포니아 마르티네즈(Martinez)로 옮겨 생활하였다.[444] 그는 노년에 한국에

443) S.A. Sauer, *Methodists in Korea*, pp. 167, 258; 〈1960년 기독교대한감리회 요람〉 1961, p. 183.

444) 1933년 하와이에서 결혼한 에블린과 조지 매큔 부부는 결혼과 함께 샌프란시스코로 이주하여 남편 조지는 1938년 버클리 캘리포니아대학에서 아시아역사로 박사학위를 받은 후 로스앤젤리스 옥시덴셜대학 교수로 있다가 2차 세계대전 말기 워싱턴 미국무성 전략연구소 연구원으로 봉직하였다. 그 사이(1940-42년) 에블린은 로스앤젤리스의 옥시덴셜대학과 파사데나의 폴리테크닉학교에서 강의하였고 1948년 남편이 심장마비로 별세한 후에는 버클리 캘리포니아대학 대학원에 들어가 역사학으로 석사학위를 받았다. 한국전쟁 때 에블린은 한국을 방문하여 국립박물관 유물 보존 작업을 지원하였고 이후 1954-55년 캘리포니아대학 역사학부 강사를 거쳐 1956년부터 1978년 정년 은퇴할 때까지 캘리포니아 디아블로벨리대학 교수로 역사를 강의하였다. 한국 미술사가 전공인 그의 대표작은 1962년 출간된 『The Arts of Korea: An Illustrated History』이며 그가 평생

서 사역하면서 썼던 일기와 자료를 바탕으로 비망록 형태의 자서전을 쓰면서 소일하다가 100세 생일을 6개월 앞둔 1978년 12월 21일 별세하였다. 그의 유해는 17년 전(1961년) 먼저 별세한 아내 루이즈가 묻혀 있는 캘리포니아 라파예트 오크몬트(Oakmont) 공원묘지에 안장되었다. 그의 별세 소식을 접한 연세대학교에서는 1979년 1월 추도식을 거행하였다.[445] 이로써 베커는 한국 교회사 및 근대교육사에 이름을 남긴 '역사의 인물'이 되었다. 미국에서 농부의 아들로 태어나 대학을 졸업하기까지 24년, 한국과 인도에서 선교사로 사역한 45년, 그리고 은퇴 후 30년, 인간의 수명 연한을 '꽉 채운' 한 선교사의 행복했던 삶이었다.

라파옛 공동묘지에 있는 베커 부부 묘소

수집한 한국 미술관련 자료들을 샌프란시스코 아시아미술박물관에 기증하였으며 생애 말년 자신의 회고록인 『A Daughter's Journey: Evelyn Becker McCune』(2007)과 아버지 베커의 전기인 『Michigan To Korea: Arthur L. Becker』(2009)를 출판하였다. *A Daughter's Journey*, pp. 113-118.

445) *Michigan to Korea*, pp. 475-476; 이성삼, "베커", 『기독교대백과사전』 제7권, 기독교문사, 1982, p. 718; 윤춘병, 『한국 감리교회 외국인 선교사』, p. 84.

라파옛 공동묘지의 베커 가족 묘

딸 에블린이 쓴 베커 전기(2009년)

11. 맺음글

1903년 2월, 앨비언대학 졸업반 베커가 한국에 선교사로 나가기로 결정한 직후, 앨비언대학 기관지 〈Albion College Pleiad〉는 아시아에 파견할 첫 '동문 선교사' 베커를 소개하는 기사를 실었다. 기사는 베커의 출생과 가정환경, 앨비언에서의 대학생활을 자세히 소개한 후 그의 인격과 성품, 그리고 선교사를 지원한 동기를 이렇게 기록했다.

> "그의 성품에서 가장 큰 장점은 의무감과 자신이 옳다고 생각한 것에 대한 충성심이다. 그는 양심적인 학생이었으며 수학에 있어 부러워할 정도의 실력을 갖고 있다. 그의 의무감이 어느 정도 강한가 하는 것은 자신의 삶, 사역을 선택하는 과정에서 확연히 드러났다. 그는 자신이 해야 한다고 생각하면 지체

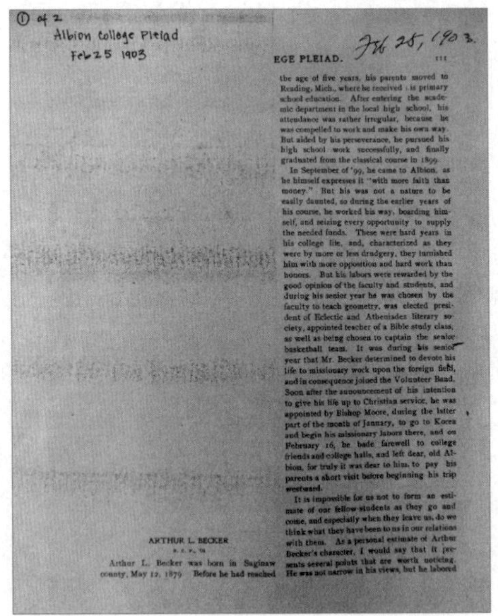

① of 2
Albion College Pleiad
Feb 25 1903

EGE PLEIAD. Feb 25, 1903. 111

ARTHUR L. BECKER
A. C. P., '03

Arthur L. Becker was born in Saginaw county, May 12, 1879. Before he had reached the age of five years, his parents moved to Reading, Mich., where he received his primary school education. After entering the academic department in the local high school, his attendance was rather irregular, because he was compelled to work and make his own way. But aided by his perseverance, he pursued his high school work successfully, and finally graduated from the classical course in 1899.

In September of '99, he came to Albion, as he himself expresses it "with more faith than money." But his was not a nature to be easily daunted, so during the earlier years of his course, he worked his way, boarding himself, and seizing every opportunity to supply the needed funds. These were hard years in his college life, and, characterized as they were by more or less drudgery, they furnished him with more opposition and hard work than honors. But his labors were rewarded by the good opinion of the faculty and students, and during his senior year he was chosen by the faculty to teach geometry, was elected president of Eclectic and Atheniades literary society, appointed teacher of a Bible study class, as well as being chosen to captain the senior basketball team. It was during his senior year that Mr. Becker determined to devote his life to missionary work upon the foreign field, and in consequence joined the Volunteer Band. Soon after the announcement of his intention to give his life up to Christian service, he was appointed by Bishop Moore, during the latter part of the month of January, to go to Korea and begin his missionary labors there, and on February 16, he bade farewell to college friends and college halls, and left dear, old Albion, for truly it was dear to him, to pay his parents a short visit before beginning his trip westward.

It is impossible for us not to form an estimate of our fellow-students as they go and come, and especially when they leave us, do we think what they have been to us in our relations with them. As a personal estimate of Arthur Becker's character, I would say that it presents several points that are worth noticing. He was not narrow in his views, but he labored

앨비언 동창회보에 실린 베커 기사(1903년)

하지 않고 즉시 실행에 옮겼으며 의무라고 생각하면 다른 어떤 것도 고려하지 않았다. 그에겐 고상한 야망이 있었지만 주님을 위해 사역하겠다고 결심한 후에는 미련 없이 버렸다. 그가 직접 한 말이다. '나는 한 때 토목공학에 약간 재능이 있다고 여겨 그쪽 방향으로 나갈까 생각했습니다. 그런데 주님께서는 나를 다른 곳으로 인도하셨습니다.'"[446]

그렇게 해서 베커는 학교 측의 배려로 '조기 졸업'을 하고 무어 감독과 동행, 24세 나이로 1903년 4월 한국에 도착했다. 이후 서울과 평양에서 2년 선교사 적응훈련을 마치고 1905년부터 평양 장로교 선교사 베어드와 함께 10년 동안 숭실 '연합' 중학교와 숭실대학(후의 숭실전문학교)을 공동운영하였다. 그리고 1914년 서울로 옮겨 언더우드와 함께 조선예수교대학(연희전문학교)을 설립하고 1940년 '강제 추방'되기까지 25년 동안 학교 사역을 하였다. 그러면서 미감리회 연회 교육위원장 및 감리교계통 학교 감독관으로 전국의 감리교 학교교육을 지휘, 감독하는 일도 맡아 보았다. 물론 그 사이 목사로서 목회도 하였는데 평양에서는 맹산구역과 칠산구역, 그리고 평양 아펜젤러기념교회를 담임하였고 서울에서는 창의문밖교회와 창천교회 소속 목사로서 목회를 도왔다. 일제말기 추방된 후 잠시 인도 럭노우대학에서 교편을 잡았고 제2차 세계대전이 끝나고 1946년 다시 내한해서 연희전문학교 재건작업을 지원하였으며 미군정청 교육자문으로 부산대학 설립을 맡아 추진하였다.

선교사로서 베커의 생애와 사역을 특징적으로 표현할 수 있는 단어는 두 가지다. 하나는 '교육 선교'이고 또 하나는 '연합 선교'이다. '교육'(education)과 '연합'(union)은 베커의 선교 사역에서 내용이자 원리였다. 우선 베커는 한국에서의 45년 사역을 '교육 선교사'로 일관하였다. 그의 교육 선교는 그 동

---

446) *Albion College Pleiad*, Feb. 25, 1903, p. 112.

안 복음 전도와 교회 설립을 목적으로 한 '복음 선교'(evangelistic mission), 그리고 병원 사역을 주로 하는 '의료 선교'(medical mission)와 협력하면서 이들 선교 영역이 다루지 못하는 부분을 보완하였다. 즉 복음 선교가 인간의 영적인 영역(spirit)을 다루고, 의료 선교가 육적인 영역(body)을 다룬다면 교육 선교는 인간의 지적인 영역(mind)을 다루는 것으로 이 세 가지 선교가 협력과 조화를 이룸으로 인간의 몸과 마음과 정신이 온전하게 회복하는 '전인 선교'(holistic mission)가 이루어질 수 있었다. 교육자로서 베커의 사역은 교육 선교의 가치와 의미를 일깨워주었다는 점에서 중요하다.

또한 교육 선교사로서 베커의 사명은 '기독교인 사역자(Christian worker) 양성'이었다. 그것은 그의 모교 앨비언대학의 설립 목적이기도 했다. 그는 그 가치와 목적을 평양의 숭실중학교와 숭실대학교, 서울 연희전문학교에서 구현하고자 노력하였다. 베커가 의도했던 '기독교인 사역자'는 복음 선교사들이 요구하는 전도자와 목회자를 의미하는 것만은 아니었다. 오히려 그 보다는 기독교인으로 신앙과 정신을 가지고 정치와 경제, 공업과 실업, 교육과 문화 등 사회 각 분야에서 지도자로 활약할 인재 양성이 목적이었다. 더욱이 그가 한국에서 선교를 시작할 때 한민족은 일제의 침략과 지배를 받기 시작했다. 정치적 중립을 지켜야 할 선교사 입장에서 베커가 직접 한민족의 독립운동을 지지하거나 지원하지는 않았지만 식민통치 하에서 최상의 교육을 실시함으로 '일본인들과 경쟁해서 지지 않을' 실력을 갖춘 한국인 지도자를 양성하는 것으로 '고난 받는 민족'을 위해 봉사하였다.

교육의 목적은 인재 양성이다. 그 결과 한말과 일제강점기 평양과 서울에서 베커에게 가르침을 받은 제자들 중에는 기독교인으로서 민족의식을 갖춘 지도자들이 많이 나왔다. 평양 숭실의 제자 중에는 목회자 오기선과 김선두, 정인과, 박상순, 변성옥, 채필근, 교육자 변린서와 김두화, 노춘택, 임영필, 김인준, 김득수, 오천영, 홍성익, 김성호, 민족운동가 손정도와 길진형, 선우혁, 안세환, 조만식, 김창준 등이 있고 서울 연희전문학교 수물과 제자로는 수학의 이춘호와 장기원, 물리학의 최규남, 천문학의 이원철 등을 꼽을 수 있다.[447] 베커는 이런 그의 제자들이 일제강점기 사회발전과 민족독립운동, 그리고 해방 후 국가건설 시기에 자기 분야에서 두각을 나타내며 '중견 지도자'로서 활약하는 모습을 지켜보면서 교육 선교사로서 45년 동안 추구했던 '기독교인 사역자 양성'의 결과를 확인할 수 있었다.

베커는 이와 같은 교육 선교 사역을 '연합 교육' 형태로 추진했다. 그는 미국 고향에서 감리교회를 다녔고 감리교계통 앨비언대학을 나왔으며 미감리회 해외선교부 파송을 받은 감리교 선교사였다. 따라서 누구보다 '감리교인'으로서의 정체성과 자부심이 강했다. 그럼에도 그는 한국에 선교사로 와서 사역한 45년 기간 중 40년을 장·감 연합교육 사역에 종사하였다. 그는 자신이 속한 교파와 교단의 신학과 전통에 충실하면서도 배타적이고 폐쇄적인 교파주의에 함몰되지 않고 오히려 '열린' 자세로 다른 교파, 교단 선교사들과 협력(cooperation)하고 동역(partnership)하였다. 그것은 함께 일했던 선교사나 한국인 동역자들 사이에 형성된 신뢰(trust) 관계 때문에 가능했다. 특히 베커가 평양 숭실학교에서 베어드와, 서울 연희전문에서 언더우드와 맺었던 신뢰 관계는 혈육 관계를 뛰어 넘는 것이었다. 그래서 노련한 장로교 선교사 베어드와 언더우드는 신참 감리교 선교사 베커를 '아들과 같이' 신뢰하고 학교 실무를 그에게 맡겼으며 베커는 열정과 실력으로 '아버지뻘'인 장로교 선교사들을 실망시키지 않았다. 이처럼 신뢰를 바탕으로 해서 이루어진 협력과 동역이었기에 숭실중학교나 숭실대학교, 연희전문학교는 설립 초기부터 기대 이상의, 괄목할 만한 실적을 낼 수 있었다. 결국 베커를 비롯하여 그와 함께 평양과 서울에서 '연합교육'에 참여했던 선교사와 한국인 교사들은 "형

447) 나일성, "알비온(Albion)에서 온 두 과학자-베커(Arthur Lynn Becker)와 루퍼스(W. Carl Rufus)의 교육과 사상-", p. 591; 안종철, "아더 베커(Arthur L. Becker)의 교육선교활동과 '연합기독교대학' 설립", p. 271; 이상구, "아서 베커", 『한국 근대수학의 개척자들』, 성균관대학교 출판부, 2013, pp. 114-118.

제가 연합하여 동거[동역]함이 어찌 그리 선하고 아름다운가."(시 133:1)라는 성경 말씀을 사역 현장에서 체험하였다. 현장에서 사역했던 베커와 동료 선교사들이 행복했던 이유다.

앞서 언급했지만 1903년 2월, 앨비언대학 교수와 학생들은 대학 동문 베커를 한국에 선교사로 파송하면서 그의 특징적 성품을 '의무감'(fidelity to duty)이라 표현하였다. 맡은바 의무에 대한 철저한 사명감, 그리고 옳은 일에 대한 충성심이 그의 특기였고 장점이었다. 그런데 그 의무와 옳은 일은 자기가 세우고 고안해 낸 것이 아니었다. 모두 '위로부터' 내려오는 계시이자 교훈이었다. 그는 고등학교 때 회심체험, 대학교 졸업반 때 소명체험을 통해 그 은혜를 경험하였다. 고등학교를 졸업할 때 그는 집안 경제를 위해 고향 농장에서 일할 생각이었으나 고향교회 목사의 조언으로 앨비언대학에 진학하였고, 앨비언대학을 졸업할 즈음 토목분야 기술자가 되어 돈을 벌어볼 생각이었지만 학교를 방문한 무어 감독과의 만남을 계기로 한국 선교사를 지원하였다. 한국에 나와서도 그가 선택하기보다는 파송을 받아 가서 사역하였으니 평양과 맹산, 서울과 부산에서 40년 사역이 그렇게 이루어진 것이다. 결국 '선교사'(missionary)로서 베커의 일생은 '위로부터' 결정되어 하달된 '임무'(mission)를 수행하는 사명자의 삶이었다. 그런 삶을 살았던 그였기에 자녀들에게 다음과 같은 '베커 집안의 가훈'을 남길 수 있었다.[448)]

> "너는 범사에 그를 인정하라. 그리하면 네 길을 인도하시리라."(잠언 3:6)
>
> In all thy ways acknowledge Him, and He will direct thy paths.

448) *Michigan to Korea*, p. 477.

[부록]

1. 베커의 평양 숭실학교 관련 선교 보고서 및 논문

1) 미감리회 해외선교부 연례보고서

(1) 1906년 보고서

Pyengyang High School

When I began to teach there was but one Methodist boy in attendance, but later twenty-two were enrolled. Nearly all have been self-supporting as we have a plan whereby all students who desire to do so can work a half day and recite the other half. There is only one who has been supported wholly by his parents. The rest have worked their way.

We have had a native teacher in the school as well as myself. My wife also gave musical instruction twice a week. All the other instructors were furnished by the Presbyterian Church. Mr. Baird and one other foreigner gave full time while Mrs. Baird, Mrs. Blair, Mr. McCune, and Miss Kirkwood all did more or less instructing in the academy. There are five grades in the academy proper and a year preparatory, and as each grade recited from four to six times daily, we had none too many instructors or recitation rooms. The total enrollment of those who finished the year's work was one hundred and three, and none were enrolled who were under fifteen years of age, the average age being about twenty years.

The course comprised an equivalent of the course of most high schools at home and took in arithmetic, algebra, geometry, American, English; and general history, astronomy, chemistry, botany, physical geography, physics, and physiology, as well as Bible studies and Chinese classics. I have had charge of the mathematical department.

The moral and spiritual influence is very strong as there are no students at present in the academy who are not Christians. The student prayer meetings are certainly the best testimony meetings that I ever attended in Korea. The students have developed a tender conscience. During the year I have had several come to me with tears in their eyes and confess to having done wrong in some way.

I have tried to keep everyone of the Methodist boys under my personal supervision, and in doing this I gave almost everyone some duty that would frequently bring ham to our home; all of our house and outside work was done by these boys working a half day and going to school a half.

The fact that our union work of the year was carried on in the Presbyterian building, which had formerly been called the Presbyterian Academy, was a source of some trouble to me all the year. The first difficulty was the fact that many refused absolutely to attend a school which, although it was called Union, was predominantly Presbyterian; and, then, those who have attended have not been able to feel that it was their school, and it is only natural that these who are beginning academy work should think that a separate school would be better. As we are this year putting up a Methodist building on Methodist grounds, controlled by a Methodist teacher that prejudice will be removed.

Our new Science Hall is now in process of construction, and there is a profound interest shown by our whole church of the North.

Annual Report of the Board of Foreign Missions of the Methodist Episcopal Church: Korea (1906), p. 333.

(2) 1907년 보고서

Pyengyang High School

One of the most striking developments of the year has been the addition of a college course with the readjustment of the academy schedule to meet the requirements of the same. The plan provides for one year of preparatory course, three years of high school study, and four years of college work. Thus the average graduate of the college will have had eight years of work in our institution above a primary school course of six years. A few can be sent to America or Japan, but the majority of the Korean students will have to get all their education in Korea, so we are doing our best to plan wisely.

There have been over 400 students enrolled during the year, of whom283 stayed the whole time. Of 140 Methodist Episcopal boys who were enrolled, 85 took the final examinations. The reasons for this falling off were principally four: first, a lack of proper mental discipline to keep up with the schedule; second, inability to support themselves; third, sickness; fourth, a disinclination to abide by the strict disciplinary measures. The culling out was entirely beneficial and none of the better students left during the year.

Of the Methodist students 47 have supported themselves by some sort of work. They recited a half day, have worked a half day, and have prepared their lessons in the evening. They were given the same examinations as those of their grades who studied all day, and nearly all passed very creditably. The boys have worked as teachers or secretaries for foreigners, as teachers in the city and nearby primary schools, as copyists, as translators of Chinese text-books, as house boys or janitors. Any work that would help them earn their daily meals of millet has been gladly accepted.

The most important feature of the year has been the revival which sprang up at the beginning of the spring term. Just before the school opened in February the Spirit descended in power upon the Presbyterian Bible class then in session, and as we wanted the school to be blessed, we collected the teachers and students who bad come in beforehand and began afternoon and evening prayer meetings. After the students came in we thought it wise to discontinue the usual schedule and made a special schedule of Bible study and prayer, covering morning, afternoon, and evening. We did nothing to excite simply the emotions, and little was attempted in the way of leadership, but we simply tried to point to the cross. Yet the power of the Spirit was so evident that even those who were skeptical and came to scoff were broken down in agonizing contrition. At one time I counted more than thirty boys who had stood for hours to get a chance to throw off their burden of sin compelled to go away unsatisfied because the hour had become too late and the meeting was closed. One night four boys stayed in the chapel and prayed all night. About nine tenths of the students were deeply stirred and born again at this time. A large number became evangelists burning with a zeal for the cross, carrying revival fires not only to the city and nearby country churches, but also as far as Chemulpo and Kongju. The revival did for the characters of somewhat two years of training could not have done. My class in geometry very often bowed their heads in silent prayer before beginning demonstration.

We have provided for the physical in the student-training by compulsory military exercises one half hour each day and by inspiring some to prepare for the annual high school field day. The field day running and jumping showed us that in athletics the Korean student will soon be making as good records as in the home colleges. All that is needed is a physical director.

Annual Report of the Board of Foreign Missions of the Methodist Episcopal Church: Korea(1907), pp. 419-20.

(3) 1908년 보고서

Pyengyang High School

When school opened last fall we were thronged with over 200 raw recruits besides 210 old students, so our accommodations were stretched to the limit and we had to spend much time in trying to improve the schedule, boarding houses, methods of discipline, and ways of financing the institution.

We have been more strict in receiving students than ever before, requiring not only a fair reading knowledge of Chinese but a considerable amount of geography, arithmetic, and the Bible; and not only were they examined carefully in the above but we also required a very explicit recommendation of character and ability from some foreign pastor. No one was received who had not had connection with some church previous to application. In this way we weeded out many unprofitable students.

Almost from the beginning of the fall term we noticed an uneasiness that we had not noticed last year. One of the reasons, of course, was the unsettled political condition of the country; another was undoubtedly the fact that new schools had sprung up all over the country, and in comparing this school with that many of the students became unsettled and did not know what they wanted to study; and then as our new students outnumbered or, at least, equaled our old students, it was hard to keep the balance of power on the side of discipline and order. For about a month there were complaints and murmurings until we almost began to feel that it was no use trying to train such malcontents. Then we tried the experiment of spending a week in Bible study and prayer. The regular lessons were discontinued and we tried to get the boys to forget themselves and look to God. The meetings had a wonderfully good effect on the boys, and although there was little of the demonstration of last year the Spirit brought peace to many hearts. Then denominational differences were raked up and magnified. Bishop Harris and District Superintendent Noble were petitioned, but after an address to them by bishop Harris all the good students soon came back, apologized, paid their fine weekly, and began studying industriously. These boys had learned one thing during the term and that was that they were not running the school.

Before the opening of the spring term we went carefully over our schedule and revised and improved a few things as well as arranged for more foreign instruction in lower grade, and so far this term one could not wish for a more obedient and industrious lot of students.

In the first grade we have Bible, general history, arithmetic, geography, Japanese, and composition in Chinese. Four hours are taught by foreigners. In the second grade there is Bible, arithmetic, general history, physical geography, Korean grammar, bookkeeping, mechanical drawing, Japanese, and letter-writing, besides English to a selected number; 17 hours are taught by foreigners and 16 hours by natives. The third grade has Bible, algebra, physics, physiology, Chinese literature, and Japanese; 18 hours taught by foreigners and 3 hours by natives. In the college we give the freshmen Bible, English history, college algebra, physiology and botany, Chinese and English; 20 hours taught by foreigners. We have no sophomore class. The juniors have chemistry, Bible, college physics, trigonometry, pedagogics, and English; 21 hours are taught by foreigners. The seniors have Bible, psychology, biology, surveying, and English; 20 hours by foreigners.

Dr. Baird and I are the permanent teachers who are made responsible to the separate missions for the whole conduct of the school, but we have been ably helped by other missionaries set aside by the stations for certain months during the school year. There have been given 62 hours of instruction by Presbyterians, 36 hours by Methodist, and 12 hours of Japanese by Mr. Murata.

As the preparatory class has five divisions, first grade five divisions, and second grade two divisions, we are compelled to employ a large force of native teachers. We have 3 Korean teachers who teach about 30 hours per week, and 3 who teach 20 hours, 10 who teach 15 hours, 2 who teach 10 hours, and 2 who teach 5 hours. In all there are 20 teachers that teach 330 hours per week. These teachers have done exceedingly well, but we must have more teaching by foreigners in the lower grades where the need of moral and spiritual advice is the greatest.

Of our present students 50 support themselves; of this number 39 are given work in the student help department. The student help department has helped an average of 50 students paid out for work done up to February 29, 863.72 yen ($431.86). The total receipts were 892.97 yen ($ 462.48).

One of our greatest needs has been Christian teachers equipped to teach our primary schools. Our school has already furnished 29 teachers for primary schools; 4 are teaching in our Pyengyang high school, 4 are already local preachers, and there are 3, and perhaps more, exhorters.

During last summer nearly all the students helped in primary schools and in churches, and in one place about 50 were brought to Christ by the efforts of a student who had been in the preparatory class the previous year. I took in 64 probationers at once into one of my churches because of the efforts of one of last year's students who teaches the primary school in that place.

The magistrates are giving examinations that are compelling outside schools to come up to thestandards set by our boys, so that our students are being offered big salaries.

We need a well-equipped industrial plant to cost 40,000 yen ($20,000). We need 10,000 yen ($5.000) for dormitories. We need 200,000 yen ($100.000) for endowment. We need teachers specially trained and qualified for the several departments of our college work. We need better text-books.

Annual Report of the Board of Foreign Missions of the Methodist Episcopal Church: *Korea*(1908), pp. 389-391

(4) 1910년 보고서

Pyengyang Union College and Academy

The Rev. Arthur L. Becker and the Rev, Bliss W. Billings, the Methodist representatives upon the teaching staff, report as follows:

At the beginning of the year the enrollment was 54 in the college and 498 in the academy. Of these, one third were Methodists. Sickness, poverty, and various other reasons caused the usual large numbers to drop out of school, but 333 pupils remained in attendance until the closeof the year.

The college teaching is as yet done principally by foreigners, while in the academy the teaching is mostly by natives who have been trained in the school.

The Methodist Student Help Department paid during the school year 112 yen ($56), helping on an average 35 boys. The sum of 706.80 yen ($353.40) was received by the boys from scholarships, and the remainder from work done by these students. This work was grading of grounds, building walls, mimeographing text-books, and janitor and clerical work. Some 13 boys taught half a day daily in the primary schools, receiving 318.63 yen ($159.31) for this work.

Most of the students have shown a good spirit throughout the year. They have manifested much interest in the Bible and a noteworthy desire to do Christian work. For a part of the year the prayer meeting was held in five sections to allow a more general participation. The Bible is studied as a regular text-book. During the Christmas holidays some 120 of the pupils did volunteer preaching near their homes, as a result of which work 570 persons expressed a desire to become Christians. Of the twelve Methodist students who have graduated from the academy, six are either studying for, or have already entered, the ministry of the church. Several of the remainder are teaching in our church schools.

Annual Report of the Board of Foreign Missions of the Methodist Episcopal Church: Korea(1910), p. 186.

(5) 1911년 보고서

Pyengyang Union Christian College and Academy

The Rev. Bliss W. Billings, one of the Methodist representatives upon the teaching staff, reports as follows:

Preliminary examinations were held in August, but both the college and academy opened September 15, 1910. With the exception of a few new students who were admitted in the first-year class after Christmas holidays, new students were admitted only at the opening. The total number of students was much smaller than last year, but a much smaller proportion dropped out during the year. Indeed, in spite of a long interruption on account of the cholera, and another somewhat shorter one due to revival meetings, we lost only 91 students and so closed the year with 274 students, which was not very much less than the number at the close of last year. In brief it has been the feeling of the teachers that we have had the most carefully selected body of students in the history of the school. The annual report of the principal to the Board of Control says, "Insubordination and discontent were entirely absent. These were practically no internal disturbances calling for serious discipline. An excellent spirit of fidelity and loyalty has prevailed in the school during the whole year."

As is well know the students are all Christians. Attendance at chapel and prayer meetings is required and the Bible is a textbook in every class. At the request of the students themselves, the school was closed for ten days during the revival meetings in Pyengyang last November. So zealous and effective was the work of our boys during this campaign that it is generally conceded that of the 4,000 persons who publicly expressed a desire to become Christians, at least one half were led to the point of decision through the efforts of the college and academy students.

In February again, according to the plan followed last year, regular studies were suspended and a week or so was given to Bible study. This plan is justified upon the ground that we are a part of the missionary propaganda and that our chief object is the training of men for the leadership of the church as teachers and preachers.

The students have a missionary association which is practically under their own direction. They planned to send out little preaching groups, or "gospel teams," to work among the various churches during the winter vacation. From a large number who applied for service, eighty-seven of the best volunteers were selected and sent out to various churches in groups of two to five each. Word went out as to this plan, so boys were sent only to places from which invitations were received. Our Methodist boys went to Yungbyen, Chungsan, Hamchong, Pongsan, Singai, and Yunan Circuits. Some students traveled at their own expenses, but in most cases the money was raised by the Koreans and the entertainment provided by the churches which they visited. When these eighty-seven student-preachers returned from their one, and sometimes two weeks, meetings, and inspiring service was held in which reports of work were given. These students reported 1,082 persons as having promised to believe in Jesus. One of the most efficient personal workers is Kim Chang Chun, who happened to mention in conversation one day that he had individually spoken to 4,300 persons about their souls' salvation in a period of less than six months. One of the first Methodists to graduate from our academy after rending splendid service in the church at Chinnampo was chosen to go as our first missionary to China. The last year's missionary collection partly paid his expenses. The contributions of the association this year amounted to 280 yen ($140) and this amount was used to send a Presbyterian graduate to work in the island of Quelpart.

The commencement season this year was of especial interest, as we had the largest graduating classes in the history of the school. This year there were forty-four graduates in the academy, which makes a total of one hundred and fifty-eight for the last eight years. Of this number 332 have been Methodists. This is in spite of the fact that we have been working for only six years. In 1908 there were two men graduated from the college department, in 1910, five men, and this year six, making a total of thirteen in all.

We are allowed by the mission 660 yen, or $330 gold, to pay our share in the expenses of this school and all needed repairs. Is there any other place in the world where eighty-seven academy and six college men can be trained for that amount in addition to the missionary's salary? Special gifts from friends in America have enabled us to keep twenty-five or thirty boys in school who could not otherwise have had the opportunity of securing an education.

Annual Report of the Board of Foreign Missions of the Methodist Episcopal Church: Korea(1911), pp. 198-199.

(6) 1912년 보고서

Pyengyang Union College and Academy

A.L. Becker, W. Carl Rufus. And B.W. Billings report as follows:

The college work for the year opened on September 15. We received 37 new students, 25 from our academy and 12 from other schools. The total enrollment was 68, of whom 14 were Methodists. The college has been conducted almost entirely by missionaries, with departments as follows: Bible and ethics, mathematics, physics and chemistry, biology, history and political economy, mental science, music, languages, athletics, and industrial work.

The spiritual condition of the college students has been highly satisfactory. There is abundant evidence that they have advanced. Students and faculty have come very close together this year.

The students of the academy are all Christians, averaging 19 years of age. A large number of these are self-supporting. It is interesting to note that 78 per cent of the total number ofgraduates are actively identified with Christian work.

In accordance with our slogan, "Make progress," we have endeavored to raise our standards not only in the amount of work done, but in the quality required, and the students have surpassed our expectations.

Annual Report of the Board of Foreign Missions of the Methodist Episcopal Church: Korea(1912), p. 183.

(7) 1913년 보고서

EDUCATIONAL REPORT, PYENGYANG UNION ACADEMY

A. L. Becker, Principal

Division of Responsibility

Due to the fact that all the college work was transferred to the new college building we had room enough to furnish up a teacher's office room in the Academy building; a desk was placed here for each regular teacher, thus making it possible to throw more responsibility of management on the native teachers. Kim Son Too was given charge of the rolls and general announcements; Kim Hiong Chae had charge of conditional examinations, had supervision of grade records, was director of the student self-control association and looked after the afternoon athletics. Kin In Chun kept the school diary, had charge of the daily-attendance-report records and made most of the preliminary drafts of schedules, etc. Cho Siol was in charge of the Student Aid Society until this was disbanded by an action of the faculty. These regular teachers were, of course, the leaders in all special events as well as in charge of a large number of the chapel and prayer services; they were most faithful in chapel attendance and in every way were most active in looking after the welfare of the school. They deserve the highest commendations for the way in which they have thrown themselves into the whole activities of our mission school. I could not wish for better helpers; we have worked together in perfect harmony; the associate faculty meetings have been a pleasure for everyone wanted to do even more than their share of the work. I am sure that it would have been impossible for the superintendent to have brought about such satisfactory conditions without these efficient helpers. These are the type that I hope that we may continually turn out of our school.

Statistics

The total enrollment for the year was 342.

The average attendance during the whole year was 223, of which the average attendance of Methodist students was seventy-five. Of the total enrollment in the spring term, 213 were from the country and 80 were from the city of Pyengyang: 147 are not self-supporting, 146 are self-supporting, 103 were married and 190 were not, sixty-five per cent not married (in 1909-10 only twenty-four per cent of our student body were not married), ninety per cent of the students have Christian parents (in 1909-10 eighty per cent of the parents were Christian). Eighty-three per cent are graduates of our Christian primary schools, while only three years ago only ten per cent were graduates of lower schools, 144 have stated that they wish to enter church work, forty-nine are preparing to teach in our church schools, ten are thinking of farming, seventeen wish to become merchants, three want to take up medicine, and fifty-one have not decided what they are called to do; it is significant that about seventy per cent of the whole student body have definitely stated that they are called to take up active Christian work when they finish their school preparations.

Athletics

One of the new ventures for this year was the disbanding of a student athletic association and the direct faculty control of all athletics, the expenses being met by a direct fee of twenty sen per student per term. This has been unqualified success as it has done away with a source of friction between faculty and students and a lot of "begging"; We have been able to so arrange hours, supervision and apparatus so that all of the students have had at least one hour of exercise each day, whereas previously only paid-up full members of the student association were allowed to use the football and baseball outfits, thus making it impossible to use the apparatus at the regular exercise periods, and shutting out a large portion of the student body from use of the athletic grounds. By much effort the Athletic Association raised last year sixty-five yen; by the present method we raised 137 yen and spent a littlemore, 144 yen, buying eighteen footballs and two dozen baseballs as well as other apparatus. Two of our regular teachers are in charge forenoon and afternoon. The students seem to be perfectly satisfied with the new arrangement.

The Student Missionary Association

Following a precedent established several years ago, a special collection was taken in the student body of 220 yen with which they will send one of the school graduates out to some unevangelized section of Korea as their missionary for one year. Probably this year he will go to Methodist Won-chu territory. In the past Kim Hiong Chae and Kang Pyeng-tam have been supported by the school as missionaries in Quelport and Son Ching-to in Manchuria. The Missionary Association is a strong factor in our school life and the ideas and principles it represents are enthusiastically supported by the whole student body, which is strongly missionary in its motives and feelings.

Annual Report of the Board of Foreign Missions of the Methodist Episcopal Church: *Korea*(1913), pp. 325-326.

2) 미감리회 한국선교회 연회 보고서

(1) 1906년 보고서

Reports of the Pyeng Yang District

A.L. Becker, in charge of our part of the High School work reports as follows;

"When I began to teach there was but one Methodist boy in attendance, but later 22 were enrolled.

"They have nearly all been self-supporting as we have a plan whereby all students who desire to do so can work a half day and recite the other half. There is only one who was supported wholly by his parents. The rest worked their way. But two of the 13 were from the city the rest being from widely separated sections of the country.

"We had a native teacher in the school as well as myself. My wife also gave musical instruction twice a week. All the other instructors were furnished by the Presbyterian Church. Mr. Baird and one other foreigner gave full time while Mrs. Baird, Mrs. Blair, Mr. McCune and Miss Kirkwood all did more or less instructing (in the Academy).

"There are five grades in the Academy proper and a year preparatory, and as each grade recited from 4 to 6 times daily, we had none too many instructors or recitation rooms. The total enrollment of those who finished the year's work was one hundred and three, and none were enrolled who were under fifteen years of age, the average age being about 20 years.

"The course comprised an equivalent of the course of most high schools at home and took in Arithmetic, Algebra, Geometry, American, English and General History, Astronomy, Chemistry, Botany, Physical Geography, Physics and Physiology, as well as Bible studies and Chinese classics.

"I have had charge of the mathematical department the past year and have enjoyed the work very much in spite of the fact that I had to plunge into a new vocabulary in each of the studies.

"The moral and spiritual influence is very strong as there are no students at present in the Academy who are not Christians. The student prayer meetings are certainly the best testimony meeting that I ever attended in Korea. The students have developed a tender conscience. During the year I have bad several come to me with tears in their eyes and confess to having done wrong in some way.

"I have tried to keep every one of the boys under my personal supervision and in doing this I gave almost everyone some duty that would frequently bring them to our home; all of our house and outside work was done by these boys working a half day and going to school a half. Of course having five or six different students about for these small duties was not as pleasant as might be wished, but my desire was to keep them busy and to bring them to a closer relationship with me in my house. I have tried in every way to reach their heart and sympathies. The number of those who studied was not as large as might have been desired but I feel that I have been able to get closer to the few and perhaps influence their character more than I could possibly have done with a much larger number of raw material. Perhaps it was more fortunate than otherwise that I could learn how to handle and digest by this practice with a few. Large numbers will soon flood our school. In our educational work I think we are apt to trust in numbers and have our eyes turned away from the individual pupil, but we must not let ourselves get into the habit of thinking in 10's or l00's and just think of how we are to make a strong Christian character out of this Kim or this Yi.

"My relations with Dr. Baird and others of the Presbyterian church who were connected with the Union Academy have been very pleasant. I consider that the methods by which Dr. Baird bas built up his school to be very praiseworthy, and I have been in some sense a student as well as a teacher. The system and order which has been instilled by many years of labor is in striking contrast to the pandemonium of native schools. I am convinced that boys or young men who spend six years in work at Pyeng Yang Academy will be fitted for the best offices in our church and schools.

"The fact that our Union work of the year was carried on in the Presbyterian building which had formerly been called the Presbyterian Academy building was a source of some trouble to me all the year. The first difficulty as I mentioned before was the fact that many refused absolutely to attend a school which, although it was called Union was predominantly Presbyterian; and, then, those who have attended have not been able to feel that it was their school and it is only natural that these who are beginning Academy work should think that a separate school would be better, as they know or think nothing of the difficulties of handling a course of study covering 5 or 6 years. It is easy to see why a few students in the lower grades of a school taught mostly by Presbyterian teachers and regulated by nearly the same regulations which had characterized the Presbyterian Academy of the past should feel that they were but a small factor in the workings of the Union school and thus not feel exactly at home. But this next year as we are putting up a Methodist building on Methodist grounds, controlled by a Methodist teacher that prejudice will be removed.

"Our new Science Hall is now in process of construction and there is such a profound interest shown by our whole church of the north that I am sure that only a lack of instructors will limit the number who apply for admittance in the near future.

"I give thanks and praise to Him who alone can make out labor profitable and effective."

Minutes and Reports of the Korea Mission Conference of the Methodist Episcopal Church(1906), pp. 62-64.

(2) 1907년 보고서

Pyeng Yang High School

Arthur L. Becker in charge of that work has made an enviable record for the year. He reports as follows:

"The higher educational work of Pyeng Yang has had such an unprecedented development and there has been such an outpouring of spiritual blessing upon all the phases of the work during the past year that I can but touch on some of the main features in this report.

"In my last year's report I prophesied that the number of our students for 1906 and '07 would only be limited by our ability to take care of them and this has not only proven true but all our work has been put on a higher plane and on a more efficient basis by the help of the Holy Spirit.

"The number of students that completed a full year's work was 200% more than last year and the total enrollment was 300% larger so although the Methodist building which we call 'Science Hall' was added to the educational plant during the year we had little surplus room and although the faculty consisted of Dr. Baird and myself giving full time, Mrs. Baird, Mr. Stiles, teacher of English, Mr. Bernheisel, Mr. Smith and Mr. Murata, teacher of Japanese, all giving part time besides the thirteen native teachers yet all were forced to work at their utmost tension to fulfill the requirements of the situation. Here I would like to express our gratitude to the native teachers, all of whom are graduates of the academy or students in the school, for their loyalty to the institution in spite of the fact that nearly every one received offers of higher salary over and over again.

"One of the most striking developments of the year was the addition of a college course and readjustment of the academy schedule to meet the requirements of the same. The joint educational Committee which has controlled the co-operative work of the past two years met one year ago in May and registered the following resolution. "It is the sense of this Committee that the time has arrived to begin College Work in Pyeng Yang." The curriculum and schedule of the Academy and College which was prepared by Dr. Baird was adopted and carried out during the past year.

"The plan provides for one year preparatory course, three years of High School study and four years of College work. Thus the average graduate of the college will have had eight years of work in our institution above and over a primary school course of six years, and this will equip him mentally and we hope spiritually and physically to cope with the problems which face the future Korean Church. A few can be sent to America or Japan but the vast majority of the Korean students will have to get all their education in Korea, so we are doing our best to plan wisely. Of course in our curriculum, English, Japanese and Chinese take the place of Latin, German and French, and at present we labor under the difficulties of working principally through Chinese text books and the native dialect but we are laying this foundation in hope and faith feeling sure that the Lord will lead us in our endeavor to provide on their native soil and in their native tongue a means of a thorough education for the coming Christian leaders of Korea.

"The second year of the trial co-operative work has passed and it has proven conclusively that the two mission stations of Pyeng Yang can adjust themselves to union efforts and that the Holy Spirit desires but one Christian school of higher education in that city. Some of the difficulties which loomed up as big as mountains when we began have practically disappeared. As far as I know there was not the least denominational friction either in the discussion of the joint Educational Committee or in the practical workings of the faculty. The two years have proven that in a true Christian Union there is a power and a concentration of forces which is far from being accounted for by the mere addition of the powers of the separate individuals, and reduplication is not only done away with but members of different missions are thrown so closely together as to inspire each man to do his best. Dr. Baird, as chairman of the faculty, has led very efficiently the weekly faculty meetings and I ascribe a great deal of the success of the year's school work to his wise planning and careful discriminating judgment. My personal relations with Dr. Baird have been most pleasant and I have been greatly helped in solving the peculiarly Methodist phases of the educational work by heeding the results of his many years of experience. We have been exceedingly frank in expressing our views to one another and have tried to do everything in harmony so there have been no serious cases of misunderstanding in matters pertaining to government or discipline. As the last two years have been but years of trial and experiment there has been no constitution for permanent union drawn up until quite recently. On June 14th an Educational Committee composed of Messrs, Baird, Blair, McCune, Bernheisel, Noble, Moore and myself of Pyeng Yang, Mr. Hunt of Chai Ryung and Whittemore of Syun Chyon discussed and approved of a constitution for Union College and Academy work in Pyeng Yang. As this will be presented to this Conference for ratification, I hope that it may be prayerfully considered and if it is thought to be adequate to meet our needs in the north that it willbe duly passed. We need a solid foundation for we have wonderful prospects.

"There were something over 400 students enrolled during the year of which number 283 stayed the whole time. About 140 M. E. boys enrolled, of which number 85 took the final examinations. The reasons for this falling off were principally four; first, a lack of proper mental discipline to keep up with the schedule; second, inability to support themselves; third, sickness; fourth, a disinclination to abide by the strict disciplinary measures. The culling out was entirely beneficial and none of the better students left during the year. We might have enrolled a great many more but we sent out circulars twice during the year explaining the necessity of a reading knowledge of Chinese and a certain amount of Arithmetic besides a recommendation of character as entrance requirements so that many who did apply and many who did not apply for admission were turned into the primary schools of the church. So many were turned into our city primary school that the numbers increased to about 160 and there is soon to be an upper primary school formed of those in the higher grades and of the present primary and of those who want to prepare especially for the Academy course.

"Of the Methodist students 47 supported themselves by some sort of work; that is, these recited a half day, worked a half day and prepared their lessons in the evening. They were given the same examinations as those of their grades who studied all day and nearly all passed very creditably, showing that it is not only the western boy who can work his way through school. The boys worked as teachers or secretaries for foreigners, as teachers in the city and nearby primary schools, as copyists, as translators of Chinese text books, as house boys or janitors. Others did little else than use a pick-ax 4hrs. each day. In fact any work that would help them earn their daily meals of millet was gladly accepted even though it meant the carrying of a 'jiggy' on their backs. Mrs. Hall helped me very much by contributing 100 yen to be paid out for work in leveling ground, making roads or for work in the industrial department. Mr. Moore also gave me Y16.50 a month to aid in providing work for home students from his circuit. Outside of this help I have so far but one scholarship so it has been somewhat hard at times to find work for all those who wanted work although all the mission have endeavored to use the boys when they could do so. So far we have kept no one in the work department who did not work enough to pay his board. One of our most pressing needs is a more thorough work department in which needy students can get good industrial training as well as earn their board.

"The most important feature of the year was the revival which sprung up at the beginning of the spring term. Just before the school opened in February the Spirit descended in power upon the Presbyterian Bible class then in session and as we wanted the school to be blessed, we collected the teachers and students who had come in beforehand and began afternoon and evening prayer meetings. There is little need for me to go into detail in describing the manifestations of the Spirit from the very first meeting. Nearly all the teachers had gone through the purging fire before the opening of school. After the students came in we thought it wise to discontinue the usual schedule and made a special schedule of Bible study and prayer, covering morning, afternoon and evening. We did nothing to excite simply the emotions and little was attempted in the way of leadership but we simply tried to point to the cross. Yet the power of the Spirit was so evident that even those who were skeptical and came to scoff were broken down in agonizing contrition. At one time I counted more than thirty boys who had stood for hours to get a chance to throw off their burden of sin compelled go away unsatisfied because the hour had become too late and the meeting was closed. We could not keep hours; even though meetings were pronounced closed over and over again some would cry out in their agony of spirit 'O just let me speak' and sometimes though we had labored in meetings all day and until the midnight hour, yet there were times when we were followed to our homes by some who wanted us to pray with and for them. One night four boys stayed in the chapel and prayed all night. About nine tenths of the students were deeply stirred and born again at this time. But the depth of a revival is measured by changed lives and habits; I will give several reasons why I know that this was a heart cleansing revival. First, the weekly prayer meetings became prayer meetings indeed; every boy began praying as soon as he entered the room and real heart felt testimony and confessions took the place of the formal discussions of topics. Second; nearly every student faithfully carried on private devotions morning and night and the prayer room of the school was visited daily by more than two thirds of the student body. Third, a large number became evangelists burning with a zeal for the cross, carrying revival fires not only to the city and nearby country churches but some went as far as Chermulpo and Kongju. An evangelistic society called in Korean, Chunto Hwoi was organized and the Spirit wonderfully blessed their efforts. Every Sunday found a large number of students either at some nearby country church or preaching on the streets of the city. One student who had received permission to go home for a few days, came back with a shining face telling of the blessing he had received. His father and mother's religious experience had been deepened and a rich uncle has been started in the faith. His people of his native church met every night while he was there and sins were realized with the same manifestations as in the city. Ten of his heathen neighbors gave in their names, and plans for a new church and girls' school were set on foot, all this from a few days' zealous work of a comparatively new student. These cases might be multiplied. The real fruits of the revival were also shown by a much greater application to study and marked deference to all the wishes of the teachers. Discipline became comparatively easy on the part of a majority of the students. Another direct outgrowth was a spontaneous consecration of all their time and energies during the summer vacation of about four months to direct church work such as preaching and teaching in primary schools, 33 of the M. E. boys have definite appointments during the summer, the most of whom get nothing more than their food for their services. The revival did for the characters of somewhat two years of training could not have done. My class in geometry very often bowed their heads in silent prayer before beginning demonstration. And last but far from least all roots of bitterness and jealousy between the two denominations were removed and there is the utmost harmony prevailing.

"We provided for the physical in the student training by compulsory military exercises 1/2hr. each day and by inspiring some to prepare for the annual High School Field Day. The Field Day running and jumping showed us that in athletics the Korean student will soon be making as good records as in the home colleges. All that is needed is a physical director.

"This year the High School diploma was given to twenty-seven, all Presbyterians, as our boys are mostly in the lower grades. The subjects of the Commencement speeches were as follows. 'The duty of believing in a spiritual

Christ,' 'Benefits of prayer,' 'Hardships to be Borne for the Lord's sake,' 'How to Cultivate spirituality,' 'Know the Right and do it,' 'Gratitude for God's Grace' and 'Temptation.' All these were delivered with a touching enthusiasm that was most inspiring.

"There are all indications that next year in spite of rigorous entrance requirements there will be at least 200 new students added to our present numbers. There are about 4000 primary students in the church schools of Pyeng Yang district. How we are to meet the demands of the new year we do not know but when we look back of this year and see how the Lord has led us we confidently go forward knowing that He, who desires the good of this people more than we, will provide the means to carry on this most important work."

Minutes and Reports of the Korea Mission Conference of the Methodist Episcopal Church(1907), pp. 50-54.

(3) 1908년 보고서

Report of PyengYeng Educational Work

When school opened last fall we were thronged with over 200 raw recruits as well as 210 old students so our accommodations were stretched to the limit and we had to spend much time in trying to improve the schedule, boarding houses, methods of discipline and ways of financing the institution. In fact this year's report deals more with intensive rather than extensive development. We have felt that if our school is to hold its place among the best institutions of the land its ideals and character must be firmly and deeply rooted in the best methods and principles of modern Christian education; so that in spite of the ebb and flow of transient public sentiment or demand we may without faltering continue steadfastly and surely toward our goal. We must train our young men for God's service in the broadest sense and to do this we must manage our institutions in a way so as to (1) make Christian character, (2) to give our students a broad thorough mental training that will fit them to be forceful leaders in the reconstruction of this heathen nation. And this is no small task because of the enervating influences always at work tending to force things along the lines of least resistance. To hold to a high standard in an institution means a never ending resistance to the daily changing wishes and desires of those in training. It is well known that a student will seldom develop a stronger character than his teacher and on the other hand is almost sure to imitate his faults and gravitate toward his instructors' weaknesses. So those in charge of our schools must be strong and self-sacrificing in their devotion to the ideals of the institutions if they are to make and turn out forceful graduates.

RECEIVING STUDENTS

We have been more strict in receiving students than ever before requiring not only a fair reading knowledge of Chinese but a considerable amount of Geography, Arithmetic and the Bible and not only were they examined carefully in the above but we also required a very explicit recommendation of character and ability from some foreign pastor. No one was received who had not had connection with some church previous to application. In this way we weeded out many unprofitable students.

REASONS FOR TROUBLES

Almost from the beginning of the fall term we noticed an uneasiness that we had not noticed last year; one of the reasons of course, was the unsettled political conditions of the country, another was undoubtedly the fact that new schools had sprung up all over the country and in comparing this school with that many of the students became unsettled and did not know what they wanted to study and then as our new students outnumbered or at least equaled our old students it was hard to keep the balance of power on the side of discipline and order. We received anonymous letters recommending changes in teaching force and schedule and one or twice unknown students wrote insulting words on the chapel blackboard. A delegation of 2nd grade students waited on Dr. Baird and gently insisted on an immediate change in schedule and policy with the hint that if we did not comply, the class would drop out. We did not yield; the class stayed. For about a month our ears were made to ache and our nerves were put on edge by the constant complaints and murmurings until we almost began to feel that it was no use to try to train such malcontents. Then we tried the experiment of spending a week in Bible study and prayer so the regular lessons were discontinued and we tried to get the boys to forget themselves and look to God. The meetings had a wonderfully good effect on the boys and although there was little of the last year's demonstrations the Spirit brought peace to many hearts. Yet denominational differences were raked up and magnified by a few and it was not long before all the Methodist students struck in a body for a separate school feeling that that would be a panacea for all their troubles. Bishop Harris and Presiding Elder Noble were petitioned but after an address to them by Bishop Harris the league was dissolved and all the good students soon came back, apologized, weekly paid their fine and began studying industriously. These boys had learned one thing during the term and that was that they were not running the school.

PRESENT FEELING

Before the opening of the Spring term we went carefully over our schedule and revised and improved a few things as well as arranged for more foreign instruction in lower grades and so far this term one could not wish for a more obedient and industrious lot of students. But we have learned one thing and that is that the time has not yet come when we can safely give over whole grades to native instructors although these instructors are the best obtainable. Throughout our recent troubles the teachers and college students were loyal and worked hard to root out disaffection but they still need training and experience to make them discriminating in their statements and steadfast at a crisis.

The average number of students in school during the year was 340 and there are now 280 in actual attendance as follows: 80 in preparatory class; 1st grade, 108; 2nd, 45; 3rd 32; College Freshmen 8; Juniors, 5; and Seniors, 2. The average number of Methodists in school was about 110 and of the 83 now in attendance there are 28 in preparatory class, 34 in 1st grades: 18 in 2nd; and 3 in the graduating class. As yet we have no students in the Collegiate department.

Of the M. E. students that dropped out, 13 dropped out because of sickness or bodily weakness, 13 of the old students were drawn off into our church primary schools; 2 were taken into church work, at least 3 are enrolled at Pai Chai, one went to a Christian school in Japan, 7 could not support themselves, 3 were unable to keep up with their classes and one died in the Pyeng Yang hospital. The remaining 16 could not stand discipline and left without explanation.

Perhaps a glimpse of what we are teaching will give you a better idea of the character of the institution. In the 1st grade we have Bible, General History,

Arithmetic, Geography, Japanese and Composition in Chinese. Four hours are taught by foreigners. In the 2nd grade there is Bible, Arithmetic, General History, Physical Geography, Korean Grammar, Book keeping, Mechanical Drawing, Japanese, and Letter writing besides English to a selected number; 17 hours are taught by foreigners and 16 hours by natives.

The 3rd grade has Bible, Algebra, Physics, Physiology, Chinese Literature and Japanese; 18 hours taught by foreigners and 3 hours by natives. In the college we give the freshmen Bible, English History, College Algebra, Physiology and Botany, Chinese and English; 20 hours taught by foreigners; we have no Sophomore class.

The Juniors have Chemistry, Bible, College Physics, Trigonometry Pedagogics and English; 21 hours are taught by foreigners.

The Seniors have Bible, Psychology, Biology, Surveying and English; 20 hours by foreigners.

FACULTY

Closely related to the curriculum is the Faculty, as the strength of the latter determines the strength of the former.

Of course Dr. Baird and I are the permanent teachers who are made responsible to the separate missions for the whole conduct of the school but we have been ably helped by other missionaries set aside by the stations for certain months during the school year.

Dr. Baird and I have each carried on an average 22 hours of teaching per week.

Mr. McCune has carried on an average about 10 hours.

Mrs. Moore has taught an average of 5 hours.

Mrs. Baird comes 8 hours, Mr. Bernheisel and Mr. Blair have alternated and carried an average of 1 2 hours.

Mr. Rufus since beginning of spring term has carried 7 hours.

Mrs. Rufus teaches 5 hours; Mr. Critchett was in the school in November and also during February and carried an average of 12 hours. Mr. Lee and Mrs. Swallen were each in a month and carried about 12 hours. Mr. Murata teaches Japanese 12 hours; an average of 112 hours a week are taught by foreigners.

62 hours by Presbyterians.

36 hours by Methodist.

12 hours by Mr. Murata.

As the preparatory class has 5 divisions, first grade 5 divisions and 2nd grade two divisions we are compelled to employ a large force of native teachers. We have three Korean teachers that take about 30 hours per week, 3 who teach 20 hours, 10 who teach 15 hours, 2 who teach 10 hours and 2 who teach 5 hours. In all 20 teachers that teach 330 hours per week.

These teachers have done exceedingly well but if we are to influence and build character from the first day that students enter we must have more teaching by foreigners in the lower grades where the need of moral and spiritual advice is the greatest.

Of our present students 50 support themselves: of this number 39 are given work in the student help department of which I have charge. Eleven are given work as follows Mr. Moore 5, Mr. Noble 2, Mr. Rufus 2, Miss Haynes 1, Miss Hallman 1 and Mrs. Hall loans money to two students.

The student help department has helped an average of 50 students and paid out for work done up to February 29th Yen 863.72 and has receipts as follows:

From Friends at home	Yen	385.47
Mrs. Hall		60.00
Mr. Moore		47.50

Amount returned from student work	400.00
Estimated value of rope made by students	30.00
Total received Yen	922.97

The reason that the department has not been able to make receipts larger has not in the main been because of lack of industry or time put in on the part of the students but because a part of the work done did not refund anything. If we could have a well developed industrial department I am sure that the students would be entirely self supporting. I am hoping we will soon be enabled to teach handicrafts as well as provide a means of self help and thus develop a sturdy manly type of students who will lead in industrial reforms, while doing the Lord's work.

As Treasurer of the Pyeng Yang Union School Board I have had to be responsible for all receipts and disbursements of the school since October 1st 1907 up to February 29th 1908, I received from entrance fees, monthly dues and fines Y1428.43 total expenditure for fuel, lights etc. was Y298.00 but as our monthly pay roll takes about Yen 260 per month at the end of the year, in spite of help from both missions atrate of 1/3 for Methodist 2/3 for Presbyterian we shall not have money to spare.

"By their fruits ye shall know them." If the school helps to fill the needs of the church by which it is supported then it is successful. One of our greatest needs has been Christian teachers equipped to teach our primary schools and our school has already furnished 29 teachers for primary schools, 4 are teaching in our Pyeng Yang High School 4 are already local preachers and there are 3 and perhaps more, exhorters.

During last summer nearly all the students helped in primary schools and church, and in one place about 50 were brought to Christ during the summer by the efforts of a student who had been in the preparatory class the previous year. I took in 64 probationers at once into one of my churches because of the efforts of one of last year's students who teaches the primary school in that place.

Thus we have been able to raise the standard of a great many of our schools and put in a regular six grade course.

The magistrates are giving examinations that are compelling outside schools to come up to the standards set by our boys so that our students are being offered big salaries. Yeng Byen and Kong Ju have each been provided with teachers that seem satisfactory.

NEEDS

1. We need a well equipped Industrial plant (Yen 40,000.)
2. We need Yen 10,000 for Dormitories as it is impossible to make students do 2/3 what they could do under proper hygienic living.
3. We need Y200.000 for endowment.
4. We need teachers specially trained and qualified for the several departments of our college work.
5. We need better text books.

Respectfully submitted,

A. L. BECKER.

Minutes and Reports of the Korea Mission Conference of the Methodist Episcopal Church(1908), pp. 64-68.

(4) 1909년 보고서

Pyeng Yang Union Academy and College

The School has had a most successful year, perhaps the most successful in its history and this is due principally to the following reasons:

(1) A careful selection of applicants.

(2) A natural reaction from the past year.

(3) A selection of six perfectly safe and reliable teachers as members of the academy faculty; and the letting of this faculty discuss all matters pertaining to discipline and schedule; in other words making the Korean teachers responsible for the correct running of the academy.

(4) The advent of another academy in the city; which school drew off uneasy or dissatisfied students.

(5) TheSunday morning Bible classes, which were organized at the beginning of the school year.

(6) Some changes in the curriculum and texts books.

(7) The hearty co-operation of the Associate Executive Committee.

(8) The loyalty and faithfulness of all those who taught; both in preparation and class work.

(9) Certain training classes in history and physiology that wereheld once a week for the teachers in those subjects.

(10) The granting of grade certificates.

(11) The fixing of a name, badge, emblem and pennant.

(12) The spirit of the Students' Evangelical Society, which inspired the giving of over 200.00 yen in order that a student missionary might be sent to the island of Chae Chu.

(13) The Student Literary Society, which met once a week under the direction of the faculty.

(14) The special events planned to develop school spirit and loyalty; namely, two student concerts, Arbor-day exercises, field-day sports and oratorical contest.

(15) The preparation of a satisfactory academy diploma and seal.

Grades and hours taught: Grades were taught; namely, Preparatory, First, Second and Third grades in the Academy with the Freshman and Sophomore classes of the College.

The native faculty taught an average of 132 hours; the 11 tutors taught about 84 hours and the Foreigners (Missionaries) 29 hours in the Work of the Academy; total 245 hours. The College work required a total of 50 hours teaching; 4 hours by natives and 46 by foreign missionaries.

Faculty: The faculty of the College consisted of A. L. Becker, Geo. McCune, W. N. Blair and C. Bernheisel (Blair and Bernheisel alternated). The faculty of the Academy consisted of A. L. Becker, Geo. McCune and W. N. Blair (Bernheisel alternated), Pion Nin Sio, Pak Yong El, Pak Sung Too, Kim Son To, Cho Siol and Kim Chang Kol. Geo. McCune taught physiology, history, zoology and Bible; an average of 23 hours. W. N. Blair taught U. S. history, Bible, geometry, music and political economy an averageof 17 hours. C. F. Bernheisel taught history, Bible and music; an average of 17 hours. A. L. Becker taught mathematics, physics, chemistry and book-keeping; an average of 23 hours. W. C. Rufus taught algebra and drawing during the fall semester; average 6 hours. B. W. Billings taught algebra during the spring semester; average 5 hours. S. A.

Moffett taught Bible and U.S. history during a part of the fall term; average 5 hours while teaching. Graham Lee taught 3 hours of Bible about one month in the spring.

Subjects taught: The subjects taught were the same as last year with the following additions, Japanese as a regular language study in all the Academy grades and English as a regular language study in all the 4 grades of the College. Some studies such as Korean grammar, physical geography, elementary physics and elementary chemistry with physiology were pushed down into lower grades.

Statistics: At the opening of the fall semester, the number of old students was 210 and the number of applicants was 143. At the entrance examinations 79 of the applicants failed to get into the first grade: of the number that failed 60 took up work in the preparatory grade, 64 new students were enrolled in the first grade. The total enrollment was 324; 216 Presbyterians, 108 Methodists; During the fall semester 18 students dropped out because of sickness and did not return, 12 because of sickness and returned but failed to keep up with their classes, 3 went to teach in primary schools, 1 took up church work, 2 were sent away as incapable, 2 dropped out on the plea that the work was too hard, 2 went to the other Academy of Pyeng Yang, while 284 students stayed to the end of the term, took all examinations and paid all dues.

Those that finished the fall semester's work were distributed as follows, 52 in the preparatory grade, 108 in the first, 74 in the second, 35 in the third, 10 were freshmen and 5 sophomores. At the opening of the spring semester there were 60 applicants; 15 Methodists and 45 Presbyterians. Of the above number about 55 paid the entrance fee and were enrolled in the preparatory grade, none were received into the first. The total enrollment of the spring semester was 315; 212 Presbyterians and 103 Methodists, 14 were in the College and 301 were in the Academy. 290 students finished the year's work and of this number 200 received promotion certificates; 87 have conditions to work off before they will get their promotion; 3 will have to take the year's work over again.

Of the 103 Methodist students who were tabulated in the spring, 63 were from Rufus' circuit, 17 were from the city primary schools, 11 were from the Pyeng Yang circuit, 6 were front Critchett's circuit, 4 came from the Yeng Byen circuit, 1 was from the Sin Chang circuit, and I was sent in by Pak Won Paik from the Haiju district.

Facts about Students: The average age of the student body is about 20 although there were 7 under 16 years and 13 over 30 years of age.

All have been believers over 1 year but the average is 5 years; 54 have been believers over 10 years and 2 say that they have believed from birth.

233 of the students are married, 6 are widowers and 76 are unmarried. 70 students have no fathers and three are orphans.

Both father and mother of 218 students are Christians; mothers only, 25; fathers only, 10; the students whose parents do not believe number 56. Occupation of parents: 192 are farmers, 62 merchants, 9 preachers, 9 doctors, 20 are scattered over the other professions and 23 have no definite work. Occupation of students before entering: 106 spent their time studying Chinese, 118 studied the regular course in the primary schools, 44 were farmers, 14 were merchants or peddlers, 8 were teachers, 6 were in church work, 11 were scattered in other professions and 7 claim that they had no occupation.

What the students like to do: 44 students said that they liked to study the Bible above all things; 47 prefer Arithmetic; 48 Chinese; 21 prefer athletics to study; 12 prefer farming.

The rest of the likes expressed were scattering such as: like to believe, to be busy, to blow a horn, to be on time, to conquer, to run in races, to plant trees, to make caps, to cut hair, to ride a bicycle, to be awake, to be brave, to be strong, to laugh, to be quiet, to be straight, to be lazy. 38 said they had no special likes.

Spiritual Growth: The evidences of spiritual growth during 1908-09 are, -

(1) The students have nearly all been faithful in attending the Sunday-morning Bible classes.

(2) The Evangelical Society among the students has flourished as never before.

(3) The students on their own initiative raised 200.00 yen to send out their own missionary.

(4) A prayer circle met weekly.

(5) Students took part very earnestly in the regular Tuesday evening prayer meeting.

(6) Faith was manifest in the behavior of the students both in the class room and at the boarding houses.

(7) Nearly every student under discipline has been touched by appeals to their sense of their moral obligations.

(8) There has been no spirit of discontent.

(9) The graduates have without exception shown that they are thinking of the welfare of the Kingdom when planning their future work.

(10) A great many students are taking up church work without compensation during the summer.

The Student Help Department: The average number of students helped was 65 and the average amount paid to each student for the year was about 27.00 yen; the total paid to students was 1908.45 yen. 15 students acted as language teachers, helpers and secretaries at an average wage of 7.00 yen per month, 16 were tutors in nearby primary schools at an average wage of yen 3.50, 20 worked at mimeographing, correcting and binding books for use in the school and received an average of yen 3.00. 11 worked at outside work at an average wage of yen 2.00. 2 did janitor work at an average wage of 5.00 yen.

The sources of student help: From scholarships, 732.79 yen; from local contributions, 210.98 yen; from mission sources 833.00 yen; from profits, books sold, etc. 40.00 yen; total 1816.77 yen; total paid to students, 1908.45 yen. An industrial plant is a deep felt need of this department.

Minutes and Reports of the Korea Mission Conference of the Methodist Episcopal Church(1909), pp. 69-72.

(5) 1912년 보고서

Pyeng Yang Union College and Academy

W. CARL RUFUS, B.W. BILLINGS, AND A.L. BECKER

The College: The College work for the year opened on the 15th of September; precededby the entrance examinations 37 students were received as freshman; 25 were from our own academy and 12 were from other academies. The total

90 [MARCH,

1912] REPORTS 91

EDUCATIONAL REPORTS.

Pyeng Yang Union College and Academy

W. CARL RUFUS, B. W. BILLINGS, AND A. L. BECKER.

The College.—The College work for the year opened on the 15th of September; preceeded by the entrance examinations 37 students were received as freshman; 25 were from our own academy and 12 were from other academies. The total enrollment was 68 of wuich 14 were Methodists; the Methodist boys were all from the local Academy being 41 per cent of the total number graduated from the Academy up to date. Of the total enrollment there were 37 in the freshman grade, 13 in the soph. grade and 18 in the junior class. Up to the present 8 dropped out for sickness and 12 for other causes. 60 took the fall term examinations and 48 reentered at the opening in Jan. 12th. ¥476,000 has been received as the tuition of two terms.

The teaching in the college has been done almost entirely by the Missionary teachers. The school has been divided into Departments:

Biblical and Ethic's....................	Dr. Baird.
Mathematical Department	W. C. Rufus.
Physics and Chem. Department	A. I. Becker.
Biological Department..................	E. M. Moury.
History and Pol. Econ.	B. W. Billings.
Mental Science and Music	Mr. Hoffman.
Languages Athletics	Mr. Phillips.
Industrial Department..................	Mr. MacMurtrie.

Besides the regular Heads of the Departments Mrs. Baird taught in the Biological Department. The College teaching has not been very satisfactory as Mr. Hoffman and Mr. Phillips were not able to teach much on account of the language and both Mr. Billings and Mr. Rufus have each been out one term. But last Fall Mr. Bernheisel of the Presbyterian Mission carried a mixed schedule and helped us out very much. Yet on the whole we are glad to report an advance along all lines: The addition of apparatus has made it possible to have Laboratory Courses in Chemistry and in Physics. Dr. and Mrs. Baird have furnished us with more complete text books along severals lines of work. Mr. Moury has secured apparatus and is translating texts as he teaches. Mr. Billings has been able to specialize a little more than last year. Mr. Rufus has outlined and begun a systemazeded development of his department. Mr. Hoffman has begun the development of a musical department. Mr. Phillips has done much to help our athletics, foot-ball, base-ball etc.

Our plans for the next school year are very extensive and might be interesting but beyond the statement of the fact that we have a fine new college building almost completed I will leave the rest for next year's report.

The spiritual condition of the college students has highly satisfactory; there has been abundant evidence that they have advanced; We believe that the most of the students are fully consecrated to the Lord's service. Class officers have been apointed for the different classes with the especial intention of leading the individual students to a closer walk with Christ and many heart-to-heart talks have been the result; students and faculty have come very close together this year.

The Academy.—The Academy opened for the new year Sept. 10th, 1911; this date was preceeded by the entrance examinations. Over 200 students presented themselves as candidates and out of this number 194 were finally enrolled. The total enrollment was 358,43 in the first grade, 151 in the second, 92 in the third and 72 in the fourth. The total number of Methodist students was 87; of this number (7) were in the first, 29 in the second, 25 in the third and 26 in the fourth.

During the Fall term 35 dropped out with permission on ac-

미감리회 1912년 연회에 제출한 숭실대학 보고

enrollment was 68 of which 14 were Methodists; the Methodist boys were all from the local Academy being 41 per cent of the total number graduated from the Academy up to date. Of the total enrollment there were 37 in the freshman grade, 13 in the soph. grade and 18 in the junior class. Up to the present 8 dropped out for sickness and 12 for other causes. 60 took the fall term examinations and 48 reentered at the opening in Jan. 12th. 476,000has been received as the tuition of two terms.

The teaching in the college has been done almost entirely by the Missionary teachers. The school has been divided into Departments:

Biblical and Ethic's --------------------------------	Dr. Baird.
Mathematical Department ------------------------	W. C. Rufus.
Physics and Chem, Department ------------------	A. L. Becker.
Biological Department ----------------------------	E. M. Moury.
History and Pol. Econ ----------------------------	B. W. Billings.

Mental Science and Music ------------------------	Mr. Hoffman.
Languages Athletics --------------------------------	Mr. Phillips.
Industrial Department -----------------------------	Mr. MacMurtrie.

Besides the regular Heads of the Departments Mrs. Baird taught in the Biological Department. The College teaching has not been very satisfactory as Mr. Hoffman and Mr. Phillips were not able to teach much on account of the language and both Mr. Billings and Mr. Rufus have each been out one term. But last Fall Mr. Bernheisel of the Presbyterian Mission carried a mixed schedule and helped us out very much. Yet on the whole we are glad to report an advance along all lines. The addition of apparatus has made it possible to have Laboratory Courses in Chemistry and in Physics. Dr. and Mrs. Baird have furnished us with more complete text books along several lines of work. Mr. Mowry has secured apparatus and is translating texts as he teaches. Mr. Billings has been able to specialize a little more than last year. Mr. Rufus has outlined and begun a systemized development of his department. Mr. Hoffman has begun the development of a musical department. Mr. Phillips has done much to help our athletics, football, baseball etc.

Our plans for the next school year are very extensive and might be interesting but beyond the statement of the fact that we have a fine new college building almost completed I will leave the rest for next year's report.

The spiritual condition of the college students has highly satisfactory; there has been abundant evidence that they have advanced. We believe that the most of the students are fully consecrated to the Lord's service. Class officers have been appointed for the different classes with the especial intention of leading the individual students to a closer walk with Christ and many heart-to-heart talks have been the result; students and faculty have come very close together this year.

The Academy: The Academy opened for the new year Sept. 10th, 1911; this date was preceded by the entrance examinations. Over 200 students presented themselves as candidates and out of this number 194 were finally enrolled. The total enrollment was 358; 43 in the first grade, 151 in the second, 92 in the third and 72 in the fourth. The total number of Methodist students was 87; of this number 7 were in the first, 29 in the second, 25 in the third and 26 in the fourth.

During the Fall term 35 dropped out with permission on account of sickness and 20 were missing without cause ascertained. The term closed Dec. 15th. The Winter term opened Jan. 10th with an enrollment of 287; 80 of this number were Methodists. There has been an average attendance during the winter term to date of 273.

The first grade has but one division but the second has five, the third has three and fourth has two; a total of 11 divisions to be taught. This has necessitated a teaching force of nine full teachers, five irregular teachers and seven tutor teachers; all of whom taught a total of 312 hours at an average cost of about 25 sen per hour actual teaching. Only three hours were taught by the College Faculty; a part of the time in the fall by Mr. Billings and apart of the time by Mr. Rufus.

The students of the Academy are all Christian; their average age is 19 years. Of the number now in attendance 202 out of the 280 are graduates of Christian Primary schools and 64 have studied more than 4 years in some primary school. The fathers and mothers of 222 of the students are believers. 246 of the number in attendance are from Pyeng An To, 24 are from Whang Hai To, 4 were from Choong Chong To, 2 were from Chol-la To and one was from Kingkui To.

Tuition to the amount of 1671.30 has been collected from the students for the Fall and Winter terms. There were an average of 197 self-supporting students;

122 worked for apart of their expenses. An average of 47 were given some kind of employment by the M.E. Community. So far this year 901.33 has been expended by the Methodist Student Help Department. The average expenses per student per month have been thus far about seven yen.

In accordance with our slogan, "Make progress," we have endeavored not only to keep up our previous standards but to raise our standards not only in the amount of study done in each grade but in the quality required and the students have not only come up to our expectations but have surpassed them; we have a splendid student body, earnest, obedient and capable. We have asked them to do many unusual things but there has been no murmuring, only a spirit of confidence in the decisions of their teachers has been manifested; thus it has been a delight to lead them. This condition of the student body is mostly due to (1) the fact a large proportion have received training in Christian homes; (2) to the fact that a large per cent have been trained in Christian primary schools as has been stated above. On account of the age, training and ability of the present body we can reasonably hope to carry a large number thru the college and make then efficient leaders if our church of the future.

Just a word as to what the Academy has done: Up to the present the school has graduated 158, of this number 32 are studying in the college, 15 are doing church work here and there all over Korea, 49 are teaching in church Primary and High Schools, 5 have died, 5 are studying in foreign lands and up to the present 26 cannot be located. Taking these figures 78 per cent of the total number of graduates are actively identified with Christian work.

Athletics have been booming: the Athletic Association has 130 members and has raised 65.00 for base-balls foot-balls etc. The exercise hours have been divided up between the different sections so that nearly every boy gets at least an hours exercise every day. The teachers of the Academy have formed a Tennis Association and have played tennis nearly all winter; this has been a wonderful help to our teaching force.

The Evangelistic fever of last year has not been duplicated this year and this was not to be expected but the students have continued the support of their missionary; the 150 members of the Evangelistic Society have already raised 80.00. The student body has used every opportunity to advance spiritually and have held up their reputation as Evangelists during their vacation. Last fall we had a week of morning prayers at 5 A.M. and at least 100 were present each morning. At the opening of the second term we had a week of Bible study and prayer in place of the regular schedule and the student body was greatly benefited, strengthened spiritually and put on a higher place of living. At a special Sunday service recently the student body was asked to consecrate themselves wholly to the service of God and they nearly all responded heartily to the invitation.

Hoping that the coming year will be better even than the past.

We respectfully submit this report.

Minutes and Reports of the Korea Mission Conference of the Methodist Episcopal Church(1912), pp. 90-94.

(6) 1913년 보고서(1)

Reports of PyengYang Union Academy for 1912 and 1913

The fall term opened Sept. with an enrollment of 218, nearly all old students as we only took in 6 new ones at this time; the average attendance was 195 of which there were 17 in 1st, 77 in second, 56 in 3rd and 45 in the 4th grade.

We had for our Regular teaching force; Kim Son Too, Kim Hiong Chae, Kim In Chun and Cho Siol of the last year's force and Kim Song Ho, Pion Song Ok and Kim Chong Un who were yet doing work in the Jr. and Sr. years of the College. Besides these we had Mr. Soroto as teacher of Japanese and 9 others who taught a total of 138 hrs. at the rate of 80 sen per hour per month receiving a total sum of 110.40 yen each month. The total monthly pay roll of the regular teachers was yen 191.50, no teacher, even the three college graduates receiving more than yen 27.50 per month. The total pay roll of the teaching force in the Fall was yen 301.50.

Due to the fact that all the college work was transferred to the new college building we had room enough to furnish up a teacher's office room in the Academy building; a desk was placed here for each regular teacher thus making it possible to throw more responsibility of management on the native teachers. Kim Son Too was given charge of the rolls and general announcements; Kim Hiong Chae had charge of conditional exams, had supervision of grade records, was director of the student self-control Association and looked after the afternoon athletics. Kim In Chun kept the school diary, had charge of the daily-attendance-report-records and made most of the preliminary drafts of schedules, etc. Cho Siol was in charge of the Student Aid Society until this was disbanded by an action of the faculty. These regular teachers were, of course, the leaders in all special events as well as in charge or a large number of the chapel and prayer services; they were most faithful in Chapel attendance and in every way were most active in looking after the welfare of the school. They deserve the highest commendation for the way in which they have thrown themselves into the whole activities of our

Mission school. I could not wish for better helpers; we have worked together in perfect harmony; the associate faculty meetings have been a pleasure for everyone wanted to do even more than their share of the work. I am sure that it would have been impossible for the superintendent to have brought about such satisfactory conditions without these most efficient helpers. These are the type that I hope that we may continually turn out of our school.

The Fall term closed Dec. 15th and 170 students took the examinations. There were 110 conditions but considering the fact that each student had about 10 studies on which to take examination and that our requirements on daily grades and final exams are probably more strict than any other school in Korea this is pretty fair; only about 6.5% of all final grades were marked, "short." And at the opening of the new term 90% of these had prepared so well during vacation that they worked these off.

The Winter term opened Jan. 8th; 178 students were enrolled, only 3 new ones. Soon after the opening we held a week's Bible Study and special meetings putting aside our regular schedule; this was a very manifest spiritual help to the student body. At the close of this term March 25th in accordance with the Board action that this be considered the end of the school year we passed the grades up a year; on examination 144 were given pass-up certificates, 24 failed to meet all requirements and were conditioned. We did not have a graduating class as we had to add a year to make our curriculum come up to the Educational Senate's requirements; for the present we are calling the highest grade the 5th, in which we enrolled 41.

The Spring term opened April 5th, with an enrollment of 167 old students and 125 new ones; these were adjusted to the grades as follows ; 25 in first, 108 in the second, 73 in the third, 45 in the fourth and 41 in the 5th. The new students were unusually well prepared very few of the applicants failing to make the grades for which they were examined; only 10 were asked to go into a lower grade and these went there without a question. We were glad to receive applicants from the Southern Presbyterian Higher Common schools of the Southern Provinces. The large increase of the student body necessitated a larger teaching force; we had the 1st grade in one division, the 2nd grade in 4 divisions, the 3rd grade in 3 divisions, the 4th in 2, and the 5th in 2 divisions; in all a total of 12 divisions to be taught 6 days a week 5 hrs each day and this necessitated 360 hrs of teaching each week. We met this by loading our regular teachers a little heavier and by adding three more hour teachers selected from the college students. Thus the academy furnished a splendid place for our college students to get practical pedagogical training under our supervision; we use all those who show any aptitude in teaching.

The total enrollment for the year was 342.

The average attendance during the whole year was 223 of which the average attendance of Methodist students was 75. Of the total enrollment in the Spring term 213 were from the country and 80 were from the city of Pyeng Yang; 147 are not self-support 146 are self-support, 103 were married and 190 were not, 65% not married (In 1909-10 only 24% of our student body were not married). 90% of the students have Christian parents (In 1909-10 80% of the parents were Christian). 83% are graduates of our Christian primary schools while only 3 years ago only 10% were graduates of lower schools. 144 have stated that they wish to enter church work, 49 are preparing to teach in our church schools, 10 are thinking of farming, 17 wish to become merchants, 3 want to take up medicine and 51 have not decided what they are called to do; it is significant that about 70% of the whole student body have definitely stated that they are called to take up active Christian work when they finish their school preparations.

One of the new ventures for this year was the disbanding of student athletic association and the direct faculty control of all athletics the expenses being met by a direct fee of 20 sen per student per term. This has been an unqualified success as it has done away with a source of friction between faculty and students and a lot of "begging"; we have been able to so arrange hours, supervision and apparatus so that all of the students have had at least one hour of exercise each day whereas previously only paid up full members of the student association were allowed to use the football and baseball outfits thus making it impossible to use the apparatus at the regular exercise periods, and shutting out a large portion of the student body from use of the athletic grounds. By much effort the Athletic Association raised 65 yen last year; by the present method we raised 137 yen and spent a little more 144.00 yen buying 18 foot-balls and 2 doz. base-balls as well as other apparatus. Two of our regular teachers are in charge forenoon and afternoon. The students seem to be perfectly satisfied with the new arrangement.

The student Missionary Association following a precedent established several years ago took up a special collection in the student body of 220.00 yen with which they will send one of the school graduates out to some unevangelized section of Korea (Probably this year to Methodist Won-chu territory) as their missionary for one year. In the past Kim Hiong Chae (in Chae-chu) Son Tong to (in Manchuria) and 강병담 (in Chae-chu) have been appointed school missionaries and have most worthily represented us. The Missionary Association is a strong factor in our school life and the ideas and principles it represents are enthusiastically supported by the whole student body which strongly missionary in its motives and feelings.

Year	Total expense	Student fees	From Missions	Teacher Salaries	No. of students	grad	Expense per student	Yearly fee per student	Student pay % of total expense
06-07	3025.00	1725.00	1300.00	-	367	27	8.30	4.75	57%
07-08	2680.00	1652.00	1028.00	2119.00	422	21	6.35	3.90	61%
08-09	3234.00	1780.00	1454.00	2458.00	366	33	7.35	4.85	66%
09-10	4047.00	3170.00	879.00	2799.00	498	22	8.10	6.35	75%
10-11	3921.00	3252.00	1667.00	3126.00	365	44	10.75	6.15	57%
11-12	4546.00	2606.00	1940.00	4229.00	358	70	12.75	7.25	56%
12-13	3852.00	2052.00	1800.00	3219.00	340	-	11.35	6.00	53%
7 yrs.	25305.00	15237.00	10070.00	17952.00	2716	217	9.30	57.75	62%

Averaging for the last 7 years the cost to the co-operating Missions per student per year has been Yen 355.

It has cost the Missions on an average Yen 14.20 to put a student thru the Academy for the regulation 4 years.

The average cost to the student in fees for the Academy Course has been Yen 23.00.

Since 06-07, 2716 have enrolled, 217 have graduated making 8% graduates.

SOME RECOMMENDATIONS FOR 1913-14

(1) That recitation seats be provided for all recitation rooms.

(2) That elementary apparatus be provided for science teaching.

(3) That one of our college graduates be made Kio Kam.

(4) That the salaries of Kim In Chun and Kim Hiong Chae be raised to Yen 30.00 per month.

(5) That we endeavor to provide dormitories for all our students.

Respectfully submitted,

ARTHUR L. BECKER.

Minutes and Reports of the Korea Mission Conference of the Methodist Episcopal Church(1913), pp. 79-83.

(7) 1913년 보고서(2)

Report of the Educational Committee

The Educational Committee recommends that the special recommendations of the Pyeng Yang and Seoul Stations for school dormitories receive the immediate attention of the Mission and the Finance Committee because, in the estimation of the Educational Committee and Educational Workers of the Mission they are absolutely essential at the present time for the following reasons:

(1) Without dormitories we cannot control the time, the diet or the physical culture of the students.

(2) Without dormitories we cannot give the proper moral training or overcome the evil tendencies of the student.

(3) Without dormitories at least 50% of the effort spent on the training of the students wasted.

(4) With dormitories the personal influence of the teacher on the student can be multiplied many times.

(5) With dormitories the price of board can be reduced at least 25% and thus many would be able to attend school that cannot now do so.

The Committee also recommends that the resolutions of the1912 Conference appertaining to the Mission Primary schools be rescinded that the following be adopted as our church policy:

(1) That we encourage the support of the lower primary schools (Po Dong Kwa) where ever there is a church organization able to support same; at least one to a county; it being recommended that these be made as nearly self-supporting as possible. One strong, well-developed school should be preferred to two or more weak ones in the same vicinity. It is also urged that every effort be taken to make these schools come up to the Senate and Government standards.

(2) We recommend that Higher Common schools (Ko Tung Kwa) be immediately developed in the following places; Seoul, Pyeng Yang, Kong Chu, Hai Chu and Yeng Byen and also ask the church, Mission and Finance Committee to strain every nerve in the raising of money for the proper buildings, equipment and current expenses as we must make these schools at least equal in efficiency to the splendidly equipped Government schools in each of the above places. It is our opinion that if we cannot provide first class schools, the results will be disastrous to our Christian propaganda in Cho-sen.

(3) It is further recommended that our Mission, carry the two years of college preparatory (Tok Piol Kwa) only in the one place where the Union College is to be located.

(4) Also that we reiterate our resolution of last year, that the Mission go on record as in favor of establishing ONE UNION COLLEGE FOR ALL KOREA AND THAT COLLEGE BE LOCATED IN SEOUL.'

(5) That an Educational Superintendent be appointed for each district who in consultation with the District Superintendent and pastors shall have the power of supervision over the schools of said district; all questions of Educational policy being referred to this superintendent and the administration of the Mission for final adjustment. This will be necessary if our Mission is to carry out the decisions of the senate and the orders of the government and if our

school system is to be dove tailed and coordinated so as to give a maximum of efficiency for the Mission and church expenditures.

A. L. BECKER, Chairman.

Minutes and Reports of the Korea Mission Conference of the Methodist Episcopal Church(1913), pp. 90-92.

3) 베커의 교육과 선교 관련 보고서와 기고문

(1) A Desire for Education(1905)

Last winter several members of the Pyeng Yang Epworth League met nightly and studied Japanese and English without an instructor and almost without books. They persevered until they had made considerable progress in both of the above languages. What ambitions impelled these fellows? Why did they work so hard? Because they became imbued with the idea that they, as young men, in face of a situation looming mountain high before their eyes, must do or die; must study or go under in the struggle for existence.

In the spring nearly all the young men of the League began to feel that a critical period was upon them and there was much unrest and dissatisfaction; they having their eyes open to their incompetence and weakness in competition with the aggressive Japanese. The first thing they thought of doing was to organize a school for the study of the Japanese language, in order that they might deal with the Japanese on their own ground. The Korean Christians say that anyone who can talk Japanese can get along very nicely because they are respected by the Japanese. It soon developed that many also coveted knowledge of English and Arithmetic because they realized that knowledge of these subjects certainly does give a Korean a lever in dealing with his study and versatile competitor.

Ye Un Sung, our pastor, and the young men of the League met many times during the year and discussed the possibility of starting a school of some sort. There was much hesitation and reluctance in making any definite plans along this line, for two reasons. First, if they did start the school, where were the teachers and the teachers' wages to come from? Second, if the school was proposed by them, would we, their pastors, be unsympathetic, unbelieving, and refuse to let them study what they wished? Finally, four of those who had previously been studying decided that something must be done, and that quickly, and so they, although poor, each gave ten Yen as a start toward a fund for the establishment of an Epworth League School.

A mass meeting was called, all on their own initiative, for the purpose of getting up enthusiasm on the subject of education. Outsiders who were supposed to be interested in education were invited, and the church was full. Some enthusiasm certainly was aroused, because before the close of the meeting six hundred Korean dollars had been subscribed to pay the salary of a teacher. When the matter was presented in other places, such as Chinampo, the total amount subscribed soon amounted to nine hundred Korean dollars. Mr. Morris was asked to write to Seoul for a teacher and this was done. Dr. Scranton exerted himself to find a suitable one, but it was no easy matter to get one with the qualifications desired. Finally, however, a graduate of the Government School was selected and sent north.

Before actual study was taken up, the question of rules and regulations was thoroughly discussed by the Epworth League members. The decision finally reached among themselves was that they, the students, and all who wished to join them must cut their hair and wear a school costume. About sixteen immediately followed the injunction, showing that they meant to set their faces steadfastly forward. A rule which strictly prohibited cigarette smoking was also inserted.

In spite of the strict regulations, the school has prospered and increased daily in numbers. About thirty-five have cut their hair and put on the school suit, while seventeen others are on the verge of doing so. These are all young men over fifteen years of age. Six of these walk ten li after a day's work, study until eleven o'clock, sleep in the city, and return home to work at daybreak the next morning. Four were at one time soldiers and are proving very earnest students. One of the four was an officer, and trains the school in military tactics every day. Seven of our Christian young men from the country have come into the city, board themselves and pay a small tuition.

Our church could not resist this appeal for education, and a foreign teacher has been detailed to direct the work of these students during the next school year.

The Korea Methodist(May 1905), pp. 125-126.

(2) A Petition(1905)

One of the amusing occurrences of the Conference was the presentation of a petition many yards in length, signed by young men in Pyeng Yang, requesting that a school started by them be placed under the control of the church, and that Rev. A. L. Becker be all owed to take charge of it. We are glad to report that their request was granted.

Mr. Becker's work of the past year is partially reported as follows:

Being but an amateur in my knowledge of the Korean language and Korean customs, my work, of a necessity, has been somewhat haphazard. However, as I have been given the privilege to see and feel the Work of the Holy Spirit among those who have been under my charge, the past year, I thank my Heavenly Father that he saw fit to call me to this field.

The 352 people enrolled as belonging to my Circuit are scattered in 15 groups, of which number six have churches in which to worship, and four have over 60 members each. Although I have baptized but seven during the year, I have received on probation 127 and enrolled as seekers 200 more who are attending some sort of service fairly regularly. As yet, there has been very little work done directly among the women, except in Sin Chang, so thus far my congregations are principally men.

In Sin Chang, the largest place, there has been a very marked and wonderful growth, not only in numbers, but in grasp of spiritual truth. Among some of the members there has been a definite and earnest seeking after the "infilling of the Spirit," with such result as to make one's heart rejoice at the possibilities before even this people.

Wherever I have held classes, the people have encouraged me much by their evident thirst for acknowledge of the Bible. Much enthusiasm has been shown by all the older members and leaders. The leaders of some of the groups have been so active that they have almost taken the place of preachers. The leader of one place has traveled and preached so enthusiastically that during this year the group at this place has grown from about six to sixty, and a nice church has been fixed up. Another leader has walked 10 miles every Sunday to help a weak group, with the result that the numbers at this place have so grown that a church is in process of construction.

Self support is almost an untried proposition on this Circuit, although I have been working up the idea the past year. So far the entire strength of the groups has been used in getting suitable places of worship and providing fuel, lights, etc. As the people living among the rocky hills are generally quite poor, it may be some time before there will be anything like complete self support.

A READY-MADE DAY SCHOOL

The first day school on my Circuit was started this spring in Sin Chang without any instigation of mine. A teacher of a heathen school decided to become a Christian. Soon, nearly all the boys under him became Christian. The church in that place thought they would assume control of the school by paying the teacher's salary. This was successfully carried out, and Christian literature was substituted for the heathen books formerly used. All the boys who did not want to study according to the new rules were told they could leave, but only two did so. It is very seldom that a primary school is thus taken ready-made into the church.

The Korea Methodist(Aug. 1905), pp. 140-141.

(3) A Trying Trip(1906)

Not long ago I received a letter from one of the class leaders in Sin Chang saying that the church members of that place were in trouble. A man who was staying in our native church building as sexton, and who was also a probationer, had gone off to another village, stolen another man's wife and established her in the church building.

In Korea this is considered one of the greatest sins a man can commit, and there is a peculiar mode of punishment meted out to the offender. The bereaved husband gathers his friends and relatives, goes to the house, destroys all furniture and property besides nearly beating the man to death. Sometimes the man dies from the effect of the beating. If the man is not killed in the process, the magistrate never interferes and may even take part if one of his friends is the avenger. This primitive method of getting revenge and delivering punishment is considered wholly legitimate.

Of course it makes no difference if the offender does live in another's home. The building is razed by the furious mob just the same, for they reason that the owner ought to have known better than to have let such a man rent his house.

So you see of what my little group of Christians were afraid.

The leader told me in his letter that the avenger had not arrived, but they were expecting him daily and were much afraid they would lose their church. He said also that the offender would not leave the church building and that the Christians could not make him go without a disgraceful fight, as he, the sinner, had several big sons and a brother in the house with him. The heathen people added to the discomfort of the Christians by taunting words, such as, "You who believe in being good and holy have those among you who are worse than any of us.''

Then, too, a young woman church member met the backslider on the street and began to upbraid him for his sins, with the result that there was a scene. At this you may not wonder that my poor class leader was nearly distracted. There was nothing for me to do but to go as quickly as possible to this place, sixty miles away, in order that I might straighten things out and save the church building. I was so afraid I might be too late that I set out with but little preparation.

It had not rained for weeks before I started, so I did not preparefor rain as well as I might have done, as I did not expect to be gone many days. But I had not been out of Pyeng Yang more than an hour, when a severe wind and rain storm overtook me, causing me to stop in a little dirty wayside house until began to clear up. Then having started on my journey again I was soaked in other shower.

I climbed on my pack horse and rode in a drizzling rain until noon, when I stopped for dinner. I ate a cold dinner as my boy could not get any charcoal to heat up the food. After dinner the sun came out and we started auspiciously, but as fate would have it, about five P.M. other shower overtook us, and although I rode on the pack horse and tried to keep under my umbrella, I was on wet to the skin. I now began to look for a place to stay all night, as I could neither walk in the clay road nor ride on the already overburdened pony very far. But as it happened to be a day when all good Koreans worship their household spirits, no one wanted to give me a spare room, and I had to worry along to the next village about three or four miles distant.

Somewhat discouraged and tired, I finally found an inn keeper in the village willing to run the risk of offending his ancestors, by taking in a foreigner, for a consideration. Even after getting a place to stay I was in a quandary, as I had not brought a change of raiment and had no dry clothing. But as the Korean mud floors are always heated by several flues under each room, I laid down on the warm floor and managed to get my clothes dry by turning over frequently and by dint of perseverance; but meantime, the tiny inhabitants of the floor mats found fresh hunting ground, and all night long the tiny things called fleas - I would not hesitate to call them small tigers, judging from their carnivorous instincts - disturbed my dreams.

I arose at 3:30 A. M. and the horse, my boy, my teacher and myself (named in order of importance) had eaten and were wending our way along the muddy path before six o'clock. This may not seem much of an accomplishment to one in the homeland, but if it is known that it always takes a Korean horse two hours to eat his beans and a native about three hours to get started after rising, you may understand that I had to exert myself.

Mud and streams were my chief foes on this day's trip. The mud was sticky and deep, while the streams were swollen and without bridges. At this time of the year the Koreans always take down the bridges, to save them from being washed away in the rainy season. This custom is all right from an economic stand-point, but rather annoying to the one who is unfortunate enough to have to travel at this season. There are three ways to get across a stream at this time: wade through the cold water, get on a native's back and be carried across in a way hard on the nerves, or get on the top of your little pack horse and run the risk of getting thrown off if your horse misses the ford. I have tried all three. On this forenoon I got on the pack pony to cross a particularly wide stream, and would have gone through without any anxiety if the little beast had not left the usual ford and got into deeper water, out of which he extricated himself with difficulty, and only after I had decided that I was fated to take a cold water plunge.

After dinner we met another little storm at the beginning of which a peculiarly vicious bit of wind turned my umbrella inside out and rendered it useless as a protection from the rain that followed. As I was not far from the English mines at this time I decided to reach that place, rain or no rain, so walked about six miles over two mountain passes, and finally reached the English gold reservation, where I was given a change of clothing, and a good bed for thenight. I spent a different kind of night from the one previous.

Arriving at my destination next day without any more serious trials, I found the avenger had not come, and was able to make the family vacate the church premises without any serious trouble, except that I had to stand quite a little reviling before peace was once again restored.

The Korea Mission Field(Feb. 1906), pp. 76-78.

(4) AN EDUCATOR'S VISIT TO CHOSEN(1914)

Because Dr. John F. Goucher's presence in Seoul for a few days was a great inspiration to many of us, a few words concerning it will not be out of place. First of all, this was not a ''globe-trotter's" visit; but that of the Chairman of the American section of the Educational Committee, of "the Continuation Committee" of the Edinburgh Conference. He also came as a visiting member of the Board of Foreign Missions of the Methodist Episcopal Church. When he arrived he asked that, as far as possible, all social events and irrelevant affairs be cut out of his schedule, and that every facility for coming in touch with the Educational situation be afforded him. Fortunately, the Educational Senate met in Seoul the day after his arrival, and he was thus able to meet with all the educational representatives of the different Missions and initiate his study of our Educational work with a clear knowledge of the machinery employed. Our visitor met with the senate in two sessions, in both of which he addressed the body and gave a very illuminating and instructive description of the place and plans of the Educational Committee he represented. He said that this body was not (1) an Administrative Body, (2) it was not a Financial Agency, but it was solely and purely an Advisory Body; projectors of Educational Institutions were brought in contact with the best educational experts that America produces, and business-like propositions were prepared, so that business men could be effectively approached and interested in Mission Projects. He also complimented the Senate on the progress made in co-operative educational efforts, especially on the way in which the uniform schedule and close relations with the Government had been brought about; he praised the report of the General Secretary, Dr. Adams, and thought that we had made a long step when so efficient a man had been selected for such an important office. In his mind the progress of our senate work was not behind that of any of the Fields, and was decidedly in advance of many. The Senate was asked to send copies of all of its data to the offices of this American Committee so that Korea might be accurately represented in all statements of world-wide interest regarding educational schemes and progress.

The Methodist Mission had several Sessions with Dr. Goucher and all the members of the Mission were greatly inspired and encouraged by his keen appreciation of our perplexities and by his hearty, personal sympathy with us on the many matters that weigh us down. His suggestions and advice were most gratefully received, as his long and broad experiences in Mission and church affairs, as well as his clear, sane judgment, made these of the greatest value. His fatherly interest in the work of every missionary has meant new life and energy for many among us who were bothered by "bug-a-boos" of our own mental creation. Many of us were fortunate enough to have him to a meal and the apt anecdotes with which he illustrated his ideas will long remain in our memories.

As might be expected, our visitor took the greatest interest in all our Mission schools and visited the main schools of Seoul, Pyeng Yang, Kong-ju and Song-do. He also visited the Government Normal College and Higher Common School for Girls in Seoul. He was deeply affected by the fact that we had such a great opportunity to help model the Educational System of Chosen and yet were too poorly equipped to do so. He urged that our efforts be immediately directed to building up strong Model Primary and Middle schools in all the large mission centers, even if the smaller country schools had to be given up. He did not depreciate the value of these country schools, but the others were an absolute essential and immediate necessity if we were to conserve the Educational situation. Seoul appealed to him as the place for most emphasis and Pai-Chai High School's needs were taken upon his heart. He expressed it as his opinion that the Lord had not as yet clearly manifested His will regarding the location of the Union Christian College, and recommended that we were waiting for this manifestation we hold fast all the advantages we had gained by years of effort at Pyeng Yang. The admirable discipline in the classes and the cleanliness of the buildings and grounds, as well as the industrial work and equipment of the Government schools, impressed our visitor deeply, and he thought that our Mission schools could be improved along these lines. After his visit to Pyeng Yang the Doctor admitted that the Educational work there assumed an importance in his mind that it had not done before.

Dr. Goucher participated in several school functions and chapel services where his speeches were most highly appreciated and will not soon be forgotten; at one place a teacher remarked, "He must be a real Doctor." His address at the John D. Wells Academy "Installation" exercises, was the climax of that very impressive ceremony.

The Governor General, Count Terauchi, invited him to a special dinner and honored him with much attention. He was also entertained by the Japanese Christians of Seoul and dined with Mr. Komatsu of the Government-general. He also had an opportunity of calling on Mr. Matsunaga the Governor of Pyeng Yang.

I was much interested to note the kind of "play" or relaxation indulged in by our busy visitor: he hunted out "relics," such as old crockery, metal-work, and "changs," and seemed to take the greatest pleasure in personally wrapping and packing these for home shipment. The fact that this man of world-wide responsibilities could find very evident pleasure in doing very simple things revealed one of the secrets of the abundant energy with which Dr. Goucher seemed endowed in spite of advancing age.

Fifteen days were spent in Japan, sixteen days in China, and seventeen days in Chosen; so you see our land was especially favored on this trip; and owing to the fact that he goes directly from here to a meeting of the "Continuation Committee" at the Hague, we hope that these "last" impressions will stay by him even in the pressure of his world-wide interests and duties.

No man has visited Korea for many years who has so helped to "ease the load" to many of us as has Dr. John F. Goucher, and we hope that the Lord will bless him in all labors and aspirations, and preserve him for another visit to this land of the "Morning Calm."

The Korea Mission Field(Feb. 1914), pp. 42-43.

(5) A CHRISTIAN LOWER SCHOOL SYSTEM IN A KOREAN CITY(1914)

At this day when the words "Christian Missions'' means a large responsibility in the social uplift of a people, there are few, if any, missionaries who minimize the value of the mission schools. A Christian primary school in a small village has a marked influence in the development of the church and community life and the fruit age can generally be tabulated to some extent, at least. But the Christian Schools in the city are many times severely criticized because their fruit age is not so evident. The village school and the city school cannot be compared by the same standards, as the conditions are vastly different; the pedagogical training of a teacher for the city schools differs broadly from those who are to teach in a rural district, as a different type of mind and moral training is to be reckoned with. The activities, multifarious attractions, the dense cosmopolitan life of a city all tend to make the young, precocious, high strung, self-willed, self-reliant, skeptical and generally quick witted: of course, such do not take dogmatic instruction so well nor are they a pliable in the hands of the teacher; the school is but one of many of the daily influences that surround, the city children therefore the results of the school cannot generally be tabulated in the Mission reports. The weak school in the country may do some good but the poorly equipped and organized Christian school in a large city has little chance of sending out rays of influence that will overcome the strong tide of life all around it. City people are apt at comparisons, and "efficiency" alone appeals to the majority, consequently our inadequate city schools are failing and will be bound to "fall out of the race," unless we provide STRONG SCHOOLS.

In many of our Korean cities the different Missions have a few fairly respectable Mission Primary schools: in one or two cities some of the Missions have tried to systematize their schools to meet the needs of their church; but up to date there is no city in which the Christian church has adequately met the great need of Christian Primary Education.

For some time it has been felt that there should be a united system of schools in Seoul, although the schools of the several Missions have made progress and their combined influences have had weight in Christianizing the city. There is something that can be said in favor of mutually independent Christian schools; they do not offer serious problems of management; they give a field for initiative action to a larger number of individuals: and they generally appeal more strongly to local loyalty and support. Yet there is no question that a system of schools properly distributed to meet the needs of those children who should have a Christian education and also bound together in organization and purpose, can produce better fruits in discipline and instructions, while at the same time the whole number can be operated on a more economical basis. More than this, the linking up and combining of several schools in one organization, whether within one Mission or by inter-Mission action, makes these schools a much more effective factor in the social and moral uplift of the city as a whole; they become a strong clear cut unit in the community at large. A city is made up of complex and highly organized activities as well as world-wide connections because of which nothing small appeals to it. Thus to impress the people of Seoul or any other large city of Chosen with the importance of the Christian Primary School Education, we must meet and even surpass the secular organizations with the breadth and scope of our ideals, worked out in an effective Union Scheme.

The Educational Senate has approved of the following Scheme for the city of Seoul: We recommend the approval of the following principles in the development of union primary schools for Seoul:

(1) It shall be the aim to provide an opportunity for the Christian primary education of all the children of Christian parents in the city.

(2) To erect buildings equal to or better than the Government Common schools.

(3) To equip these buildings with furniture and apparatus equal to the Government institutions.

(4) To provide a curriculum equal to the Government curriculum in all branches, substituting the Bible for national ethics.

(5) To maintain a Christian faculty with qualifications at least equal to the Government Common schools.

We further recommend that we approve the request of the accompanying budget to be sent to the Joint Committee of Mission Boards.

Land approximately 4,000 tsubo@ 20 yen -------------------------------- $40,000.00

Four	Buildings and equipment at 10,000 yen each ---------------------	20,000.00
Deducting	5,000 yen per building to be raised by native church ------	10,000.00
	Total	$50,000.00

The following conditions shall be observed in founding, location and direction of proposed schools:

(1) The property shall be held by a Holding Body appointed by the Joint Committee.

(2) They shall be located on land not a part of nor adjacent to denominational institutions.

(3) One of the four schools shall be located near East Gate, one near the center of the city, one near West Gate and one near South Gate.

(4) Buildings and grounds shall be planned so as to accommodate about 300 pupils each, with separate rooms and grounds for approximately an equal number of boys and girls.

(5) The government and control of the institutions shall be vested in a Union Board of Education constituted by action of Seoul cooperating stations and native churches.

According to the above, a Tentative Committee composed of members of the Northern Presbyterian Church Station at Seoul and the Two Methodist Churches, has formulated a Constitution for the Government and Control of the Union Primary Schools of Seoul and each of the interested Missions has urged its Board to help get funds for this purpose. Plans have been made to make a beginning by opening a Union Primary School at West Gate which school will serve as a practical demonstration of the feasibility of the whole scheme.

The Korean Mission Field(Oct. 1914), pp. 302-304.

(6) Conference on Co-operation

Meeting of Representatives of the Policy Councils of the Methodist Episcopal Church and the Methodist Episcopal Church, South. (Held at Pierson Memorial, Seoul, Feb. 5-6. 1924).

Some things that made the conference a success:

(a) The program committee made a happy selection of topics. The topics were live problems as was shown by the spontaneous and lively discussion after each paper was presented.

(b) Each paper was presented by an expert in a concise manner, and not only pointed out the problem but made practical suggestions as to the steps necessary for solution.

(c) The presence of the two bishops, Bishop Welch and Bishop Boaz, and their spirit of accord, was the greatest inspiration of the conference. Each bishop took his turn in presiding and in leading the devotional hour.

(d) The selection of an equal number of men and women missionaries and Korean pastors, made for the first time a triangular conference between the two missions, and thus presented a threefold, complete front to every problem; all the phases of the missionary problems were presented by those who knew and were alive to the needs of their respective fields.

(e) The feeling of a desire to get together was mutual and earnest; nothing seemed forced. There seemed to be the utmost harmony in the desire to cooperate wherever it would be practicable. Mere academic discussions were naturally avoided.

(f) All expressed their views frankly and seemed to be urged by a feeling of hope and optimism in spite of the superhuman tasks at our very doors.

Resolutions adopted:

Report of Committee on Findings

We, the committee on findings, appointed by the conference on co-operation, composed of representatives of the Methodist Episcopal Church and the Methodist Episcopal Church, South, in Korea, present the following recommendations:

(1) That we look forward with confidence and satisfaction to the consummation of the unification of the Methodist Episcopal Church and the Methodist Episcopal Church, South, in the near future.

(2) That we recommend to our respective churches and missions the erection of a large institutional church in the central part of Seoul as a memorial to Dr. J. F. Goucher and Bishop W. R. Lambuth; that we proceed as circumstances may permit, with the collection of funds in both churches for such a project; that land be purchased as soon as suitable opportunity offers and funds are available; that committee of ten (including two women) re-presenting the two churches, be appointed to follow up this matter, and in consultation with the two bishops, to take such steps as may seem advisable and wise; and that in view of the problems and opportunities confronting the two churches in the important city of Seoul, we believe the erection of such United Institutional Church to be advisable, even though unification in the United States of America should be deferred.

(3) That the bishops be asked to take under consideration the appointment of well qualified persons for special work among students , the cities of Seoul, Pyeng Yang and Song-do.

(4) That a committee of six from the two churches (two lady missionaries, two men missionaries, and two Koreans) be appointed prepare a plan for submission to our two annual conferences for the formation of a standing committee on Bible institutes and classes, the duties of which shall be to recommend courses of study, to fix the dates of special joint classes and station classes after consultation with those concerned, and after consultation with the bishops, to designate those who shall teach in such classes.

(5) That the boards of trustees of the Union Theological Seminary and the Union Bible Seminary for Women be asked to consider the advisability of a change in their calendar so as to allow the faculties and students to take part in Bible classes and other evangelistic work during January and February each year, and to submit this question to the two annual conferences for consideration.

(6) That the faculties and boards of trustees of the two seminaries be asked to arrange their courses of study so as to give all students at least one year of experience in the active work of the church before graduation.

(7) That the faculties of the two seminaries be asked to try to inspire their students to prepare for work in special fields of religious education, and to consider the advisability of giving a postgraduate course in this department.

(8) That we ask the faculties of the two seminaries to devise definite plans for the enlistment of candidates for the ministry and women's work, and also to formulate a uniform plan for helping ministerial students - such plans to be submitted to the separate churches and school boards for adoption.

(9) That it is the sense of this meeting that we are heartily in favor of the union college for women on as broad and efficient basis as that planned for men; that we desire as full co-operation as possible with the Korean church from the very start, and that we desire the co-operation of other Koreans, in so

far as this does not militate against the Christian character of the institution.

(10) That we approve the immediate co-operation of the two Methodist Churches in Ewha on its present site, under a temporary constitution approved by the authorities of the two churches, and that Bishops Welch and Boaz be requested to appoint members from the two churches with instructions to proceed with the organization of a zaidan hojin (legal holding body) for the college.

(11) That we recommend the appointment of a committee of four, two from each church, to consider whether the conditions of admission into the annual conferences and the plane for the care of superannuates may not be made uniform in the two conferences.

(12) That we recommend the appointment of a committee of four members, two missionaries and two Koreans, to consider the publication of special Methodist literature, and particularly of a union "Methodist Bulletin," it being understood that such a paper should in no wise be competitive with the "Christian Messenger."

(13) That we express the hope that in the future when either church revises its discipline the two bishops appoint a revision committee which shall endeavor to harmonize the Korean terms and suggest a common translation of ritualistic forms.

The Korea Mission Field, (Apr. 1924), pp. 82-83.

2. 아더 베커 연표

1879년

· 5월 12일 미국 미시건주 사기노우(Saginaw)에서 농부 엘머(Elmer)와 마거리트(Marguerite) 사이의 3남 1녀 중 장남으로 출생.

1884년(5세)

· 가족이 미시건주 남부 리딩(Reading)으로 이주. 그곳에서 초등학교와 고등학교 수학.

1897년(18세)

· 종교적 회심 체험. 온 가족이 리딩감리교회 출석.

1898년(19세)

· 리딩감리교회 주일학교 교사.

1899년(20세)

· 6월, 리딩고등학교 졸업식에서 '산티아고의 영웅'(Hero of Santiago)이란 제목으로 졸업생 대표연설.

· 8월, 리딩감리교회 마틴 목사의 권면으로 앨비언대학(Albion College)에 입학, 고학으로 공부하면서 농구 대표선수로 활약. 인문학회 회장 및 물리수학반 조교 활동.

1902년(23세)

· 11월 앨비언대학 선교자원학생회 가입. 1년 선배 크리쳇(Carl Critchett), 동급생 루퍼스(Carl Rufus)와 함께 활동.

1903년(24세)

· 1월, 앨비언대학을 방문한 미국 감리교회 무어(David H. Moore) 감독과 오하이오 웨슬리언대학 교수 올드햄(William F. Oldham) 박사의 한국선교에 관한 강연을 듣고 크리쳇과 함께 한국 선교사 지원.

· 3월 11일, 무어(David H. Moore) 감독 인솔 하에 한국 선교를 지원한 크리쳇, 무어(John Z. Moore), 샤프(Robert Sharp) 등과 함께 샌프란시스코 출발, 3월 27일 일본 요코하마에 도착.
· 4월 1일 나고야에서 개최된 미감리회 일본연회 제20차 연회에 참석, 크리쳇, 무어, 샤프 등과 함께 준회원 1년급에 허입.
· 4월 6일 크리쳇, 무어, 샤프 등과 함께 일본 나가사키에서 출발, 4월 9일 인천 제물포항에 도착. 곧바로 서울로 들어가 전에 정동 선교부 안에 아펜젤러 가족이 살던 집에 유숙.
· 5월 1일, 서울 정동교회에서 개최된 미감리회 한국선교회 제19차 연회에 참석, 5월 3일 연회 석상에서 무어 감독으로부터 크리쳇, 무어, 샤프 등과 함께 '집사 및 장로' 목사로 안수를 받음.
· 5월 7일 연회 마지막 날 평양지방 맹산구역 담임자로 파송을 받음.
· 5월 8일 평양지방 장로사 노블(W.A. Noble)의 안내로 서울을 출발, 인천에서 배를 타고 진남포를 거쳐 밤늦게 평양에 도착. 어학선생 오기선(吳基善)에게 한국말을 배우면서 '백아덕'(白雅德)이란 한국 이름을 얻게 됨.
· 5월 23일 무어 감독과 함께 평양 숭실학당 운동회를 참관, 거기서 마펫(S.A. Moffett)과 베어드(W.M. Baird) 등 북장로회 평양 선교사들을 처음 만남.
· 5월 평양 남산현교회 부속 소학교 상급반 학생들에게 영어와 수학 교수.
· 6월 노블 장로사와 함께 맹산구역 12개 교회 방문.
· 10월 오기선과 함께 맹산지역 교회 순방.

1904년(25세)

· 2월, 러일전쟁 발발. 피난가지 않고 평양 선교부를 자체 경비.
· 4월, 전쟁 중에도 맹산에 가서 교인 결혼식을 주례.
· 11월, 평북 선천에서 교인들이 찾아와 감리교회설립을 요청, 베커는 먼저 설립된 장로교회에 출석하라고 권면.

1905년(26세)

· 2월, 북장로회 선교사 번헤슬과 함께 선천을 방문해서 감리교회를 고집하는 교인들을 설득.

· 2월, 평양 남산현교회에서 개최된 평양지방 연합사경회에서 처음으로 한국말 설교.

· 2월, 맹산구역 신창교회 방문기 "A Trying Trip"를 〈The Korea Mission Field〉에 발표.

· 4월 평양 남산현교회 엡윗청년회 회장으로 추대되어 중학교 과정의 '청년학원' 설립.

· 5월 평양지역 교인들의 중학교 설립 의지를 담은 글 "A Desire for Education"을 감리교 잡지 〈The Korea Methodist〉에 기고.

· 6월 21-27일 서울에서 개최된 미감리회 한국선교연회에 참석, 준회원 2년급으로 진급, 연회 교육위원회 위원장으로 선임.

· 6월 26일, 연회 석상에 평양교인 1천여 명이 서명한 '중학교 설립 청원서'가 제출되었고 이에 해리스 감독이 평양에 감리교 중학교를 설립하기로 결정하고 베커를 교장에 임명.

· 6월 24-26일, 서울에서 모인 북장로회와 남장로회, 남감리회 선교사들과의 연합 모임에 참석하여 교파 합동 및 선교 연합방안 논의. 이때부터 서울과 평양에서 장로교와 감리교 '연합학교' 운영 문제를 검토.

· 6월 27일, 연회 마지막 날 평양 연합중학교 및 칠산구역 담임으로 파송됨.

· 6월 28일 연회를 마치고 평양에 돌아오자마자 숭실학당의 베어드를 만나 '연합학교' 문제를 논의, 가을 학기부터 평양에서 장로교와 감리교 연합학교를 운영하기로 합의.

· 6월 약혼녀 루이즈(Louise Ann Smith) 앨비언대학 졸업, 한국 선교사 지원.

· 7월 맹산구역 교회들을 순회 방문.

· 8월, 맹산구역 신창교회 교인들의 학교 설립 요청을 소개한 "A Petition"을

〈The Korea Methodist〉에 발표.

· 8월 여름 휴가철에 평양을 방문한 헐버트(H.B. Hulbert)와 함께 평양 근교 가사굴 탐사.

· 8월 27일, 크리쳇과 츄(Alfred Chew)와 함께 일본에 가서 미국에서 온 약혼녀들을 맞이하여 9월 1일 요코하마 감리교여학교에서 해리스 감독 주례로 합동결혼식 거행.

· 9월 11-15일, 서울 이화학당에서 장로교 6개, 감리교 2개 선교부가 참여하는 '한국복음주의선교연합공의회'(General Council of Protestant Evangelical Missions in Korea)가 조직되어 교회 합동 및 선교 연합을 본격적으로 논의.

· 9월 15일 평양 신양리 숭실학당에서 '연합중학교'로서 첫 학기 개학(베커 부부는 일본에서 신혼여행 중이라 참석하지 못함)

· 10월 4일 일본에서 신혼여행을 마치고 서울을 거쳐 평양에 도착, 대찰리 선교부 안에 마련된 새 집에서 신혼생활 시작.

· 10월 신양리 숭실학당에서 연합 숭실중학교 개학. 학기 초 감리교 학생들의 '등교거부' 사태를 겪음.

1906년(27세)

· 6월 6-13일, 서울 정동교회에서 개최된 미감리회 연회에 참석, 준회원 진급 과정을 미치고 '정회원'(full member)이 됨. 연회의 마지막 날, 해리스 감독은 베커를 평양 연합중학교 사역과 칠산구역 및 평양 '아펜젤러기념교회'(Appenzeller Memorial Chapel, 후의 이향리교회) 담임자로 파송.

· 6월 12일, 평양 숭실중학교 제3회(연합중학교 제1회) 졸업식 거행.

· 6월 14일, 평양에서 장로교와 감리교 선교사들이 연합중학교 운영과 연합대학 설립을 논의하기 위한 '연합교육위원회'(joint educational committee) 조직.

· 10월 10일 중학교 졸업생 11명으로 연합 숭실대학교(Union Christian College) 첫 학기 수업 시작.

1907년(28세)

· 1월 6일부터 한 주간 평양 장대현교회에서 개최된 평안남도 도사경회에서 성령 강림과 대부흥운동이 일어남.

· 2월 4일부터 두 주간에 걸쳐 동안 숭실중학교 학생들 사이에 회개운동이 일어남(평양 대부흥운동). 숭실중학의 감리교 학생 강신화와 고종철, 손정도 등에 의해 부흥운동 열기가 남산현교회를 거쳐 인천 내리교회, 공주읍교회로 확산됨.

· 2월, 남산재(수옥리)에 숭실학당 과학관 건축 완료. '격물학당'(格物學堂)이라 명명.

· 4월 초, 평북 영변지방 교회와 학교 순방.

· 4월 11일, 한국에서는 처음으로 숭실중학교에서 식목일 행사 주관.

· 5월 16일, 평양 남산현소학교 운동회 지도.

· 6월 1일, 평양 장대현교회에서 숭실중학교 제4회(연합중학교 제2회) 졸업식 거행.

· 6월 18-26일, 서울 정동교회에서 개최된 미감리회 한국선교연회에 참석, 평양 연합중학교와 대학교, 칠산구역, 평양 아펜젤러기념교회 사역 보고.

· 7월 말, 앨비언대학 동창생 루퍼스가 선교사로 내한, 평양에 도착.

· 8월 17일, 평양 광혜여원에서 첫째 아이(딸) 출생. '에블린'(Evelyn)이라 이름을 지음.

· 9월, 정미7조약 체결과 구한국부대 해산 등으로 인해 불안한 정치상황에서 숭실중학교 학생들의 동맹휴학사건이 일어남.

1908년(29세)

· 3월, 숭실 '연합이사회'에서 비기독교인 신입생 허용 문제를 놓고 토론.

· 3월 11-17일, 서울 정동교회에서 개최된 미감리회 한국연회에 참석, 평양 칠산구역과 숭실 연합중학 및 대학 사역 보고.

· 5월 27일, 숭실대학교 제1회 졸업식 거행.

· 6월, 안식년 휴가로 귀국하는 베어드 후임으로 숭실 연합중학교 교장 및 숭실대학 학장이 됨. 숭실대학 교표(校標)와 휘장(徽章), 교기(校旗) 등을 제작, 학생 전도회와 학생 인문학회 조직.
· 8월, 빌링스(B.W. Billings)가 내한해서 평양 숭실대학 교수진에 합류.

1909년(30세)

· 6월, 숭실중학교 제5회, 숭실대학교 제2회 졸업식 거행.
· 6월 23-29일, 평양 남산현교회에서 개최된 미감리회 한국연회에 참석, 평양 숭실 중학교 및 대학교 사역 보고.
· 6월 25일, 평양 광혜여원에서 둘째 아이(아들) 출생. 이름을 맥스웰 엘머(Maxwell Elmer)로 지음.
· 7월, 베어드가 안식년 휴가를 마치고 돌아옴으로 숭실중학교 교장 및 대학교 학장직을 베어드에게 인계함.
· 7월 말부터 8월 15일까지 북장로회 선교사 매큔(G.S. McCune), 커(W.C. Kerr) 등과 함께 부산에서 배편으로 원산을 거쳐 러시아 블라디보스토크까지 휴가 여행.

1910년(31세)

· 5월 15일, 1차 안식년 휴가를 얻어 아내와 두 아이를 데리고 평양을 출발 기차 편으로 중국 봉천과 장춘, 러시아 이르쿠츠크와 모스크바, 독일 베를린, 프랑스 파리를 거쳐 영국 런던에 도착.
· 6월 15-23일, 스코틀랜드 에딘버러에서 개최된 제1회 국제선교대회(International Missionary Conference)에 참석, 국제선교대회 의장 모트(J.R. Mott)와 미국 북장로회 해외선교부 총무 스피어(E. Speer), 미감리회 해외선교부 총무 레너드(A.B. Leonard) 등 세계적인 선교운동 지도자들과 교류.
· 6월, 에딘버러 국제대회를 마치고 미국으로 돌아가 리딩 고향 방문.
· 9월, 앨비언대학교 석사과정(화학분야) 입학.
· 12월, 앨비언과 칼라마주(Kalamazoo)를 비롯하여 앨비언 주변도시 교회들

을 순회 방문하며 평양 선교와 숭실대학 학생을 위한 선교비와 장학금 모금운동.

1911년(32세)

· 3월, 미국의 저명한 기독교 교육학자 마키스(W.S. Marquis)의 서울 방한과 강연회를 계기로 장로교와 감리교 선사들이 참여하는 조선기독교교육협의회가 조직되어 초교파 연합 '기독교대학교' 설립 논의가 진행됨.

· 4월, 안식년 휴가 중인 베커는 평양의 베어드와 연락을 취하면서 숭실대학 안내 영문 팸플릿 제작.

· 6월, 앨비언대학 대학원에서 석사학위 취득. 졸업 후 두 달 동안 미시건주와 인디애나주 교회들을 순방하며 선교비와 장학금 모금활동.

· 8월 23일, 캐나다 밴쿠버를 출발하여 일본을 거쳐 9월 7일 인천에 도착, 곧바로 평양에 귀환하여 제2기 선교사역에 임함.

· 9월 10일, 숭실중학교 가을 학기부터 업무 복귀. 전교생 358명 가운데 감리교 학생은 87명.

· 9월, 한국에 귀환하자마자 해리스 감독의 명으로 미감리회 교육위원회 위원장, 어학위원회 위원장에 선임되었고 조선기독교교육협의회와 산하 평의회에도 미감리회 대표하여 참여하여 '연합 기독교대학'의 위치 문제를 두고 장로교측 선교사들과 협의 시작.

· 10월 20일, 조선총독부 데라우치(寺內正毅) 총독 명의로 '사립학교규칙' 반포.

1912년(33세)

· 3월 5-12일, 서울 상동교회에서 개최된 미감리회 연회에 참석, 칠산구역과 아펜젤러기념교회, 평양 숭실중학교 및 대학교 관련 사역 보고. 베커와 루퍼스, 빌링스 3인 공동 집필의 〈연합대학교 사역에 대한 미감리회 방안〉(Methodist Episcopal Mission Action Concerning Union College Work)이 연회에 제출됨.

3월 6일, 연회 기간 중 열린 남북 감리회 교육위원회 연합모임에서 "연합기독교대학을 새로이 설립하되 그 위치는 서울로 한다."고 결의.

· 6월 11일, 평양 남산현교회에서 숭실중학교 및 숭실대학교 졸업식 거행.
· 6월 12일, 서울 종로 기독교청년회관에서 개최된 조선기독교교육협의회 평의회에 참석, '연합 기독교대학' 위치 문제를 두고 장로교와 감리교 선교사들이 투표를 했으나 평양과 서울을 두고 장로교 선교사들 사이에 의견이 갈리어 결론을 내지 못함.
· 6월, 소위 '데라우치총독 암살음모사건'으로도 불린 '105인사건'에 연루되어 차리석, 김두화, 변린서, 길진형, 홍성익, 선우혁, 곽태종, 안세환, 윤원삼, 옥성빈, 이용화, 차영준, 편강렬 등 숭실학당 졸업생과 교사, 학생들이 체포되어 옥고를 치름.
· 7월, 소위 '가츠라 암살음모사건'에 연루되어 베커의 숭실중학교 제자 손정도 목사가 체포되어 옥고를 치름.
· 7월, 여름 방학을 맞아 교보재 구입 및 일본 사립학교 시찰을 위해 일본 교토와 도쿄를 방문.

1913년(34세)

· 1월, 서울에서 미감리회 교육위원회 소집, "연합 기독교대학을 서울에 설립한다."는 입장을 재확인. 이때부터 베커는 평양 사역을 정리하고 서울로 올라갈 준비를 함.
· 3월부터 3개월 동안 미감리회 교육위원회 위원장 자격으로 서울과 평양, 인천, 공주 등지의 55개 감리교계통 학교를 방문하여 2,600여명 학생들에게 강연.
· 6월 5-12일, 서울 정동교회에서 개최된 미감리회 연회 참석, 평양 숭실중학교 및 대학교 관련 사역 보고, 그 때문에 6월 10일 가행된 평양 숭실대학교 본당 헌당식과 6월 11일 평양 장대현교회에서 거행된 숭실대학교 제4회 졸업식에 참석하지 못함.
· 6월말부터 한 달 동안 평양에서 내한 선교사 가족들을 위한 '한국어 강습회' 실시.

·8월 13일부터 두 주간 동안 서울 배재학당에서 감리교계통 초등학교 교사를 위한 여름 강습회 실시.

·10월 평양을 방문한 미국 볼티모어여자대학 설립자 가우처(J.F. Goucher) 박사를 만나 서울에 설립할 '연합기독교대학'에 대한 조언을 청취.

·12월 미국 북장로회와 미감리회 선교사들이 참여한 조선기독교교육협의회 평의회에서 '연합기독교대학 서울 설치안'을 두고 투표했으나 결론을 내리지 못하고 본국 교회 해외선교부 결정을 위임하기로 함.

1914년(35세)

·1월 17일, 평양부윤과 평안남도 도지사가 주최한 평양 선교사 초청간담회 참석.

·2월 14일 미국 뉴욕에서 개최된 미국 북장로회와 미감리회 해외선교부 관계자 연석회의에서 '연합기독교대학 서울 권고안'을 채택하고 한국에 통보. 이로써 2년 동안 끌어왔던 '연합기독교대학교 설립 위치' 문제는 서울로 결론이 남.

·2월 19일. 서울의 언더우드에게 "서울에 설립할 연합기독교대학에 대하여 논의하자."는 편지 발송.

·2월 20일, 숭실학교 사역에 참여하고 있던 감리교 선교사 빌링스와 모리스와 만나 "가능한 한 서둘러 서울의 대학교 사역을 시작하기로" 의견을 모음.

·2월 22일 주일 예배는 평양시내 새로 시작한 작은 교회와 아펜젤러기념교회에서 예배를 드린 후 오후에는 장로회신학교에서 드리는 평양 외국인교회 예배에 참석했다.

·2월 24일에는 그동안 선교부에서 함께 일했던 한국인 직원 및 일군들과 점심식사를 하였고 저녁에는 남산현교회 부흥회에 참석했다.

·2월 27일 저녁 기차로 평양을 출발, 이튿날 오전 서울에 도착해서 곧바로 언더우드를 만나 '연합기독교대학' 설립에 관하여 논의. 이후 서울과 평양

을 오가며 평양 숭실학교 수업과 서울 연합기독교대학 설립 준비.

· 2월, 가우처 박사 방한과 강연회를 소개한 "An Educator's Visit to Chosen"을 〈The Korea Mission Field〉에 발표.

· 3월 6일, 조선총독부로부터 서울에 설립될 연합기독교대학에 대하여 '조선예수교대학'(Chosen Christian College)이란 명칭으로 설립 허가를 얻음.

· 3월 27일, 평양 사역을 정리하고 가족과 함께 평양을 출발, 서울 정동 선교부로 이사.

· 3월 28일, 서울 남대문 언더우드사택에서 조선예수교대학위원회가 개최되어 헌장과 규칙을 통과시키고 언더우드를 학장(president), 베커를 학과장(dean)에 선임.

· 4월 1일, 정동 배재학당 인쇄소 건물에서 조선예수교대학교 개학. 베커가 면담해서 받아들인 첫 학생 32명 가운데 숭실 출신이 24명, 배재학당 출신 8명이었고 베커의 숭실 제자 노춘택과 임영필, 김인준 등이 조선예수교대학 조교로 참여.

· 4월 13일, 조선예수교대학 수업을 배재학당에서 종로 기독교청년회관으로 옮겨 실시.

· 6월 3-8일, 서울 정동교회에서 개최된 미감리회 연회에 참석, 평양 숭실학교 사역과 서울 연합기독교대학 사역에 대하여 보고. 연회에서 서울 연합기독교대학 교수 및 창천교회 소속 목회자로 파송 받음.

· 10월, 지방의 기독교학교 운영에 관한 논문 "A Christian Lower School System in a Korean City"를 〈The Korea Mission Field〉에 발표.

· 셋째 아이(아들) 올리브(Olive Violet) 출생.

1915년(36세)

· 4월 21-27일, 서울 정동교회에서 개최된 미감리회 연회에 참석, 조선예수교대학교 교수 겸 연회 교육위원회 위원장 사역 보고.

1916년(37세)

· 3월 8-14일, 서울 정동교회에서 개최된 연회에 참석, 조선예수교대학교, 교육위원회 사역 보고.

· 6월, 조선예수교대학 학장 언더우드가 병환으로 귀국했다가 10월 12일 미국에서 별세.

1917년(38세)

· 4월, 조선예수교대학이 서대문 밖 연희동(신촌)에 교사를 건축, 이전하면서 조선총독부로부터 '연희전문학교'란 명칭으로 인가를 받음. 베커 가족도 연희전문학교 구내 교수 사택으로 옮겨 생활.

· 6월 19-26일, 평양 남산현교회에서 개최된 미감리회 연회 참석, 연희전문학교 교수 및 창의문밖(신영리)교회 소속 목사로 파송됨.

1918년(39세)

· 6월 19-24일, 서울 정동교회에서 개최된 미감리회 연회 참석, 연희전문학교 사역 보고.

· 9월, 감리교협성신학교 기관지 〈신학세계〉에 논문 "成功의 要素" 발표.

1919년(40세)

· 3월, 삼일독립만세운동이 일어난 직후 2차 안식년 휴가를 얻어 귀국. 딸 에블린이 만세시위현장에서 얻은 태극기를 갖고 들어감.

· 9월, 미시건주립대학 대학원 박사과정(핵물리학 전공) 입학.

1921년(42세)

· 6월, 미시건주립대학에서 박사학위(Ph.D.)를 받음.

· 9월, 서울로 돌아와 연희전문학교 부학장 겸 학감, 이학부장에 취임.

1922년(43세)

· 3월, 박희도와 김명식, 강매, 허헌 등이 간행하는 기독교사회주의 잡지 〈신생활〉 발행인 겸 이사로 참여.

· 9월 27-10월 4일, 서울 정동교회에서 개최된 미감리회 연회 참석, 연희전

문학교 교수 및 창천교회 소속 목사로 파송됨.

1923년(44세)

· 6월 20-26일, 서울 정동교회에서 개최된 미감리회 연회 참석, 연희저문학교 교수 및 창천교회 소속 목사 파송.

· 7월, 〈신생활〉 필화사건으로 일본경찰의 조사를 받음.

· 9월, 안식년 휴가를 떠난 아펜젤러를 대신하여 배재고등보통학교 교장으로 1년간 사역.

1924년(45세)

· 4월, 서울 피어선기념성경학원에서 개최된 남북 감리회 선교사들의 협력위원회 회의(2월 5-6일) 결과를 정리하여 "Conference on Co-operation"이란 제목으로 〈The Korea Mission Field〉에 발표.

· 9월 17-22일, 서울 정동교회에서 개최된 미감리회 연회 참석, 연희전문학교 교수 및 창천교회 소속 목사로 파송.

1925년(46세)

· 6월 17-23일, 평양 남산현교회에서 개최된 미감리회 연회 참석, 연희전문학교 교수 및 창천교회 소속 목사로 파송.

1926년(47세)

· 6월, 딸 에블린이 서울 외국인학교 고등학교 과정을 마치고 졸업식에서 "한국미술의 세계적 공헌"(Korea's Contribution to World Art)이란 제목으로 졸업 연설. 그 논문이 〈The Korea Mission Field〉 1926년 8월호에 실림.

· 6월 10일, 3차 안식년 휴가를 얻어 가족과 함께 귀국. 미국 버클리 캘리포니아대학에 진학한 딸과 자녀들의 학비를 벌기 위해 2년간 조지아공대에서 물리학 강의.

1928년(49세)

· 봄 독지가의 선교비(자녀 교육비) 후원을 받고 서울에 귀환하여 연희전문학교 교수직에 복귀.

· 10월 3-9일, 서울 정동교회에서 개최된 미감리회 연회 참석, 창천교회 소속목사로 파송.

1929년(50세)

· 5월 『러시아혁명과 레닌』 발행. 총독부 검열로 인해 판매 금지.

· 6월 19-25일, 평양 남산현교회에서 개최된 미감리회 연회 참석, 연희전문학교 교수 및 창천교회 소속목사로 파송.

1930년(51세)

· 9월 24-30일, 서울 정동교회에서 개최된 미감리회 연회 참석, 연희전문학교 교수 및 창천교회 소속목사 파송.

· 12월 3일, 남북 감리회 합동, 기독교조선감리회 총회 조직(초대 총리사: 양주삼)

· 12월, 『송충(松蟲)의 폐해』 발행.

1931년(52세)

· 6월 10-19일, 개성 북부교회에서 개최된 기독교조선감리회 연합연회 참석, 연희전문학교 교수 및 창천교회 소속목사 파송.

1932년(53세)

· 3월 16-22일, 서울 정동교회에서 개최된 기독교조선감리회 연합연회 참석, 연희전문학교 교수 및 창천교회 소속목사로 파송.

1933년(54세)

· 3월, 4차 안식년 휴가로 귀국.

· 4월 22일 하와이에서 딸 에블린 결혼. 사위는 평양 숭실대학교 동료 교수였던 미국 북장로회 선교사 매큔(G.S. McCune)의 아들 조지 매카피(George McAfee McCune).

1934년(55세)

· 5월, 안식년 휴가를 마치고 서울 귀환. 연희전문학교 교수로 업무 복귀.

1935년(56세)

· 4월 25일-5월 1일, 서울 정동교회에서 개최된 기독교조선감리회 연합연회 참석, 연희전문학교 교수 및 창천교회 소속목사로 파송.

1937년(58세)

· 4월 7-13일, 개성 북부교회에서 개최된 기독교조선감리회 중부연회 참석, 연희전문학교 교수 및 창천교회 소속목사 파송.

1939년(60세)

· 5월 3-10일, 서울 정동교회에서 개최된 기독교조선감리회 연합연회 참석, 연희전문학교 교수 및 창천교회 소속목사 파송.

· 7월 5일, 5차 안식년 휴가로 귀국.

· 9월 17일, 감리교단 2대 감독 김종우 목사 별세, 후임으로 9월 28일 정춘수 감독이 취임한 후 감리교단의 친일화 작업이 가속화됨.

1940년(61세)

· 9월, 안식년 휴가를 마치고 귀환. 연희전문학교 교수로 복직.

· 11월 4일, 일본의 추방압력에 미국 국무성이 파견한 '마리포사'(Mariposa) 호를 타고 2백 6십여 명 동료 선교사들과 함께 귀국.

1941년(62세)

· 인도 선교를 지원하여 럭노우대학(Lucknow Christian College)에서 물리학 교수로 사역.

1944년(65세)

· 10월, 해외선교부에 선교사 은퇴 신청. 귀국 후 미군 전략첩보부(OSS) 한국문제 자문위원으로 활동.

1946년(67세)

· 4월, 한국 선교사로 복귀하여 젠센(A.K. Jensen), 스나이더(L.H. Snyder) 등과 함께 내한, 미감리회 선교부 회계로서 한국 교회와 기독교기관 재건업무 지원. 연희전문학교 '과도이사회' 이사로 참여, 연희대학교 재건사업 지원.

아들 맥스웰도 미군정청 산림 자문으로 내한하여 봉사활동.

· 9월, 미군정청 교육부 결정으로 부산에 내려가 국립대학(현 부산대학교) 설립 작업.

1947년(68세)

· 건강악화로 귀국.

1948년(69세)

· 정년을 1년 앞두고 자원 은퇴. 은퇴 후 고향인 미시건주 리딩에 잠시 살다가 맏딸 에블린이 거주하는 캘리포니아 마르티네즈(Martinez)로 옮겨 생활.

1961년(82세)

· 아내 루이즈 별세. 캘리포니아 라파예트 오크몬트(Oakmont) 공원묘지에 안장.

1978년(99세)

· 12월 21일, 100세 생일을 6개월 앞두고 별세. 라파예트 오크몬트 공원묘지에 안장.

3. 참고문헌

1) 베커의 저술과 보고자료

Becker, A.L., "Report of Maing San Circuit", *Official Minutes and Reports of the Korea Mission of the Methodist Episcopal Church*, 1904.

------, "Maing San Circuit", *Official Minutes and Reports of the Korea Mission Conference of the Methodist Episcopal Church*, 1905.

------, "A Desire for Education", *The Korea Methodist*, May 1905.

------, "Maing San Circuit", *Official Minutes and Reports of the Korea Mission Conference of the Methodist Episcopal Church*, 1905.

------, "A Petition," *The Korea Methodist*, Aug. 1905.

------, "A Trying Trip", *The Korea Mission Field*, Feb. 1906.

------, "Pyeng Yang High School", *Official Minutes and Reports of the Korea Mission Conference of the Methodist Episcopal Church*, 1907.

------, "Report of Pyeng Yang Educational Work", *Official Minutes and Reports of the Korea Annual Conference of the Methodist Episcopal Church*, 1908.

------, "Pyeng Yang Union Academy and College", *Official Minutes and Reports of the Korea Annual Conference of the Methodist Episcopal Church*, 1909.

------, "Drew Appenzeller Memorial and Chil San", *Official Minutes and Reports of the Korea Annual Conference of the Methodist Episcopal Church*, 1909.

------, "Pyeng Yang Union College and Academy", *Official Minutes and Reports of the Korea Annual Conference of the Methodist Episcopal Church*, 1912.

------, "Report of Pyeng Yang Union Academy for 1912 and 1913", *Official Minutes and Reports of the Korea Annual Conference of the Methodist Episcopal Church*, 1913.

------, "An Educator's Visit to Chosen", *The Korea Mission Field*, Feb. 1914.

------, "Schedule and Notice of Language Class", *The Korea Mission Field*, Mar. 1914.

------, "A Christian Lower School System in a Korean City", *The Korea Mission Field*, Oct. 1914.

------, "Conference on Co-operation", *The Korea Mission Field*, Apr. 1924

Arthur L. Becker's Application of Candidate for Mission Board, 1903.2.3.

A.L. Becker's letter to Dr. A.B. Leonard, 1903-1911.

A.L. Becker's letter to Kalamazoo District Epworth League, Mar. 2, 1911.

A.L. Becker, *Arthur L. Becker Korea Book II(1911-1926)*, 1976.

白雅德, "成功의 要素", 〈神學世界〉 1918.8.

白雅德, 『露國革命과 레닌』, 1929.

白雅德, 『松蟲의 弊害』, 1930.

2) 베커 관련 참고문헌

Albion College Pleiad, Feb. 25, 1903.

Pyeng Yang Union Christian College, 1910.

Catalogue of the Union Christian College and Academy, Jun. 1913.

Official Minutes and Reports of the Korea Mission of the Methodist Episcopal Church, 1903-1904.

Official Minutes and Reports of the Korea Mission Conference of the Methodist Episcopal Church, 1905-1907.

Official Minutes and Reports of the Korea Annual Conference of the Methodist Episcopal Church, 1908-1929.

Annual Meeting of the General Council of the Protestant Evangelical Missions in Korea, 1909-1911.

Annual Meeting of the Federal Council of the Protestant Evangelical Missions in Korea, 1912-1915.

Annual Report of Pyeng Yang Station of the Korea Mission of the Presbyterian Church in the USA, 1912-1915.

Annual Report of the Board of Foreign Missions of the Methodist Episcopal Church, 1903-1939.

"Becker, Arthur Lynn", Justin Corefield ed., *Historical Dictionary of Pyengyang*, London: Anthem Press, 2014.

Thompson, Heather McCune, *A Daughter's Journey: Evelyn Becker McCune*, Heather McAfee McCune Thompson and Darlene McAfee Blackwood, 2006.

McCune, Evelyn Becker and Heather McCune Thompson, *Michigan to Korea: Arthur Lynn Becker 1899-1926*, Evelyn McCune and Heather Thompson, 2009.

Baird, Richard H., *William M. Baird of Korea a Profile*, Oakland: Richard H. Baird, 1968.

Baird, W.M., "The Pyeng Yang Academy and College", *The Korea Mission Field*, Mar. 1910.

"The Pyeng Yang Union Christian College", *The Korea Mission Field*, May 1911.

The Journal of Mattie Wilkox Noble 1892-1934, 한국기독교역사연구소, 1993.

『숭전·숭실 회원명부』, 숭실교우회, 1938.

『숭실대학 100년사』 제1권(평양 숭실편), 숭실대학교 출판부, 1997.

나일성, "알비온(Albion)에서 온 두 과학자-베커(Arthur Lynn Becker)와 루퍼스(W. Carl Rufus)의 교육과 사상-", 〈동방학지〉 46·47·48합집, 연세대학교 국학연구원, 1985.6.

민경배, "선교정책 결정과정에서의 선교본부 영향력의 문제-연희전문학교 설립을 중심으로-", 〈동방학지〉 46·47·48합집, 연세대학교 국학연구원, 1985.6.

이성삼, "베커", 『기독교대백과사전』 제7권, 기독교문사, 1982.
안종철, "아더 베커(Arthur L. Becker)의 교육선교활동과 '연합기독교대학' 설립", 〈한국기독교와 역사〉 34호, 한국기독교역사연구소, 2011.3.
이상구, "아서 베커", 『한국 근대수학의 개척자들』, 성균관대학교 출판부, 2013.
이덕주, "평양 숭실에 나타난 'union' 정신과 그 역사적 의미-평양 숭실의 '연합중학교' 및 '연합대학' 시절을 중심으로", 〈2014년도 한국기독교문화연구원 개원기념 학술대회: 해방 이전 북한선교와 기독교교육 자료집〉, 숭실대학교 한국기독교문화연구원, 2014,10.10.
이덕주, 『독립운동의 요람 남산재 사람들』, 그물, 2015.
이만열, 『한국기독교문화운동사』, 대한기독교출판사, 1987.
이용민, "미국 북장로회 서울 선교지부와 평양 선교지부의 관계", 〈한국기독교와 역사〉 32호, 한국기독교역사연구소, 2010.3.
류대영, "윌리엄 베어드의 교육사업", 〈한국기독교와 역사〉 32호, 한국기독교역사연구소, 2010.3.

4. 색인

백아덕 白雅德과 평양 숭실

초판 발행일 2017년 4월 30일

저 자 이덕주
발행인 황준성
발행처 숭실대학교 출판국
등 록 제14-2호(1982. 1. 25)
서울 동작구 상도로 369
전 화 02-820-0772
팩 스 02-817-5297
홈페이지 http://press.ssu.ac.kr
디자인·인쇄처 디자인 그린비(02-2275-5756)
값 22,000원

ISBN 978-89-7450-366-6 04230